国家出版基金项目
NATIONAL PUBLICATION FOUNDATION

国家社会科学基金重点项目
中国历史研究院重大学术项目
国家出版基金资助项目

总主编　李国荣　鱼宏亮
副总主编　王澈　杨海英
伍媛媛　李华川

明清宫藏丝绸之路档案图典

2

中国第一历史档案馆　中国历史研究院◎编著

高山之路卷

国家图书馆出版社

價按類開單陸續呈報到齊署總
三都澳騰越兩關並無進口洋藥
各關所具清單彙總備函附呈
鑒備查可也專是佈泐順頌

敬啟者案查送呈各關進口印度
事所有西歷一千九百十一年六
單曾於本年閏六月十三日送呈
務司等續將西歷一千九百十一
斯暨土爾其各項洋藥進口之籍

《明清宫藏丝绸之路档案图典》
编纂委员会

主　任

高　翔　中国社会科学院副院长、党组副书记（正部长级）
　　　　中国历史研究院院长、研究员
孙森林　中国第一历史档案馆馆长、研究馆员

副主任

李国荣　中国第一历史档案馆副馆长、研究馆员
李国强　中国历史研究院副院长、研究员
卜宪群　中国历史研究院古代史所所长、研究员

总主编

李国荣　鱼宏亮

副总主编

王　澈　伍媛媛　杨海英　李华川

档案统筹

王　征

陆上丝绸之路编主编

王　澈　杨海英

海上丝绸之路编主编

伍媛媛　李华川

核心作者

过江之路卷　王　澈　杨海英
高山之路卷　吴剑锋　石竞琳　徐到稳
沙漠之路卷　郭　琪　吴四伍
草原之路卷　王　征　鱼宏亮
东洋之路卷　刘文华　李立民
南洋之路卷　刘文华　解　扬
西洋之路卷　伍媛媛　李华川　李　娜
美洲之路卷　朱琼臻　王士皓
地图提要　孙靖国

明清时期的中国与世界

新解 15—19 世纪丝绸之路的八条线路

李国荣

丝绸之路是中国古代东西方著名的商贸通道，是沟通中外经济文化的重要桥梁。所谓明清宫藏丝绸之路档案，是指中国第一历史档案馆（以下简称“一史馆”）所藏明清时期中央政府档案中反映15—19世纪中国与世界各国通过海上航线、陆上交通进行经济文化交流的档案文献。明清两朝宫藏档案涉及53个国家，有汉、满、蒙古、藏、日、俄、英、法、德等各种中外文字，其中具有丝绸之路涵义的有关中外经济文化交往的档案7万余件。这些宫藏档案，从王朝角度记载了明清时期的中国与世界各国交往的历史详情，既具有中央政府的权威性，又具有原始文献的可靠性，同时也具有档案独存与价值独特的唯一性，是全面研究明清时期丝绸之路实况最为翔实的珍贵文献。对明清宫藏丝绸之路档案进行系统整理研究，具有重要的现实意义和特殊的学术价值。

一、明清宫藏丝绸之路档案整理研究的历史背景

明清时期的丝绸之路，是中国古代对外商贸文化交流的特殊形态。对明清宫藏丝绸之路档案的整理与研究，有着特定的历史背景。

一是时代背景。2013年，国家主席习近平借用中国古代“丝绸之路”的概念，提出建设“新丝绸之路经济带”和“21世纪海上丝绸之路”的合作倡议。这是关乎国家战略发展和人类命运共同体构建的宏远谋略，也是对社会科学工作者提出的重大命题。

二是学术背景。长期以来，学界丝绸之路研究成果甚为丰厚，但明清时期丝绸之路研究一直略显薄弱。这主要表现在：第一，谈起丝绸之路，往往认为主要存在于汉唐时期，将丝绸之路固化为中古以前的历史名片，明清时期的丝绸之路被严重弱化，甚至不认可近代中国丝绸之路的存在。第二，学界对出新疆而西行的陆上丝绸之路和出南海而西行的海上丝绸之路这两条经典线路的研究较为丰富，对其他线路的研究还不够充分，相对而言成果较少。第三，对明清时期丝路文献的挖掘，以往关注和利用的主要是地方性档案和民间文献，存在着地域性、分散性的特点，对明清中央政府这一最具权威性、系统性的档案文献却没有给予足够的利用与研究，从王朝视角和国家层面来透析明清时期丝绸之路还远远不够。整体看来，对明清时期丝绸之路个案化、碎片化和局部的研究比较多，系统的、整体的研究

还远未形成，而这恰恰有赖于明清宫藏丝绸之路档案的深层挖掘。

三是文献背景。2016年，一史馆与中国社会科学院历史研究所合作，正式启动“明清时期丝绸之路档案编研出版工程”。2019年，“明清宫藏丝绸之路档案整理与研究”列为国家社科基金重点项目，同时列为中国历史研究院重大学术项目。该课题项目成果主要包括：其一，在档案整理方面，对一史馆所藏明清丝绸之路档案进行系统化的全面梳理，建立明清宫藏丝绸之路档案专题数据库。其二，在编纂出版方面，精心组织、系统编纂《明清宫藏丝绸之路档案图典》，陆上丝绸之路四卷，海上丝绸之路四卷，由国家图书馆出版社出版。其三，在学术交流方面，一史馆与中国历史研究院自2016年开始，每年联合主办一次“一带一路”文献与历史研讨会，截至2020年已举办五次，这一研讨机制将继续推进下去。其四，在成果推介方面，核心期刊《历史档案》自2019年第1期起开设《明清丝路》专栏，持续刊发课题组系列研究成果。其五，在学术著述方面，一史馆与中国历史研究院的专家学者联合编写《明清宫藏丝绸之路档案研究》专著。明清时期丝绸之路档案的珍贵价值和独特作用越来越得以彰显。

二、明清宫藏档案中的陆上丝绸之路

陆上丝绸之路，传统意义上讲，是古代横贯亚洲连接欧亚大陆的商贸要道。它起源于西汉时期汉武帝派张骞出使西域，开辟了以都城长安（西安）为起点，经中亚、西亚，并连接地中海各国的陆上交通线路。这条通道被认为是古代东西方文明的交汇之路，而中国出产的丝绸则是最具代表性的货物，因此自19世纪末，西方学者开始称之为“丝绸之路”，作为一个专用概念，被广泛认可使用，产生了世界性的影响。一史馆档案揭示，明清时期的陆上丝绸之路并不仅仅是传统的自新疆西行亚欧的一条线路，而是分为四条线路，即东向过江之路、南向高山之路、西向沙漠之路、北向草原之路。

1. 陆上东向过江之路。这条线路主要是指横跨鸭绿江与朝鲜半岛的经济文化交流。中朝两国在地域上唇齿相依，隔江相望。明清时期，朝鲜是东亚地区与中国关系最为密切的藩属国，不仅有相沿成例的朝贡道路，也有定期开市的边境贸易。明崇祯四年（1631）正月初三日的礼部题稿非常明确地记载，从京师经辽阳东行再渡鸭绿江陆路至朝鲜的贡道。清乾隆九年（1744）四月二十三日户部尚书海望呈报中江地区朝鲜贸易纳税情形的奏折，则详细记载了朝鲜在中江采购的物品种类包括绸缎、丝帛、灰貂、棉花、毡帽等等，且有“在边门置买货物”“朝鲜人等不纳税课”的特殊优惠规定。这件奏折还记载了朝鲜为请领时宪书（当时的年历）而派遣使者的情况。又如，道光二十一年（1841）十月十五日礼部尚书色克精额的题本，反映了清政府对会宁、庆源边境贸易的管理，其中详细开列了兽类毛皮贸易的准许清单，“凡貉、獾、骚鼠、鹿、狗等皮，准其市易；貂皮、水獭、猞猁狲、江獭等皮，不准市易”。

2. 陆上南向高山之路。这条线路主要是从四川、云南、西藏等地出发，到达东南亚、南亚地区的经济文化交流，其中与安南、缅甸、印度、廓尔喀等国交流比较频繁。例一，乾隆五十七年（1792）十二月初一日，大将军福康安等大臣有一件联衔奏折，内容是与廓尔喀商议在西藏地区进行贸易通商之事，其中记载了清政府确定的对廓尔喀贸易基本原则：第一，允准贸易。“廓

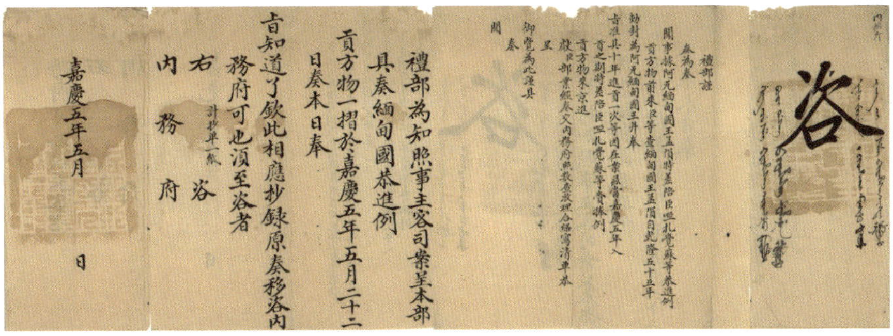

禮部為知照事主客司案呈本部具奏緬甸國恭進例貢方物一摺於嘉慶五年五月二十二日奏本日奉旨知道了欽此相應抄錄原奏移咨內務府可也須至咨者

右咨

內務府

計粘單一紙

嘉慶五年五月　日

尔喀业经归命投诚，准其仍通买卖。”第二，官府统办。“所有贸易等事，竟应官为办理，不准噶布伦等私自讲说。”第三，确保公平。“一岁中酌定两次四次，予以限制。驻藏大臣仍不时稽查，亲加督察该处银钱，亦可公平定价，不致再有争执。”例二，乾隆五十八年（1793）八月初二日，署理两广总督郭世勋上奏说，安南除在原定通商贸易章程中规定的高平镇牧马庸和谅山镇驱驴庸设立市场之外，又在谅山镇花山地方设立市场。经查，花山地方确实交通便利，且人口稠密，利于双方贸易。郭世勋的奏折认为，安南“因地制宜”添设花山地方市场确是可取，并提议在贸易章程中正式添设花山地方市场。可见，清代中越边境贸易是十分频繁的。例三，光绪三十一年（1905）十二月，署理两江总督周馥向外务部递送咨呈，主要陈述了南方诸省种植的本土茶叶受到从锡兰、印度进口茶叶的冲击，将会导致茶商破产、茶户改种、本土茶叶被排挤出市场。经派员到锡兰、印度对英国人种植茶叶的方法进行考察，发现“我国茶叶，墨守旧法，厂号奇零，商情涣散，又好作伪，掺杂不纯”，如此局面必无法与进口的锡兰、印度茶叶相抗衡。同时还提出了“设机器厂，立大小公司”等应对措施。这里提出了如何在对外贸易中保护和改进民族产业的问题。

3. 陆上西向沙漠之路。这条线路是传统意义上丝绸之路的延续，它在漫长的中外交往史上发挥了巨大作用。自汉代通西域以后，中原与西北边疆的经济文化交流一直存在。唐中期以后，海上丝绸之路兴起，宋明两朝更因为不能有效掌控西域，西北的中外官方交往受到很大限制，因此学界对这条丝路的研究也往往详于唐以前而略于后。但档案揭示，在明清时期，漫漫黄沙铺出的丝绸之路一直十分活跃。明朝档案中，有一件崇祯十年（1637）八月初五日关于张家口开市买马及闭市日期的揭帖，记载了钦差御马监太监到张家口开市买马，闭市后与各部头领盟誓，“永开马市，以为彼此长久之利”，并以茶布等物品对各部头目进行犒赏。有清一代，尤其是乾隆二十二年（1757）彻底平定西北边陲后，逐步恢复西部贸易，中亚许多与新疆接壤的国家开始与清政府建立往来，并派出使者前往北京。乾隆二十七年（1762），爱乌罕（今阿富汗）汗爱哈默特沙遣使进京朝觐乾隆帝，沿途受到各地督抚的热情接待，而乾隆帝在接见使者时，得知爱哈默特沙抱恙在身，还特意赏赐药品及药方。正是在这种积极友善的氛围中，清政府与中亚诸国的来往呈现出良性化的态势，这条古老的丝绸之路再次焕发出勃勃生机。从清代档案可以看到，清政府长期从江南调集丝绸布匹经陕甘运至新疆地区，用来交换马匹等物，当时新疆地区主要的通商地点在塔尔巴哈台、喀什噶尔、库伦、伊犁等地，贸易对象除了当地部落，还有哈萨克、俄罗斯、浩罕等国。乾隆二十二年（1757）十一月二十八日，陕甘总督黄廷桂上奏朝廷说，哈萨克等地“为产马之区，则收换马匹，亦可以补内地调拨缺额”。由此可知，乾隆朝恢复西部贸易，一个重要目的是要获取哈萨克等地的马匹。乾隆二十四年（1759）十一月十一日，驻乌鲁木齐办事三等侍卫永德的满文奏折，主要内容就是呈报与哈萨克交换马匹及所用银两数目的详情。清政府与哈萨克贸易中，十分注意哈方贸易需求，如在绸缎的颜色方面，哈萨克人喜欢青、蓝、大红、酱色和古铜、茶色等，乾隆帝谕令贸易缎匹“悉照所开颜色办解”。档案还记载，乾隆四十三年（1778），理藩院侍郎索琳作为钦差前往库伦办理与“鄂啰斯”商人交易事宜，面对俄罗斯商人改变贸易地点和减少交税等情况，钦差大臣索琳草率下令关闭栅门断绝贸易。乾隆帝对索琳擅自做主关闭中俄贸易通道很是愤怒，当即将其革职。可见，乾隆帝对中俄贸易还是很看重的。在这期间，西北边陲的民间经济文化交流也很频繁，从清廷屡次颁布严查私自买卖玉石、马匹、茶叶等货物的谕令中，可看出民间商贸活动是广泛存在的。

4. 陆上北向草原之路。这条线路主要是由内地经漠北蒙古草原、中亚草原与俄罗斯等国的经济文化交流。在清代，俄皇多次派遣使团来华商谈贸易事宜。康熙时期，清政府在北京专门设立俄罗斯馆，以安置俄国使团和商队。雍正年间，还曾派出官方使团参加俄皇即位典礼。由于清朝分别在康熙和雍正年间与俄罗斯签订了划界及贸易条约，尼布楚、恰克图、库伦等地获得了合法的贸易地位，传统的草原丝绸之路进入了鼎盛时代。现存档案中有一件康熙三十八年（1699）正月十二日俄罗斯的来文档，是俄国西伯利亚事务衙门秘书长致送清朝大臣索额图的咨文，其内容就是奉俄皇旨令派遣商帮至北京贸易，“请予以优待”。康熙五十八年（1719）十一月三十日，俄国西伯利亚总督切尔卡斯基致函清廷说：俄国皇帝已得悉若干俄国商人在贵国经商确有某种越轨举动，嗣后俄商一概不容有任何损害中国政府之行为，如有任何俄国属民为非作歹，定予惩处。同时，恳请允准派往商队，照旧放行，允其进入内地直至北京。这类有关日常贸易纠纷的档案内容，说明中俄贸易已经呈现常态化，也从一个侧面反映了当时中俄贸易的广度和深度。一史馆现存的俄商来华贸易执照、运货三联执照、货物估价清册、进出口货物价值清单等档案，更详尽反映了中俄贸易的规模和内容。

三、明清宫藏档案中的海上丝绸之路

海上丝绸之路，一般说来是指从南海穿越印度洋，抵达东非，直至欧洲的航线，是古代中国与外国交通贸易和文化交往的海上通道。该路以南海为中心，所以又称“南海丝绸之路”。因海上船运大量陶瓷和香料，也称“海上陶瓷之路”或“海上香料之路”。海上丝绸之路的起点主要是广州和泉州，历史上也曾一度被称为“广州通海夷道”。一史馆档案揭示，明清时期的海上丝绸之路并不仅仅是传统的自南海下西洋的一条线，而是分为东洋、南洋、西洋、美洲四个方向。

1. 海上东洋之路。这条线路主要是与东亚各国之间的经济文化交流。东亚是明清时期朝贡体系的核心地区，自明初开始，朝鲜、琉球与中国延续了长达五百余年的宗藩关系及朝贡贸易。日本虽游离于朝贡体系边缘，但与中国也一直保持着密切的贸易往来。一史馆所藏档案中有一幅彩绘地图，墨笔竖书《山东至朝鲜运粮图》。经考证，这是康熙三十七年（1698）十二月十五日侍郎陶岱进呈的，是一幅从山东向朝鲜运送赈济粮米的地图。当时朝鲜连年饥荒，此图应是在运送赈济粮米到朝鲜后，为向朝廷呈报情况而绘制的。该图所示船只，从山东沿着海路将粮米运到鸭绿江，再转运上岸，是清代北洋海域海上交通的鲜活例证。康雍乾年间，清廷曾一直鼓励商船前往日本购运洋铜，中日间的海上贸易迅猛增长。雍正九年（1731）三月初三日江苏巡抚尹继善有一件奏折，请求派员前往日本采办洋铜，其中谈到“采办洋铜商船入洋，或遇风信不便，迟速未可预定”。尹继善同时奏报朝廷，正与各省督抚广咨博访，细心筹划，“通计各省需办之铜”。由此可见，前往日本采购洋铜的数量不在少数。档案记载，明清时期北京的国子监专门设有琉球官学，琉球国中山王“遣官生入监读书”，乘船到闽，然后登陆北上京师。琉球国派遣官生留学，在明清两朝一直没有间断，这反映了明清时期海上丝绸之路文化交流的一个侧面。

2. 海上南洋之路。这条线路主要是与菲律宾、印度尼西亚、澳大利亚、新西兰等南洋国家的经济文化交流，以朝贡、贸易、派驻领事与商务考察等事务居多。东南亚各国是明清朝贡体系的重要组成部分，自明初以来，东南亚各国逐渐建立了对中国的朝贡关系。菲律宾古称苏禄，明清时期朝贡商贸往来一直不断，雍正十三年（1735）九月初六日福建水师提督王郡的奏折，向朝廷具体呈报苏禄国吕宋各处到厦门贸易的船只数目。乾隆二十六年（1761）十一月初一日福州将军社图肯的奏折报告说，苏禄国番目吧啰绞缎来厦，呈请在贡期内所携带货物可否照例免税，得到乾隆帝允准。清政府一直鼓励沿海福建、广东等省从暹罗、安南等东南亚国家进口稻米，以纾解粮食压力。乾隆八年（1743）九月初五日，乾隆帝传谕闽粤督抚，“米粮为民食根本”，外洋商人凡船载米粮者，概行蠲免关税，其他货物则照常征收。光绪中期以后，在驻外使臣和地方督抚的奏请之下，清政府对南洋地区事务日益重视，先后选派官员前往考查商民情形。光绪十三年（1887）十月二十四日两广总督张之洞的奏折，就是呈报派遣官员前往南洋访查华民商务情形。从这份档案来看，调查殊为细致，认为小吕宋（马尼拉）华人五万余人，“贸易最盛，受害亦最深”，“非设总领事不可”；槟榔屿则“宜添设副领事一员”；仰光自英据之后，“为中国隐患”，“宜设置副领事”；苏门答腊华民七万余人，“宜设总领事”等。光绪时期的外务部档案还记载，清政府在澳洲设总领事馆，梁澜勋任总领事；在新西兰设领事馆，黄荣良为领事。由此，晚清政府在南洋各处先后设立了领事机构，处理侨民事务，呈递商务报告。清廷也多次派遣官员随舰船前往东南亚游历考察，光绪三十三年（1907）七月初三日直隶总督袁世凯的奏折，便是奏报派舰船前往南洋各埠巡视，当地侨民“睹中国兵舰之南来”，“欢声雷动”。一史馆档案中，还有《东洋南洋海道图》和《西南洋各番针路方向图》，是清政府与东南亚各国交往而绘制的海道图，图中绘有中国沿海各口岸通往日本、越南、柬埔寨、文莱、印尼、菲律宾等国的航线、针路和需要的时间，并用文字说明当地的物产资源，是南洋区域海上丝绸之路的鲜活体现。

3. 海上西洋之路。这条线路是传统的海上丝绸之路，主要是中国与西亚、非洲、欧洲通过海路的经济文化交流。明清时期，随着西方大国新

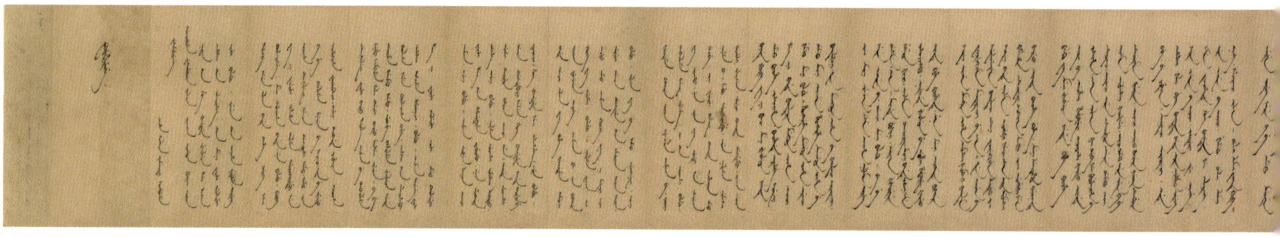

航路的开辟与地理大发现，以及借助于工业革命的技术成果，海上丝绸之路已由区域性的海上通道延伸为全球性的贸易网络。永乐三年（1405）到宣德八年（1433）间，郑和船队七下西洋，遍访亚非 30 多个国家，是中国古代规模最为宏大、路线最为长远的远洋航行，是海上丝绸之路在那个时代一个全程式的验证活动，也是海上丝绸之路发展史上的一次壮举。一史馆所藏明代《武职选簿》，就记载了跟随郑和下西洋船队中的随从水手等人物的情况。清初实行海禁，康熙二十三年（1684）七月十一日的《起居注册》记载，康熙帝召集朝臣商议解除海禁。次年，清政府在东南沿海创立粤海关、闽海关、浙海关、江海关四大海关，正式实行开海通商政策。由此，清代的中国通过海路与英国、法国、德国、意大利、比利时、瑞典等国的经济文化交流日益频繁。于是，法国的“安菲特里特号”商船、瑞典“哥德堡号”商船、英国马嘎尔尼使团纷纷起航来华。对西洋的科技、医药及奇异洋货等，康熙、雍正、乾隆几个皇帝都是极感兴趣。在康熙五十七年（1718）七月二十七日两广总督杨琳的奏折上，康熙帝御批：“西洋来人内，若有各样学问或行医者，必着速送至京城”，并下令为内廷采购奇异洋货“不必惜费”。大批在天文、医学、绘画等领域学有专长的传教士进入皇宫，包括意大利画家郎世宁、德国天文学家戴进贤、主持建造圆明园大水法殿的法国建筑学家蒋友仁等等。值得一提的是，乾隆二十九年（1764），清宫西洋画师郎世宁等绘制《平定西域战图》，次年海运发往西洋制作铜版画，历经种种波折，在 12 年后由法国承做的铜版画终于送到乾隆帝眼前，这是海上丝绸之路演绎的一起十分典型的中西文化交汇佳话。档案中还有大量外国商船和贡船遇难救助的记载，如乾隆二十六年（1761）九月十五日广东巡抚托恩多的奏折反映，瑞典商船遭风货沉，水手遇难，请求按照惯例抚恤救助。这说明清政府已经形成了一套有关维护海上贸易秩序的措施与政策。

4. 海上美洲之路。这是海上丝绸之路最远的线路，其航线最初是从北美绕非洲好望角到印度洋，再过马六甲海峡驶往中国广州，后来也通过直航太平洋经苏门答腊到广州。明万历元年（1573），两艘载着中国丝绸和瓷器的货船由马尼拉抵达墨西哥的阿卡普尔科港，这标志着中国和美洲贸易的正式开始。从此之后的 200 多年，以菲律宾为中转的“大帆船贸易”是中国和美洲之间最重要的贸易通道。清乾隆四十九年（1784），美国“中国皇后号”商船首航中国，驶入广州黄埔港，船上装载的西洋参、皮货、胡椒、棉花等货物全部售出，然后购得大量中国茶叶、瓷器和丝绸等商品。次年，“中国皇后号”回到美国时，所载中国商品很快被抢购一空。中美航线的直接开通，开辟了中美间互易有无之门，促使中美之间的贸易迅速发展。道光二十三年（1843）闰七

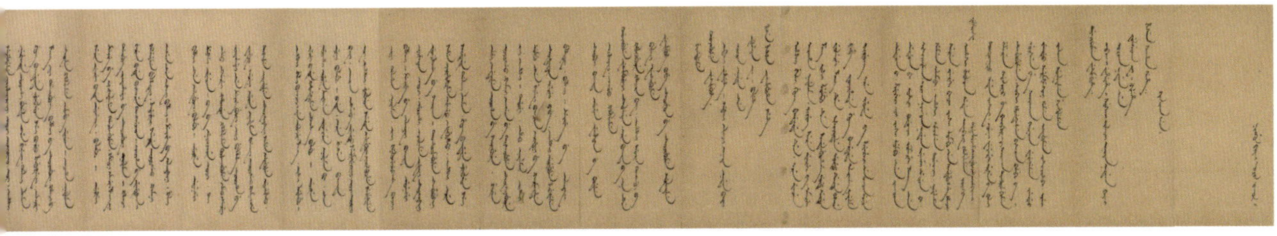

月十二日两江总督耆英等人的联衔奏折记载，“各国来粤贸易船只，惟英吉利及其所属之港脚为最多，其次则米利坚（美国），几与相埒”。这说明对华贸易，在当时美国仅次于英国。在美洲的开发和经济发展中，华侨及华工也做出了贡献。道光二十八年（1848）美国加利福尼亚州发现金矿，急需大量劳动力进行开采，大批华侨及华工涌入美国，拉丁美洲国家也在华大量招工。光绪元年（1875）七月初十日李鸿章奏报说，华工像猪仔一样运送美洲，澳门等处就设有“猪仔馆”。光绪七年中国与巴西签订《和好通商条约》，第一条就约定“彼此皆可前往侨居”，“各获保护身家财产”，从而为巴西在华招工提供了合法性。除了经济上的贸易往来，中美在文化上也相互交流，清末的“庚款留学”即是其中之一。宣统元年（1909）至宣统三年（1911），清政府共派遣三批庚款留美学生，为近代中国培养了一大批著名人才。从宫藏赴美留学生名录可以看到，后来成为清华大学终身校长的梅贻琦、中国现代物理学奠基者之一胡刚复、新文化运动倡导者胡适等均在其列。

四、明清宫藏丝绸之路档案的重要价值和独特作用

明清宫藏丝绸之路档案的系统整理，从王朝政府和国家层面为丝绸之路研究提供了更为丰富、更加权威的文献基石。透过对明清宫藏档案的考察，将有助于我们匡正和重新认识明清时期丝绸之路的历史定位。

第一，丝绸之路在明清时期并没有中断，而是实实在在地一直在延续和伸展。我们注意到，国内外学界高度认可，丝绸之路是中华民族走向世界的标志，丝绸之路的起伏与中华民族的兴衰息息相关，丝绸之路把古代的中华文化与世界各个区域的特色文化联系起来，对促进东西方之间的交流发挥了极其重要的作用。然而，在较长一段时间内，学界对丝绸之路的研究主要停留在汉唐时期，明清时期的丝绸之路被严重忽视和扭曲，甚至不认可近代中国丝绸之路的存在。为什么明清时期的丝绸之路被淡化？原因大致有两个：一是，人们受到清朝闭关锁国的传统认知的影响，一度不认可近代中国丝绸之路的存在，乃至认为丝绸之路出现了历史空白期。有的学者即使承认明清时期还有丝绸之路，也感到那是穷途末路，无足轻重。由此，往往严重弱化了明清时期丝绸之路的历史作用。二是，近代以来西方列强大肆殖民侵略带来的新的世界贸易规则和秩序，与传统中国同远近邻邦的贸易交往活动有着截然不同的内涵和影响，列强这种新的带有殖民色彩的贸易秩序逐渐推广的过程，也是传统中国互利贸易秩序被排挤并逐渐被遗忘的过程。通过挖掘与梳理，翔实的宫藏档案充分揭示，明清时期的丝绸之路并没有中断，而是一直延续下来，尽管不同时间段有起有伏。透过这些王朝档案和

历史记忆，让我们听到了明清时代的陆上丝绸之路仍是驼铃声声，看到了明清时代的海上丝绸之路仍是帆影片片。

第二，明清时期的丝绸之路并不限于传统说法的两条经典之路，而是形成了纵横交错的诸多线路，就目前档案文献研究，至少可开列出八条线路。长期以来，提起丝绸之路，大多认为只是自新疆西行的陆上丝路和自南海下西洋的海上丝路。明清丝绸之路档案的挖掘，印证了明清丝绸之路不仅存在和延续，而且还有其自身特色，乃至构成了特定历史时期的丝绸之路网络。这就是远远不限于传统的简单的陆上一条路、海上一条线，而是随着古代科技的发展、轮船时代的到来，多线并举，展现的是明清时期中国与世界交往的大格局。应该看到，近代以来，虽然海洋远程贸易逐渐成为连接世界的主要形式，但以中国为中心的东亚地区依然活跃着通过陆上线路进行的外交与贸易活动，也就是说，在明清时期，海上丝绸之路与陆上丝绸之路一直是并行的，只是不同阶段各有侧重罢了。同时，中国传统朝贡体系中的朝鲜、琉球、越南等国，在晚清中国朝贡体系解体以前，依然保留着传统的朝贡贸易，这些藩属国的传统贡道与丝绸之路的某些线路也大多契合，是丝绸之路的特殊存在形式。传承至今的档案文献为我们铺陈了明清时期的丝路轮廓，那就是陆上丝绸之路和海上丝绸之路又各分为纵横交错的四个方向。明清时期海陆丝绸之路的八条线路，是基于一史馆所藏明清档案的挖掘而得出的丝路历史阐释，是古代丝绸之路在工业时代、轮船时代的扩展。这个丝路框架，基本涵盖了明清时期所有以中国为中心的贸易路线与贸易活动，是对丝绸之路历史尾声的一个新的解读，也将大大丰富和改变学界对丝绸之路的传统认知。

第三，明清宫藏丝绸之路档案勾勒了历史与现实相通的时空走廊，为“一带一路”国家倡议提供了重要的历史依据和文献支撑。通过对明清时期丝绸之路档案的考察，让我们大致还原了明清时期中国与世界的贸易联系，并加深了我们对这块古老大地上所发生的丰富多彩的人类交往活动的历史理解，这也正是这些珍贵档案的价值所在。我们从中看到明清时期丝绸之路的万千气象，那是古代丝绸之路的延伸，那是一个纵横交错的远程贸易圈，那是一个四通八达的中外交汇网。大量明清时期中国与丝绸之路沿线国家和地区进行经济文化交流的档案记载，充分说明了东西方交流是相互的这种双向性，阐释了明清时期丝绸之路的特殊存在形式及其重要的历史地位。从某种角度上讲，作为立意高远的“一带一路”倡议，与其时间距离最近、历史关联最直接的，就是明清时期的丝绸之路。通过对明清宫藏档案的历史价值和文化内涵的深入挖掘，进一步充实了“一带一路”倡议的历史文化内容。可以说，明清时期的丝绸之路构成了与当今“一带一路”框架相贯通契合的中外海陆交通脉络，明清宫藏丝绸之路档案是对“一带一路”倡议的历史诠释。

丝绸之路与世界贸易网络

鱼宏亮

16、17 世纪起，中国历史就全面进入了世界历史研究的视野之中。17 世纪德国数学家莱布尼茨（G. W. von Leibniz，1646—1716）在《中国近事》一书中说：“在这本书中，我们将带给读者一份发回欧洲的有关最近中国政府允许传播基督教的报告。此外，本书还提供许多迄今为止鲜为人知的信息：关于欧洲科学的作用，关于中国人的习俗和道德观念，特别是中国皇帝本人的道德观念，以及关于中国同俄国之间的战争与媾和。”尽管莱布尼茨通过法国来华传教士白晋（Joachim Bouvet，1656—1730）等人获得了有关中国的第一手资料，但他的重点主要在中国的道德、礼仪、经典等方面。直到 19 世纪黑格尔《历史哲学》一书，才全面考察了中国历史与世界各民族历史的诸多同异与特性。黑格尔认为：“历史必须从中华帝国说起。因为根据史书的记载，中国实在是最古老的国家，它的原则又具有那一种实体性，所以它既是最古老的、同时又是最新的帝国。中国很早就已经进展到它今日的情状。但是因为它客观的存在和主观运动之间仍然缺少一种对峙，所以无从发生变化，一种终古如此的固定的东西代替了一种真正的历史的东西。”黑格尔的历史哲学以人的绝对意志和人类精神的发展作为历史发展的标尺，在他的眼中，中国历史因为在宗教和精神方面受制于专制王权，所以是停滞的，没有历史的，也是封闭的：“这个帝国早就吸引了欧洲人的注意，虽然他们所听到的一切都渺茫难凭。这个帝国自己产生出来，跟外界似乎毫无关系，这是永远令人惊异的。”黑格尔对中国历史进行过深入研究，对先秦到清代的礼制、皇权、地理、北方民族都有论述。在他的《历史哲学》体系中，中国占有重要的地位。黑格尔的《历史哲学》影响了以后一个多世纪欧洲历史学对中国的历史叙事。直到 20 世纪七八十年代，人们才重新开始从世界历史的角度来重新看待中国历史，尤其是明清时期中国与世界各地的贸易联系。

一

第二次世界大战以后，欧洲汉学开始明显分化，原来欧洲中心论的一系列理论和观点遭到质疑。德国历史学家贡德·弗兰克（A. G. Frank）1998 年出版的《白银资本》认为从航海大发现直到 18 世纪末工业革命之前，是亚洲时代。欧洲之所以最终在 19 世纪成为全球经济新的中心，

第一款
北圻與中國之雲南廣東廣西三省陸路通
商日後應由兩國擇定處所以便從茲貿易
將來或因貿易較盛或因開添道路以致先
定處所未敷應用則由中國與法國駐華大
臣另行會商擇定處所再行添入

大法民主國
大伯理璽天德願將此項往來專立條款以定其
規模兩國將來因此兩國特派全權大臣會
商辦理
大清國
大皇帝欽差
大法民主國
大伯理璽天德欽差
各將所奉全權文憑互相較閱均屬妥協議
定條款如左

是因为欧洲征服了拉丁美洲并占有其贵金属，使得欧洲获得了进入以亚洲为中心的全球经济的机会。《白银资本》一书描绘了明清时期广阔的中外贸易的宏大画面，将中国拉回到世界历史的中心。

美国历史学家彭慕兰（Kenneth Pomeranz）于2000年出版的《大分流：欧洲、中国及世界经济的发展》一书详细考察了18世纪欧洲和东亚的社会经济状况，对欧洲的英格兰和中国的江南地区做了具体的比较，以新的论证方法提出了许多创新性见解。认为1800年以前是一个多元的世界，没有一个经济中心，西方并没有任何明显的、完全为西方自己独有的内生优势；只是19世纪欧洲工业化充分发展以后，一个占支配地位的西欧中心才具有了实际意义："一个极为长期的观点提醒我们考虑怎样把东亚西欧之间十九世纪的分流放到全球历史的背景中。"

与此相关联，王国斌（Wong R. Bin）和罗森塔尔（J. Lauvent Rosenthal）合著的《大分流之外：中国与欧洲经济变迁中的政治》，围绕着1500—1950年之间的各种世界经济的要素进行讨论。李伯重《火枪与账簿：早期经济全球化时代的中国与东亚世界》亦从全球化的角度来描述明清以来中国与世界的贸易与政治联系。

2006年，彭慕兰与史蒂文·托皮克（Steven Topik）新出版《贸易打造的世界：1400年至今的社会、文化与世界经济》，作者通过此书表达了"中国的历史和世界贸易的历史已经通过各种途径交织在一起"的思想。

实际上，早在19世纪后期，西方汉学家已经开始利用第一手的调查资料与中西方文献来重建中古时期的中外历史了。1868年（清同治七年）11月，德国地理学家李希霍芬（Ferdinand von Richthofen）从上海出发，开始在中国境内进行地质考察。到1872年5月底，李希霍芬在中国境内总共进行了七次长短不一的地理地质考察，搜集了大量资料和数据。同年他回到德国，开始整理研究这些资料，到1877年，开始出版《中国：亲身旅行和据此所作研究的成果》（*China: Ergebnisse eigener reisen und darauf gegründeter studien*）一书。在第一卷中，他将公元前114年至127年中国与中亚、印度之间的贸易通道称为"丝绸之路"（德文Seidenstrasse或Sererstrasse）。根据俄罗斯历史学家叶莲娜·伊菲莫夫娜·库兹米娜的研究，"伟大的丝绸之路的名字第一次出现于公元4世纪早期的马赛林（Ammianus Marcellinus）的《历史》第23册中"。李希霍芬使用"丝绸之路"一词属于再发现。但是由于李希霍芬在此后的西方地理学界的重要影响和地位，他的这一用语成为学界公认的名称，从此“丝绸之路”就被公认为指称公元前后连接中国与中亚、欧洲的交通线路的专用概念，产生世界性的影响。由此，欧亚古代的贸易与文化联系通道也引起人们的重视。

二

从古典时代起，欧亚大陆虽然从地理条件上来说是连为一体的，但是高原和大山将这块大陆分隔开来，使得古希腊地理学家将其划分为两个大洲。但是欧亚大陆中部地区拥有一块广阔的大草原，从东亚的中国东北部一直延伸到西欧的匈牙利。“它为由欧亚大陆边缘地区向外伸展的各文明中心进行交往提供了一条陆上通道。靠大草原养活的游牧民们总是赶着他们的牧群，到处迁徙，并随时准备着，一有机会，就去攫取北京、德里、巴格达和罗马的财富。肥沃的大河流域和平原创造了欧亚大陆古老的核心文明，而大草原则便利了这些文明之间的接触和联系。”贯穿在这个连接体的贸易通道，也就是为世人熟知的丝绸之路。从更广阔的范围来看，丝绸之路从亚洲东部的中国，一直延伸到西欧和北非，是建立欧亚非三个地区间最为著名的联络渠道。“沿着它，进行着贸易交往和宗教传播；沿着它，传来了亚历山大后继者们的希腊艺术和来自阿富汗地区的传播佛教的人。”中国先秦文献《管子》《山海经》《穆天子传》等书中对昆仑山、群玉之山的记载，经20世纪殷墟考古发掘对来自和田地区的玉器的鉴定，证实了古文献中记载的上古时代存在西域地区从中原获取丝绸而输出玉器的交换关系，早期的中国与中亚地区的玉石—丝绸之路为人所认知。

从16世纪中后期以来，传统上属于欧洲地区的罗斯国家逐渐开始向东殖民，进入了广袤的亚欧大陆北部西伯利亚地区活动。这样，俄罗斯的哥萨克人开始活跃于蒙古北部边界地带，与明朝、蒙古各部发生各种政治、经济联系。在官方建立正式联系前，由这些地区的人民开展的贸易活动实际上早已经存在。俄国档案显示，“俄国同中国通商是从和这个国家交往的最初年代开始的。首先是由西伯利亚的商人和哥萨克自行开始同中国进行贸易。人们发现从事这种贸易非常有利可图，于是西伯利亚各城市的行政长官也参与此项活动”。由于俄罗斯处于西欧通往中国的中间地位，所以英国也多次派使节前往俄罗斯要求开通前往中国贸易的商路。俄罗斯外交事务部保存的档案记录的1616年、1617年间英国使节麦克利与俄方会谈纪要显示，尽管俄罗斯设法阻止了英国的请求，但却下令哥萨克军人调查通往中国的商路。这些活动通过莫斯科的英国批发商约翰·麦利克传递到英国，引起王室和政治家的注意。英国地理学家佩尔基斯记录了俄罗斯人开辟的通过北方草原通往中国的商路。从官方的记录来看，除了活跃的民间贸易外，至少从明代末年起，以明朝北方卫所为节点的南北交流通道已经非常活跃。中国文献《朔方备乘》曾经记录蒙古喀尔喀、车臣二部都曾经进贡俄罗斯鸟枪一事，认为“谦河菊海之间早有通商之事”，即指叶尼塞河上游与贝加尔湖之间的贸易路线。

18世纪俄国著名的文献学家、历史学家尼古拉·班蒂什根据俄罗斯外交事务部档案编著的《俄中两国外交文献汇编1619—1792》一书，收录了两件中国明代皇帝致俄皇的“国书”，其中一件标以万历皇帝，一件标以万历皇帝之子，文书记载了两名俄罗斯使臣因通商事前往中国，中国皇帝则表达了鼓励之意。不管这两件文书的真实程度如何，该文件收录在俄皇米哈伊洛维奇的外务衙门档案中，在反映中俄早期贸易关系的文献中具有一定价值［两件文书收录在尼古拉·班蒂什·卡缅斯基编《俄中两国外交文献汇编（1619—1792）》一书中，但根据耶稣会传教士的识读，认为这两件文书时间更早，为明成祖时代致北方王公的册封诏书。但两件诏书何以保存在俄皇的外交档案中，亦为不解之谜。另外，由于明清时代中国特有的天下观，直至晚清之前，中国皇帝致外国的文书从未以国书的形式冠名。因此西方各国外交档案中的中国皇帝“国书”，都是翻译明清时代皇帝的诏书、上谕而来］。

根据俄方档案记载，第一个从莫斯科前往中国的使节团是巴依科夫使团，1654年前往办理商务，并奉有探明“中华帝国可以购买哪些货物，可以运去哪些货物，由水路或陆路达到这个国家有多远路程”等信息的使命。可见，到17世纪中期官方的外交路线已经畅通。17世纪早期的探险活动是后来《尼布楚条约》和《恰克图条约》得以签订的地理背景。到了17世纪中后期，通过中俄条约的形式将明末以来形成的北方贸易路线固定下来。从此，库伦和恰克图成为官方贸易的正式场所。

在中国第一历史档案馆所藏的官方档案中，从顺治到乾隆期间至少有50件档案内容为与俄罗斯贸易的，其中贸易线路涉及从东北的黑龙江到北京、张家口、鄂尔多斯、伊犁、哈萨克整条草原丝绸之路的商道。这反映在明清时代，传统的草原丝绸之路进入了鼎盛时代。由于清朝分别在康熙与雍正年间与俄罗斯签订了划界和贸易条约，尼布楚、恰克图、库伦等地获得了合法的贸易地位，这条线路虽然被俄罗斯所垄断，传统亚欧大陆的商道中间出现了代理商性质的梗阻，但北方丝绸之路并未衰落，甚至还更加兴盛。根据两件内阁和理藩院档案［《为遣员至蒙古会盟处传谕蒙古各众做贸易不得行骗等事（满文）》《函达俄商在中国境内所有妄为举动定加惩处请仍旧照约将俄商放行入境由》］，可以看出，中俄贸易从顺治到康熙间已经呈现常态化，中央部院题奏中这类日常贸易纠纷的内容显示了贸易的广泛和深度。

北方贸易路线上的主要商品为茶叶。据研究最早进入俄国的茶叶是崇祯十三年（1640）俄国使臣瓦西里·斯达尔科夫从中亚卡尔梅克汗廷带回的茶叶二百袋，奉献给沙皇。这是中国茶叶进入俄国之始。即使在海运大开之后，通过陆路进入欧洲的茶叶依然占有重要地位。其中一个重要原因在于，陆路运输茶叶的质量要远远高于海洋运输茶叶的质量。这一点，《海国图志》中也有解释：“因陆路所历风霜，故其茶味反佳。非如海船经过南洋暑热，致茶味亦减。”这种中国茶质量的差异，在19世纪的欧洲，已经成为人所共知的常识。马克思在《俄国的对华贸易》一文中专门指出，恰克图贸易中的中国茶叶“大部分是上等货，即在大陆消费者中间享有盛誉的所谓商队茶，不同于由海上进口的次等货。俄国人自己独享内地陆路贸易，成了他们没有可能参加海上贸易的一种补偿”。

三

以海洋航线为纽带的世界贸易体系的形成。新航路将欧洲与撒哈拉沙漠以南的非洲、欧洲与亚洲、美洲、大洋洲都联系在了一起。“欧洲航海者创造了一个交通、交流、交换的环球网络，跨文化之间的互动比以往更为密集和系统了。”在传统航路与新航路上，欧洲商船把波斯地毯运往印度，把印度棉花运往东南亚，再把东南亚的香料运往印度和中国，把中国的丝绸运往日本，把日本的银和铜运往中国和印度。到16世纪，在印度洋的贸易世界，欧洲人已经占有了一席之地。而西班牙人、荷兰人在加勒比海、美洲建立的殖民地，使得欧洲的产品越过大西洋换来墨西哥的白银、秘鲁的矿产、巴西的蔗糖和烟草进入欧洲市场和亚洲市场。非洲的土著居民则被当作奴隶而贩运到各大殖民地。

传统的地区性贸易网络“已经扩大为而且规模愈来愈大的扩大为世界市场”。根据一个从1500—1800年间7个欧洲国家抵达亚洲船只数量的统计来看，从最初的700多艘的总量增长到了6600多艘。而美洲到欧洲的金、银贩运量在这300年间则分别增长了20倍和10倍，中国的白银进口量则从1550年的2244吨增长到1700年的6951吨。葡萄牙人在记录他们的东方贸易时说：“欧洲与东洋的贸易，全归我国独占。我们每年以大帆船与圆形船结成舰队而航行至里斯本，满载上毛织物、绯衣、玻璃精制品、英国及富朗德儿出产的钟表以及葡萄牙的葡萄酒而到各地的海港上换取其他物品……最后，在澳门滞留数月，则又可满载金、绢、麝香、珍珠、象牙精制品、细工木器、漆器以及陶器（瓷器）而返回欧洲。”

这反映了无论从数量还是种类上，进入国际市场的商品都大幅增加。固定的商品交易所、证券市场开始出现亦有重要意义。1531年安特卫普商品交易所开业，“供所有国家和民族操各种语言的商人使用”。阿姆斯特丹、伦敦此后也分别成立粮食交易所和综合交易所。最后，处于新航路之上的港口开始成为世界贸易中心，取代大陆体系时代的陆路交通枢纽城市的地位，开始在世界经济体系中扮演重要角色。

起先是技术的进步带来的探险与新航路的开辟，然后是商品与人员的全球性流动，最后是法律与文化在各地区的碰撞，一个以海上贸易路线为纽带的海洋时代开始兴起并主导了世界历史的走向。

四

这样一个商品和货币、物资与人员、知识与宗教频繁而紧密往来的时代，中国明、清时期的中央与地方政府不可能自外于世界。万历时期曾任福建巡抚的许孚远在评论嘉、万时期的海禁政策时说：“然禁之当有法而绝之则难行，何者？彼其贸易往来、籴谷他处，以有余济不足，皆小民生养所需，不可因刖而废屦者也。不若明开市舶之禁，收其权而归之上，有所予而有所夺，则民之冒死越贩者固将不禁而自止。臣闻诸先民有言，市通则寇转而为商，市禁则商转而为寇。禁商犹

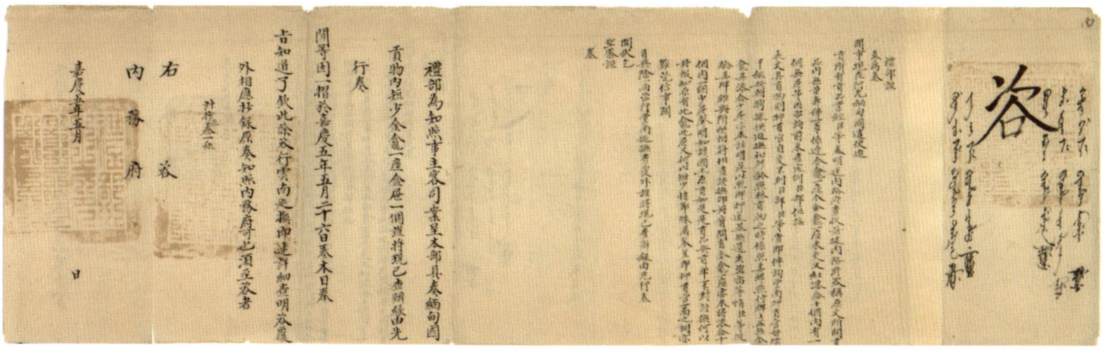

易，禁寇实难。此诚不可不亟为之虑。且使中国商货通于暹罗、吕宋诸国，则诸国之情尝联属于我，而日本之势自孤。日本动静虚实亦因吾民往来诸国侦得其情，可谓先事之备。又商船坚固数倍兵船，临事可资调遣之用。商税二万，不烦督责，军需亦免搜括之劳。市舶一通，有此数利。不然，防一日本而并弃诸国，绝商贾之利、启寇盗之端，臣窃以为计之过矣。”明、清两代都实行过海禁政策，明代是因为倭患，清代则由于郑氏。海禁“虽禁不严，而商舶之往来亦自若也”，但长期来看，给沿海人民甚至国计民生都带来严重后果，所以地方大员多以“开洋”为主要筹划：“莫若另为立法，将商人出洋之禁稍为变通，方有大裨于国计民生也。”

通过数件珍贵的明代天启、崇祯年间兵部尚书有关海禁事宜的题行稿，可知明朝皇帝长期坚守的海禁政策至明末清初已与日益增多的对外贸易需求相悖。康熙二十三年（1684）七月十一日，在内阁起居注中有康熙帝召集朝臣商议开海贸易的记录。翌年即 1685 年，清政府在东南沿海创立粤、闽、浙、江四大海关，清廷实行开海通商政策。

乾隆二十六年（1761）九月十五日，广东巡抚托恩多上奏“瑞典商船遭风货沉抚恤遇难水手折”，请求按照惯例，对朝贡各国或外洋各国来中国贸易的商船予以灾难救助。从明清时代对朝贡体系和外洋贸易的维护来看，中国明确制定了有关维护这一范围广阔的贸易秩序的措施与政策。无论是陆路贡使和商客的接待、陪护、贸易纠纷、借贷的规定，还是海路贸易中由于漂风、漂海等遇难船只、人员、货物的抚恤、资助，都颁布有详细的措施和法令。《大清会典》在“朝贡”条目下设有专门的“周恤”“拯救”等内容，具体规定了朝贡贸易或者自由贸易中发生的疾病、死难、漂风、漂海等灾难事件中的救助责任与赏罚措施（参阅《嘉庆朝钦定大清会典事例》卷四百“礼部・朝贡”“周恤、拯救”等内容）。这些由中国制定、各国遵守的法令与政策，是前近代世界贸易秩序存在并得以维持、延续的重要因素。从鸦片战争以后，以海、陆丝绸之路为主体的世界贸易秩序开始被以西方近代国际法为主导的世界贸易秩序所取代，但其间蕴含的互通、平等、周济的贸易精神，在现代依然有重要的价值。

对于历史的描述，从封闭停滞的中国到世界贸易中心的中国的巨大变迁，反映了中西方历史学界不同时期的中国认识观。现在我们通过中国自身的历史文献与档案史料来重新看待这一时期的中国历史，是在这些路径之外的一种全新的中国历史观。从明清档案来看，中国与世界的贸易联系在陆路、海路都存在多条路线，陆地上除了传统的西向、北向的两条丝绸之路外，还有东向的朝鲜贸易，南向的通往印度、安南、暹罗的高山之路等四条主要线路，海上除了传统通往欧洲的海路外，尚可细分为南洋、美洲、东洋等四条海路，这样，以明清档案还原的八条丝绸之路贸易网络，重新展现了明清以来中外的联系途径。八条丝绸之路远远不能涵盖所有以中国为中心的贸易路线与贸易活动，但是这是一个新的解释框架，我们希望这个框架能够描绘一部中国本位的中外贸易与文化交流史，也为我们重新认识明清以来的中国与世界，提供一个新的视角。

前 言

鱼宏亮　王　潋

在先秦至秦汉时代，丝绸之路是中国与中亚、地中海区域最为重要的联系纽带。中国丝绸制造有着悠久的历史。作为一种重要商品，其外传也可以追溯到公元前。在阿尔泰山北麓，今俄罗斯南西伯利亚发掘的一个叫巴泽雷克的墓地出土的刺绣和织锦，考古年代为公元前500年左右。这个墓地还出土了战国时期的铜镜，都反映出早在先秦时期，此地就与华夏地区有着联系。新疆托克逊阿拉沟墓地出土的丝织物，年代被定为战国时期。考古发现证实，至少战国时代就有中国丝绸西传。公元前后罗马时期的文献记录更为丰富。汉武帝时期张骞出使西域，通过艰苦卓绝的外交努力，开辟了一条官方维护的中西贸易通道后，中国的丝绸就源源不断地流入到罗马帝国，罗马逐渐成为中国丝绸外销的最大市场，中国的丝绸在当时成为一种流行的时尚品，古罗马的皇室、贵族均以拥有丝绸服饰而自豪，用中国丝绸制作的衣服，成了最时髦、最讲究的服装。华丽的丝绸被视为最珍贵的衣料，价比黄金，丝绸成了遥远的东方的象征物。因此，希腊、罗马时期的历史学家以“赛里斯”(Seres)——“丝绸之国”来指代中国。

一

传统意义上的“丝绸之路”是一条横贯亚欧大陆、以丝绸和多种商品贸易为主的古代陆上商路。以中国的古都长安（今陕西省西安市）为起点，经过河西走廊，经天山南北麓分为南北两条道路，北路翻越葱岭（今帕米尔高原），抵达现在的伊朗和中亚，直到地中海沿岸。南路穿越今天的巴基斯坦、阿富汗等地，抵达印度或者波斯湾。这是陆上丝绸之路的传统路线，我们称之为沙漠丝绸之路。从汉到唐，穿越西域的沙漠丝绸之路一直是联系东西方世界的主要通道。汉武帝时期统一西域，保证了这条大通道的秩序与稳定。东西方国家纷纷通过这条道路进行商业与外交活动，促进了丝绸之路的繁荣，也将亚欧大陆联系起来，成为古代世界最大的跨越大洲的世界网络。

穿过蒙古高原抵达伏尔加河、多瑙河、亚美尼亚以及中亚，可以抵达西欧，形成了著名的草原丝绸之路。16、17世纪以来，俄罗斯开始形成统一国家，成为横亘在亚欧大陆上最主要的国家。随着17世纪俄罗斯向西伯利亚的扩张，俄罗斯逐渐与中国发生直接的贸易与外交联系。中国第一历史档案馆藏清顺治十二年（1655）《为俄罗斯察罕汗派遣使节前来上贡事》（满文）等档案，显示了清朝与俄罗斯最早的使节往来，也不断延绵着北方草原丝绸之路的历史。此后俄罗斯占据了欧洲与中国外交与贸易的中间商的地位，并一直延续到鸦片战争以后。

除了传统的沙漠丝绸之路与草原丝绸之路外，西南的茶马古道，以及从西南穿越高山丛林的出境线路，也是另外一条古代丝绸之路——高山丝绸之路。通过西南的茶马古道，能够到达印度洋，加入海上丝绸之路。

同时，由于特殊的地缘关系，中国与朝鲜之间一直维护着一种紧密的封贡关系。尤其是明清以来，作为中国的藩属国，朝鲜与中国的贸易关系从未中断。跨越鸭绿江抵达朝鲜地区，形成陆上的过江丝绸之路，这也是一种以贸易与外交连接的重要通道，且更为稳固而久远。

二

在地理大发现以前，亚欧大陆的联系主要依靠陆上丝绸之路，也就是传统的沙漠丝绸之路与草原丝绸之路。对东西方联系道路的探索与开通，促进了商品、交通甚至战略物资在丝绸之路上的流通。除丝绸、布匹等珍贵货物外，交通工具及其相关的知识与技术，就逐渐成了中西交流的主要物品。在漫长的亚欧大陆商业线路上，主要是通过骆驼、马、驴等交通工具传输物品和人员。但在汉代开辟丝绸之路的时候，骆驼的普及不如马匹。西方学者薛爱华认为，“汉代在开拓西域时，商业性与军事性驼队中使用了成千上万的大夏驼”，中亚来的商队主要也是驼队。但是，汉朝在经营西域时，人员往来、货物运送与文书传递，主要以马匹为主。《居延汉简》和《肩水金关汉简》中都记载有“吏马驰行”的文字。总体上，马在古代战争中具有更为重要的战略地位，两汉时期，在国内地区主要以车、马为交通工具；在西域等长途贸易中，主要以骆驼为交通工具。而西域和中亚地区生产的良种马匹——天马，在两汉时期，一直是中原王朝统治集团梦寐以求的战略物资。

在内蒙古鄂尔多斯等多个地区发现的战国、秦、汉时期的墓室壁画中，绘有载着外交使节的“轺车出行”，正反映出秦汉时代派出乘坐着“轺车”的使节往来于亚欧大陆上的情景。西汉张骞开通西域后，中原王朝的使节最远抵达西罗马地区和地中海沿岸。交通的开辟，使得各国人员与物品得以进行世界性的交流与传播。西汉“文景之治”以后，汉朝成为东西方人员、物品荟萃之所：“养民五世，天下殷富，财力有余，士马强盛。故能睹犀布、玳瑁则建珠崖七〔郡〕，感枸酱、竹杖则开牂柯、越巂，闻天马、蒲陶则通大宛、安息。自是之后，明珠、文甲、通犀、翠羽之珍盈于后宫，蒲梢、龙文、鱼目、汗血之马充于黄门，巨象、师子、猛犬、大雀之群食于外囿。殊方异物，四面而至。”西汉国家设有专门的“酒池肉林”来招待西域与中亚各国的使节，使节们带来的各种奇珍异物都汇聚长安。东汉桓帝延熹九年（166），罗马皇帝马可·奥勒留（Marcus Aurelius）派使节出访汉朝到达洛阳，向汉桓帝献上礼物。南北朝时期，由于战争等多种不稳定因素，陆上丝绸之路出现短暂衰落，不过到了唐代很快再度繁荣。贞观十四年（640），唐太宗在西域设立安西都护府，保证了陆上丝绸之路的畅通，沿途商旅团队得以安全和正常地运转，造就了后来盛唐时期长安城万国来朝的繁华景象。

在亚欧大陆上行走的，除了作为主要交通工具和战略物资的马、骆驼等动物外，商品与物种也是丰富多彩。输出的商品，除耳熟能详的丝绸、茶叶、瓷器等三大商品外，还有谷子、高粱、樟脑、桂皮、姜黄、生姜、水稻、麝香和大黄等，更有陶器以及其他手工业品等。张骞第一次出使西域到大夏（中亚地区塞种人的部落国家），看见市场上有出产于蜀地的竹杖和细布。当然，人种、书籍、技术、文化的西流更呈现了一幅广阔的画面。

通过丝路输入中国的更多，首先是人种，汉武帝时安息（即波斯，今伊朗）王就送了两个犁轩（东罗马）魔术师给中国，时称幻人。文献记载他们"蹙眉峭鼻，乱发拳须"，是典型的欧洲人。西域各部族的人员源源不断地进入中原地区，在长安、洛阳、扬州、泉州等地定居生活，成为中国人中的一部分，杂技、魔术（幻人）、角抵等游戏、竞技活动充斥日常。其次是宗教与文化，经过中亚传来的景教（基督教）、佛教、袄教等宗教对中国的文化产生了重大影响。动物、植物、金属、矿石等物品更是部分改变了中国人的食物结构和风俗习惯。美国学者谢弗撰写的《唐代的外来文明》一书，罗列了从人种、家畜、野兽到香料、金属、书籍等19大类，非常丰富。

明代以后，茶叶开始传入欧洲，充当了亚欧大陆上的主要商品和文化使者。17世纪荷兰著名医师尼克拉斯·迪鲁库恩作为第一个热情推广饮茶的西方人，在《医学论》一书中，着力描述了茶的药用效果。在德国，虽然传教士激烈反对饮茶，说中国人之所以面黄肌瘦，就是太爱饮茶的缘故；在瑞典，人们起初对茶和咖啡的引入都抱怀疑态度，不敢贸然享用，但后来茶叶在欧洲大陆还是逐渐得到普及。

近代有史可考的文献记录表明，茶叶输入欧洲始于明万历四十年（1612）荷兰东印度公司运送了第一批茶叶到首府阿姆斯特丹。法国人到1636年才开始饮茶。英国最初是从荷兰输入茶叶的，到1669年英国东印度公司才直接从中国输入茶叶。此后饮茶成为英国人的"国俗"，"下午茶"成为各个阶层人士的习惯，甚至变成英国人的标志之一。

从现存的资料来看，大航海以前，无论是从陆上丝绸之路西传还是海上转口西传的茶叶消费，都停留在中亚和阿拉伯地区，欧洲人开始饮茶的记录都比较晚。这可能与中亚阿拉伯地区垄断了欧亚大陆两端的直接贸易有关，也是促使欧洲人探索新的通往东方的道路、出现地理大发现的原因。

17世纪以后，机器动力一举从力量和速度上都超越了自然的人与动物，依靠骑兵的机动性屡次毁灭农业文明与商业城市的游牧组织，从此也逐渐退出历史舞台。所以，17世纪也是游牧部落毁灭传统王朝的最后世纪。此后，世界历史舞台上的主角就变成了工业化国家。以马匹和骆驼为标志的传统丝绸之路迎来了新的主角与流通方式，开启了丝绸之路的新时代。

为了反映明清时期欧亚大陆的主要交流通道，我们将陆上丝绸之路分为四条主要道路，选取相关档案与文献来加以展示：

东路过江之路，即与朝鲜半岛的交往。撷取档案76件，主要反映了中朝之间的封贡关系、边境贸易和文化交融，包括相沿成例的朝贡道路、定期开市的边贸、年复一年领取中国皇帝颁行的历书等。

西路沙漠之路，是传统意义上的"丝绸之路"。撷取档案92件，主要反映了清朝与俄罗斯及中亚各国的贸易往来、维护国家领土完整统一的措施、对西北地区的治理开发、维护各民族团结稳定等。

南路高山之路，将中国与东南亚、南亚诸国紧密联系在一起。撷取档案85件，主要反映了东南亚藩属国在封贡体系下的朝贡活动、经贸往来以及贸易管理等。

北路草原之路，主要涉及了现在的俄罗斯和蒙古。撷取档案105件，主要反映了库伦、恰克图贸易促成的蒙汉贸易和中俄经济联系的兴盛繁荣以及中俄间政治、商贸和边界事务等。

三

审视陆上丝绸之路的历史变迁，我们发现，在近代海洋时代到来以前，亚欧大陆存在着通过多个方向的丝绸之路连接形成的大陆体系。这个大陆体系包括了亚洲、欧洲、非洲的众多国家和民族，是近代以前范围广泛、影响深远、历史悠久的世界体系。

从中国周边来讲，中国与朝鲜半岛政治、经济联系紧密，东南地区的安南、缅甸等国也从制度上和贸易上都纳入了同一政治共同体的朝贡体系，所以双方往来的事务中具有特别的内容和意义。朝鲜和安南都使用汉字或者处于汉字文化圈，而作为藩属国，则与中国共享“历法”甚至某些法律制度。明清时期，中原王朝的“历书”通过定期的“赐历”“颁历”进入藩属国，以规范各国的农事、节令等活动，是共同体内享受文明成果的重要“权利”。因此彼时朝鲜、安南都有“小中华”的意识，显示了这一共同体于政治、经济联系之外在文化上的反映。

进入近代以来，亚洲朝贡体系受到新兴的国际关系的冲击，在将近半个世纪的列强侵略中，东亚和东南亚地区的藩属国最终都走上民族国家的道路，传统朝贡体系让位于现代国际关系。现存的众多条约、章程与档案，比较完整地反映了这个过程。传统上通过陆上丝绸之路连接起来的俄罗斯、中亚地区各国，与明清王朝形成的关系也发生了本质的变化。

近代以来的科学革命也深刻地影响着亚欧大陆的贸易与交往模式。1826年英国修建从利物浦到曼彻斯特的铁轨，出现了世界上第一条铁路。从1891年开始修建直至1916年全线通车的俄罗斯西伯利亚大铁路，成为第一条横贯欧亚的陆上新型运输线路，俄罗斯于1900年就出版了围绕西伯利亚大铁路的社会资源的全面调查报告。陆上运输方式的革命，深刻地改变了人类的行为模式，并且对全球的生产、经济产生深远影响。

近代的地理大发现，促进了海洋航路的开辟和全新的海洋体系的形成，并催生了一系列近代资本主义革命和政治经济新秩序。

海洋时代将世界扩大为一个全面联系的世界，也将近代才产生的社会制度与生产方式推广到了全球。这种改变历史发展速率与广度的变迁，遮蔽了人类曾经依靠大陆所创造的共同财富与文明。封贡体系的形式固然与单个民族国家为核心的世界体系格格不入，但在古代社会，正如美国历史学家彭慕兰所言：“朝贡制度的设计和基本运作力量，源自对文化、政治、身份地位的关注，而非源自对追求最大利益的关注。”中华封贡体系的核心意识形态“天下观”中最关注的，是以道德标准来规范各国的利益与冲突，所谓“化干戈为玉帛”，以礼乐教化来组织国家关系，最大限度地减少通过战争与屠杀来解决争端，以捍卫人类社会的文明成果。这是大陆体系与海洋秩序相区别的本质所在。利益最大化是新兴的资本主义带给世界的新理念，在19世纪前这种理念在中国还不具有道德上的正当性，以此来衡量古代丝绸之路上结成的古老关系，难以认识到真正的丝绸之路精神。

以此来看，丝绸之路作为中西方交往的重要桥梁，曾经对古代亚欧大陆的人类历史进程起到重要的推动作用，也将在新的历史时期焕发出新的活力，为人类命运共同体的实现贡献新的功能和价值。

高山之路卷·导言

石竞琳　吴剑锋　徐到稳

明清时期中国的东南邻国，也就是现在所称的东南亚地区，存在着不少地方性政权。这些国家大多与中国有着历史悠久和密切的交往关系。中国秦汉时期经营西南地区，先后设立郡县等地方行政机构，为西南徼外诸国与中国的商业、外交往来提供了条件。明代以渤泥（今文莱）为界，将其东称为东洋、其西称为西洋。明成祖派遣郑和七下西洋，因为航行所经之地均在文莱以西，所以称为"郑和下西洋"。到了清代，又出现"南洋""东南洋"的称呼。明清以来，这一地区通过中国西南陆路从事朝贡或者贸易活动的国家，主要有安南（今越南）、廓尔喀（今尼泊尔）、南掌（今老挝）、缅甸、印度等国家。清朝自雍正年间在西藏设立驻藏大臣管理西藏，加强了西藏与中央政府的联系，同时也促进了廓尔喀、印度、缅甸等国家与中国的文化交流和商业贸易。

一

中国与东南亚国家毗邻地近，自古交往密切。秦汉时期持续对西、南夷的经营，设立了桂林、南海、象郡等行政机构。为了开辟通过身毒（今印度）通往大夏（西域古国，西汉时占据妫水河上游两岸，后为大月氏所灭）、乌孙（西域古国，西汉时占有伊犁河谷）的道路，汉武帝又持续对西南地区用兵，建立了益州郡、武都郡等一系列行政机构。两汉时期，交趾（今越南）成为郡县，为西南地区的商业和开发创造了条件。唐宋时期，开始形成稳定的茶马古道，穿越横断山脉贯穿藏、川、滇高原的三江流域（金沙江、澜沧江、怒江），这条商道从云南各州经迪庆及昌都、拉萨，抵达尼泊尔、印度等南亚地区，形成了一条以茶马古道为主的高山商业之路。唐宋以来，饮茶已经成为了风尚，并影响到周边国家和地区，内地茶叶作为重要生活用品开始大量输出。《新唐书·陆羽传》记载："羽嗜茶，著经三篇，言茶之源、之法、之具尤备，天下益知饮茶矣……其后尚茶成风，时回纥入朝，始驱马市茶。"这是茶马互市的开端。唐代两次对吐蕃实行和亲政策，先后将文成公主、金城公主嫁给藏王赞普，在大量的随从人员中，有制作茶叶、金银制品及陶器的手工业工人，有内地作物、种子等物资，并随带有《毛诗》《礼记》等大量经典，推动了吐蕃的社会经济文化发展。商业、手工业甚至饮茶等习俗，都在吐蕃兴起。唐代诗人陈陶在诗中说："黠虏生擒未有涯，黑山营阵识龙蛇。自从贵主和亲后，一半胡风似汉家。"这种社会经济、商业、文化的互补和交流，成为西南高山商业之路得以繁盛的主要条件。

明清以来，茶叶、丝绸等重要商品的贸易出现大幅度增长。明代设立专门的茶马司，实行“金牌信符”的茶马贸易政策，通过官方发放许可证的形式控制用茶叶换取马匹等重要战略物资。此外，也通过陕西榆林、宁夏花马池等地，与西南地区进行盐马贸易。这样，西南藏彝走廊也成为沟通中原与西南地区的商业大通道。在第二次世界大战期间，由于日本侵略东南亚地区，东南海上道路受阻，西南地区的茶马古道再度发挥重大的战略作用。由此可见，这条高山丝绸之路，在历史上占有着重要的地位。

西南高山之路得以发展、兴盛，主要受到以下因素影响:（1）长期发展起来的海路、陆路交通，把中国同西南周边国家联系在一起。（2）有些国家在历史上曾经是中国的郡县，其政教、文化都深受中国影响。（3）有些国家从明清时期起就作为中国的藩属国，以朝贡的形式与中国建立了密切的关系。（4）这些地方也在不同历史时期移入了大量华人，形成了庞大的华人群体，这些人是从事商贸活动的主要促进者。（5）儒教不仅在东亚地区的朝鲜、日本、琉球等地有着重要影响，在东南亚地区也是重要的文化来源。传统儒学中的仁爱、忠孝、信义、礼乐等核心观念与制度，在周边的藩属国中有着深厚的传承，形成儒教文化圈。越南等国还以“小中华”自居，对明清时期西南丝绸之路沿线地区的贸易往来与文化交流起到重要作用。

17世纪起西方文化开始在东亚、东南亚地区传播，一些海上国家比如今马六甲、印度尼西亚、菲律宾等地，成为天主教传播的主要基地。中国西南方向的诸国，也渐渐受到西方文化的影响。直到近代遭受到西方列强的侵略，这些国家与中国的关系才发生根本的变化，从藩属国演变为现代民族国家关系。

中国与东南亚国家有着悠久的商业与物质文化联系。中国的铁制农具、耕作技术、养蚕织锦、造纸印刷、丝绸瓷器，甚至典章制度都传播到这一地区，形成了一个强大的中华文化辐射圈。同时这些国家也向中国输入新的物种。例如越南的占城稻在宋真宗（998—1022）时期输入中国的江浙地区，以其耐旱、高产、粒大、味甘等特性在中国广为推广。明清以来作为重要救灾、抗饥作物的甘薯（红薯、番薯），通过越南、缅甸等地传入中国。

安南、印度诸国，早在秦汉时期就与中国建立贸易联系。中国在秦汉时期在安南（时称交趾）设立郡治，直到隋唐时期，安南大多数时期都作为中国的地方行政区域存在。明初将其纳入交趾承宣布政使司。清嘉庆八年（1803），改安南为越南，赐其王号，仍为藩属国。安南（交趾）在秦汉时期通过合浦等地与内地建有固定的贡道，此道经桂林北上湖南，大量安南（交趾）商人经此道路从事稻米与瓷器贸易。明清时期通过镇南关和合浦、徐闻等陆、海路线，进行朝贡与朝贡贸易，民间贸易也很兴盛。

中缅两国的贸易交往可上溯到西汉时期。缅甸的木棉、玻璃器、瑟瑟（绿宝石）是北上贸易的主要商品。中国输出的商品则包括丝绸、漆器、瓷器等。13世纪起，玉石贸易数量扩大，大批中国采玉工匠也进入缅甸。云南商人在缅甸设立的玉石店铺达到数百家。这些商人还把铜锣、铁锅、剪刀、农具等产品输入缅甸。据记载缅甸当时“地亘数千里，其酋居阿瓦城，城西濒大金沙江。江发源野人番地，纵贯其国中，南注于海。沿海富鱼盐，缅人载之，溯江上行十余日，抵老官屯、新街、蛮暮粥市，边内外诸夷人皆赖之。而江以东为孟密，有宝井，产宝石。又有波龙者，产

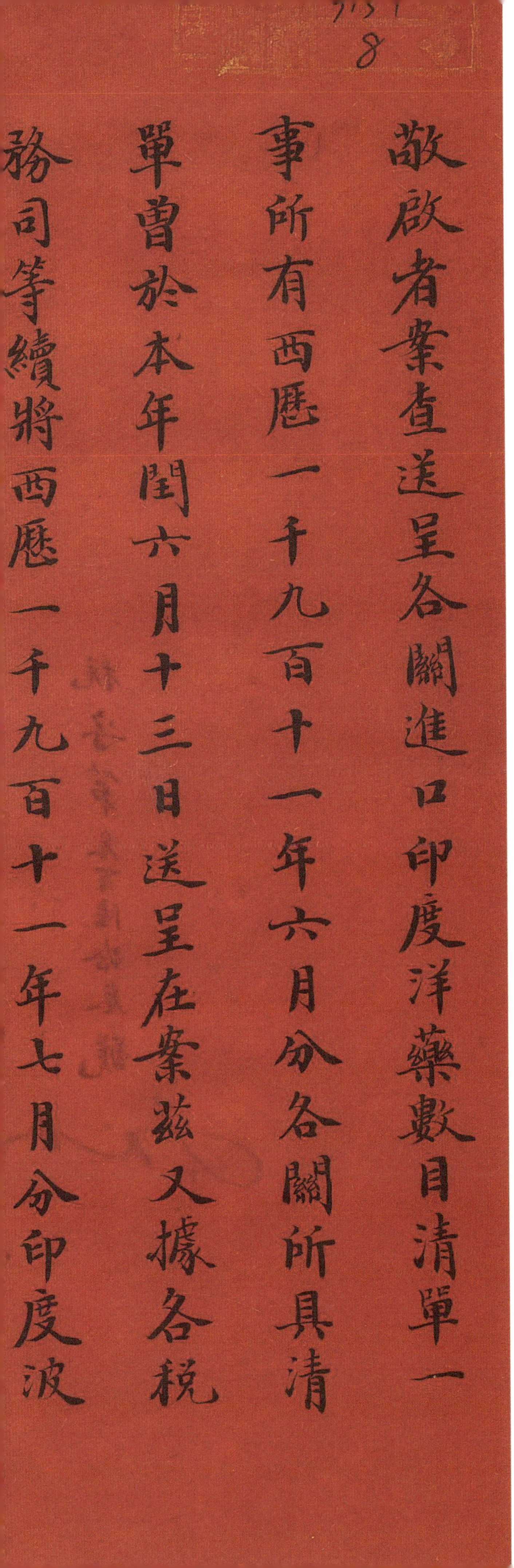
敬啟者案查送呈各關進口印度洋藥數目清單一
事所有西歷一千九百十一年六月分各關所具清
單曾於本年閏六月十三日送呈在案茲又據各稅
務司等續將西歷一千九百十一年七月分印度波

银。江西、湖广及云南大理、永昌人出边商贩者甚众，且屯聚波龙以开银矿为生，常不下数万人”。

老挝邻近我国云南地区，三国时期被称为“堂明”或“道明”，东吴时期道明曾遣使来贡。7世纪，这一地区的政权称为真腊，又分为南北两部。北部地区多山阜，号称陆真腊，国都建在文单城（今万象），又称文单国，与唐朝关系友好，曾经先后四次向唐朝派遣使者。6世纪前后老挝也成为一个佛教中心，佛教通过老挝传入中国云南等地，中国典籍中曾经记载其“国尚佛道及天神，天神为大，佛道次之”。

古代泰国与中国的交往，早在《汉书·地理志》中就有记录：“自日南障塞、徐闻、合浦船行可五月，有都元国；又船行可四月，有邑卢没国；又船行可二十余日，有谌离国……”谌离国就是今泰国之佛统之地。14世纪前后暹罗国出现，与中国关系密切。明朝抗击日本丰臣秀吉的援朝战争，暹罗国曾经上表表示愿意派兵助战。清王朝与暹罗从顺治九年（1652）起就建立了朝贡关系，有清一代，暹罗作为藩属国，贡使朝贡40余次，清王朝给其“贡使所带货物，听随便贸易，免其征税”的礼遇。

经过四川、云南抵达缅甸、印度，是中国古代西南陆上丝绸之路的重要线路之一。中国丝绸在秦汉时期就由四川经云南通过缅甸、印度而达中亚、欧洲和非洲等地。汉武帝通“身毒”（印度），则在官方的层面保障了交流的通道。早期欧洲和阿拉伯商人也经过印度抵达缅甸登陆，由陆路经云南、四川到达陕西、河南。因此这条经我国西南地区穿越高山的陆上丝绸之路，同北方丝绸之路与南方海上丝绸之路一样，是一条历史悠久的东西方贸易通道。这条道路上的西南诸国，越南、尼泊尔、印度、缅甸、泰国等国，在明清时期也

咨稱奉大臣奉

命赴義庇領出使經費請准案照歷次專使成案撥放支

欽具奏隨各員以資薪水治裝各項均需預為分籌

查津海關存有應解江海關出使經費一款擬就近由

該關道籌先行支領經費銀肆萬兩以資辦公嗣後如

有不敷之處准由本大臣隨時函咨北洋大臣飭津海

關道陸續匯解以歸一律應請飭咨北洋大臣札飭津

海關陸續支發匯解即於應解江海關出使經費項下

照數劃抵等因前來本部查出使經費一項向由各

都留下众多官私文书档案，反映出与中国密切的政治、经济与文化联系。

二

明清时期，西南诸国大多与中国建立了藩属关系。在朝贡贸易的形式下，商贸与外交活动繁荣、活跃。例如：

安南。乾隆五十七年（1792），清王朝解除安南关禁，开通平而关、水口关、由村隘，在安南国高平镇牧马庯、谅山镇驱驴庯设立市场进行贸易。署理两广总督郭世勋在奏折中提出“仍循旧例”，在浔州、梧州两厂征税，其于龙州隘口免于征税。同时设立十个安南通市牙行并征牙税。

廓尔喀。乾隆五十七年，福康安代表清王朝与廓尔喀就双方进行公平贸易等事宜进行了协商。他提出制定管理藏地贸易的章程，规定巴勒布番民每年贸易三次，克什米尔人每年贸易一次。同时，也妥善解决了廓尔喀与中国西藏贸易过程中因新旧银钱兑换产生的纠纷。光绪十四年（1888），廓尔喀贡使赴京朝贡，随行携带有当地土货，在京期间提出出售这些土货的要求。崇文门商税事务衙门此前曾收到理藩院的咨呈，对廓尔喀遣使呈进贡物免税查验放行。

南掌国。咸丰三年（1853），南掌国按例进京朝贡。同年八月接到咸丰帝谕旨：南掌国贡使此次不需要来京，贡物、贡象由云南督抚派专人押送到北京。赏赐给南掌国国王及使臣的物品，交由云南督抚派人送出关，转交给南掌国。

暹罗国。康熙二年（1663），暹罗正贡船行至七洲海面，遇风飘失护贡船一，至虎门，仍令驶回。三年七月，平南王尚可喜奏暹罗来馈礼物，却不受。其年，议准暹罗进贡正贡船二艘、员役20名、补贡船一艘、员役6名来京，并允贸易一次。次年十一月，国王遣陪臣等赍金叶表文，文曰：“暹罗国王臣森列拍腊照古龙拍腊马嘑陆坤司由提呀菩埃，诚惶诚恐稽首，谨奏大清皇帝陛下。伏以新君御世，普照中天，四海隶帡幪，万方被教化。卑国久荷天恩，倾心葵藿，今特竭诚朝贡，敬差正贡使握坤司吝喇耶迈低礼、副贡使握坤心勿吞瓦替、三贡使握坤司敕博瓦绨、大通事揭帝典办事等臣，梯航渡海，赍上金叶表文、方物进献，用伸拜舞之诚，恪尽远臣之职。伏冀俯垂天听，宽宥不恭，微臣不胜瞻天仰圣战栗屏营之至，谨具表以闻。御前方物：龙涎香、西洋闪金缎、象牙、胡椒、藤黄、豆蔻、沉香、乌木、大枫子、金银香、苏木、孔雀、六足龟等；皇后前半之。”康熙帝回赐暹罗国王缎、纱、罗各6匹，金缎、纱、罗各4匹，王妃各减2匹。正副使等赏赉有差。定暹罗贡期三年一次，贡道由广东，常贡外加贡无定额。贡船以三艘为限，每艘不许逾百人，入京员役20名，永以为例。

除了借由朝贡兴起的贸易，在18至19世纪，随着印度沦为英国的殖民地、越南沦为法国的殖民地，印度、越南与中国之间的贸易形式也发生了改变，其中更多反映的是英国和法国对于贸易的诉求。例如：

光绪三十三年（1907），清政府任命张荫棠为钦差全权大臣西藏查办事件大臣赴印度加尔各答，与英国进行关于藏印通商章程的谈判。光绪三十四年，《中英修订藏印通商章程》签订，其中内容就涉及在西藏地区的亚东、江孜、噶大克三处开放商埠和设置税关。清政府责令外务部就亚东、江孜、噶大克设置机构、派遣官员、印茶入藏、开关征税、商埠经费等事宜详细商讨。

光绪十一年（1885），清政府与法国在天津签订《中法会订越南条约》。其中第五款规定：“中国欲北圻陆路交界，允准法国商人及法国保护之商人运货进出。其贸易应限定若干处，及在何处，俟日后体察两国生意多寡及往来道路定夺。”“通商处所在中国边界者，应指定两处：一在保胜以上，一在谅山以北。”

从现存档案来看，中国同这些国家通过西南方向的陆地交通路线建立了紧密的政治与贸易关系。例如多件档案都涉及安南、缅甸、廓尔喀等藩属国进京朝贡的管理和赏赐，以打箭炉为中心的贸易集散，地区战争与纠纷的调解，都有赖于这样一个封贡关系的认同与维护。茶叶、马匹、盐、布匹、绸缎这些生活与生产必需品，也是联系这个范围广阔的贸易区域的重要因素。比如康熙六十一年（1722），清朝对暹罗入贡照安南国例，加赐国王缎8匹、纱4匹、罗8匹、织金纱罗各2匹，王妃缎、织金缎、纱、织金纱、罗、织金罗各2匹。同年，暹罗国王奏称彼国有红皮船2匹，前被留禁，请令广东督抚交贡使带回。康熙帝允准其请，并谕礼部曰：“暹罗米甚丰足，若运米赴福建、广东、宁波三处各十万石贸易，有裨地方，免其税。部臣与暹罗使臣议定，年运三十万石，逾额米粮与货物照例收税。”这都是封贡体系各国相互依赖的最好例证。

三

随着中国走向近代社会，中国对内、对外的治理和管理模式都发生了重大变化。西方列强侵入中国及其周边的同时，也带来了西式的国家关系与国际法模式，这种模式随着清政府国力的衰弱开始侵入或者重构中国与周边国家业已存在的贸易关系。到了晚清时期，这些国家基本上结束了与清政府的封贡关系，变成了新的国家关系。本路档案中有若干档案内容涉及这种变化的过程，如英、法介入西南地区，改变传统贸易体制，与清政府签订新的通商章程等档案，可以反映出这个历史过程。

明清时期西南诸国与清政府政治经济关系变迁既有明代、清代宗主国的兴亡、更替的变化，又有自身的演变。这些因素都影响着西南贸易活动与贸易通道的变迁。就以明清两朝与处于西南贸易通道枢纽地位的缅甸来分析，中缅之间的关系就大致经历了以下八个阶段的变迁：

1368—1530：发展时期
1531—1606：缅军侵滇
1607—1657：间歇期
1658—1681：底定云南之战（1658-1659）
三藩之乱（1673-1681）
1682—1761：和平时期
1762—1769：清缅战争
1769—1885：繁荣时期
1886—1912：英国占领上缅甸，使之成为向我国西南地区倾销商品的通道

明清时期纵跨传统与近代，横向经历殖民侵略与东西方冲突，在复杂的内、外政治经济条件下，各地区人民为了维护互相的贸易与文化交往，付出了艰苦努力。

通过以上的历史时期的回顾，结合本路档案的内容，大致可以勾勒出包括茶马古道在内的明清丝绸之路在西南地区通过高山之路而发生、演变的历史过程，也为我们认识现代东南亚地区与中国的历史联系提供了一个新的长时段的历史坐标。

凡 例

1. 本书所辑档案，均为中国第一历史档案馆所藏明清两朝原始档案。

2. 本书依据所辑档案涉及的国家（地区），分为陆上丝绸之路编与海上丝绸之路编。陆上丝绸之路编分为四卷，即过江之路卷、高山之路卷、沙漠之路卷、草原之路卷；海上丝绸之路编分为四卷，即东洋之路卷、南洋之路卷、西洋之路卷、美洲之路卷。

3. 本书所辑档案，大抵按照档案文件形成时间依次编排。部分关于同一事件或主题的多件档案，编为一组，以最早时间进行排序。

4. 每件档案时间，以具文时间或发文时间为准；没有具文或发文时间者，采用朱批、抄录、收文时间；有文件形成时间过程者，标注起止时间。没有明确形成时间的档案，经考证推断时间；暂难考证时间者，只标注朝代。

5. 本书所辑档案标题，简明反映各件档案的责任者、文书种类、事由、中西历时间等信息，文字尽量反映档案原貌。

6. 本书所辑档案，一般以“责任者 + 文书种类 + 时间”的方式命名，如遇一件档案分排多页或一件档案内含多份者，则标注“之一”“之二”等。

7. 因版面所限，本书所收个别档案为局部展示。

8. 本书所辑档案，均撰拟相应释文，简要阐释档案的主要内容和相关历史背景。

目录

左侍郎聯

右侍郎伍

軍機大臣外務部尚書會辦大臣瞿

外務部尚書會辦大臣那

两广总督马尔泰题本：

为安南贡使黎有鐈等归国日期事

乾隆四年九月初十日（1739 年 10 月 12 日）

明清时期的藩属国在宗主国新皇帝登基后，都会派使臣前来朝贺。此外，还会定期派遣使者到北京进行朝贡，而朝贡的期限和人数均有严格限制。明制，安南“三年一贡”。清康熙二年（1663）再定“贡期三年一次”，康熙七年改为“六年两贡”。据乾隆朝《钦定大清会典》记载“安南六岁再至”，“安南、缅甸、南掌入贡人无过百，赴京无过二十”，“朝贡礼毕，安南……均疏列礼部满汉司官各二人引见，恭候钦点一人送至各省会城，督抚遣官伴送出境”。该件档案记录了乾隆初年，安南国王黎维祎遣使黎有鐈到北京恭贺乾隆帝登基的情况；乾隆四年（1739），由沿途官员陪同经广西镇南关归国，归国前点验有无夹带违禁货物、人数是否相符；事毕，将贡使归国日期和情况向朝廷进行汇报。

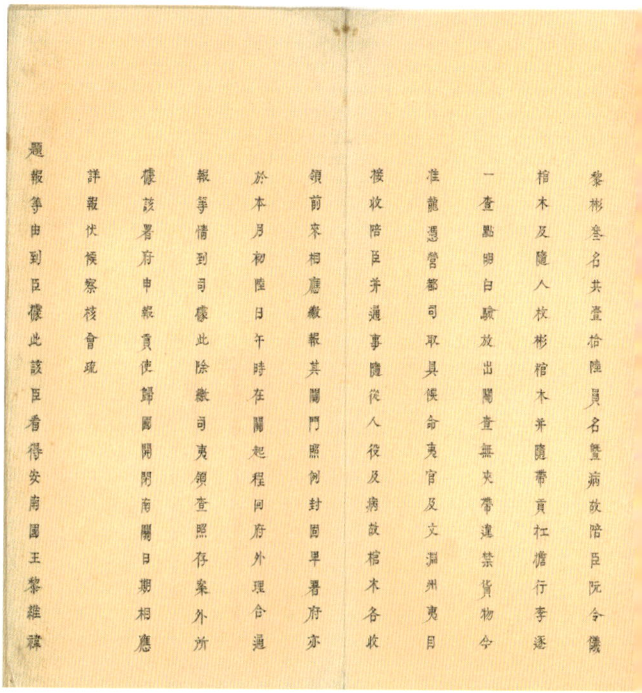
黎彬叁名共壹拾陸員名暨病故陪臣阮令儀
棺木及隨人枚彬棺木并隨帶貢杠擔行李逐
一查點明白驗放出關查無夾帶違禁貨物令
准龍憑營都司取具候命夷官及文淵州夷目
接收陪臣并通事隨從人役及病故棺木各收
領前來相應繳報其關門照例封固畢署府亦
於本月初陸日午時在關起程回府外理合通
報等情到司據此除繳司夷領查照存案外所
據該署府申報貢使歸國開閉南關日期相應
詳報伏候察核會疏
題
報等由到臣據此該臣看得安南國王黎維禕

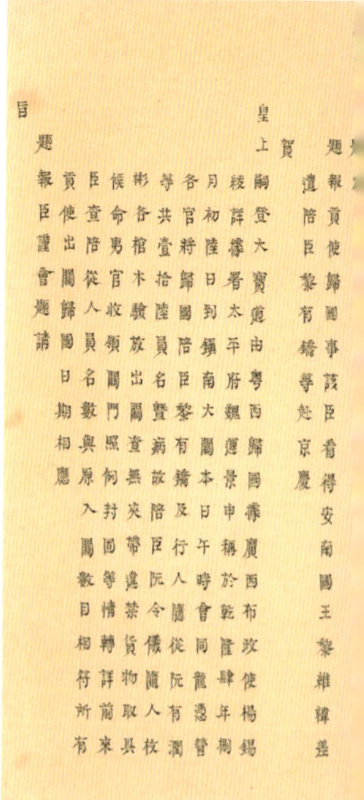
題
報貢使歸國事該臣看得安南國王黎維禕差
遣陪臣黎有鐈等赴京慶
賀
皇
上嗣登大寶道由粵西歸國業據廣西布政使楊錫
紱詳據署太平府魏運景申稱於乾隆肆年捌
月初陸日到鎮南大關本日午時會同龍憑營
各官將歸國陪臣黎有鐈及行人隨從阮有潤
等共壹拾陸員名暨病故陪臣阮令儀隨人枚
彬各棺木驗放出關查無夾帶違禁貨物取具
候命夷官收領關門照例封固等情轉詳前來
臣查陪從人員名數與原入關數目相符所有
貢使出關歸國日期相應
題
報臣謹會題請
旨

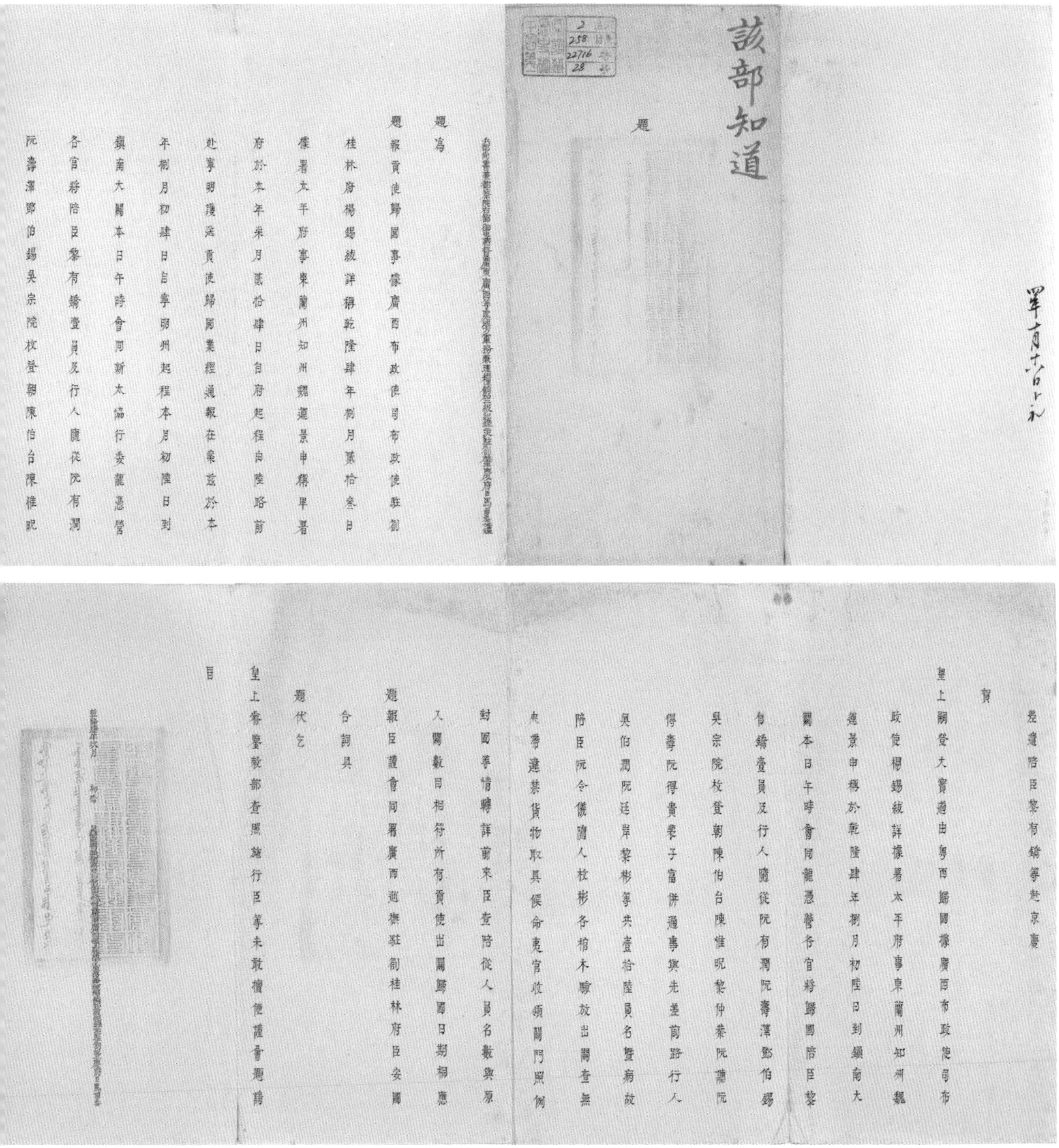
該部知道

題

題為
題報貢使歸國事據廣西布政使司布政使駐劄
桂林府楊錫紱詳稱乾隆肆年捌月貳拾叁日
據署太平府事東蘭州知州魏運景申稱卑署
府於本年柒月貳拾肆日自府起程由陸路前
赴寧明護送貢使歸國業經通報在案茲於本
年捌月初肆日自寧明州起程本月初陸日到
鎮南大關本日午時會同新太協行委龍憑營
各官將陪臣黎有鑄壹員及行人隨從阮有潤
阮壽澤鄧伯錫吳宗阮枚登朝陳伯台陳惟昵

差遣陪臣黎有鑄等赴京慶
賀
皇上嗣登大寶道由粵西歸國據廣西布政使司布
政使楊錫紱詳據署太平府事東蘭州知州魏
運景申稱於乾隆肆年捌月初陸日到鎮南大
關本日午時會同龍憑營各官將歸國陪臣黎
有鑄壹員及行人隨從阮有潤阮壽澤鄧伯錫
吳宗阮枚登朝陳伯台陳惟昵黎仲恭阮謙阮
得壽阮得貴麥子富併通事與先差前路行人
吳伯潤阮廷岸黎彬等共壹拾陸員名暨病故
陪臣阮令儀隨人枚彬各棺木驗放出關查無
夾帶違禁貨物取具候命夷官收領關門照例
封固等情轉詳前來臣查陪從人員名數與原
入關數目相符所有貢使出關歸國日期相應
題報臣謹會同署廣西巡撫駐劄桂林府臣安圖
合詞具
題伏乞
皇上睿鑒敕部查照施行臣等未敢擅便謹會題請
旨

乾隆肆年玖月 初拾

两广总督马尔泰题本（乾隆四年九月初十日）

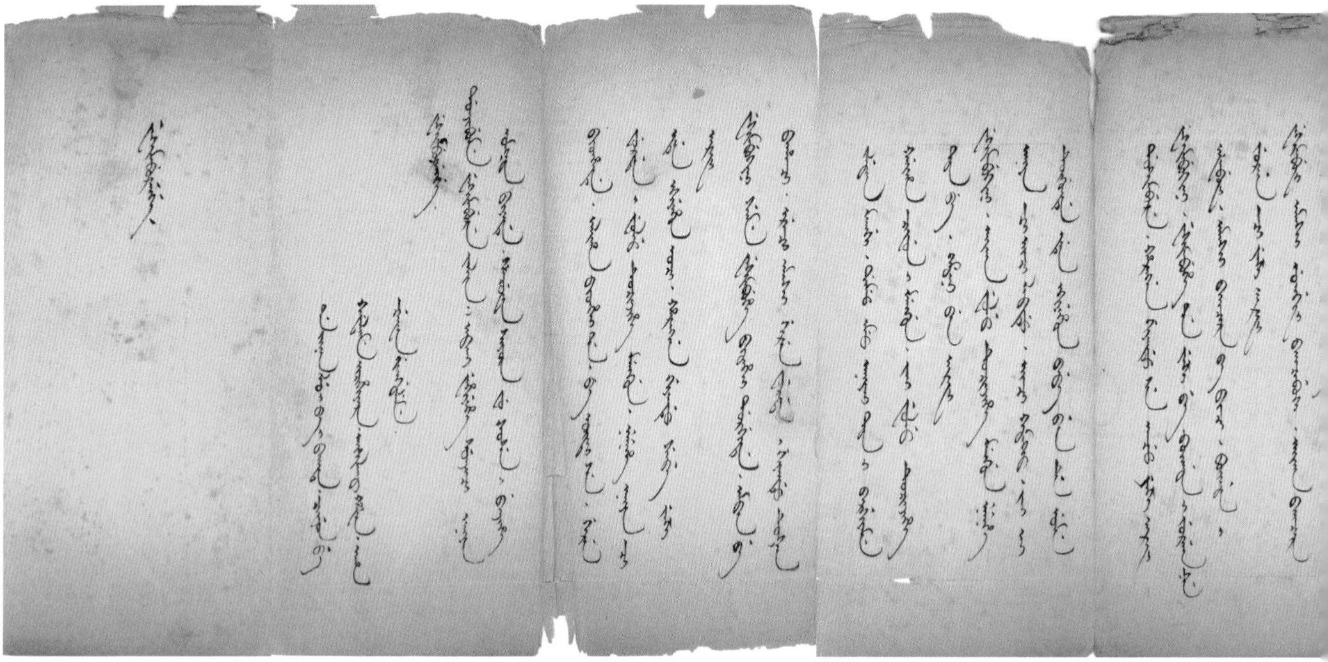

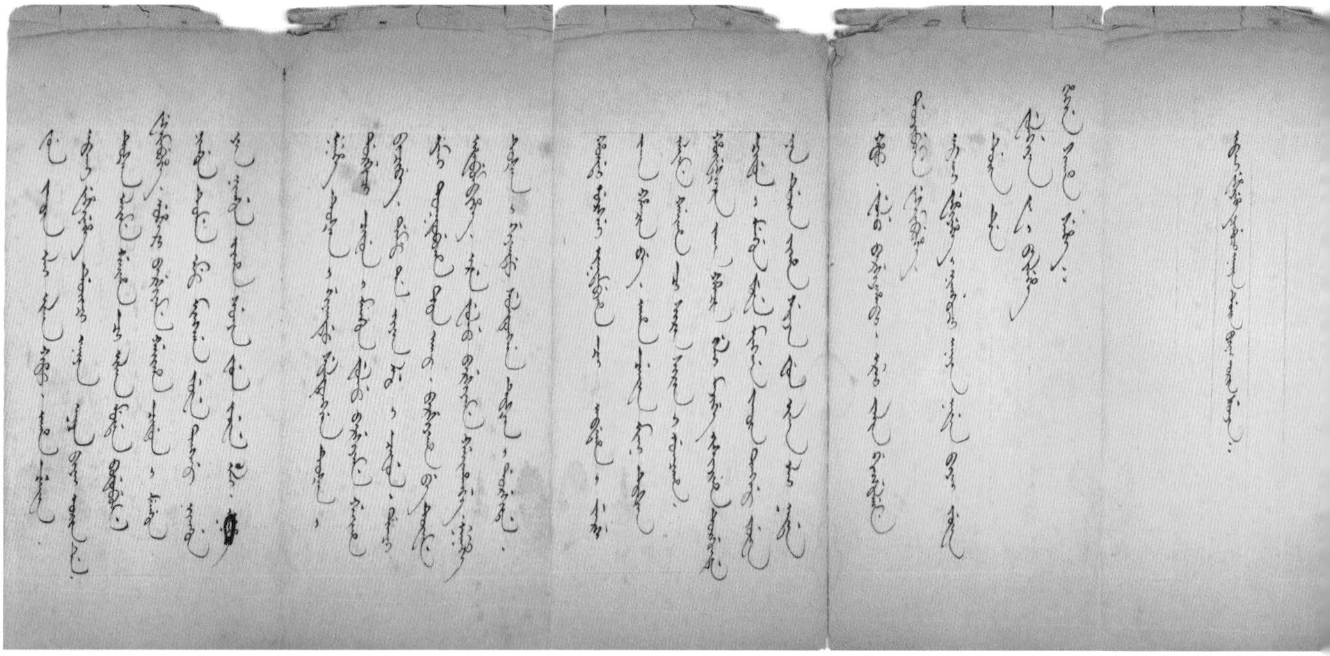

管理打箭炉地方税收员外郎陈万奏折（乾隆六年四月二十五日）

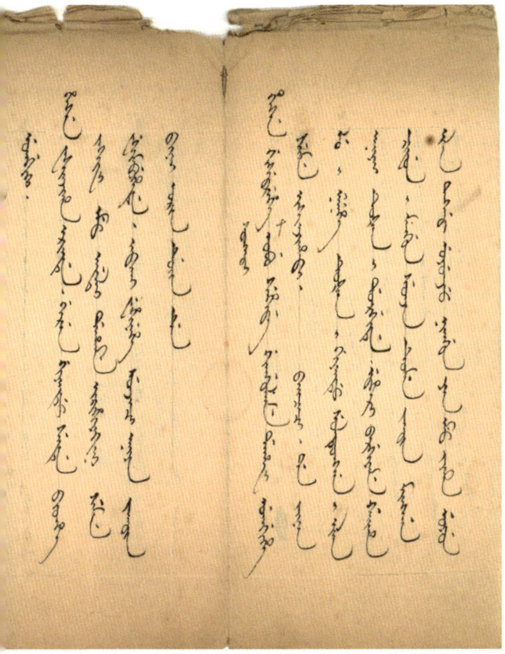

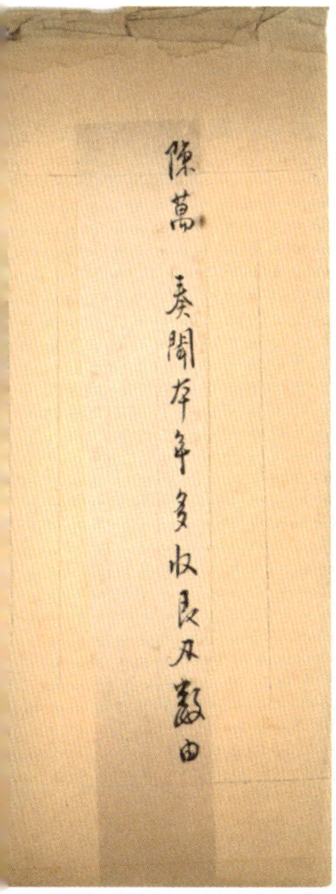

管理打箭炉地方税收员外郎陈万奏折：

为本年多收银两数目事

乾隆六年四月二十五日（1741 年 6 月 8 日）

打箭炉是元、明以后随着茶马互市发展起来的一个贸易集镇。《西康图经》记述：“打箭炉本非市场，自唐以来，随茶马交易，日趋繁盛，由架设帐幕之临时市场，而为建筑碉房之锅庄。”明末起，川藏贸易集散地从黎州、岩州西移到打箭炉，商旅大增。明正土司也在打箭炉“建垒营寨，置土目于此”。雍正七年（1729），打箭炉正式设厅，次年开始修筑城垣、衙署、仓库。康熙四十年（1701）设立税关，开始征收茶税和杂货税。康熙四十一年，遣官郎中舒图、员外郎铁图偕喇嘛达木巴、喇嘛色尔济等住炉监督贸易。清前期，炉关只有一个征税口，设于城东门外，并在城东 30 里设有杨柳卡，负责稽查货物、查验路票、登记号簿。光绪七年（1881），由于雅州、天全州、荥经、名山、邛崃不再征收茶叶的产地税，茶税全部划拨炉关征收。炉关的税则为从价税，每银 1 两征税 3 分，且规定勿取于彼。可见打箭炉在有清一代的兴起与臻于鼎盛。本件档案是乾隆六年派驻打箭炉税官员外郎陈万奏报的本年多收银两缘由。从这件档案来看，其前任三年的税银总数为 58796 两 1 钱 9 分 8 厘 3 毫，而从乾隆四年至六年共收 61206 两 6 钱 5 分 2 厘，比前任多收了 2410 两 4 钱 5 分 3 厘 7 毫。从这个数字可以看出乾隆初年打箭炉贸易的发展规模和增长速度，是清代西南贸易的重要资料。

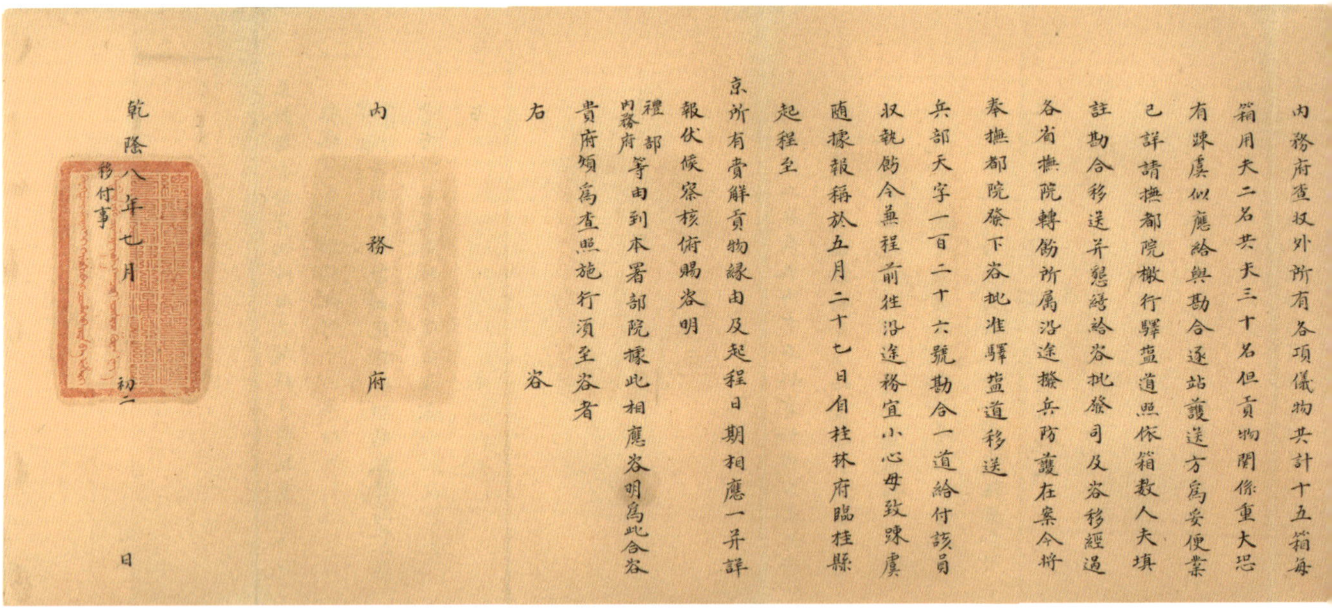
内務府查收外所有各項儀物共計十五箱每
箱用夫二名共夫三十名但貢物關係重大恐
有疎虞似應給與勘合逐站護送方爲妥便業
已詳請撫都院檄行驛塩道照依箱數人夫填
註勘合移送并懇給咨批發司及咨移經過
各省撫院轉飭所屬沿途撥兵防護在案今將
奉撫都院發下咨批准驛塩道移送
兵部天字一百二十六號勘合一道給付該員
收執飭令兼程前往沿途務宜小心毋致疎虞
隨據報稱於五月二十七日自桂林府臨桂縣
起程至
京所有貴解貢物緣由及起程日期相應一并詳
報伏候察核俯賜咨明
禮部
內務府等由到本署部院據此相應咨明爲此合咨
貴府煩爲查照施行須至咨者
右　　咨
內　務　府
乾隆八年七月　初二　日
移付事

广州将军暂署两广总督策楞致总管内务府咨文：

为安南进贡谢恩各仪物派员赍解进京情形及起程日期事

乾隆八年七月初二日（1743年8月20日）

礼部致总管内务府咨文：

为安南国王黎维祎遣使恭进乾隆三年六年岁贡及谢恩二次礼物委员解送内务府查收事

乾隆八年十二月十二日（1744年1月26日）

署理广西巡抚鄂昌致总管内务府咨文：

为广西委员管解安南乾隆九年并十二年两贡库贮金银沉香等项仪物赴内务府查收事

乾隆十三年五月二十四日（1748年6月19日）

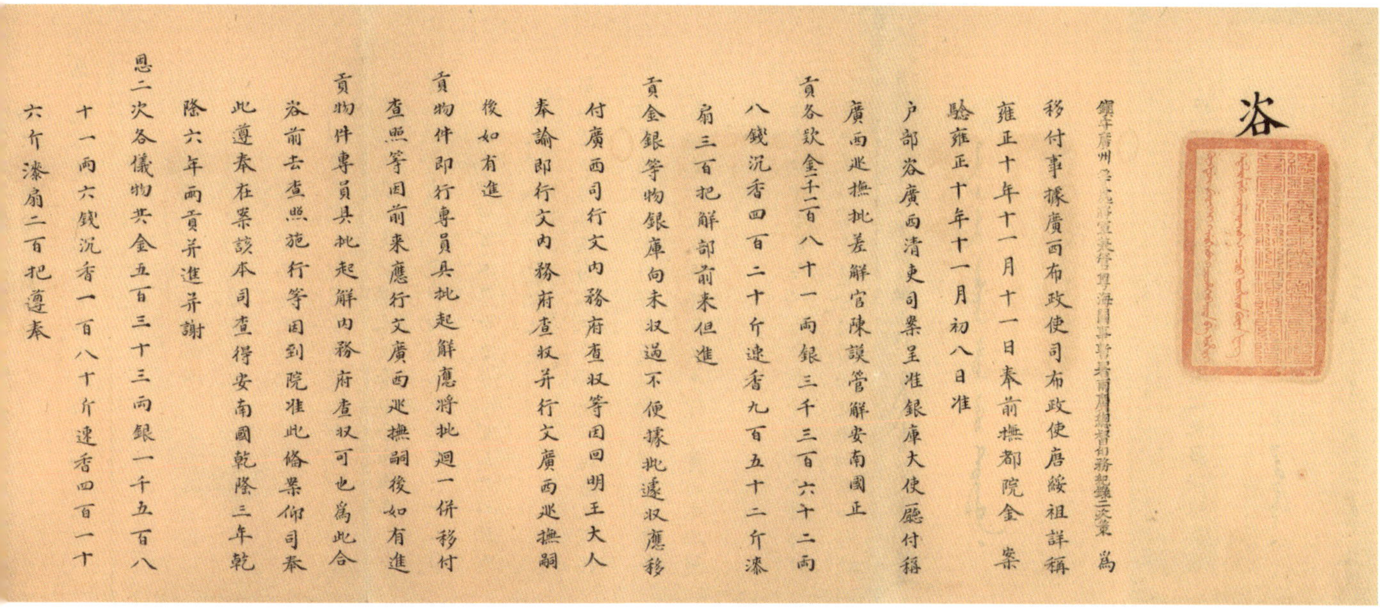
咨
鎮守廣州等處地方將軍兼管粵海關事務署理兩廣總督印務紀錄三次策 爲
移付事據廣西布政使司布政使唐綏祖詳稱
雍正十年十一月十一日奉前撫都院金 案
驗雍正十年十一月初八日准
户部咨廣西清吏司案呈准銀庫大使廳付稱
廣西巡撫批差解官陳謨管解安南國正
貢各欵金一千二百八十一兩銀三千三百六十二兩
八錢沉香四百二十斤速香九百五十二斤漆
扇三百把解部前來但進
貢金銀等物銀庫向未收過不便據批遽收應移
付廣西司行文内務府查收等因回明王大人
奉諭即行文内務府查收并行文廣西巡撫嗣
後如有進
貢物件即行專員具批起解應將批迴一併移付
查照等因前來應行文廣西巡撫嗣後如有進
貢物件專員具批起解内務府查收可也爲此合
咨前去查照施行等因到院准此備案仰司奉
此遵奉在案該本司查得安南國乾隆三年乾
隆六年兩貢并進并謝
恩二次各儀物共金五百三十三兩銀一千五百八
十一兩六錢沉香一百八十斤速香四百一十
六斤漆扇二百把遵奉

广州将军暂署两广总督策楞致总管内务府咨文（乾隆八年七月初二日）

康熙五十五年（1716），康熙帝谕令安南，以后犀角和象牙不必进贡，金香炉、花瓶、银盆折作金银和其余贡物一并交广西藩库存储。雍正十年（1732）户部行文广西巡抚，此后所有贡物派专人押解内务府查收。乾隆六年（1741）是两贡并进之年，安南因贡道被匪兵阻断，恳请宽限期限，得到清政府的准许。乾隆八年安南遣使进贡乾隆三年并六年例贡及二次谢恩的礼物，由广西藩库照数收储。署两广总督策楞派安平州州判施敏政押解15箱贡物进京交总管内务府查收。乾隆十三年，安南将乾隆九年并十二年贡物及仪物金、银、沉香、速香交由广西臬司及桂林府查收，广西巡抚则按旧例派遣太平府养利州知州管子传押解贡物进京，交由总管内务府查收。

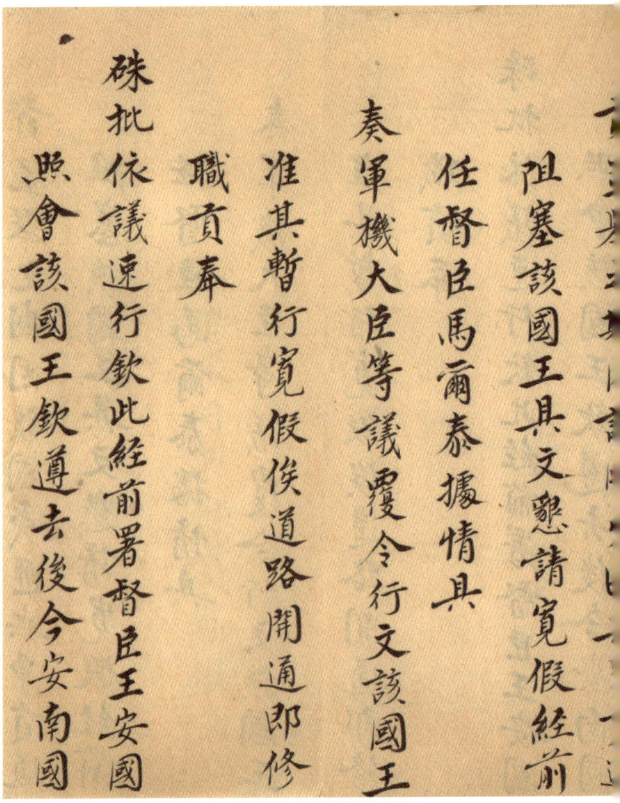

阻塞該國王具文懇請寬假經前
任督臣馬爾泰據情具
奏軍機大臣等議覆令行文該國王
准其暫行寬假俟道路開通即修
職貢奉
硃批依議速行欽此經前署督臣王安國
照會該國王欽遵去後今安南國

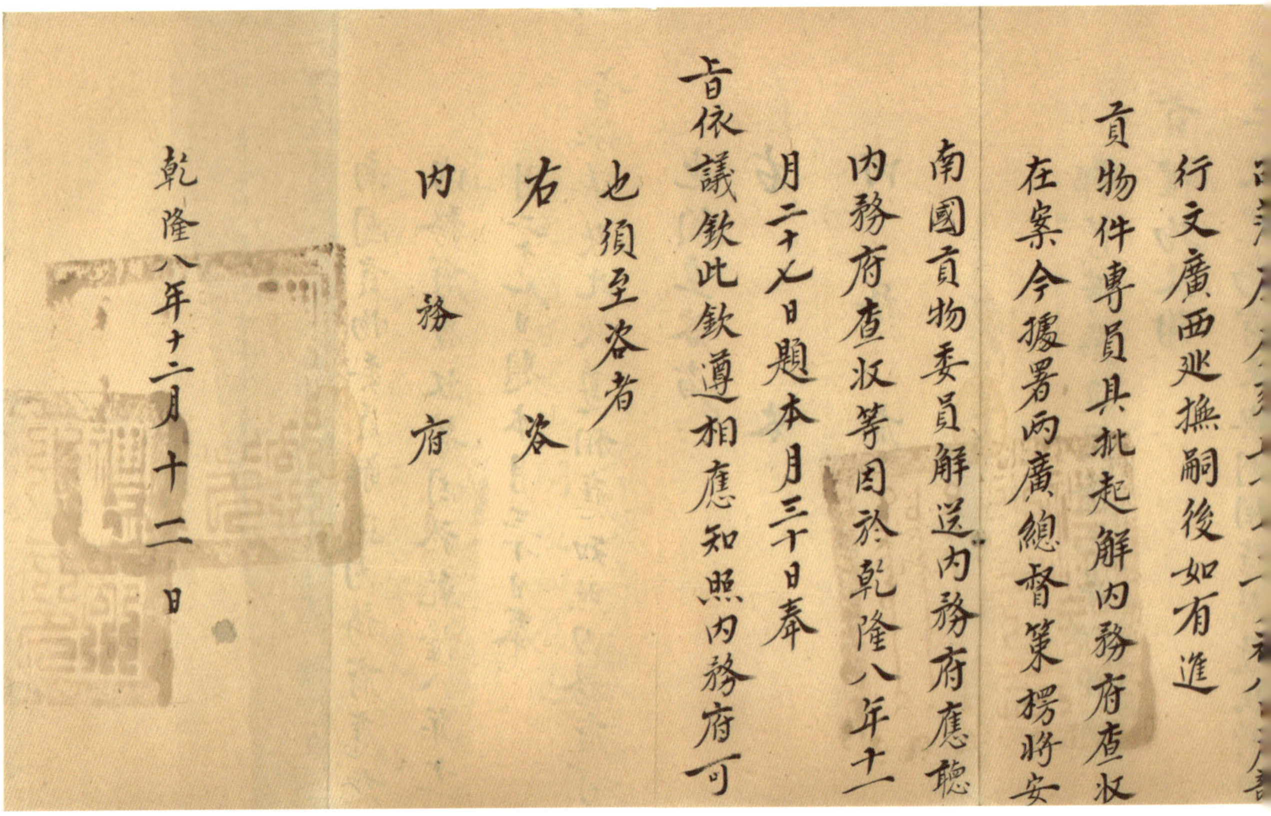

行文廣西巡撫嗣後如有進
貢物件專員具批起解內務府查收
在案今據署兩廣總督策楞將安
南國貢物委員解送內務府應聽
內務府查收等因於乾隆八年十一
月二十七日題本月三十日奉
旨依議欽此欽遵相應知照內務府可
也須至咨者
右咨
內務府
乾隆八年十二月十二日

礼部致总管内务府咨文（乾隆八年十二月十二日）

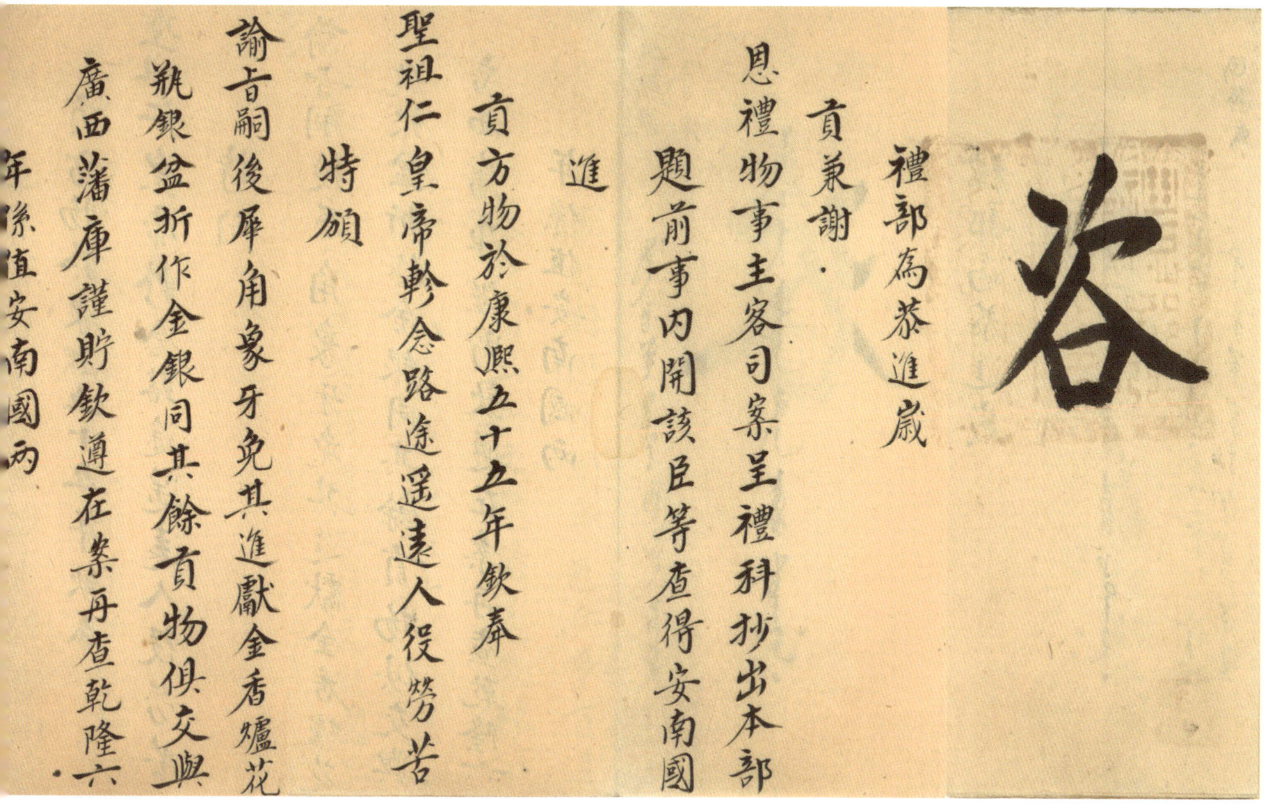

咨

禮部為恭進歲
貢兼謝
恩禮物事主客司案呈禮科抄出本部
題前事內開該臣等查得安南國
進
貢方物於康熙五十五年欽奉
聖祖仁皇帝軫念路途遥遠人役勞苦
特頒
諭旨嗣後犀角象牙免其進獻金香爐花
瓶銀盆折作金銀同其餘貢物俱交與
廣西藩庫謹貯欽遵在案再查乾隆六
年係值安南國兩

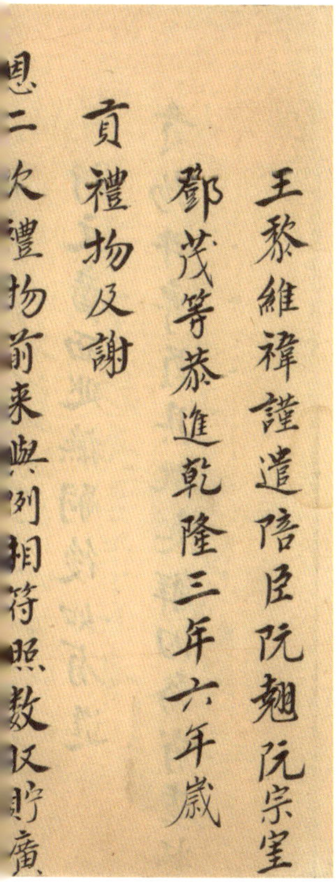

王黎維禕謹遣陪臣阮翹阮宗室
鄧茂等恭進乾隆三年六年歲
貢禮物及謝
恩二次禮物前來與例相符照数收貯廣

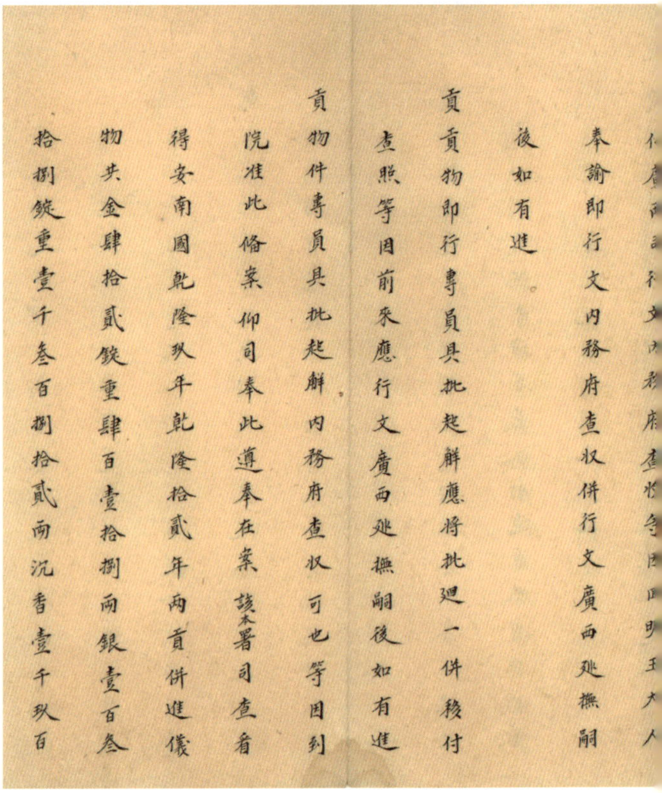

候廣西咨行文內務府查收等因回明王大人
奉諭即行文內務府查收併行文廣西巡撫嗣
後如有進
貢貢物即行專員具批起解應將批廻一件移付
查照等因前來應行文廣西巡撫嗣後如有進
貢物件專員具批起解內務府查收可也等因到
院准此備案仰司奉此遵奉在案該本署司查看
得安南國乾隆玖年乾隆拾貳年兩貢併進儀
物共金肆拾貳錠重肆百壹拾捌兩銀壹百叁
拾捌錠重壹千叁百捌拾貳兩沉香壹千玖百

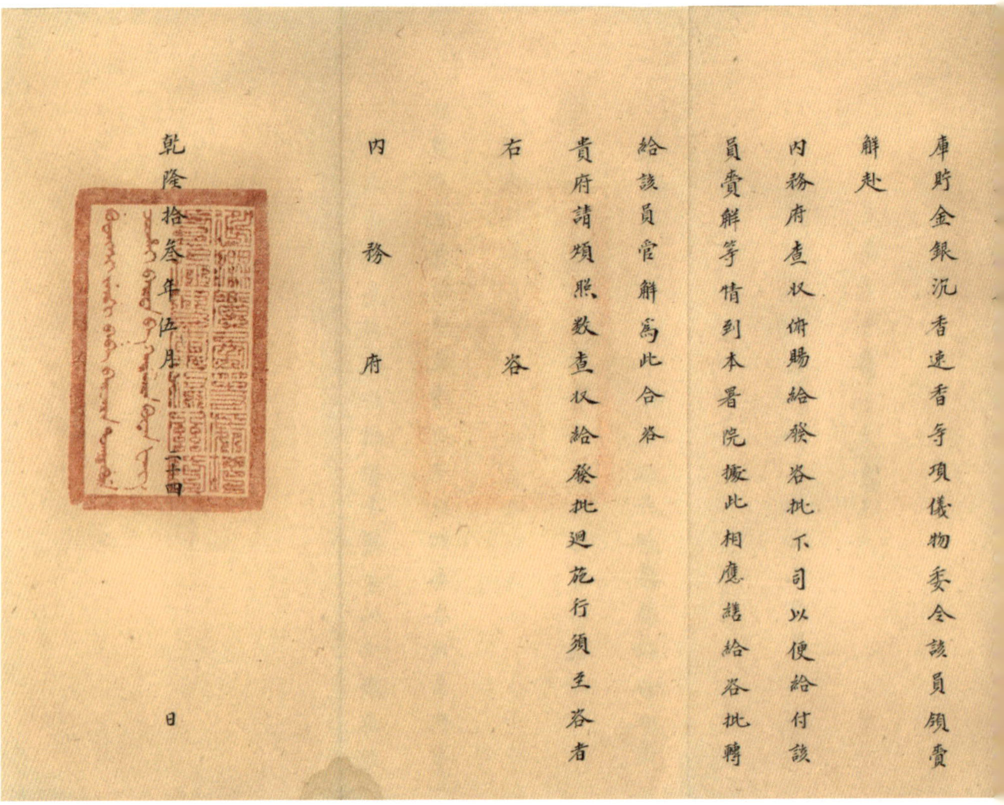

庫貯金銀沉香速香等項儀物委令該員領齎
解赴
內務府查收備賜給發咨批下司以便給付該
員齎解等情到本署院據此相應諮給咨批賫
給該員管解爲此合咨
貴府請煩照數查收給發批廻施行須至咨者
右　　咨
內務府
乾隆拾叁年伍月二十四日

署理广西巡抚鄂昌致总管内务府咨文（乾隆十三年五月二十四日）

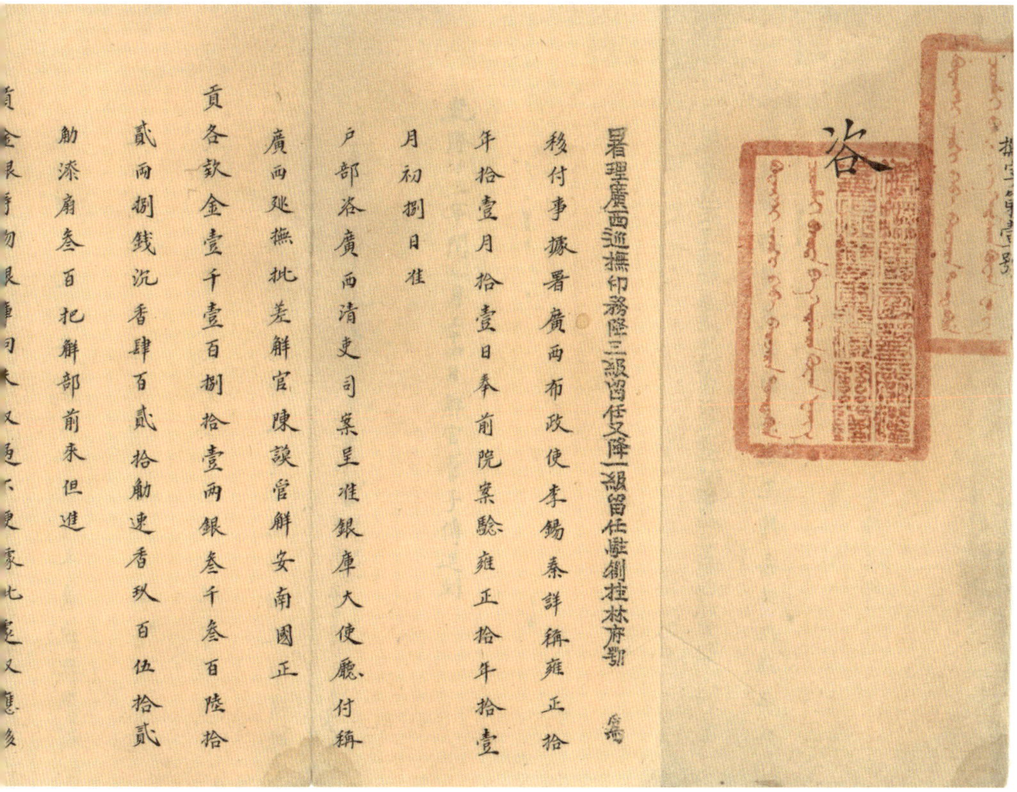

咨

撫字第壹號

署理廣西巡撫印務降三級留任又降一級留任駐劄桂林府鄂

移付事據署廣西布政使李錫秦詳稱雍正拾

年拾壹月拾壹日奉前院案驗雍正拾年拾壹

月初捌日准

戶部咨廣西清吏司案呈准銀庫大使廳付稱

廣西巡撫批差解官陳談管解安南國正

貢各款金壹千壹百捌拾壹兩銀叁千叁百陸拾

貳兩捌錢沉香肆百貳拾觔速香玖百伍拾貳

觔漆扇叁百把解部前來但進

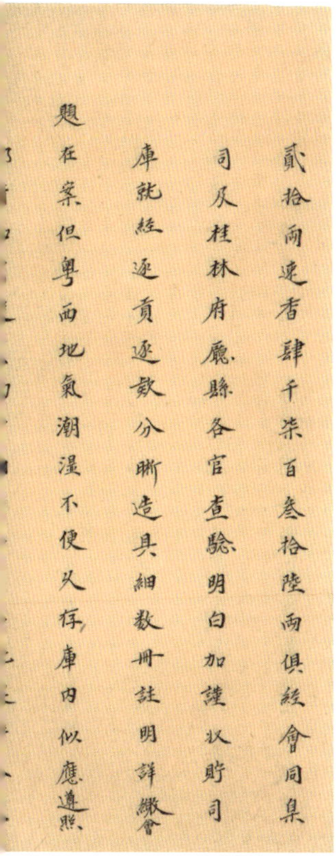

貳拾兩速香肆千柒百叁拾陸兩俱經會同臬

司及桂林府廳縣各官查驗明白加謹收貯司

庫就經逐貢逐款分晰造具細數冊註明詳繳會

題在案但粵西地氣潮濕不便久存庫內似應遵照

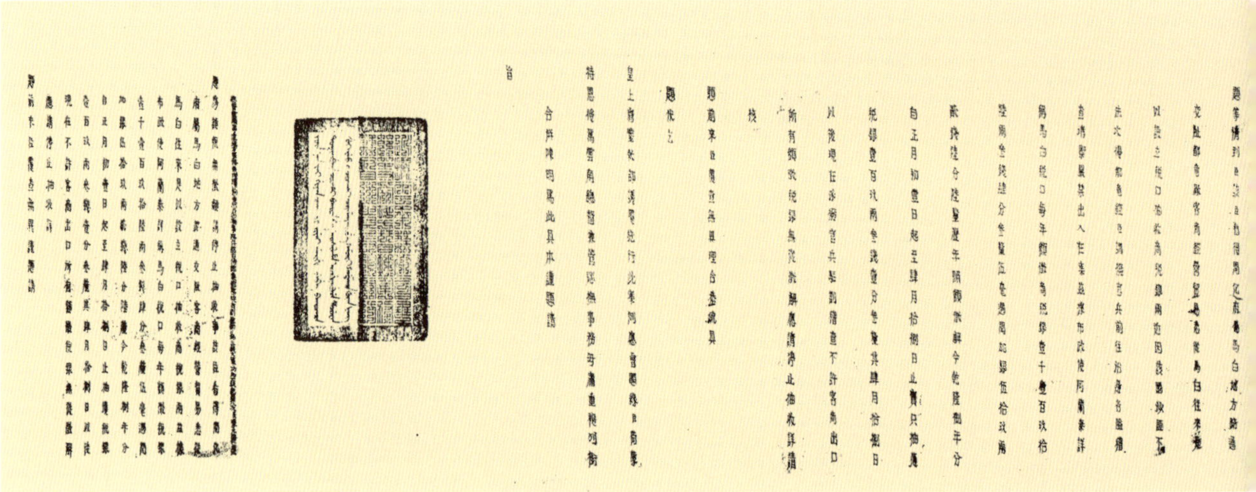

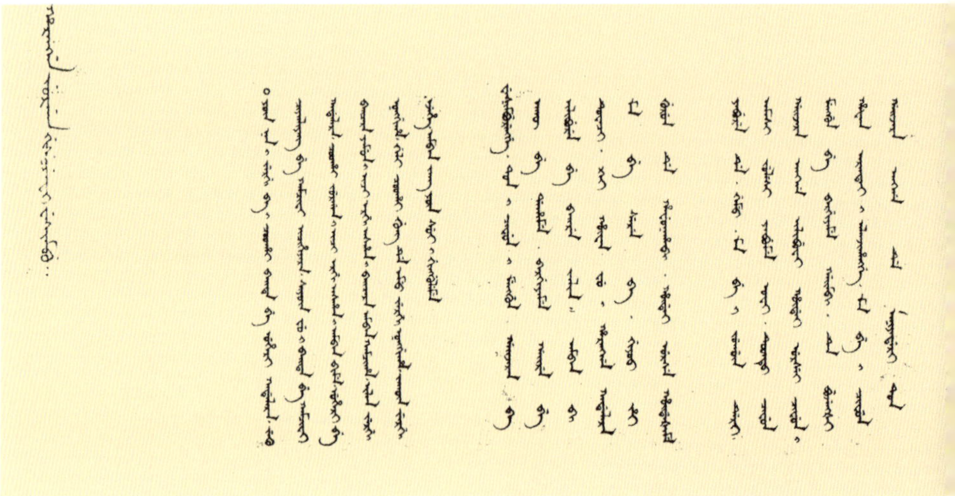

云南总督张允随题本：

为开化府属马白地方不许客商出口税银无从征解应请停止抽收事

乾隆八年九月三十日（1743 年 11 月 15 日）

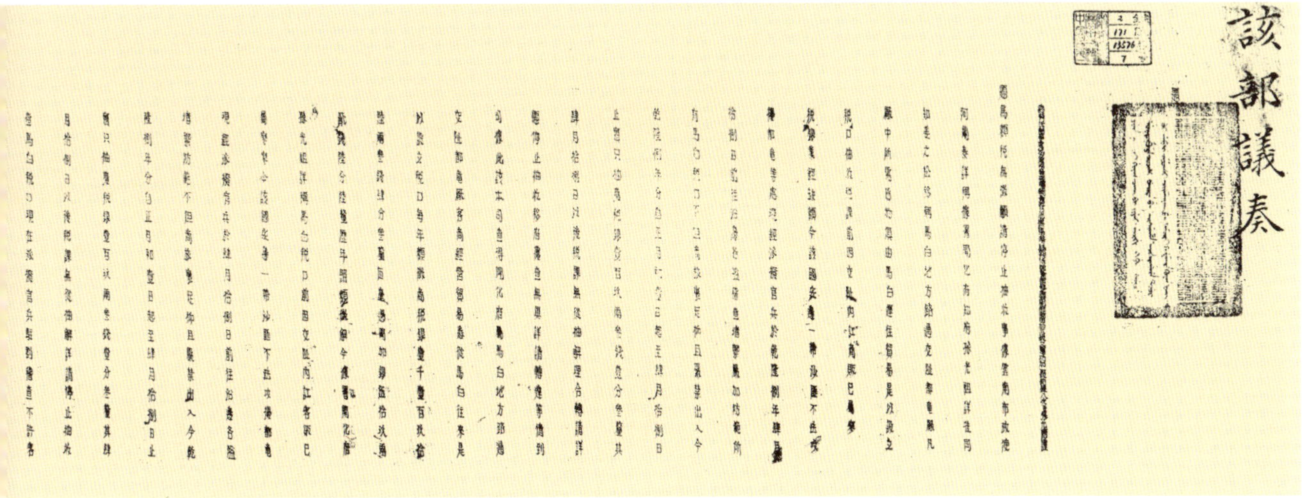
該部議奏

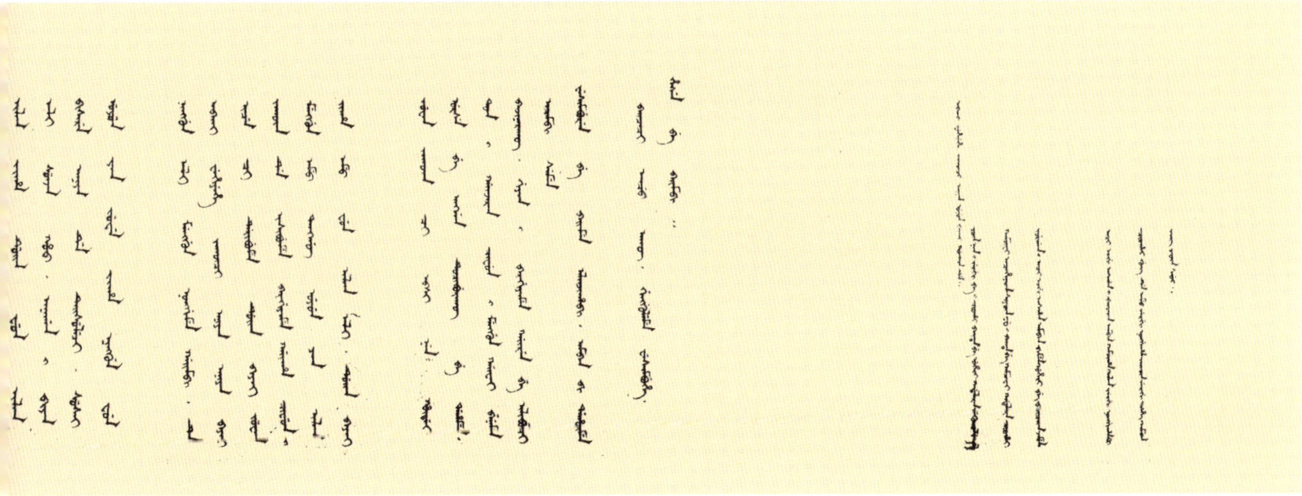

云南总督张允随题本（乾隆八年九月三十日）

明清两代，云南因矿产资源比较丰富，一直是银、铜等金属的生产中心。清初平定“三藩之乱”后，康熙帝根据云贵总督蔡毓荣的建议，放宽了对云南开办矿厂的限制，鼓励民间开办矿厂，用以充实云南驻军的军饷。乾隆八年（1743），清政府因为云南省开化府属马白地方与交趾都龙银铜各厂接壤，商贩往来频繁，在马白设立税收所一处，由同知管理。该件档案记录了乾隆八年四月十八日，清政府不许客商出口，无法按照定额征收税银，因此云南总督张允随向朝廷奏报停止征收。

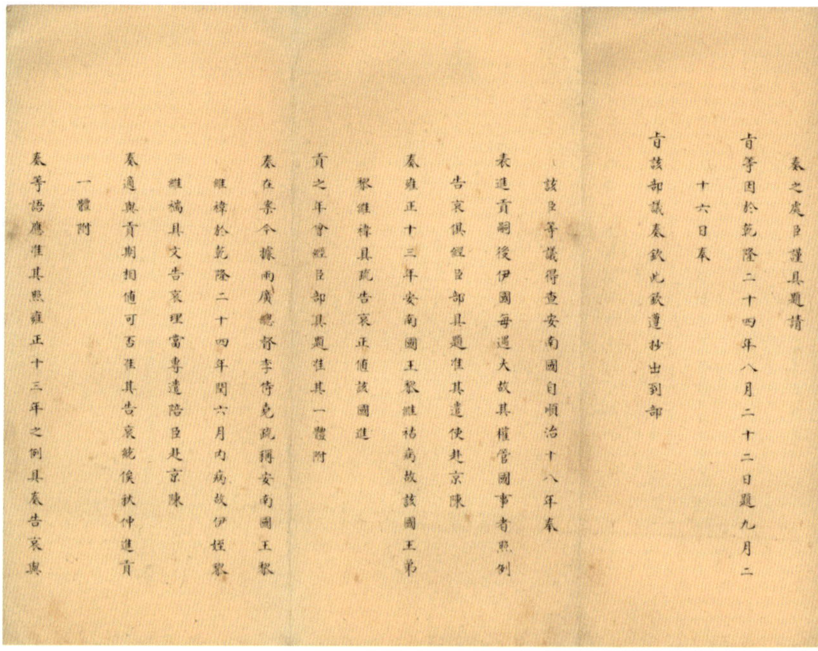

奏之處臣謹具題請
旨等因於乾隆二十四年八月二十二日題九月二
十六日奉
旨該部議奏欽此欽遵抄出到部
該臣等議得查安南國自順治十八年奉
表進貢嗣後伊國每遇大故其權管國事者照例
告哀俱經臣部具題准其遣使赴京陳
奏雍正十三年安南國王黎維祜病故該國王弟
黎維禕具疏告哀正值該國進
貢之年曾經臣部具題准其一體附
奏在案今據兩廣總督李侍堯疏稱安南國王黎
維禕於乾隆二十四年閏六月內病故伊姪黎
維褍具文告哀理當專遣陪臣赴京陳
奏適與貢期相值可否准其告哀就俟秋仲進貢
一體附
奏等語應准其照雍正十三年之例具奏告哀與

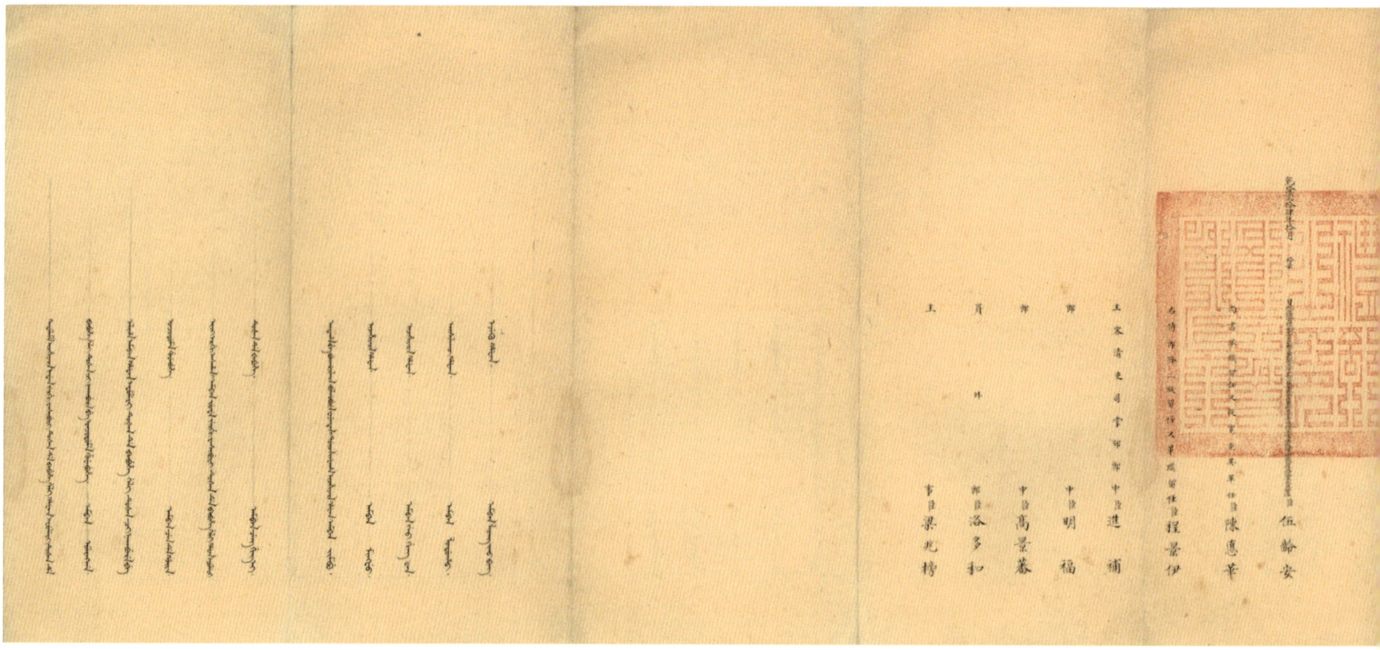

臣伍齡安
臣陳惠華
臣程景伊
主客清吏司掌印郎中臣進補
郎中臣明福
郎中臣高景蕃
員外郎臣洛多和
主事臣梁兆榜

礼部尚书伍龄安题本（乾隆二十四年十月十七日）

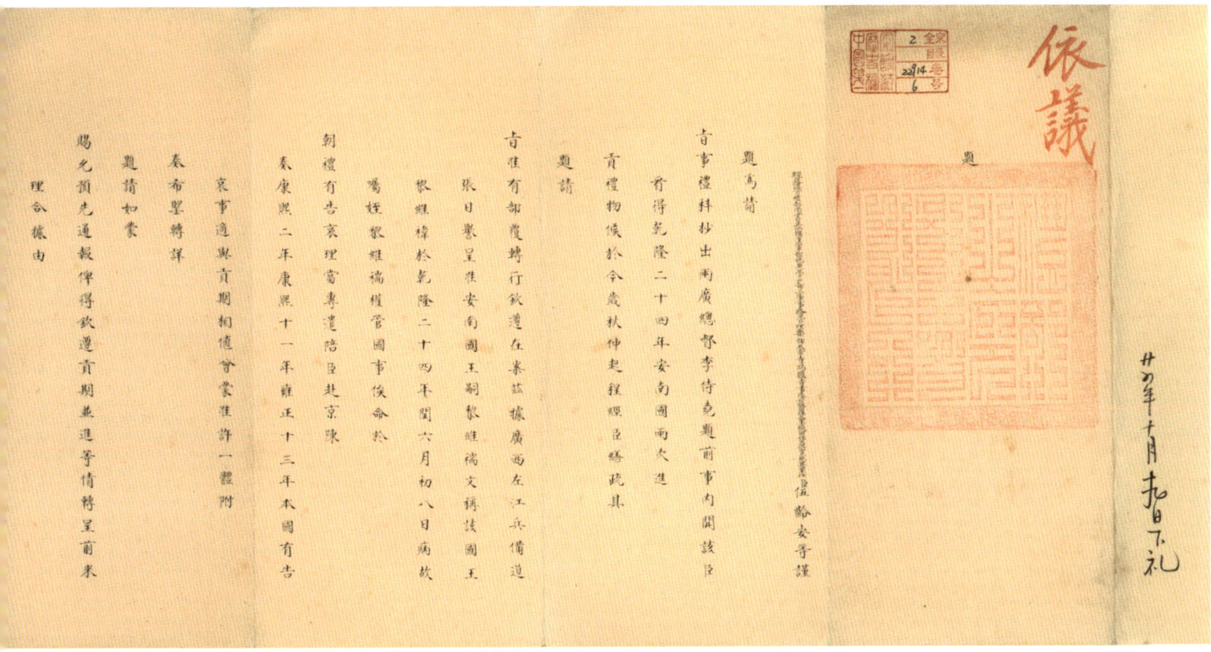

依議

題

伍齡安等謹

題爲請

旨事禮科抄出兩廣總督李侍堯題前事內開該臣

等得乾隆二十四年安南國兩次進

貢禮物俟於今歲秋仲起程照例疏具

題請

旨准部覆轉行欽遵在案茲據廣西左江兵備道

張日暻呈准安南國王嗣黎維褍文稱該國王

黎維禕於乾隆二十四年閏六月初八日病故

嗣姪黎維褍權管國事俟命於

朝禮有告哀理當專遣陪臣赴京陳

奏康熙二年康熙十一年雍正十三年本國有告

哀事適與貢期相值曾蒙准許一體附

奏布聖轉詳

題請如常

賜允預先通報俾得欽遵貢期並進等情轉呈前來

理合據由

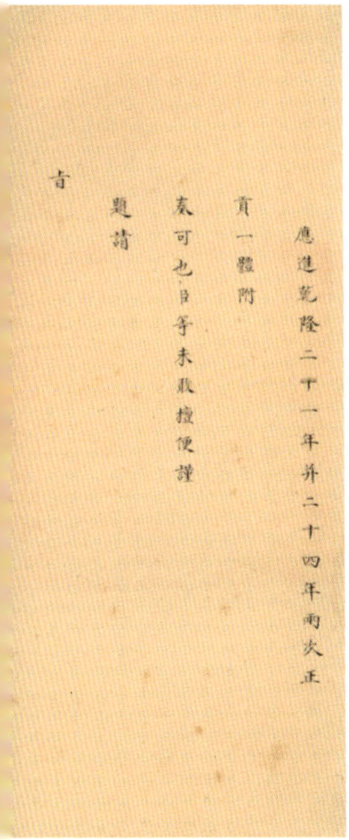

應進乾隆二十一年并二十四年兩次正

貢一體附

奏可也臣等未敢擅便謹

題請

旨

礼部尚书伍龄安题本：

为议准安南国王病故告哀与朝贡一体奏报事

乾隆二十四年十月十七日（1759年12月6日）

乾隆二十四年（1759），安南国王黎维祎病故，其侄子黎维褍接管国事，奏请清政府可否依康熙朝、雍正朝旧例，准许安南派人赴京将告哀与朝贡事一并办理。据查雍正年间，安南国王病逝，正值朝贡年份，准许安南告哀和朝贡事一并办理。此次，也正值朝贡年份，可以照雍正朝旧例办理。安南作为清朝的藩属国，国内发生国王病逝、登基等重大事件，都需要向清朝奏报，这也是当时封贡关系的一种表现。

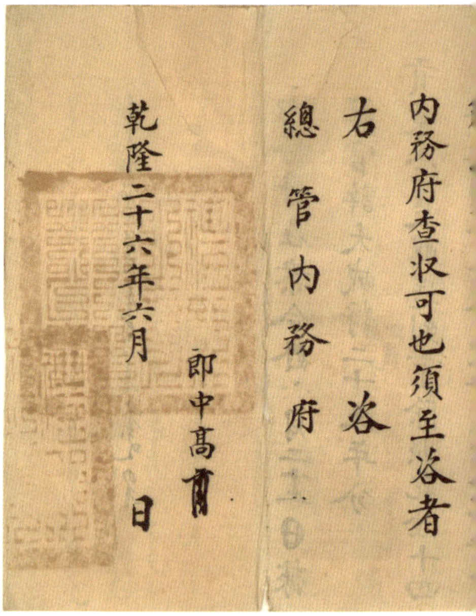
内務府查收可也須至咨者
右 咨
總管內務府
郎中高育
乾隆二十六年六月　日

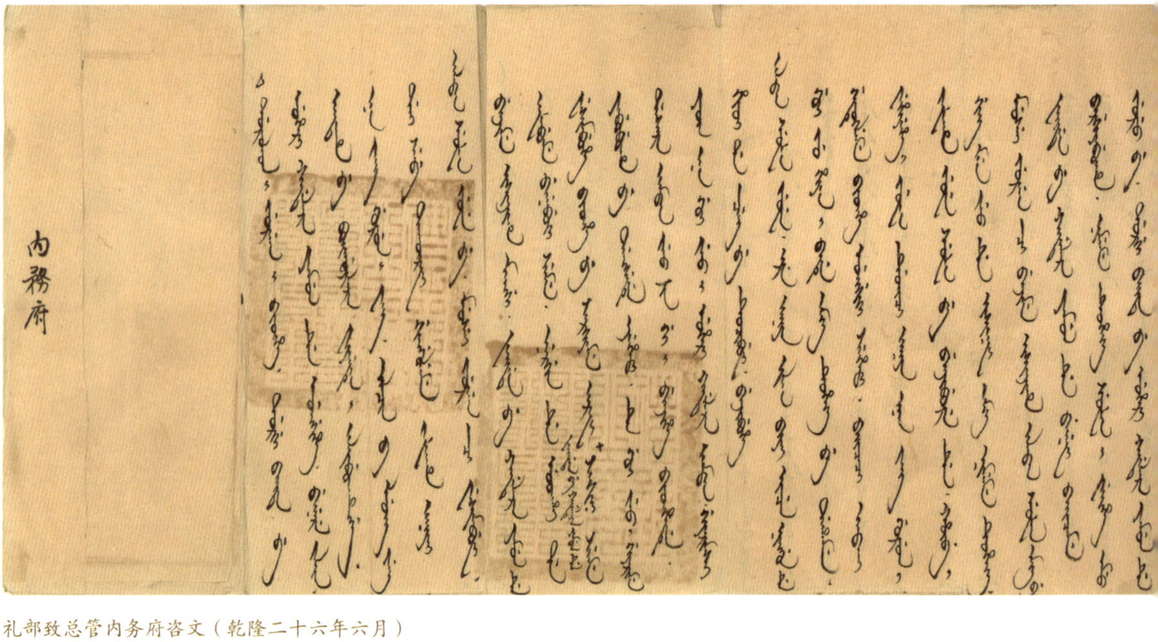
內務府

礼部致总管内务府咨文（乾隆二十六年六月）

礼部致总管内务府咨文：

为云贵总督委巡检许大成解送南掌国王遣使恭进乾隆二十五年分贡象并倒毙象只之象牙事

乾隆二十六年六月（1761 年 7 月）

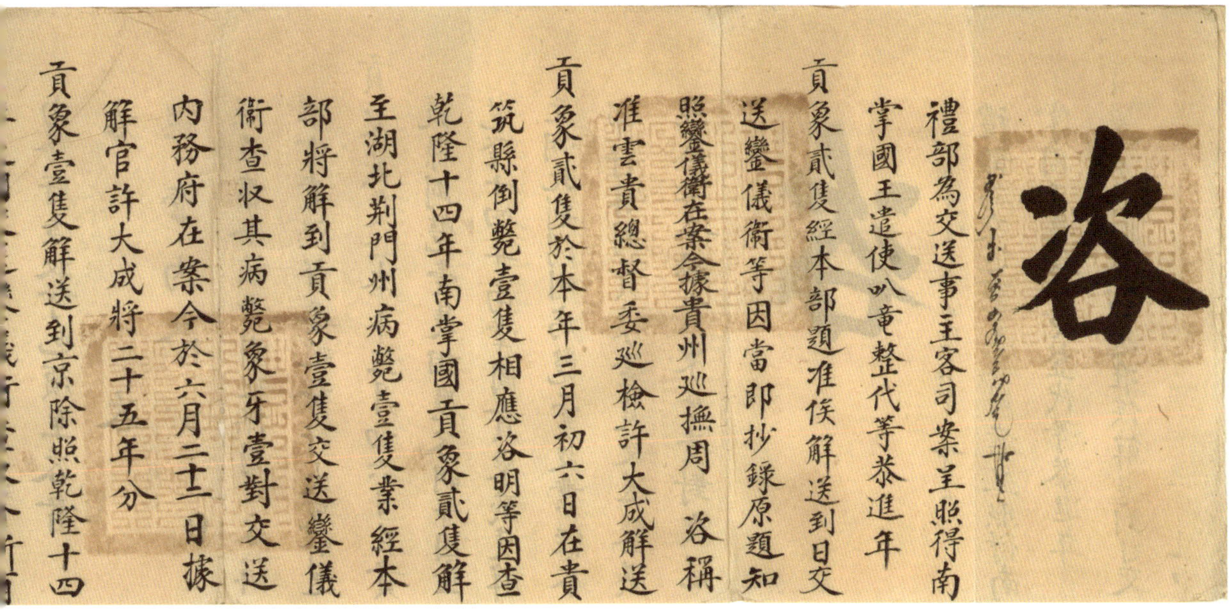

咨

禮部為交送事主客司案呈照得南
掌國王遣使叭竜整代等恭進年
貢象貳隻經本部題准俟解送到日交
送鑾儀衛等因當即抄錄原題知
照鑾儀衛在案今據貴州巡撫周　咨稱
准雲貴總督委巡檢許大成解送
貢象貳隻於本年三月初六日在貴
筑縣倒斃壹隻相應咨明等因查
乾隆十四年南掌國貢象貳隻解
至湖北荊門州病斃壹隻業經本
部將解到貢象壹隻交送鑾儀
衛查收其病斃象牙壹對交送
內務府在案今於六月二十二日據
解官許大成將二十五年分
貢象壹隻解送到京除照乾隆十四

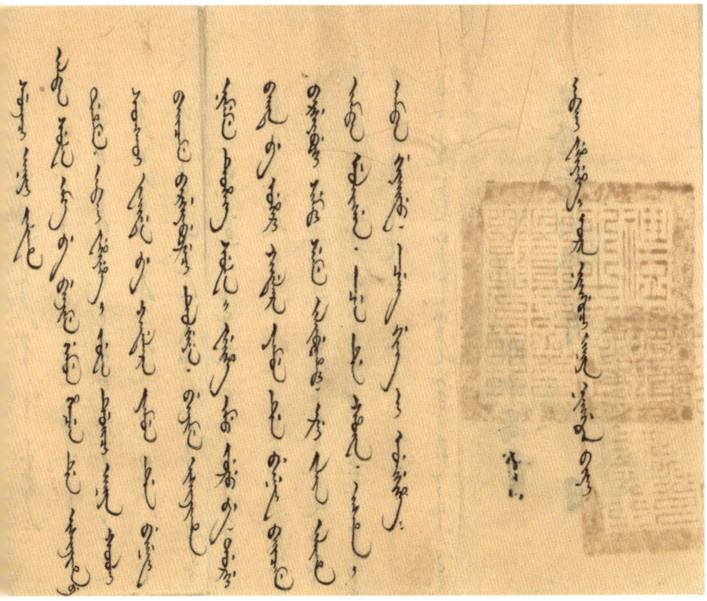

乾隆二十六年（1761），南掌（今老挝）国王遣使进呈贡象两只。贡象由巡检许大成解送进京，其中一只于三月六日在贵州贵筑县倒毙。据查，乾隆十四年南掌进贡的两只贡象，其中一只交送銮仪卫，另一只在湖北荆门病毙，其象牙交总管内务府存储。照旧例，许大成抵京后将贡象交銮仪卫，病毙贡象的象牙交总管内务府。

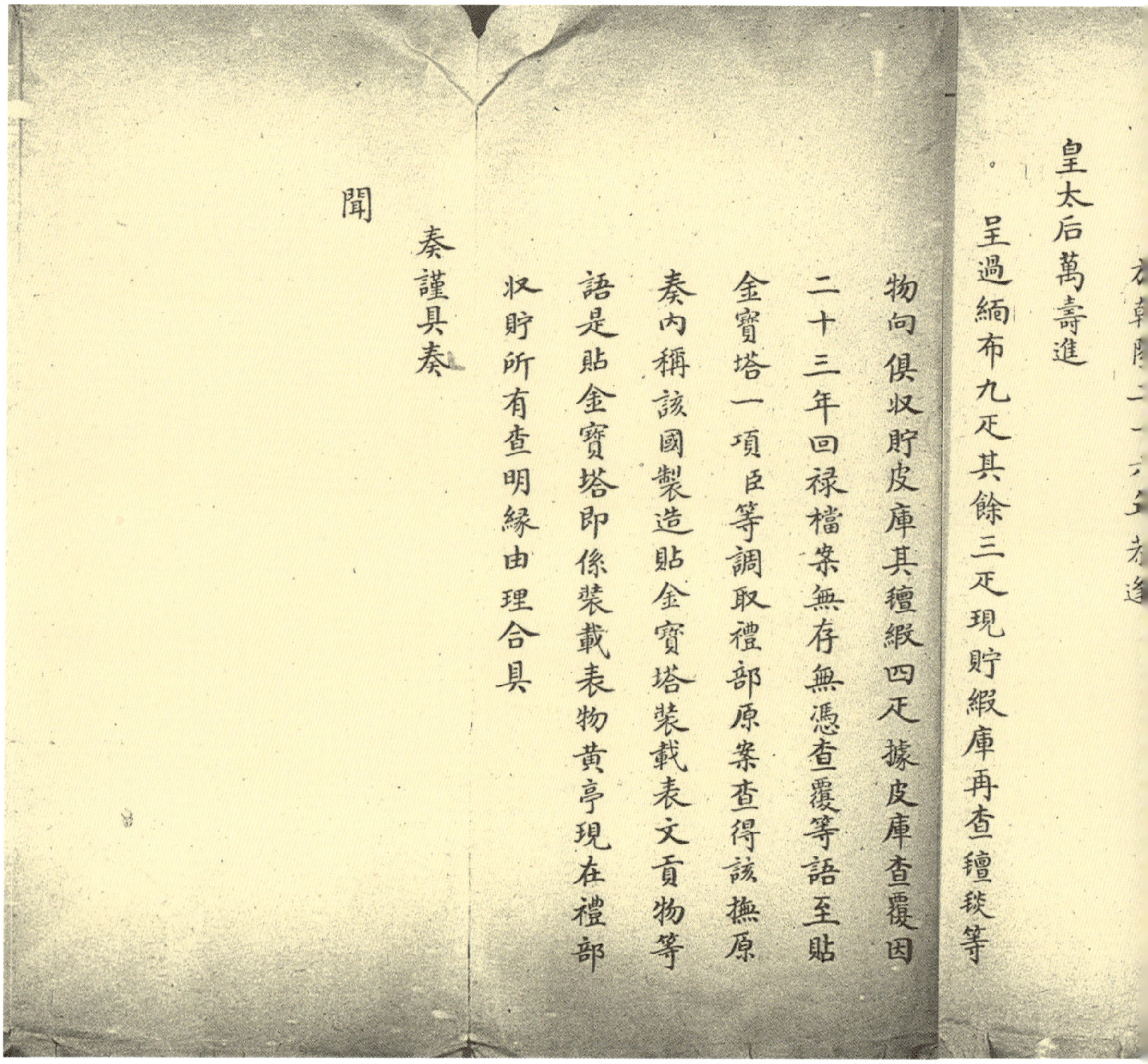

皇太后萬壽進
呈過緬布九疋其餘三疋現貯緞庫再查氊毯等
物向俱收貯皮庫其氊緞四疋據皮庫查覆因
二十三年回禄檔案無存無憑查覆等語至貼
金寶塔一項臣等調取禮部原案查得該撫原
奏內稱該國製造貼金寶塔裝載表文貢物等
語是貼金寶塔即係裝載表物黃亭現在禮部
收貯所有查明緣由理合具
奏謹具奏
聞

军机大臣奏片：

为查明缅甸进贡金银表文缎布等物品收贮情形事

乾隆三十一年十一月（1766 年 12 月）

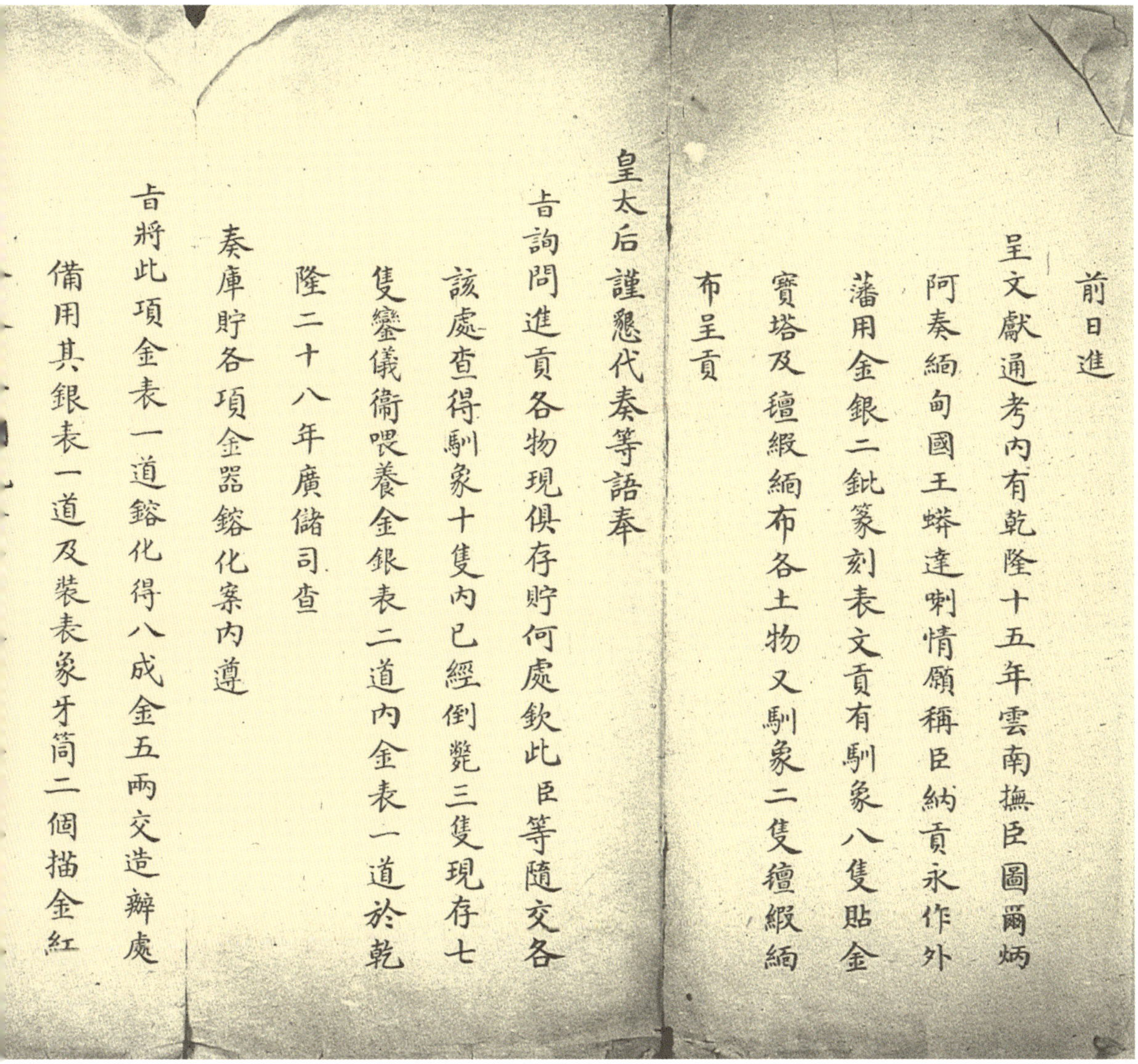
前日進
呈文獻通考內有乾隆十五年雲南撫臣圖爾炳
阿奏緬甸國王蟒達喇情願稱臣納貢永作外
藩用金銀二鈚篆刻表文貢有馴象八隻貼金
寶塔及氈緞緬布各土物又馴象二隻氈緞緬
布呈貢
皇太后謹懇代奏等語奉
旨詢問進貢各物現俱存貯何處欽此臣等隨交各
該處查得馴象十隻內已經倒斃三隻現存七
隻鑾儀衛喂養金銀表二道內金表一道於乾
隆二十八年廣儲司查
奏庫貯各項金器鎔化案內遵
旨將此項金表一道鎔化得八成金五兩交造辦處
備用其銀表一道及裝表象牙筒二個描金紅

军机大臣奏片（乾隆三十一年十一月）

乾隆十五年（1750），缅甸东吁王朝国王蟒达喇献上金银表文和缎布等物品，表示愿意称臣纳贡。乾隆三十年，正值清朝与缅甸雍籍牙王朝战争期间，对当时进贡的物品进行了清查，十只驯象已倒毙三只，其余七只在銮仪卫饲养；金表一道已于乾隆二十八年被广储司奉旨熔化得金五两交造办处备用；银表一道、象牙筒两个、描金红漆表匣一个，现存造办处；缅布十二匹除九匹进呈皇太后，其余三匹现存缎库；毛缎四匹，因皮库档案无存，无法查证；贴金宝塔现存于礼部。从此件档案可以看出当时缅甸国向清朝朝贡的物品情况。

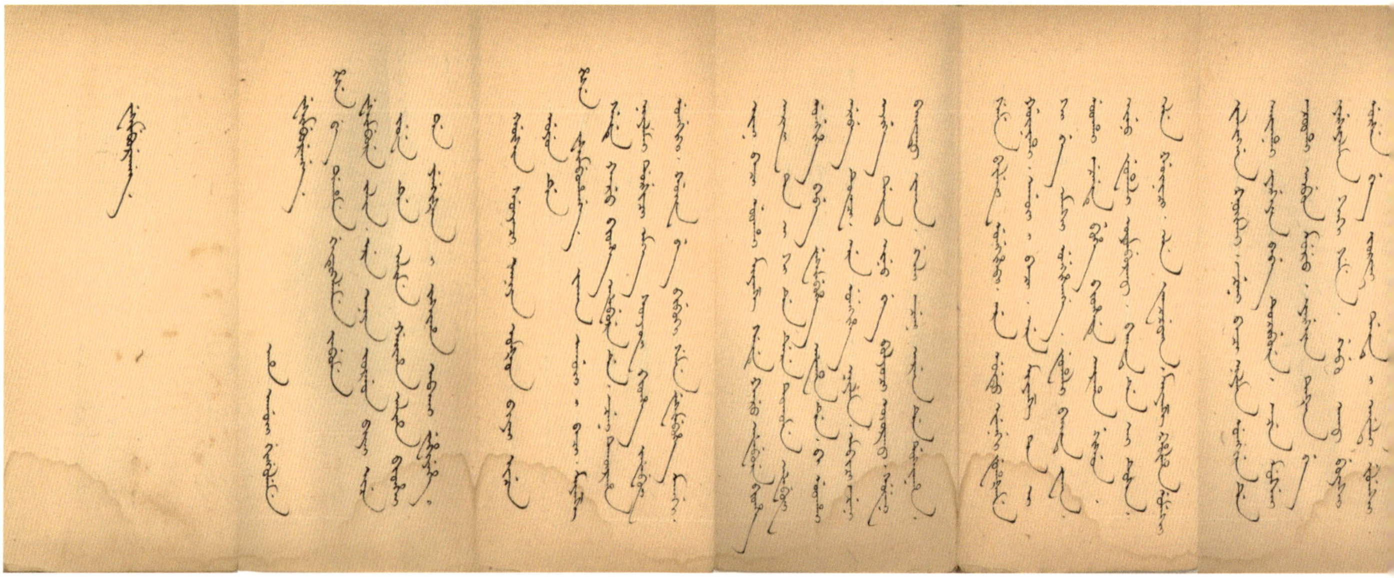

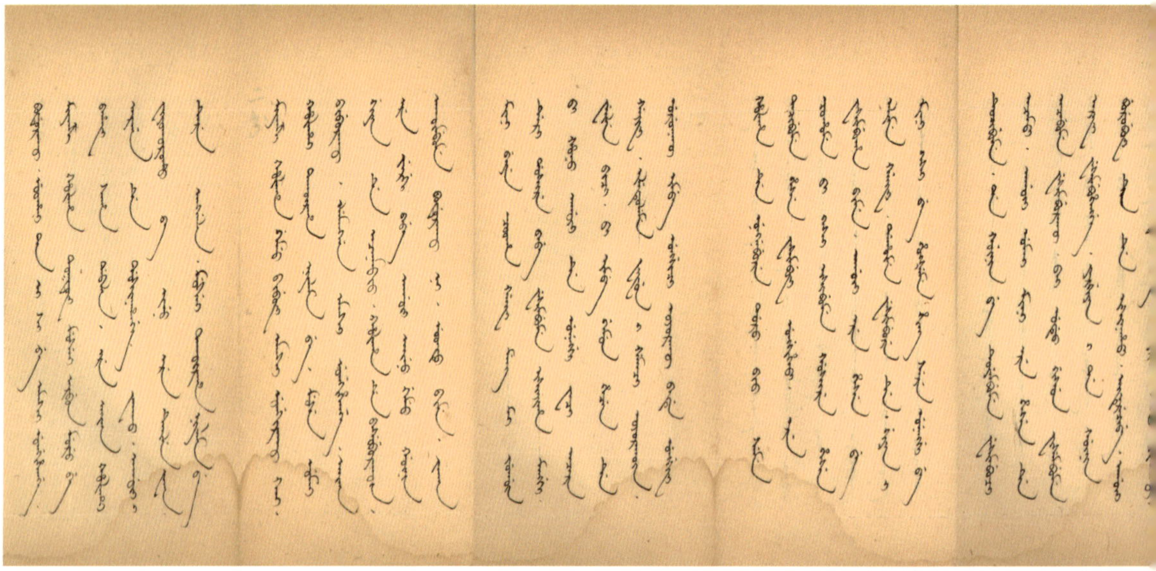

副将军阿桂奏折之一（乾隆三十五年十二月初七日）

副将军阿桂奏折：

为报中缅双方互遣使臣交涉有关议和贸易事

乾隆三十五年十二月初七日（1771 年 1 月 22 日）

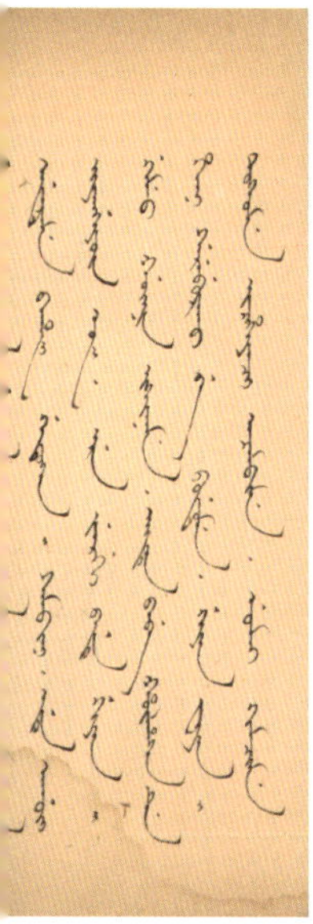

缅甸是清朝西南地区对外贸易的重要集散地。从明代起，中国同缅甸的边境贸易就有了很大发展。清朝对西藏、云南等地区的经营，进一步促进了双方贸易活动的进行。中国的铜、铁等货物，缅甸的宝石，都是双方需求的重要物资。到 19 世纪前半期，中缅贸易的规模达到了新的高度，清朝商人在缅甸的商业活动也很活跃，货物则扩大到铁锅、铜器、酒精、水果、纸张、服装、瓷器等各种商品，缅甸的纺织品、盐、鱼、茶等也大量输入西南地区。中国的缫丝、纺织等技术，甚至建筑技术，都在缅甸广为应用，著名的曼德勒皇宫就是中国工匠设计制造的。乾隆三十四年（1770）底，清朝与缅甸雍籍牙王朝历时 4 年的战争结束，双方签订《老官屯协议》，但实际上双方都没有遵守，不战不和的状态一直延续到乾隆五十三年双方重建宗藩关系。此件档案反映了乾隆时期与缅甸外交交涉的具体过程，可以看出清政府对缅甸的高度重视。其中关于缅甸商人和商品的记录，以及西洋人与俄罗斯人在缅甸的贸易情况，说明了中缅贸易是中国西南方向通往西方的重要贸易商道，是陆上南方丝绸之路的重要节点。

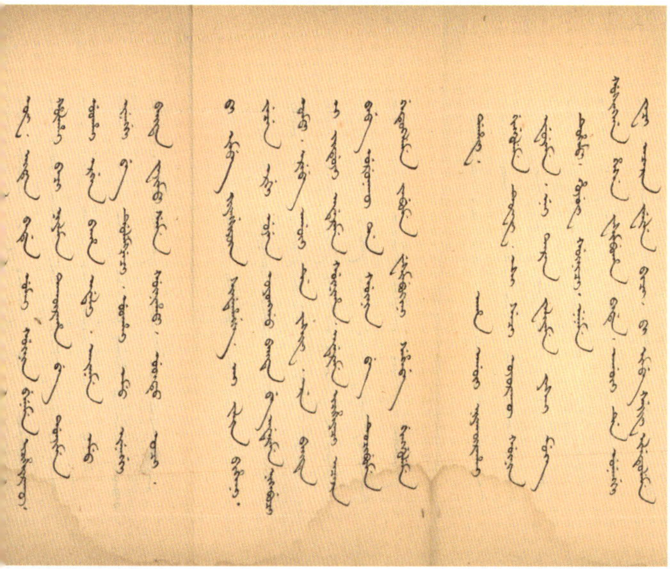

章佳·阿桂像（1717—1797）

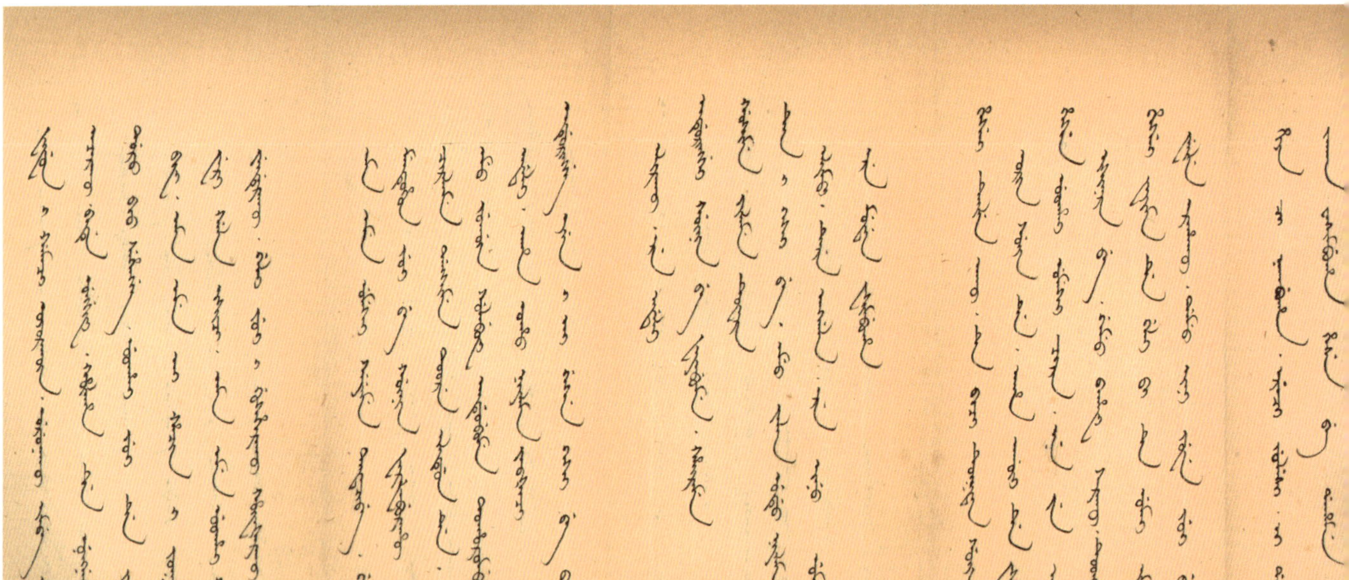

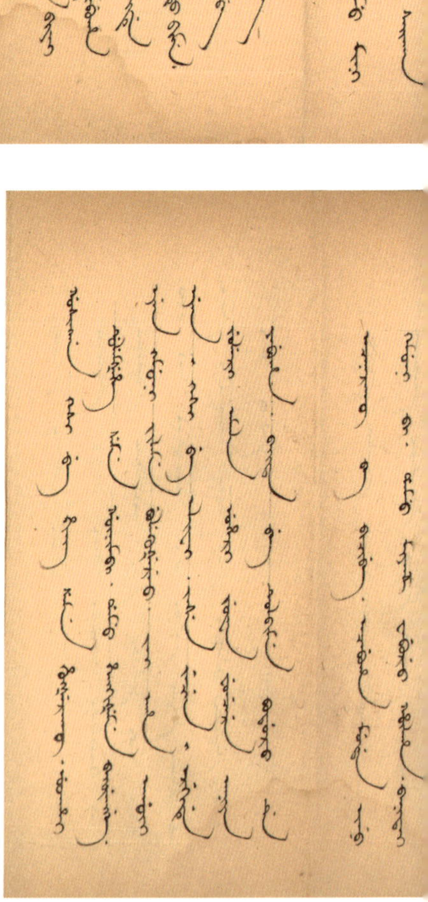

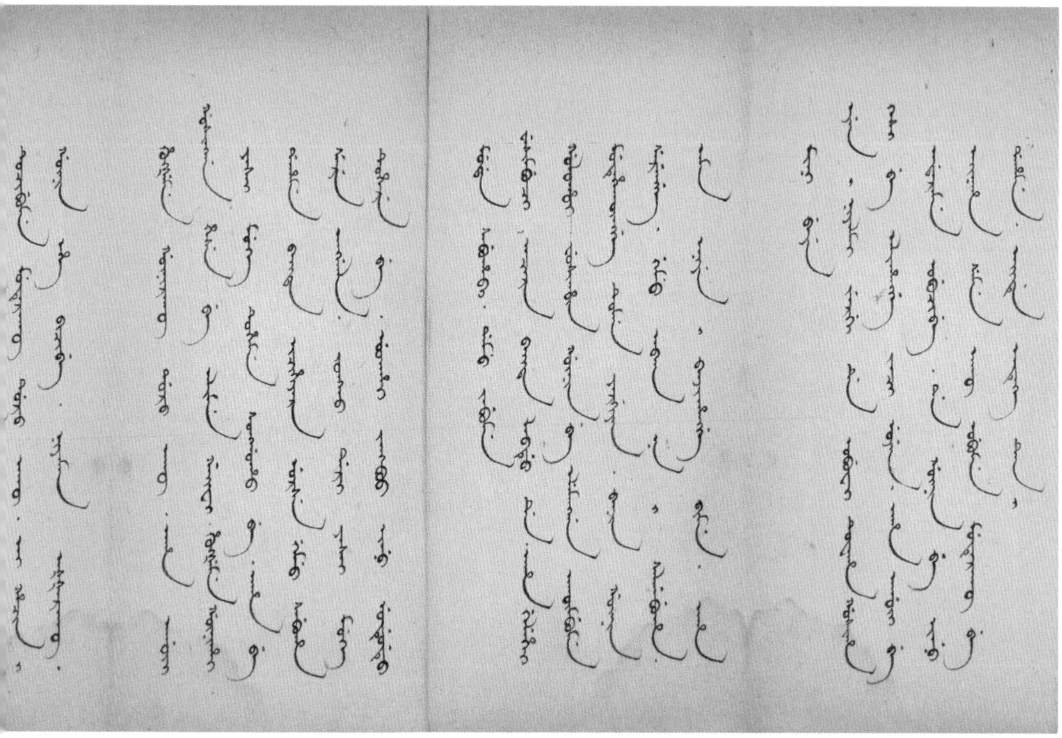

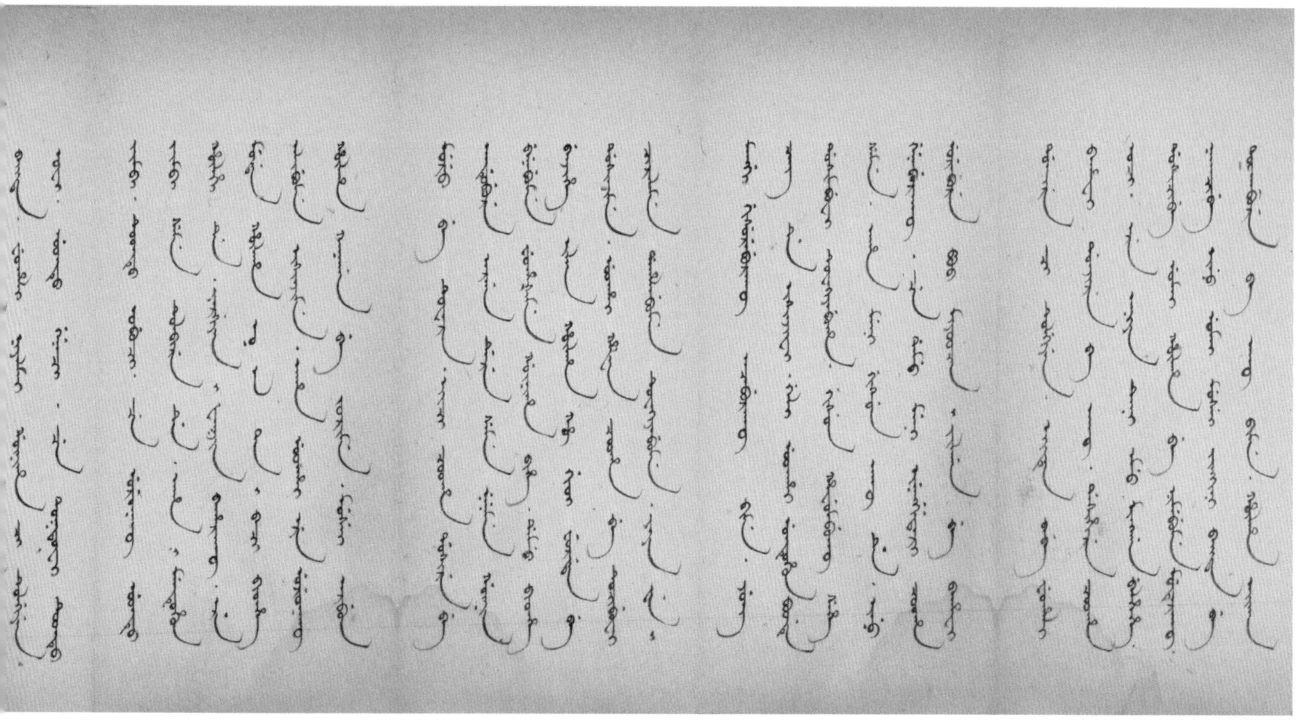

副将军阿桂奏折之二（乾隆三十五年十二月初七日）

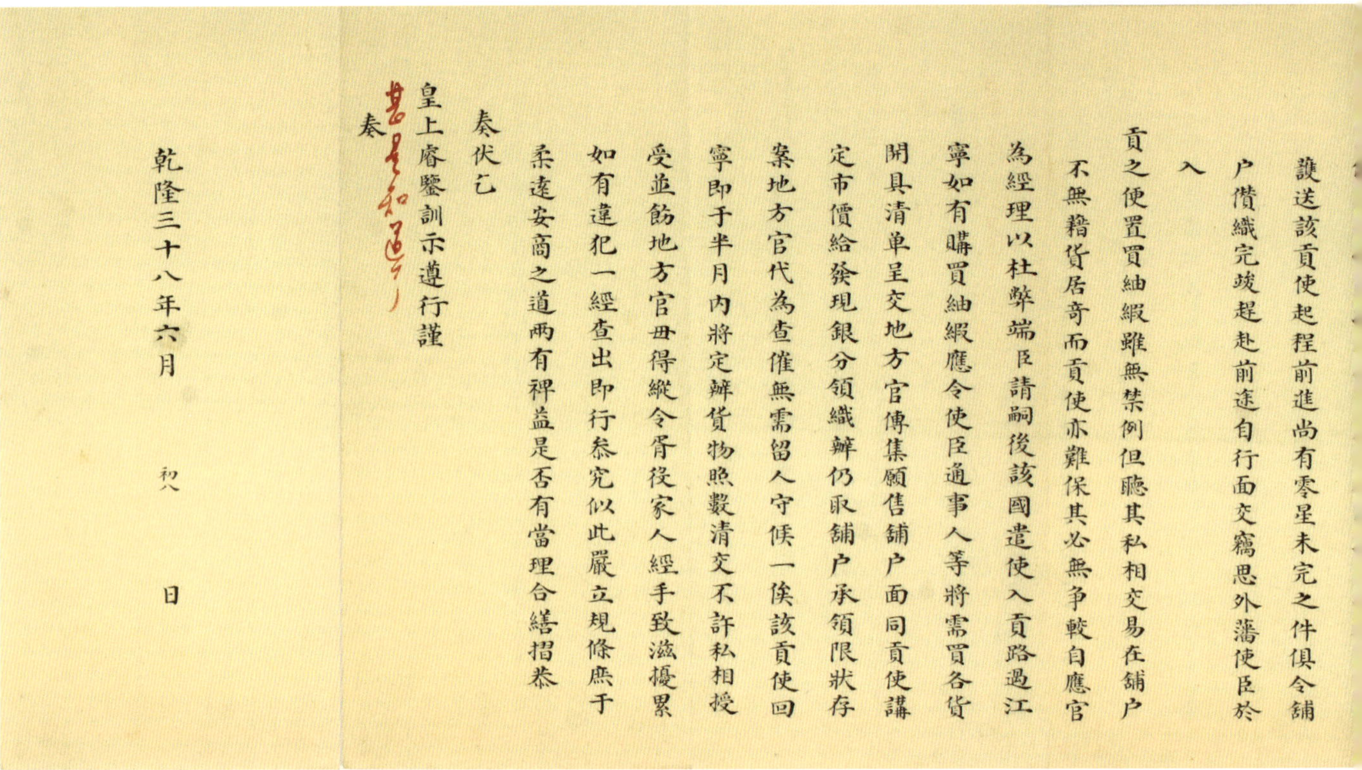
護送該貢使起程前進尚有零星未完之件俱令舖
户償織完竣趕赴前途自行面交竊思外藩使臣於
入
貢之便置買紬緞雖無禁例但聽其私相交易在舖户
不無藉貨居奇而貢使亦難保其必無爭較自應官
為經理以杜弊端臣請嗣後該國遣使入貢路過江
寧如有購買紬緞應令使臣通事人等將需買各貨
開具清单呈交地方官傳集願售舖户面同貢使講
定市價給發現銀分領織辦仍取舖户承領限狀存
案地方官代為查催無需留人守候一俟該貢使回
寧即于半月内將定辦貨物照數清交不許私相授
受並飭地方官毋得縱令胥役家人經手致滋擾累
如有違犯一經查出即行參究似此嚴立規條庶于
柔遠安商之道兩有裨益是否有當理合繕摺恭
奏伏乞
皇上睿鑒訓示遵行謹
奏
甚是知道了
乾隆三十八年六月 初八 日

两江总督高晋奏折：

为敬陈请定安南贡使在江宁贸易章程管见事

乾隆三十八年六月初八日（1773年7月27日）

据乾隆朝《钦定大清会典》规定，“凡市易各国贡使入境，其舟车负载货物，许与内地商民交易”。乾隆三十八年（1773），安南贡使进京途中经过江宁，在当地订购了一批绸缎；返回江宁时却因故未能如期交割，不得不滞留于此。两江总督高晋奏明清政府，为了避免“铺户不无藉货居奇，而贡使亦难保其必无争较”，提出由地方官代为向商铺购买。奉朱批“甚是，知道了”。

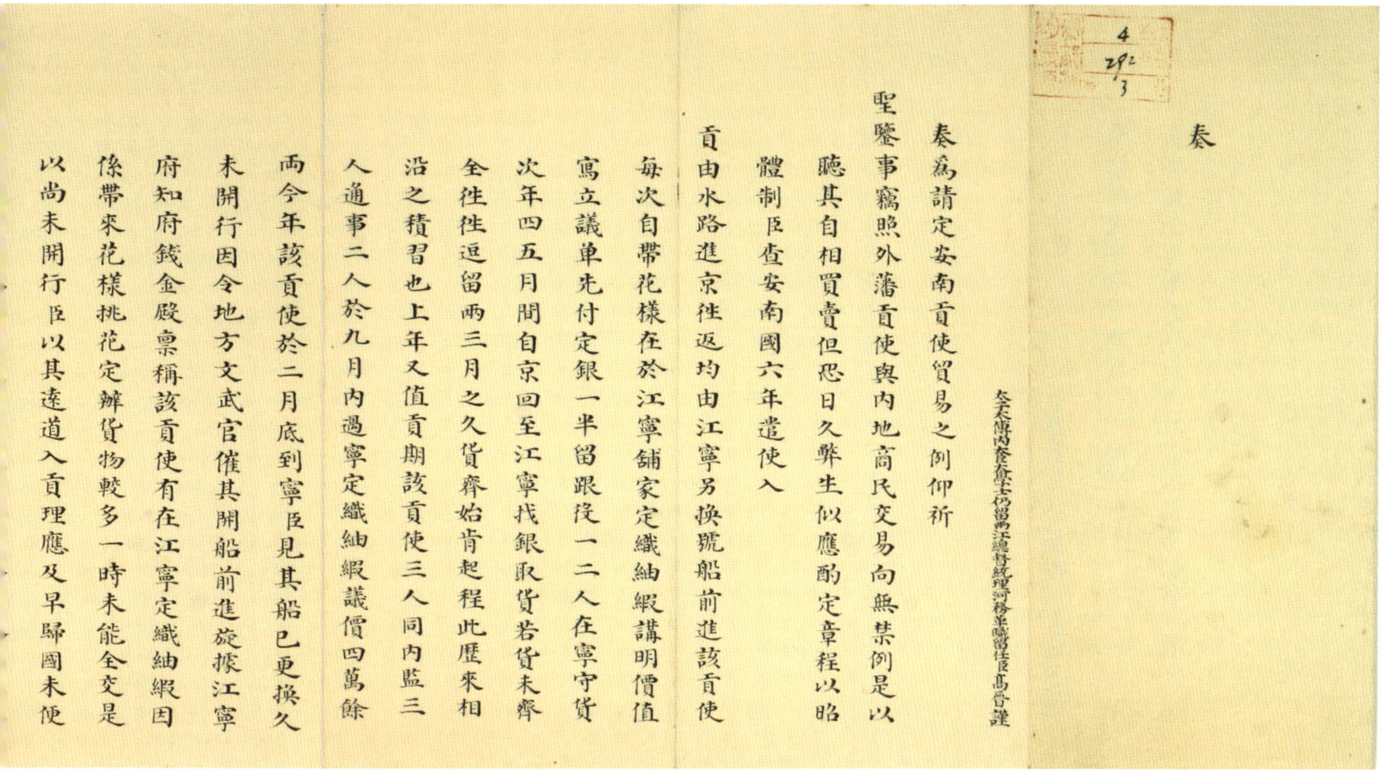

奏

太子太傅內大臣大學士仍留兩江總督統理河務革職留任臣高晉謹

奏為請定安南貢使貿易之例仰祈

聖鑒事竊照外藩貢使與內地商民交易向無禁例是以

聽其自相買賣但恐日久弊生似應酌定章程以昭

體制臣查安南國六年遣使入

貢由水路進京往返均由江寧另換號船前進該貢使

每次自帶花樣在於江寧舖家定織紬緞講明價值

寫立議單先付定銀一半留跟役一二人在寧守貨

次年四五月間自京回至江寧找銀取貨若貨未齊

全往往逗留兩三月之久貨齊始肯起程此歷來相

沿之積習也上年又值貢期該貢使三人同內監三

人通事二人於九月內過寧定織紬緞議價四萬餘

兩今年該貢使於二月底到寧臣見其船已更換久

未開行因令地方文武官催其開船前進旋據江寧

府知府錢金殿稟稱該貢使有在江寧定織紬緞因

係帶來花樣挑花定辦貨物較多一時未能全交是

以尚未開行臣以其遠道入貢理應及早歸國未便

两江总督高晋奏折（乾隆三十八年六月初八日）

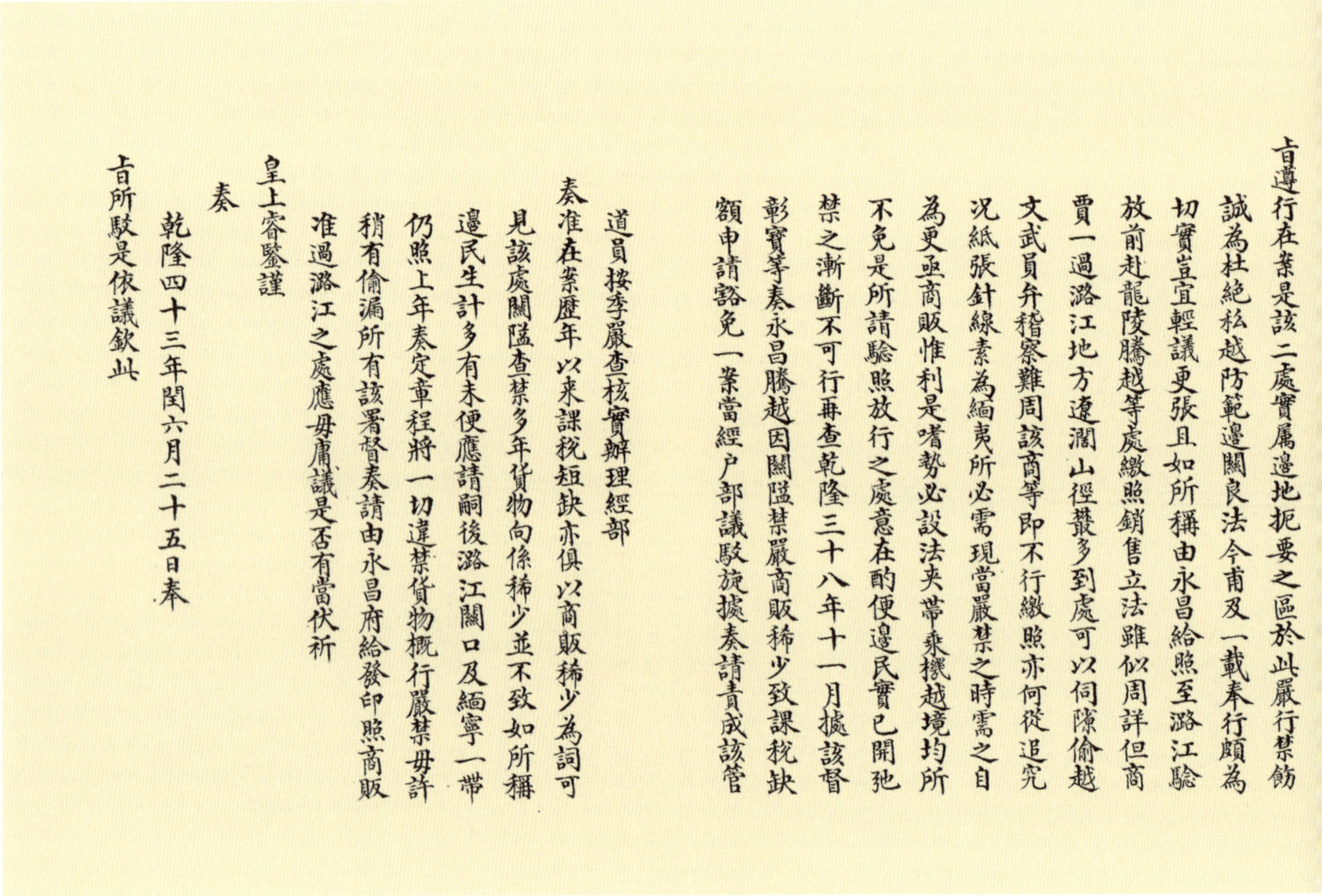

旨遵行在案是該二處實屬邊地扼要之區於此嚴行禁飭
誠為杜絕私越防範邊關良法今甫及一載奉行頗為
切實豈宜輕議更張且如所稱由永昌給照至潞江驗
放前赴龍陵騰越等處繳照銷售立法雖似周詳但商
賈一過潞江地方遼闊山徑叢多到處可以伺隙偷越
文武員弁稽察難周該商等即不行繳照亦何從追究
況紙張針線素為緬夷所必需現當嚴禁之時需之自
為更亟商販惟利是嗜勢必設法夾帶乘機越境均所
不免是所請驗照放行之處意在酌便邊民實已開弛
禁之漸斷不可行再查乾隆三十八年十一月據該督
彰寶等奏永昌騰越因關隘禁嚴商販稀少致課稅缺
額申請豁免一案當經戶部議駁旋據奏請責成該管
道員按季嚴查核實辦理經部
奏准在案歷年以來課稅短缺亦俱以商販稀少為詞可
見該處關隘查禁多年貨物向係稀少並不致如所稱
邊民生計多有未便應請嗣後潞江關口及緬寧一帶
仍照上年奏定章程將一切違禁貨物概行嚴禁毋許
稍有偷漏所有該署督奏請由永昌府給發印照商販
准過潞江之處應毋庸議是否有當伏祈
皇上睿鑒謹
奏
乾隆四十三年閏六月二十五日奏
旨所駁是依議欽此

大学士阿桂奏折：

为加强滇省潞江缅宁二处贸易货物稽查违禁品事

乾隆四十三年闰六月二十五日（1778 年 8 月 17 日）

乾隆三十年（1765）清政府和缅甸之间爆发战事，乾隆三十四年战事结束。此后很长一段时间内，清政府与缅甸关系都比较紧张，在此期间清政府对边境贸易物品有严格的限制。当地官员以“边民生计殊多未便”，提出希望除黄丝严禁交易外，其他生活用品通过官府颁发印照进行贸易。大学士阿桂认为此法会使得商贾凭照通过潞江缅宁后，为谋取暴利擅自将货物走私到缅甸，应继续按照以前的章程严查违禁品。奉谕旨：“所驳是，依议。钦此。”

大學士公臣阿　等謹
奏為遵
旨會議具奏事據署雲貴總督雲南巡撫裴宗錫奏請由永
昌府給發印照商貨准過潞江等因一摺乾隆四十三
年閏六月二十日奉
硃批軍機大臣會同該部議奏欽此據裴宗錫奏稱滇省近
邊潞江緬寧兩處為通達各關要道上年奏准如有攜
帶黃絲綢緞等物在彼私渡者即行拏解究報立法最
為扼要但查龍陵騰越等處均在潞江以外地廣人多
除黃絲一項民間無所資取其餘貨物均屬日用必需
現據永昌府稟稱潞江渡口查察商販綦嚴即向在內
地貿易者亦多裹足不前現在騰越龍陵貨短價昂於
邊民生計殊多未便等因應請除黃絲一項仍行嚴禁
外餘如綢緞針紙以及布疋雜貨等項俱由永昌府衙
門給以印照即於照內注明欲往何處發賣至潞江渡
口弁員驗照放行如赴騰越銷售者在該州呈照赴龍
陵銷售者在該廳呈照按季彙繳該府核對年終冊報
督撫備查等語　查滇省永昌緬寧一帶在在毗連緬
地沿邊雖有七關八隘之名其實坡長嶺大散漫綿延
稽察殊難周密惟永昌有潞江一處順寧有緬寧一處
為通達各邊總滙之區自上年議定專派員弁嚴行稽
察毋許江楚游民混放出口並將緬夷所需之黃絲等
貨嚴禁過關立牌榜示如有違犯即將貨物入官本犯
究處奉

大学士阿桂奏折（乾隆四十三年闰六月二十五日）

清高宗 爱新觉罗・弘历（1711—1799）

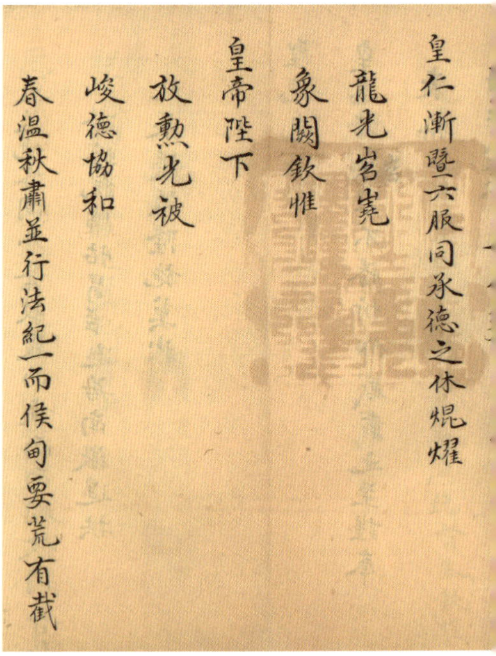
皇仁漸暨六服同承德之休焜燿
龍光宮亮
象闕欽惟
皇帝陛下
敉勲光被
峻德協和
春温秋肅並行法紀一而侯甸要荒有截

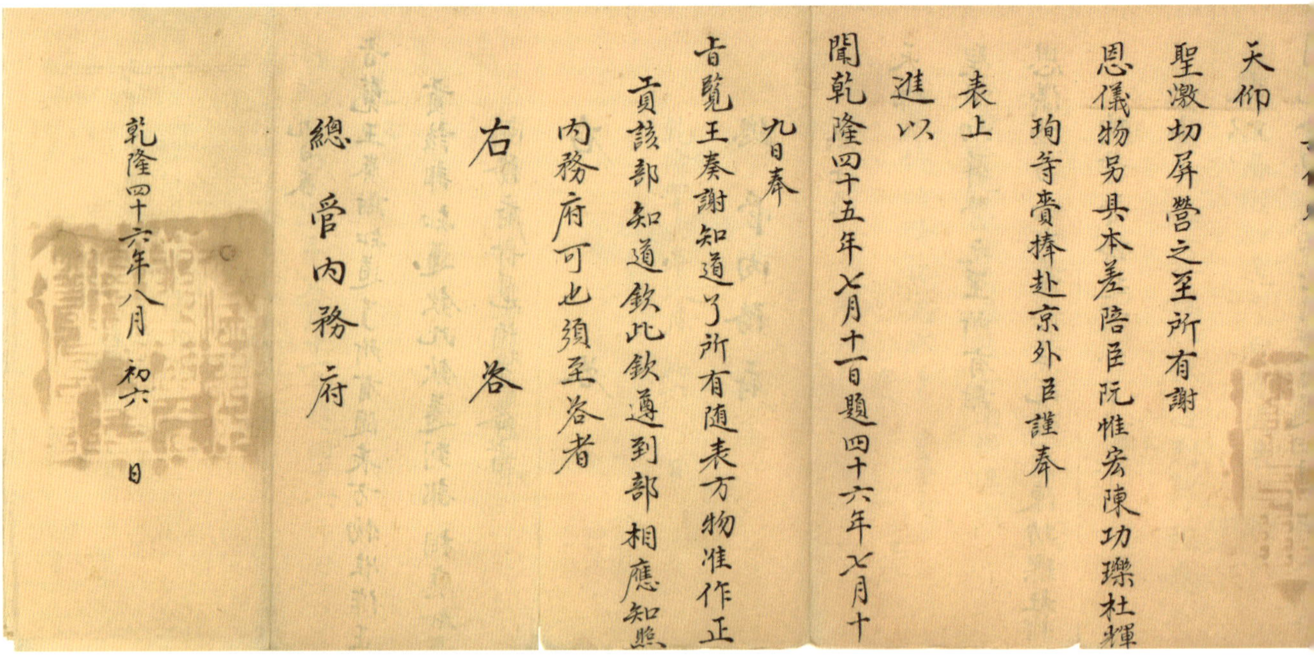
天仰
聖激切屏營之至所有謝
恩儀物另具本差陪臣阮惟宏陳功瓅杜輝
珦等賚捧赴京外臣謹奉
表上
進以
聞乾隆四十五年七月十一日題四十六年七月十
九日奉
旨覽王奏謝知道了所有隨表方物准作正
貢該部知道欽此欽遵到部相應知照
内務府可也須至咨者
右　咨
總　管内務府
乾隆四十六年八月　初六　日

礼部致总管内务府咨文（乾隆四十六年八月初六日）

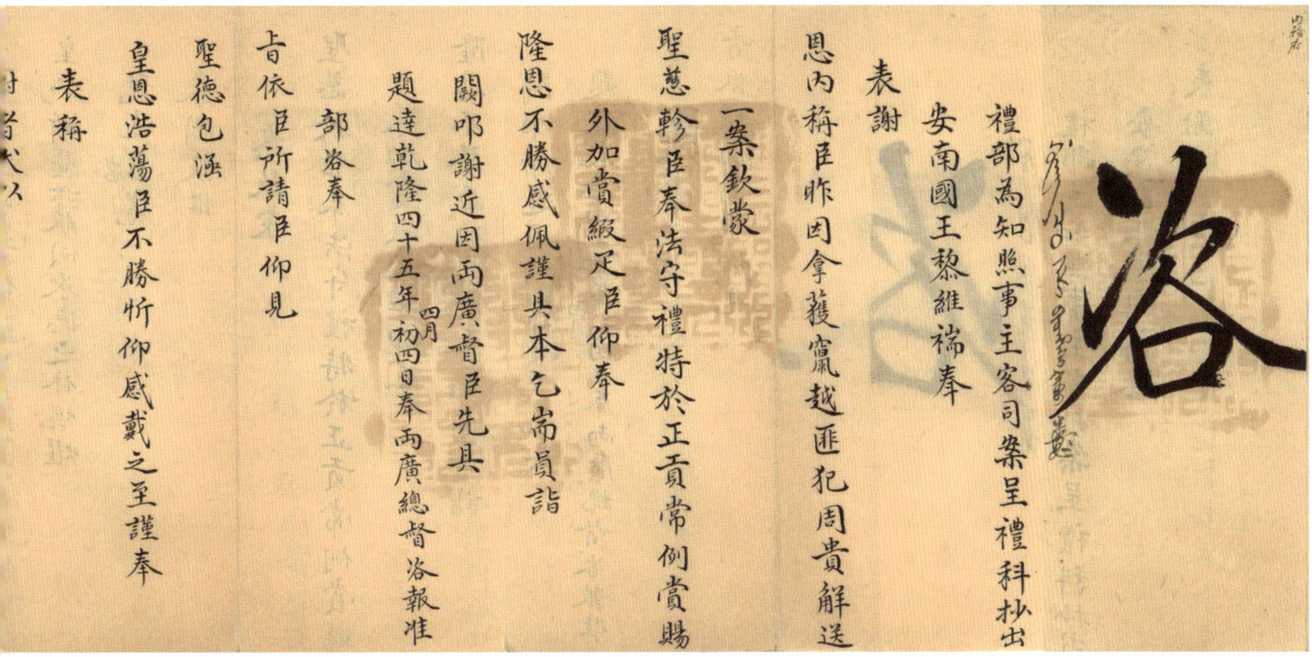
咨
禮部為知照事主客司案呈禮科抄出
安南國王黎維褍奏
表謝
恩內稱臣昨因拿獲竄越匪犯周貴解送
一案欽蒙
聖慈軫臣奉法守禮特於正貢常例賞賜
外加賞緞疋臣仰奉
隆恩不勝感佩謹具本乞齎員詣
闕叩謝近因兩廣督臣先具
題達乾隆四十五年四月初四日奉兩廣總督咨報准
部咨奉
旨依臣所請臣仰見
聖德包涵
皇恩浩蕩臣不勝忻仰感戴之至謹奏
表稱

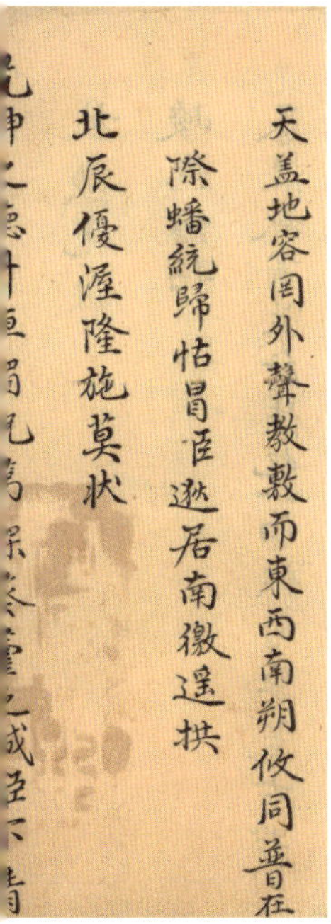
天蓋地容固外聲教敷而東西南朔攸同普在
際蟠統歸帖冒臣遐居南徼遥拱
北辰優渥隆施莫狀

礼部致总管内务府咨文：

为奉旨安南国王奉表谢恩所进方物准作正贡事

乾隆四十六年八月初六日（1781 年 9 月 23 日）

乾隆朝，安南国王因拿获匪犯周贵，乾隆帝在正贡赏赐之外又加赏绸缎。为此，安南国王专程上表谢恩，并派专人携带谢恩物品进京。乾隆四十六年（1781）七月十九日，乾隆帝准许将随谢恩表一同进京的物品作为安南正贡收存。

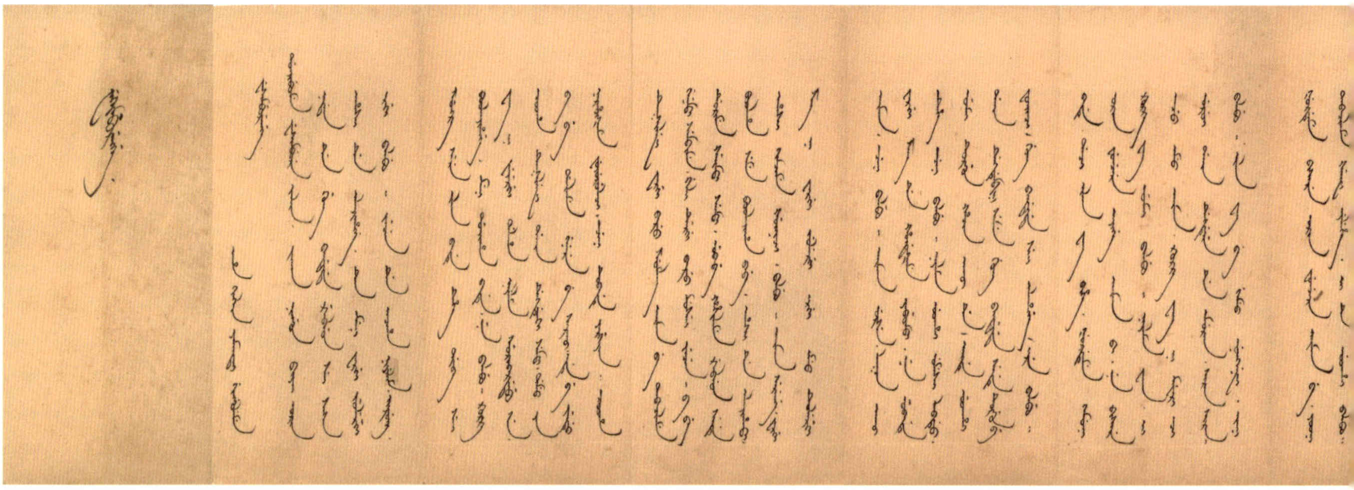

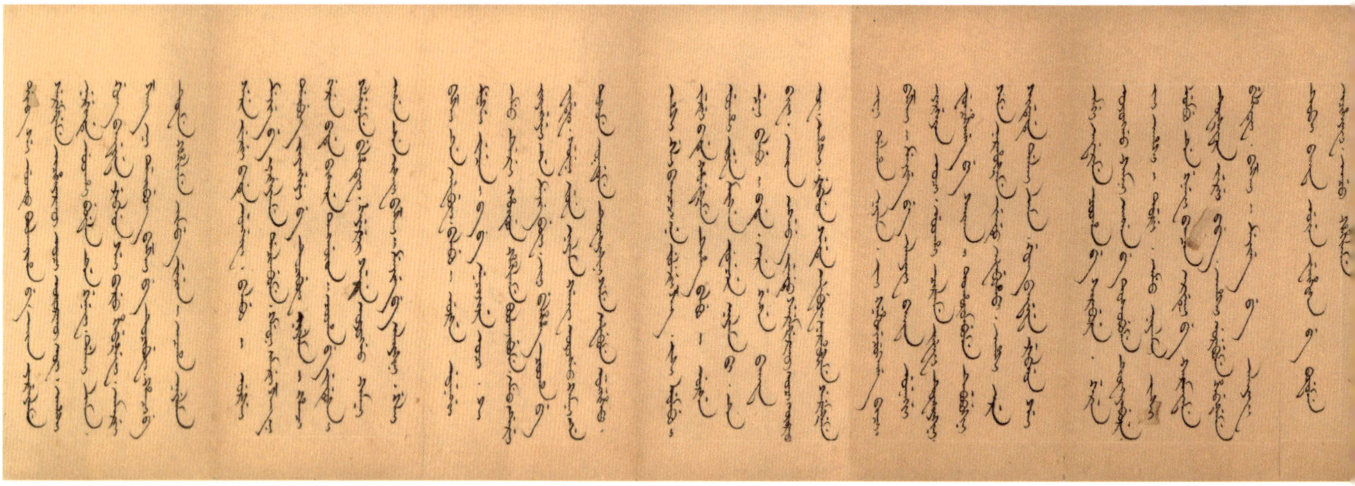

驻藏办事大臣庆麟等奏折：

为令仲巴呼图克图防范在藏贸易之巴勒布商人事

乾隆五十三年七月二十七日（1788 年 8 月 28 日）

驻藏办事大臣庆麟奏片：

为仲巴呼图克图遵饬严密注视于后藏贸易之巴勒布商人举动事

乾隆五十三年八月十四日（1788 年 9 月 13 日）

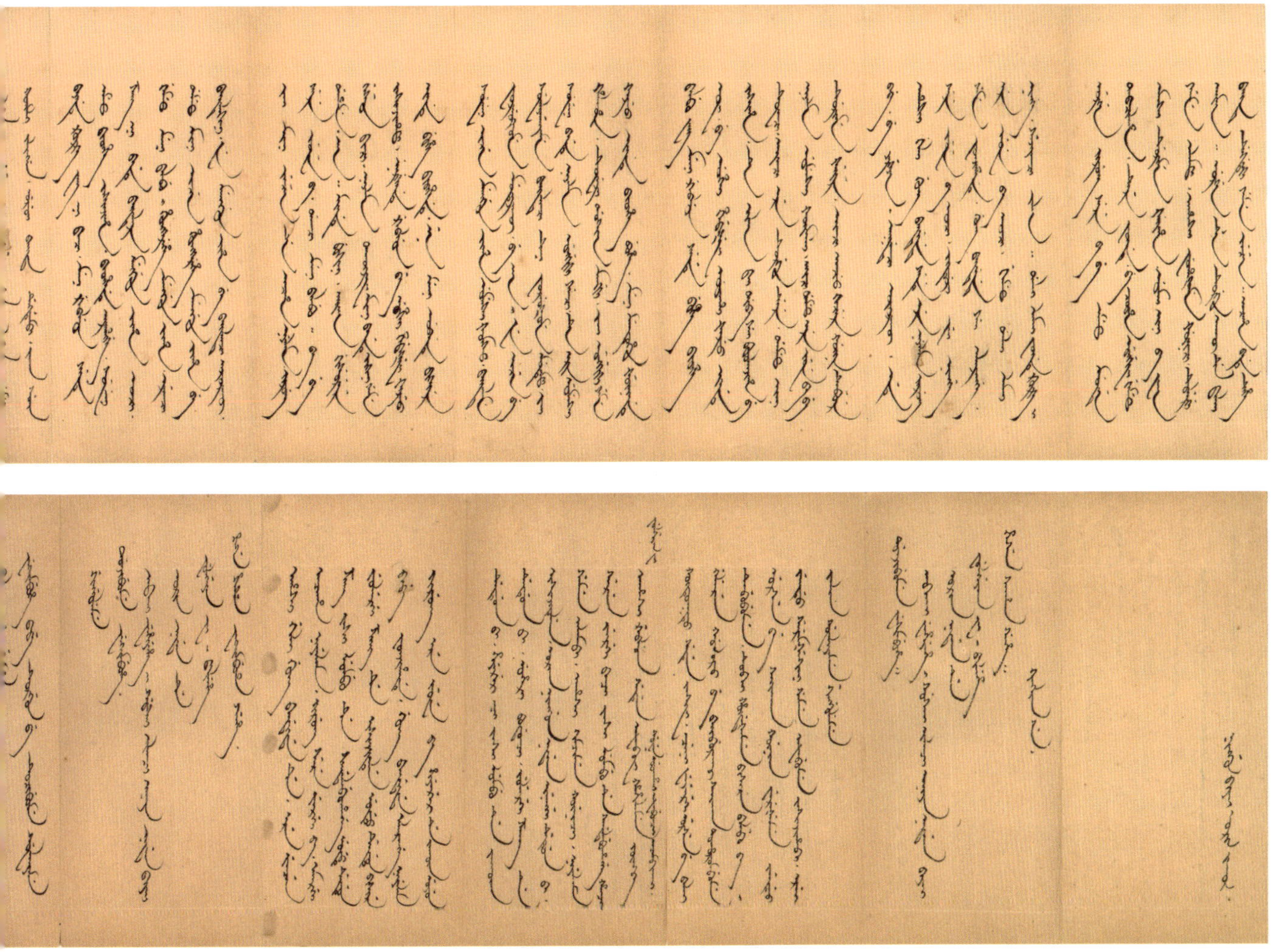

驻藏办事大臣庆麟等奏折（乾隆五十三年七月二十七日）

清朝在西藏设立驻藏大臣，直接管辖西藏全境事务。乾隆五十三年（1788）和五十六年，廓尔喀先后两次侵入西藏。清军于乾隆五十七年命福康安为将军、海兰察为参赞，进藏讨伐。清军三路攻入廓尔喀境内，廓尔喀投降。从此，廓尔喀成为清朝的朝贡之国，直到清朝末年。这两件档案中提到的仲巴呼图克图，是六世班禅之兄，因六世班禅于乾隆四十六年进京为乾隆帝祝寿期间染痘症去世，仲巴呼图克图遂以内库总管接管六世班禅财产、宗教事务。所以驻藏大臣经常告诫仲巴保境安民，维持贸易。档案中反映了驻藏大臣庆麟要求仲巴呼图克图在廓尔喀入侵西藏期间管理藏区贸易和治安事宜。

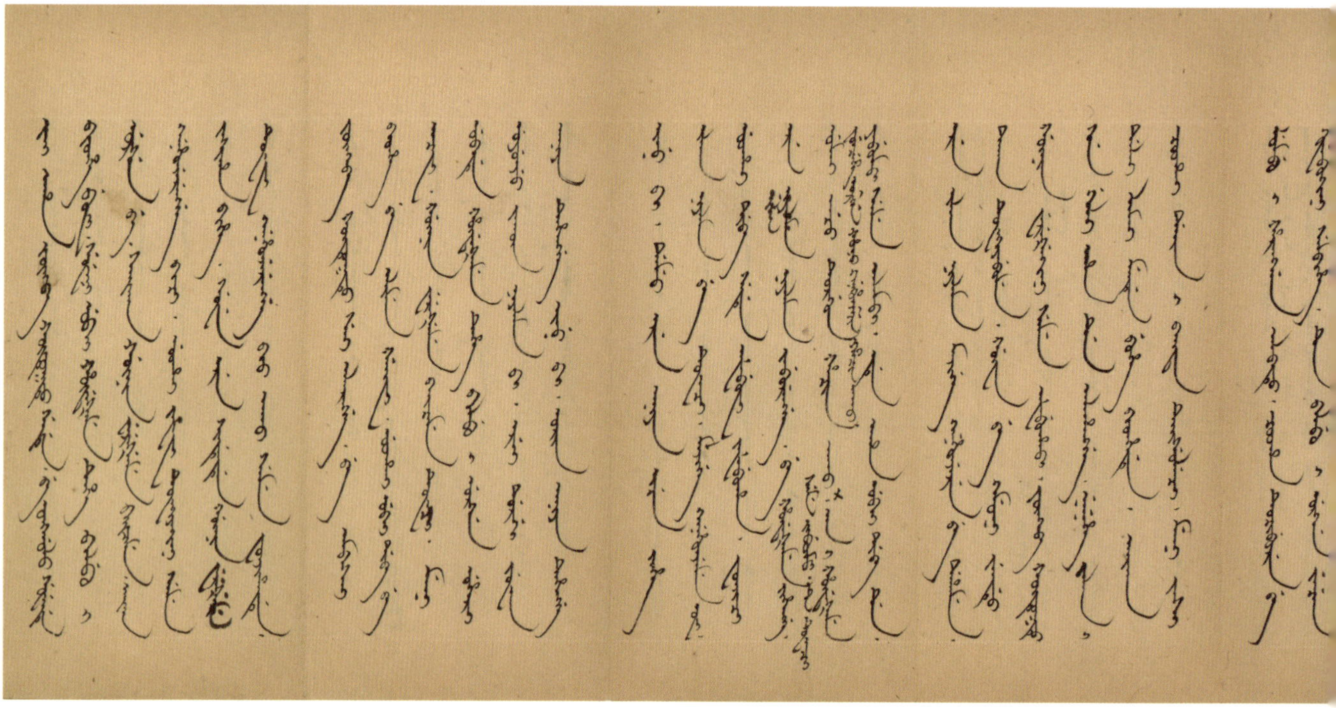

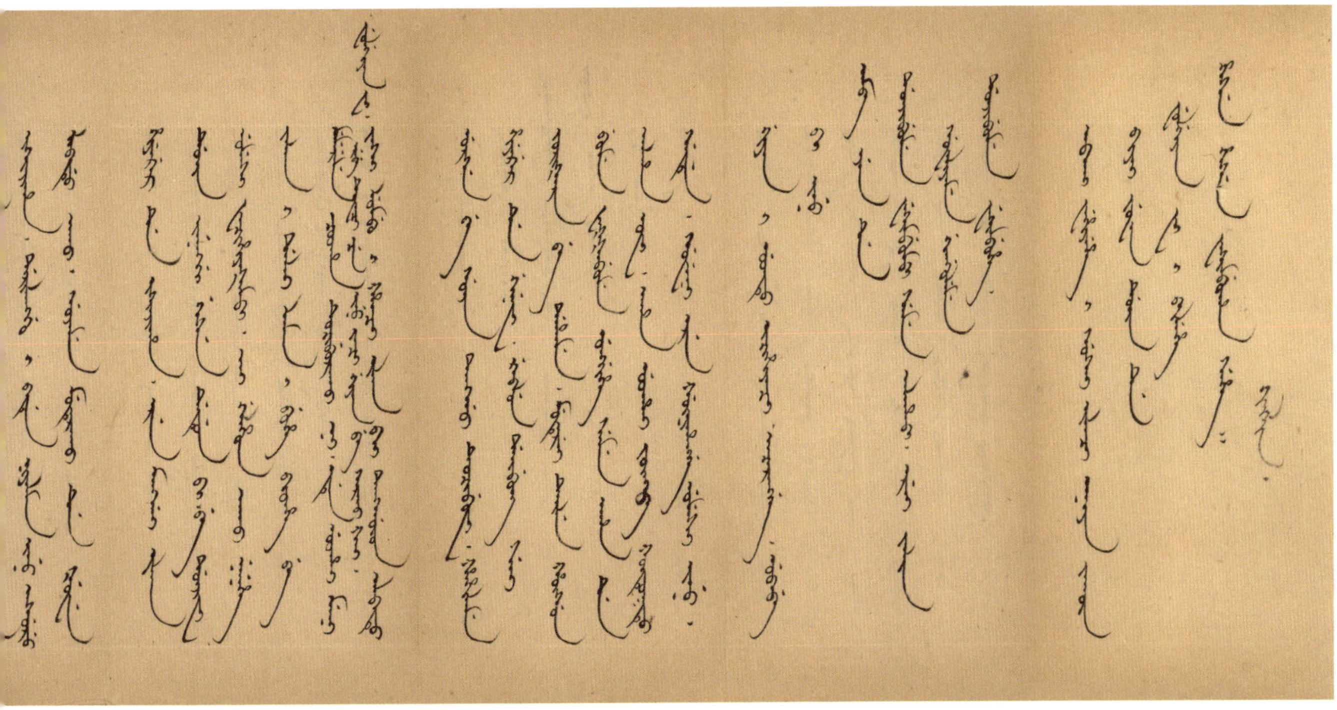

驻藏办事大臣庆麟奏片（乾隆五十三年八月十四日）

安等奏稱安南所建陣亡提鎮廟宇供祀許世亨
等牌位極為整齊並據吳文楚面稟成林以大兵
在黎城傷亡官員不知姓名官職無從立位祈開
示銜名以便補祀等語亦應准其所請著福康安
等即查明陣亡副叅遊等員職分較大應行列祀
者發交該國王令其按照官銜名姓一體設牌供
祀用慰忠魂至該國欲為福康安建立生祠固屬
愛敬之心業經福康安照會該國王令其無庸建
立所見亦為得體又據福康安另摺奏稱阮光平
所遣貢使現已催令起身計算程期必能於燈節
前趕到本應令湯雄業護送入京但阮光平明春
入覲必須熟諳大員在關照料請令候補道黃符
綵同德克精額伴送來京等語該貢使久已進關
若即令起身前來此時已抵豫省年內儘可從容
趕到今甫自寧明起身不能年底到京皆由孫永
清拘泥遲悮所致至湯雄業熟悉夷情留在鎮南
關一帶照料阮光平入覲事宜較他員自為妥協
所有此次貢使來京即令黃符綵與德克精額伴
送迅速起程務於燈節前到京勿再遲緩將此由
六百里傳諭知之欽此遵
旨寄信前來
據安南國阮光平呈進恭謝
恩賞冠帶翎頂等物表文一道理合代為呈
覽謹
奏

乾隆帝谕旨：

着两广总督福康安为安南颁发时宪书并开关通市

乾隆五十四年十二月初四日（1790 年 1 月 18 日）

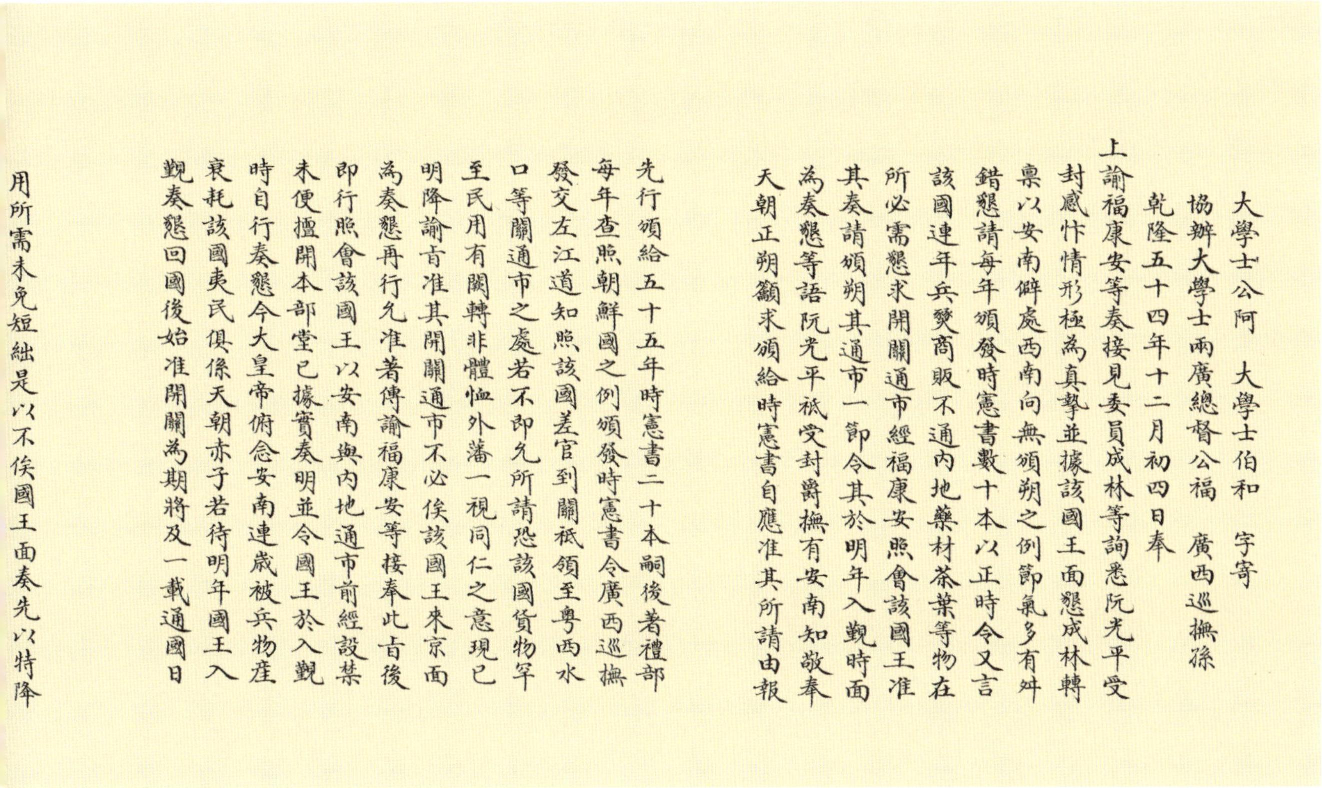
大學士公阿 大學士伯和 字寄
協辦大學士兩廣總督公福 廣西巡撫孫
乾隆五十四年十二月初四日奉
上諭福康安等奏接見委員成林等詢悉阮光平受
封感忭情形極為真摯並據該國王面懇成林轉
稟以安南僻處西南向無頒朔之例節氣多有舛
錯懇請每年頒發時憲書數十本以正時令又言
該國連年兵燹商販不通內地藥材茶葉等物在
所必需懇求開關通市經福康安照會該國王准
其奏請頒朔其通市一節令其於明年入覲時面
為奏懇等語阮光平祗受封爵撫有安南知敬奉
天朝正朔籲求頒給時憲書自應准其所請由報
先行頒給五十五年時憲書二十本嗣後著禮部
每年查照朝鮮國之例頒發時憲書令廣西巡撫
發交左江道知照該國差官到關祗領至粤西水
口等關通市之處若不即允所請恐該國貨物罕
至民用有關轉非體恤外藩一視同仁之意現已
明降諭旨准其開關通市不必俟該國王來京面
為奏懇再行允准著傳諭福康安等接奉此旨後
即行照會該國王以安南與內地通市前經設禁
未便擅開本部堂已據實奏明並令國王於入覲
時自行奏懇今大皇帝俯念安南連歲被兵物産
衰耗該國夷民俱係天朝赤子若待明年國王入
覲奏懇回國後始准開關為期將及一載通國日
用所需未免短絀是以不俟國王面奏先以特降

乾隆帝谕旨（乾隆五十四年十二月初四日）

乾隆五十三年（1788）十一月，安南权臣阮惠（阮光平）篡国，黎氏出逃。乾隆帝得到广西巡抚孙永清奏报，认为黎氏传国日久，且恭顺有加，决定帮助安南国王黎维祁复国。乾隆五十四年二月，阮惠主动求和并接受了清政府提出的条件，乾隆帝也承认了他的君主地位，重新与安南确定了封贡关系。此件档案中，乾隆帝明降谕旨给两广总督福康安，可以先行将时宪书颁给安南，并同意在粤西水口等关通市贸易。同时，要求官员将安南贡使在灯节前伴送到京城。

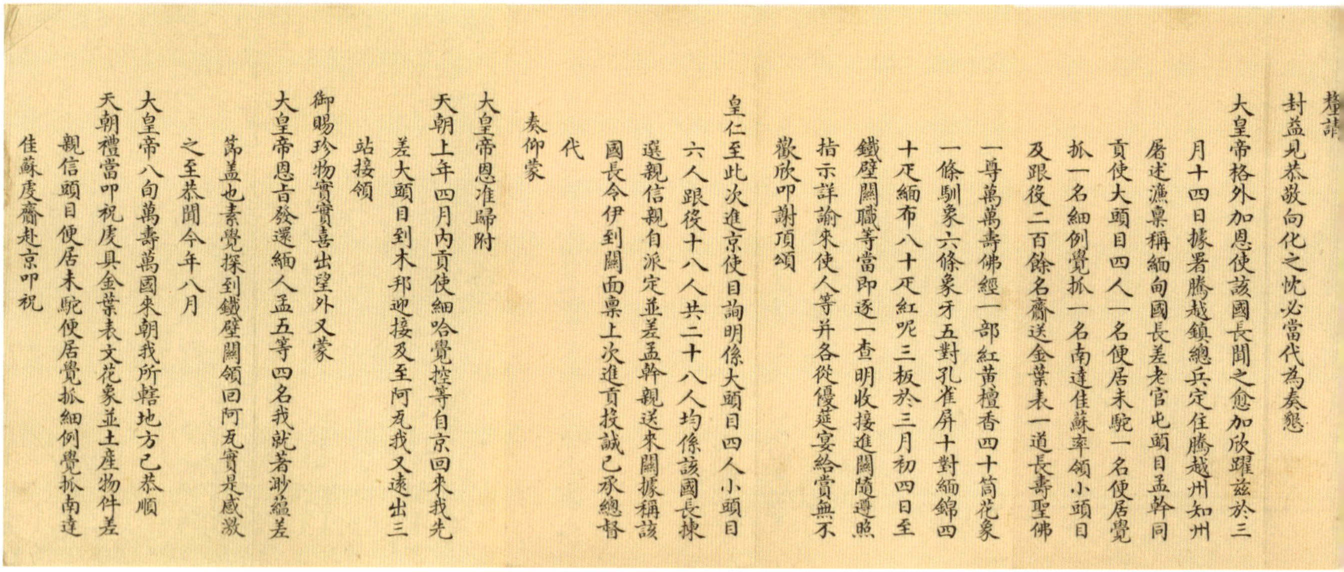
陛請
封益見恭敬向化之忱必當代為奏懇
大皇帝格外加恩使該國長聞之愈加欣躍茲於三
月十四日據署騰越鎮總兵定住騰越州知州
屠述濂稟稱緬甸國長差老官屯頭目孟幹同
貢使大頭目四人一名便居未駝一名便居覺
抓一名細例覺抓一名南達佳蘇率領小頭目
及跟役二百餘名齎送金葉表一道長壽聖佛
一尊萬萬壽佛經一部紅黃檀香四十筒花象
一條馴象六條象牙五對孔雀屏十對緬錦四
十疋緬布八十疋紅呢三板於三月初四日至
鐵壁關職等當即逐一查明收接進關隨遵照
指示詳諭來使人等并各從優筵宴給賞無不
歡欣叩謝頂頌
皇仁至此次進京使目詢明係大頭目四人小頭目
六人跟役十八人共二十八人均係該國長揀
選親信親自派定並差孟幹親送來關據稱該
國長令伊到關面稟上次進貢投誠已承總督
代
奏仰蒙
大皇帝恩准歸附
天朝上年四月內貢使細哈覺控等自京回來我先
差大頭目到木邦迎接及至阿瓦我又遠出三
站接領
御賜珍物實實喜出望外又蒙
大皇帝恩旨發還緬人孟五等四名我就著渺蘊差
節蓋也素覺探到鐵壁關領回阿瓦實是感激
之至恭聞今年八月
大皇帝八旬萬壽萬國來朝我所轄地方已恭順
天朝禮當叩祝虔具金葉表文花象並土產物件差
親信頭目便居未駝便居覺抓細例覺抓南達
佳蘇虔齎赴京叩祝

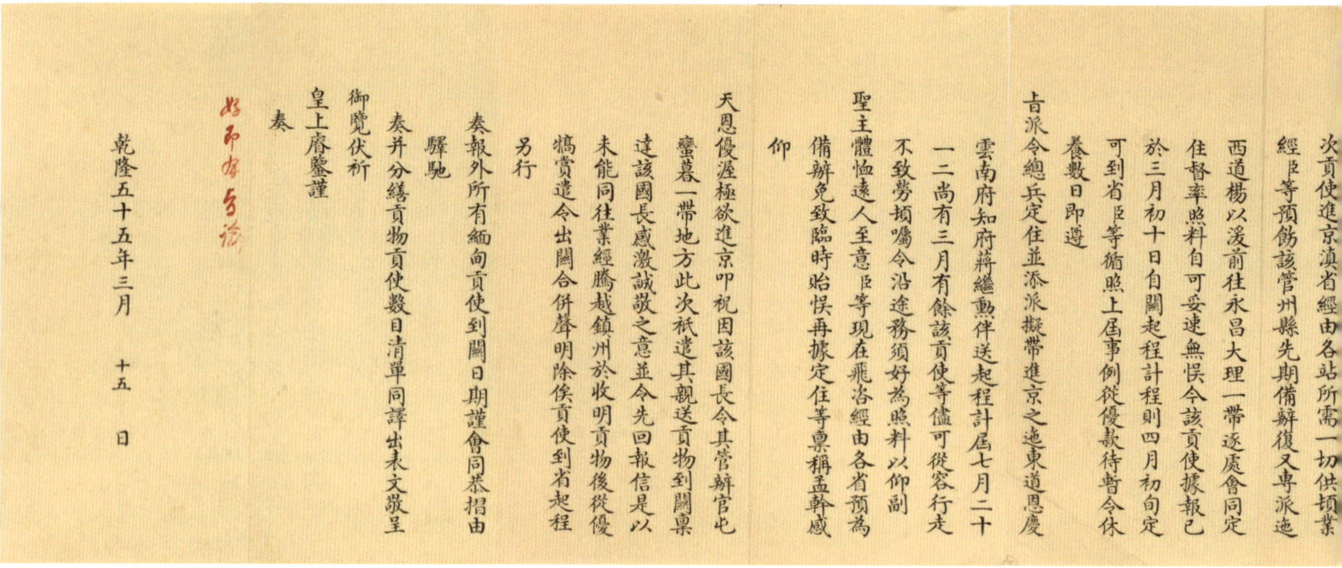
次貢使進京滇省經由各站所需一切供頓業
經臣等預飭該管州縣先期備辦復又專派迤
西道楊以湲前往永昌大理一帶逐處會同定
住督率照料自可妥速無悞令該貢使據報已
於三月初十日自關起程計程則四月初旬定
可到省臣等循照上屆事例從優款待暫令休
養數日即遵
旨派令總兵定住並添派擬帶進京之迤東道恩慶
雲南府知府蔣繼勳伴送起程計屆七月二十
一二尚有三月有餘該貢使等儘可從容行走
不致勞頓囑令沿途務須好為照料以仰副
聖主體恤遠人至意臣等現在飛咨經由各省預為
備辦免致臨時貽悞再據定住等稟稱孟幹感
仰
天恩優渥極欲進京叩祝因該國長令其管辦官屯
蠻暮一帶地方此次祇遣其親送貢物到關稟
達該國長感激誠敬之意並令先回報信是以
未能同往業經騰越鎮州於收明貢物後從優
犒賞遣令出關合併聲明除俟貢使到省起程
另行
奏報外所有緬甸貢使到關日期謹會同恭摺由
驛馳
奏并分繕貢物貢使數目清單同譯出表文敬呈
御覽伏祈
皇上睿鑒謹
奏
好知道了
乾隆五十五年三月　十五　日

云贵总督富纲等奏折（乾隆五十五年三月十五日）

云贵总督富纲等奏折：

为报缅甸贡使到关日期事

乾隆五十五年三月十五日（1790 年 4 月 28 日）

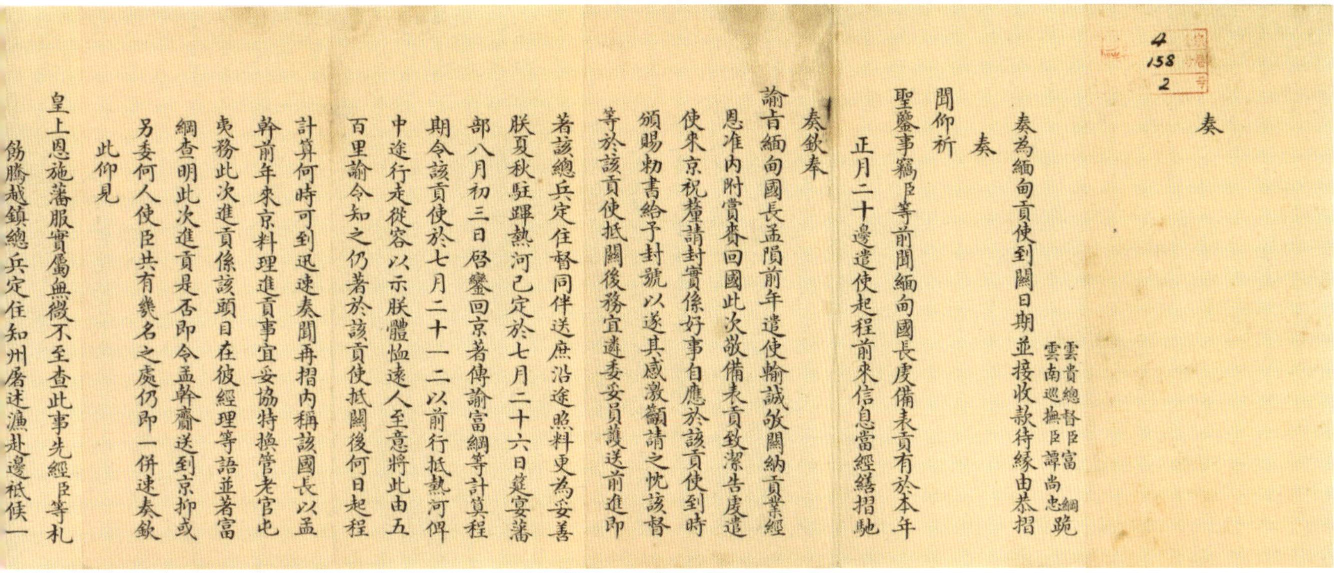

奏
4 158 2
雲貴總督臣富綱
雲南巡撫臣譚尚忠 跪
奏為緬甸貢使到關日期並接收款待緣由恭摺
奏
聞仰祈
聖鑒事竊臣等前聞緬甸國長虔備表貢有於本年
正月二十邊遣使起程前來信息當經繕摺馳
奏欽奉
諭旨緬甸國長孟隕前年遣使輸誠敂關納貢業經
恩准内附賞賚回國此次敬備表貢致潔告虔遣
使來京祝釐請封實係好事自應於該貢使到時
頒賜勅書給予封號以遂其感激籲請之忱該督
等於該貢使抵關後務宜遴委妥員護送前進即
著該總兵定住督同伴送庶沿途照料更為妥善
朕夏秋駐蹕熱河已定於七月二十六日筵宴藩
部八月初三日啓鑾回京著傳諭富綱等計算程
期令該貢使於七月二十一二以前行抵熱河俾
中途行走從容以示朕體恤遠人至意將此由五
百里諭令知之仍著於該貢使抵關後何日起程
計算何時可到迅速奏聞再摺内稱該國長以孟
幹前年來京料理進貢事宜妥協特換管老官屯
夷務此次進貢係該頭目在彼經理等語並著富
綱查明此次進貢是否即令孟幹齎送到京抑或
另委何人使臣共有幾名之處仍即一併速奏欽
此仰見
皇上恩施藩服實屬無微不至查此事先經臣等札
飭騰越鎮總兵定住知州屠述濂赴邊祗候一

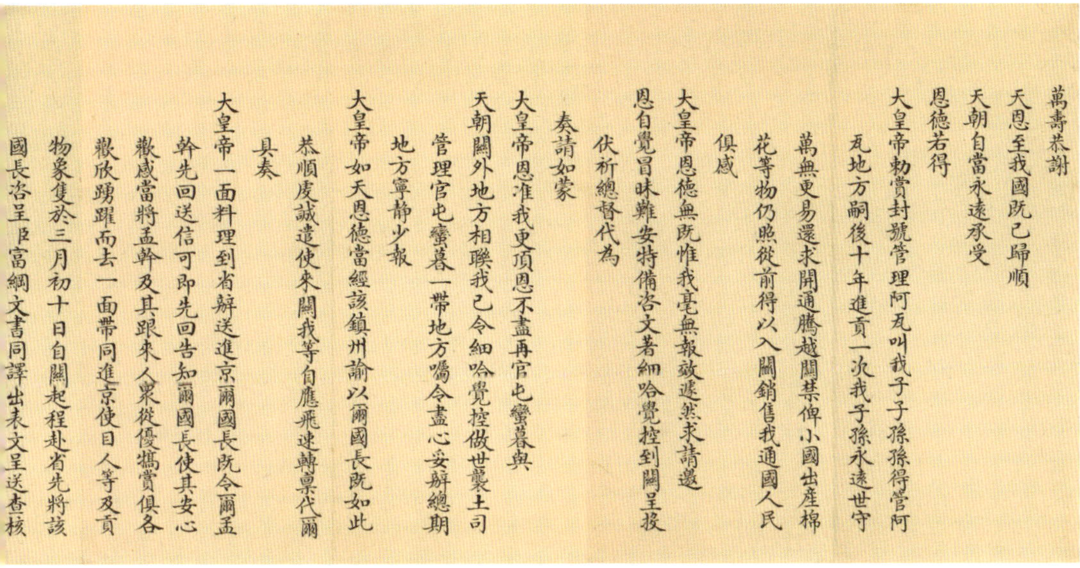

萬壽恭謝
天恩至我國既已歸順
天朝自當永遠承受
恩德若得
大皇帝勅賞封號管理阿瓦叫我子子孫孫得管阿
瓦地方嗣後十年進貢一次我子孫永遠世守
萬無更易還求開通騰越關禁俾小國出產棉
花等物仍照從前得以入關銷售我通國人民
俱感
大皇帝恩德無既惟我毫無報效遽然求請邀
恩自覺冒昧難安特備咨文著細哈覺控到關呈投
伏祈總督代為
奏請如蒙
大皇帝恩准我更頂恩不盡再官屯蠻暮與
天朝關外地方相聯我已令細哈覺控做世襲土司
管理官屯蠻暮一帶地方囑令盡心妥辦總期
地方寧靜少報
大皇帝如天恩德當經該鎮州諭以爾國長既如此
恭順虔誠遣使來關我等自應飛速轉稟代爾
具奏
大皇帝一面料理到省辦送進京爾國長既令爾孟
幹先回送信可即先回告知爾國長使其安心
歡感當將孟幹及其跟來人眾從優犒賞俱各
歡欣踴躍而去一面帶同進京使目人等及貢
物象隻於三月初十日自關起程赴省先將該
國長咨呈臣富綱文書同譯出表文呈送查核

乾隆五十五年（1790）八月十三日是乾隆帝八十岁寿辰，缅甸国长孟陨遣贡使来京祝贺。三月缅甸贡使一行28人抵达铁壁关，当地官员按照乾隆帝的旨意款待缅甸贡使一行并派人护送到热河行宫。缅甸贡使于三月十日启程，预计可以在规定的七月二十一、二十二日前抵达热河。云贵总督富纲将缅甸贡使的到关日期、贡物清单、贡使人数、译出表文等呈报乾隆帝御览。奉朱批：“好，即有旨谕。”此件档案还反映了缅甸提出希望开通腾越关禁进行贸易的请求。

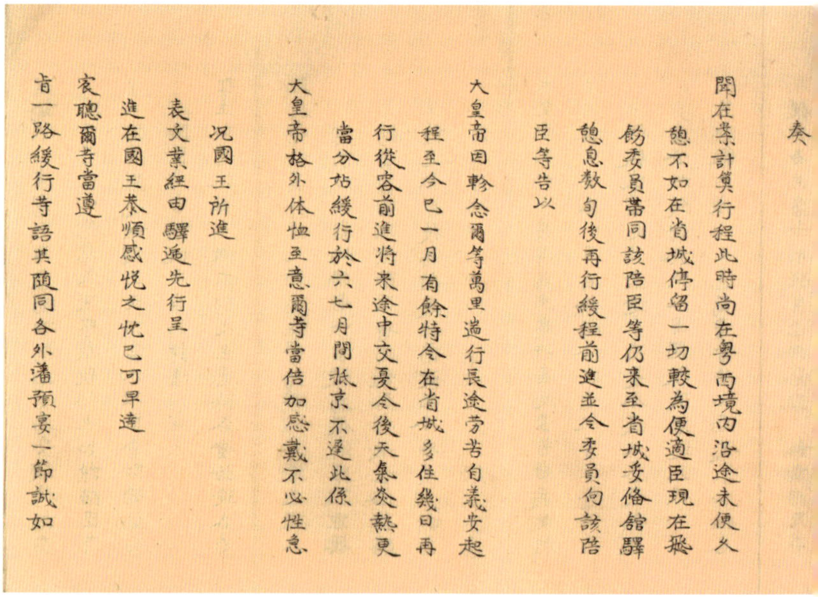
奏
聞在案計算行程此時尚在粵西境内沿途未便久
總不如在省城停留一切較為便適臣現在飛
飭委員帶同該陪臣等仍來至省城妥備館驛
憩息數旬後再行緩程前進並令委員向該陪
臣等告以
大皇帝因軫念爾等萬里遠行長途勞苦自義安起
程至今已一月有餘特令在省城多住幾日再
行從容前進將來途中交夏令後天氣炎熱更
當分站緩行於六七月間抵京不遲此係
大皇帝格外体恤至意爾等當倍加感戴不必性急
况國王所進
表文業經由驛遞先行呈
進在國王恭順感悦之忱已可早達
宸聰爾等當遵
旨一路緩行等語其隨同各外藩預宴一節誠如

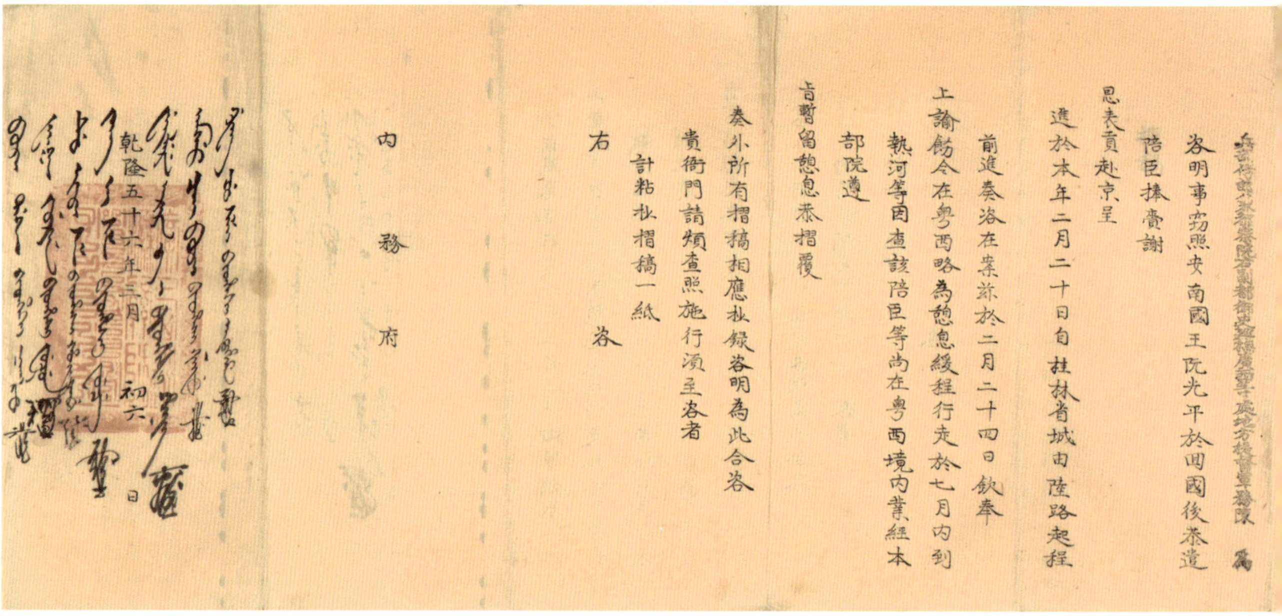
兵部侍郎兼都察院右副都御史巡撫廣西等處地方提督軍務陳　為
咨明事竊照安南國王阮光平於回國後恭遣
陪臣捧賫謝
恩表貢赴京呈
進於本年二月二十日自桂林省城由陸路起程
前進奏咨在案旋於二月二十四日欽奉
上諭飭令在粵西略為憩息緩程行走於七月内到
熱河等因查該陪臣等尚在粵西境内業經本
部院遵
旨暫留憩息恭摺覆
奏外所有摺稿相應抄録咨明為此合咨
貴衙門請煩查照施行須至咨者
計粘抄摺稿一紙
右　咨
内　務　府
乾隆五十六年三月初六日

广西巡抚陈用敷致总管内务府咨文（乾隆五十六年三月初六日）

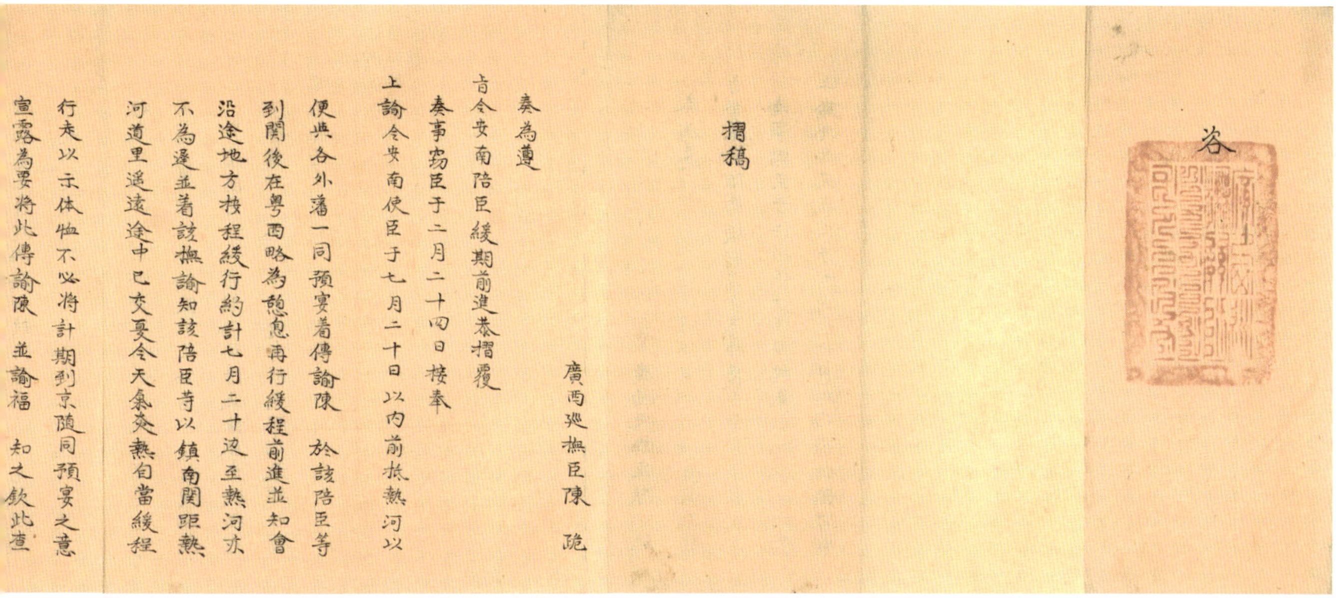

咨

廣西巡撫臣陳 跪

摺稿

奏為遵
旨令安南陪臣緩期前進恭摺覆
奏事竊臣于二月二十四日接奉
上諭令安南使臣于七月二十日以内前抵熱河以
便與各外藩一同預宴着傳諭陳 於該陪臣等
到關後在粵西略為憩息再行緩程前進並知會
沿途地方核程緩行約計七月二十边至熱河亦
不為遲並着該撫諭知該陪臣等以鎮南關距熱
河道里遥遠途中已交夏令天氣炎熱自當緩程
行走以示体恤不必將計期到京隨同預宴之意
宣露為要將此傳諭陳 並諭福 知之欽此查

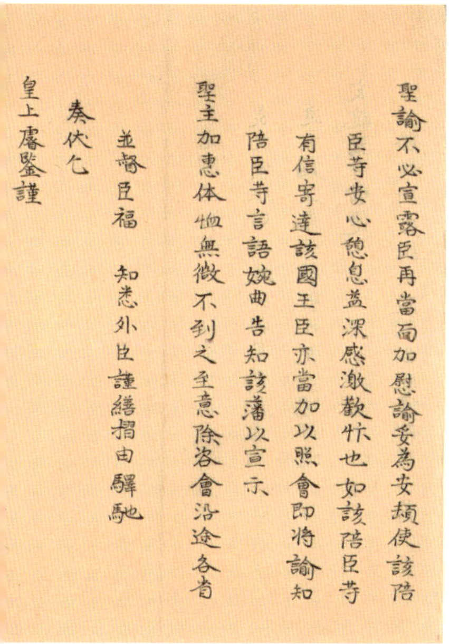

聖諭不必宣露臣再當面加慰諭妥為安頓使該陪
臣等安心憩息益深感激欽忭也如該陪臣等
有信寄達該國王臣亦當加以照會即將諭知
陪臣等言語婉曲告知該藩以宣示
聖主加惠体恤無微不到之至意除咨會沿途各省
並咨臣福 知悉外臣謹繕摺由驛馳
奏伏乞
皇上睿鑒謹

广西巡抚陈用敷致总管内务府咨文：

为安南国贡使在粤西暂留憩息之原奏事

乾隆五十六年三月初六日（1791年4月8日）

乾隆五十六年（1791），广西巡抚陈用敷奉上谕于七月二十日前护送安南国使臣抵达热河。安南贡使入镇南关后，一般可以在粤西稍做歇息再继续前行，预计七月二十日前可抵达热河。考虑到镇南关距热河路途遥远，且夏季天气炎热，乾隆帝体恤贡使辛劳，允准缓行。安南国使臣于二月十八日抵达桂林省城，休息一日，于二十日动身出发。沿途安排使臣在省城休息数旬，并派人将乾隆帝体恤之意告知，使其不必急于赶路。安南国王的表文则由驿站先行呈进。贡使可遵旨缓慢前行。该件档案充分体现了乾隆帝体恤藩属国使臣的殷殷之意。

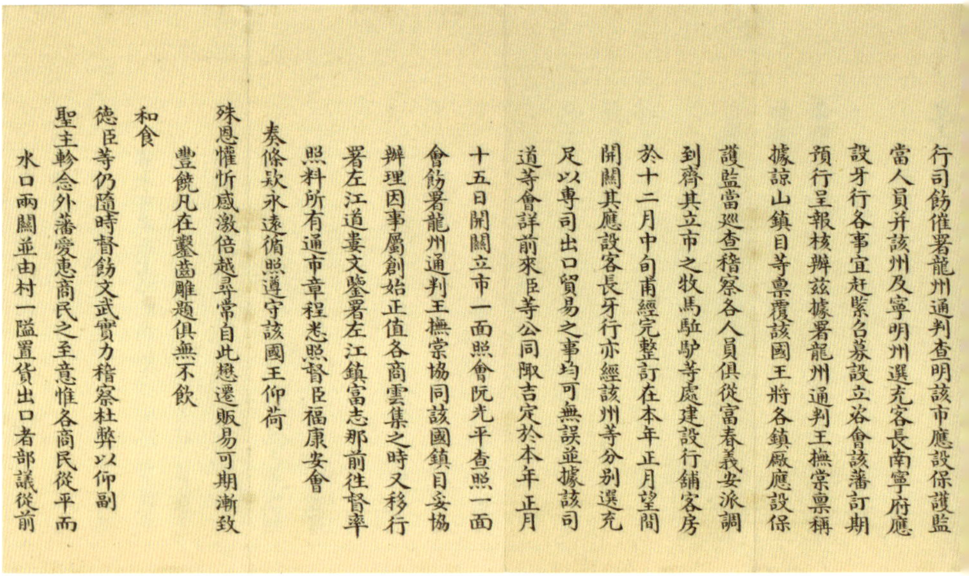

行司飭催署龍州通判查明該市應設保護監
當人員并該州及寧明州選充客長南寧府應
設牙行各事宜赶緊召募設立咨會該藩訂期
預行呈報核辦玆據署龍州通判王撫棠稟稱
據諒山鎮目等稟覆該國王將各鎮廠應設保
護監當巡查稽察各人員俱從富春義安派調
到齊其立市之牧馬驅驢等處建設行鋪客房
於十二月中旬甫經完整訂在本年正月望間
開關其應設客長牙行亦經該州等分别選充
足以專司出口貿易之事均可無誤並據該司
道等會詳前來臣等公同諏吉定於本年正月
十五日開關立市一面照會阮光平查照一面
會飭署龍州通判王撫棠協同該國鎮目妥協
辦理因事屬創始正值各商雲集之時又移行
署左江道婁文鑒署左江鎮富志那前往督率
照料所有通市章程悉照督臣福康安會
奏條欵永遠循照遵守該國王仰荷
殊恩懽忻感激倍越尋常自此懋遷販易可期漸致
豐饒凡在鑿齒雕題俱無不飲
和食
德臣等仍隨時督飭文武實力稽察杜弊以仰副
聖主軫念外藩愛惠商民之至意惟各商民從平而
水口兩關並由村一隘置貨出口者部議從前

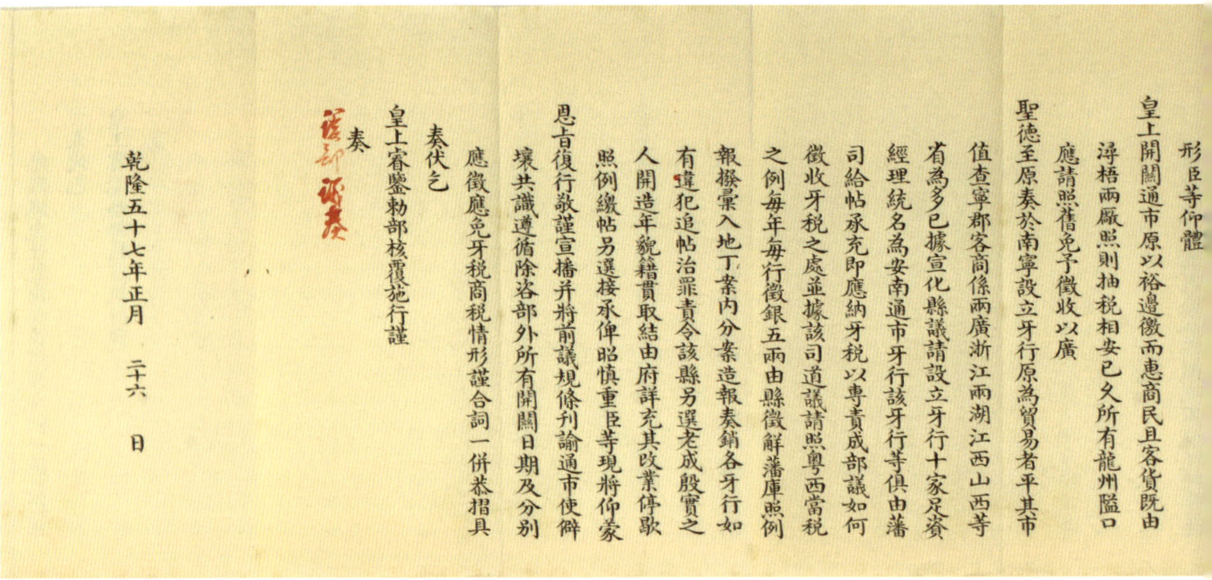

形臣等仰體
皇上開關通市原以裕邊徼而惠商民且客貨既由
潯梧兩廠照則抽税相安已久所有龍州隘口
應請照舊免予徵收以廣
聖德至原奏於南寧設立牙行原為貿易者平其市
值查寧郡客商係兩廣浙江兩湖江西山西等
省為多已據宣化縣議請設立牙行十家足資
經理統名為安南通市牙行該牙行等俱由藩
司給帖承充即應納牙税以專責成部議如何
徵收牙税之處並據該司道議請照粤西當税
之例每年每行徵銀五兩由縣徵觧藩庫照例
報撥彙入地丁案内分案造報奏銷各牙行如
有違犯追帖治罪責令該縣另選老成殷實之
人開造年貌籍貫取結由府詳充其改業停歇
照例繳帖另選接承俾昭慎重臣等現將仰蒙
恩旨復行敬謹宣播并將前議規條刊諭通市使僻
壤共識遵循除咨部外所有開關日期及分别
應徵應免牙税商税情形謹合詞一併恭摺具
奏伏乞
皇上睿鑒勅部核覆施行謹
奏
該部議奏
乾隆五十七年正月　二十六　日

署理两广总督郭世勋等奏折（乾隆五十七年正月二十六日）

署理两广总督郭世勋等奏折：

为报安南立市牧马庸等处开关通市日期并酌议龙州隘口请免抽收商税事

乾隆五十七年正月二十六日（1792 年 2 月 18 日）

乾隆五十三年（1788），安南黎氏失国。出于宗主国对藩属国兴灭继绝的道义担当，清朝出兵安南，讨阮扶黎。战争结束后，安南的新

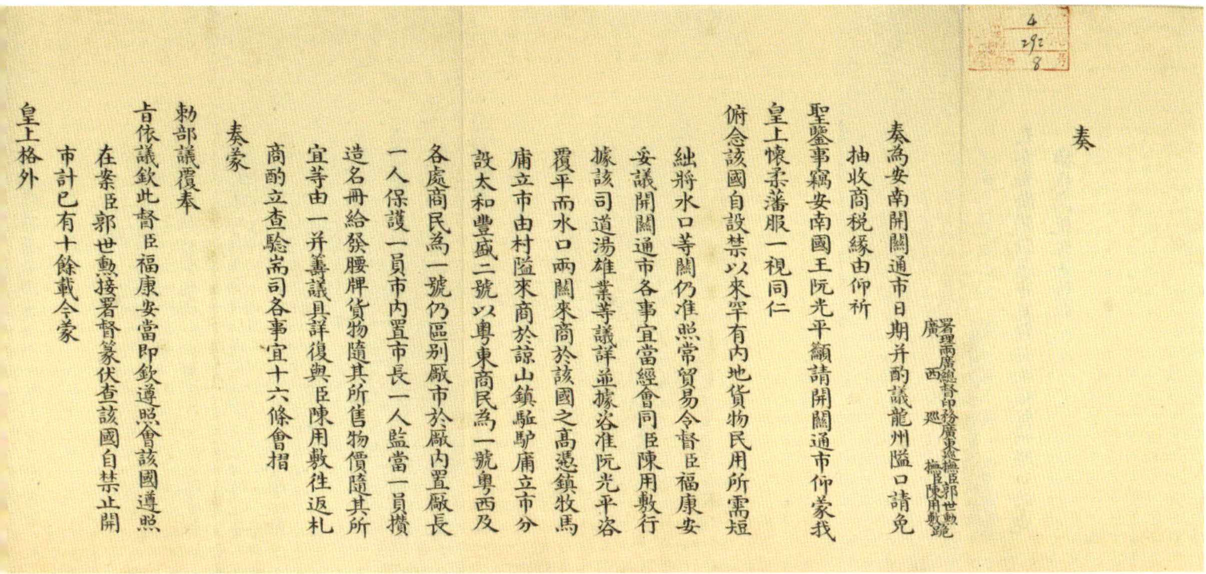

奏

奏為安南開關通市日期并酌議龍州隘口請免

署理兩廣總督印務廣東巡撫臣郭世勳廣西巡撫臣陳用敷跪

抽收商稅緣由仰祈

聖鑒事竊安南國王阮光平籲請開關通市仰蒙我

皇上懷柔藩服一視同仁

俯念該國自設禁以來罕有內地貨物民用所需短

絀將水口等關仍准照常貿易令督臣福康安

妥議開關通市各事宜當經會同臣陳用敷行

據該司道湯雄業等議詳並據咨准阮光平咨

覆平而水口兩關來商於該國之高憑鎮牧馬

庯立市由村隘來商於諒山鎮驅驢庯立市分

設太和豐盛二號以粵東商民為一號粵西及

各處商民為一號仍區別廠市於廠內置廠長

一人保護一員市內置市長一人監當一員攢

造名冊給發腰牌貨物隨其所售物價隨其所

宜等由一并籌議具詳復與臣陳用敷往返札

商酌立查驗嵩司各事宜十六條會摺

奏蒙

勅部議覆奉

旨依議欽此督臣福康安當即欽遵照會該國遵照

在案臣郭世勳接署督篆伏查該國自禁止開

市計已有十餘載今蒙

皇上格外

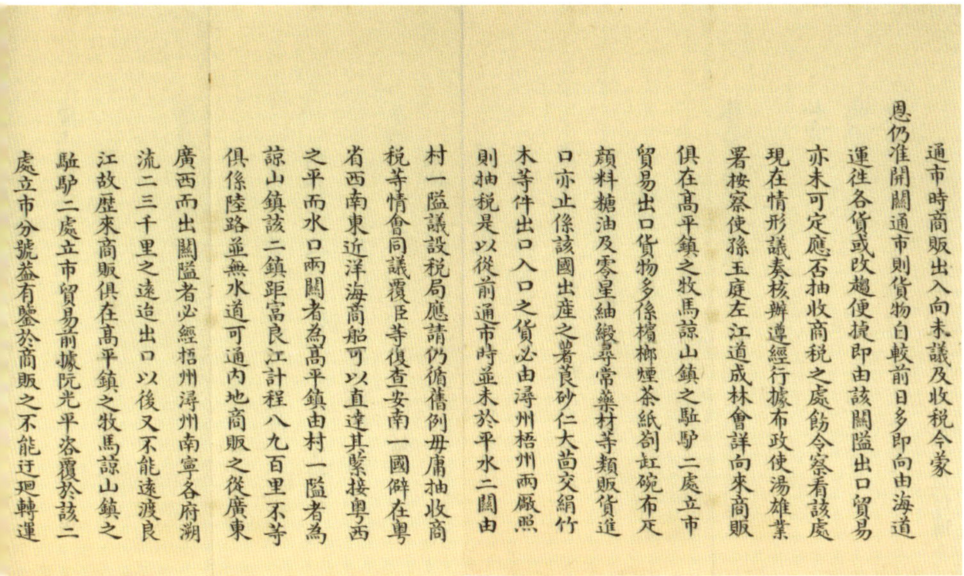

通市時商販出入向未議及收稅今蒙

恩仍准開關通市則貨物自較前日多即向由海道

運往各貨或改趨便捷即由該關隘出口貿易

亦未可定應否抽收商稅之處飭令察看該處

現在情形議奏核辦遵經行據布政使湯雄業

署按察使孫玉庭左江道成林會詳向來商販

俱在高平鎮之牧馬諒山鎮之驅驢二處立市

貿易出口貨物多係檳榔煙茶紙劄缸碗布疋

顏料糖油及零星紬緞尋常藥材等類販貨進

口亦止係該國出產之薯莨砂仁大茴交絹竹

木等件出口入口之貨必由潯州梧州兩廠照

則抽稅是以從前通市時並未於平水二關由

村一隘議設稅局應請仍循舊例毋庸抽收商

稅等情會同議覆臣等復查安南一國僻在粵

省西南東近洋海商船可以直達其緊接粵西

之平而水口兩關者為高平鎮由村一隘者為

諒山鎮該二鎮距富良江計程八九百里不等

俱係陸路並無水道可通內地商販之從廣東

廣西而出關隘者必經梧州潯州南寧各府溯

流二三千里之遠迨出口以後又不能遠渡良

江故歷來商販俱在高平鎮之牧馬諒山鎮之

驅驢二處立市貿易前據阮光平咨覆於該二

處立市分號益有鑒於商販之不能迂迴轉運

生阮氏政权为了巩固政权，迫切地希望得到清政府的承认，主动求和。乾隆帝承认了安南国内政权改变的现实，通过对阮惠的纳降和赐封其为安南国王，将安南重新纳入到封贡体系之中。随后，乾隆帝答应了安南国王阮惠的请求，同意解除关禁，于乾隆五十七年正月十五日开通平而关、水口关、由村隘，在安南高平镇牧马庯、谅山镇驱驴庯设立市场进行贸易。署理两广总督郭世勋在奏折中提出“仍循旧例”，在浔州、梧州两厂征税，其余龙州隘口免于征税。同时设立十个安南通市牙行并征牙税。奉朱批：“该部议奏。”

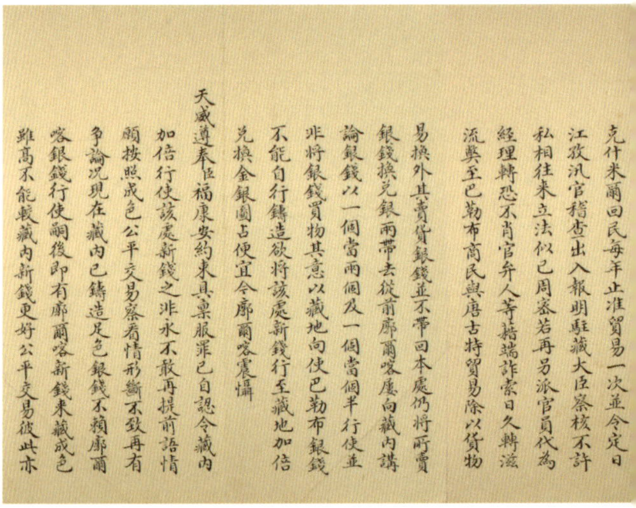
克什米爾回民每年止准貿易一次並令定日
江孜汛官稽查出入報明駐藏大臣察核不許
私相往來立法似已周密若再另派官員代為
經理轉恐不肖官弁人等藉端詐索日久轉滋
流弊至巴勒布商民與唐古特貿易除以貨物
易換外其賣貨銀錢並不帶回本處仍將所賣
銀錢換兑銀兩帶去從前廓爾喀屢向藏內講
論銀錢以一個當兩個及一個當個半行使並
非將銀錢買物其意以藏地向使巴勒布銀錢
不能自行鑄造欲將該處新錢行至藏地加倍
兑換金銀圖占便宜今廓爾喀震懾
天威遵奉臣福康安約束具稟服罪已自認令藏內
加倍行使該處新錢之非永不敢再提前語情
願按照成色公平交易察看情形斷不致再有
爭論況現在藏內已鑄造足色銀錢不賴廓爾
喀銀錢行使嗣後即有廓爾喀新錢來藏成色
雖高不能較藏內新錢更好公平交易彼此亦

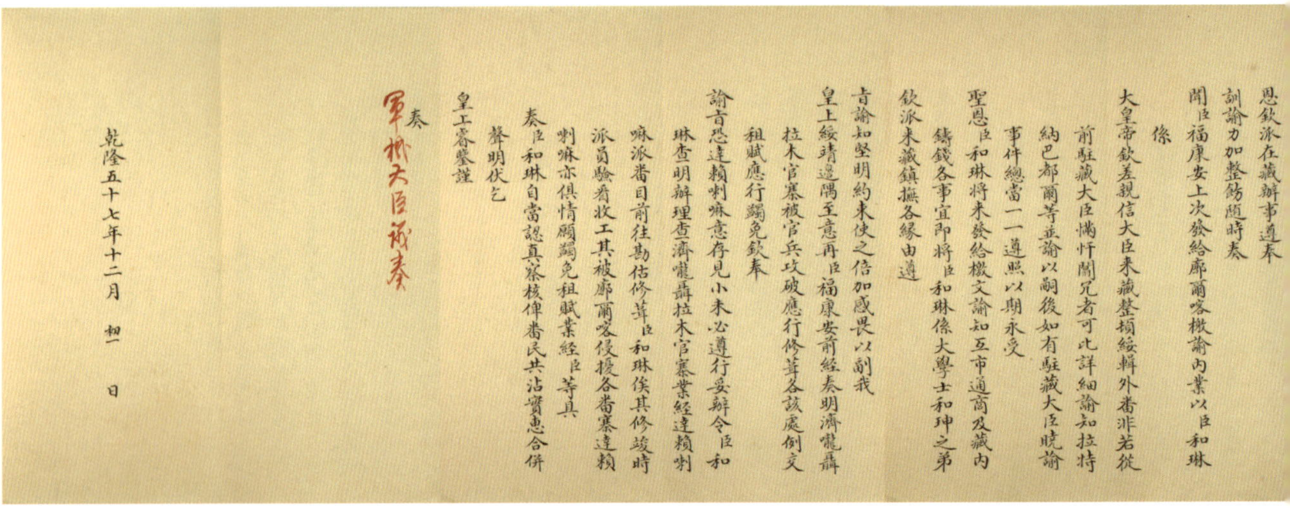
恩欽派在藏辦事遵奉
訓諭力加整飭隨時奏
聞臣福康安上次發給廓爾喀檄諭內業以臣和琳
係
大皇帝欽差親信大臣來藏整頓綏輯外番非若從
前駐藏大臣慵忓闒冗者可比詳細諭知拉特
納巴都爾等並諭以嗣後如有駐藏大臣曉諭
事件總當一一遵照以期永受
聖恩臣和琳將來發給檄文諭知互市通商及藏內
鑄錢各事宜即將臣和琳係大學士和珅之弟
欽派來藏鎮撫各緣由遵
旨諭知堅明約束使之倍加感畏以副我
皇上綏靖邊隅至意再臣福康安前經奏明濟嚨聶
拉木官寨被官兵攻破應行修葺各該處例交
租賦應行蠲免欽奉
諭旨恐達賴喇嘛意存見小未必遵行妥辦令臣和
琳查明辦理查濟嚨聶拉木官寨業經達賴喇
嘛派番目前往勘估修葺臣和琳俟其修竣時
派員驗看收工其被廓爾喀侵擾各番寨達賴
喇嘛亦俱情願蠲免租賦業經臣等具
奏臣和琳自當認真察核俾番民共沾實惠合併
聲明伏乞
皇上睿鑒謹
奏
軍機大臣議奏
乾隆五十七年十二月 初一 日

大将军福康安等奏折（乾隆五十七年十二月初一日）

大将军福康安等奏折：

为奉旨酌核廓尔喀与西藏贸易通商及藏内铸钱各事宜事

乾隆五十七年十二月初一日（1793年1月12日）

大将军福康安等奏折：

为遵旨酌议廓尔喀与藏地贸易事

乾隆五十八年正月初八日（1793年2月18日）

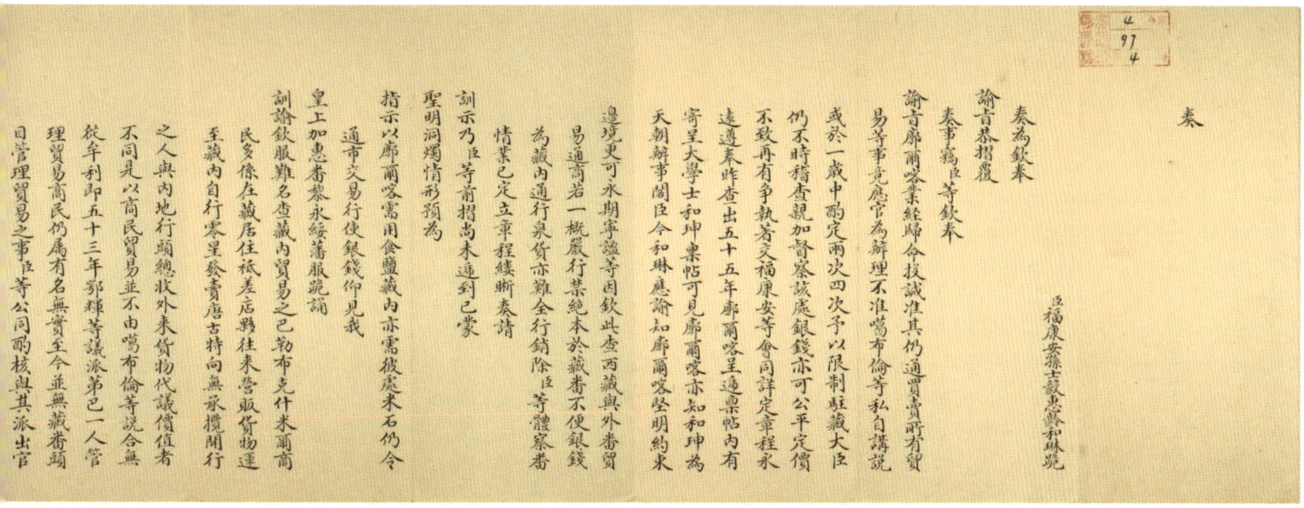

奏
臣福康安孫士毅惠齡和琳跪
奏為欽奉
諭旨恭摺覆
奏事竊臣等欽奉
諭旨廓爾喀業經歸命投誠准其仍通買賣所有貿
易等事竟應官為辦理不准噶布倫等私自講說
或於一歲中酌定兩次四次予以限制駐藏大臣
仍不時稽查親加督察該處銀錢亦可公平定價
不致再有爭執著交福康安等會同詳定章程永
遠遵奉昨查出五十五年廓爾喀呈遞稟帖內有
寄呈大學士和珅稟帖可見廓爾喀亦知和珅為
天朝辦事閣臣令和琳應諭知廓爾喀堅明約束
邊境更可永期寧謐等因欽此查西藏與外番貿
易通商若一概嚴行禁絕本於藏番不便銀錢
為藏內通行泉貨亦難全行銷除臣等體察番
情業已定立章程縷晰奏請
訓示乃臣等前摺尚未遞到已蒙
聖明洞燭情形預為
指示以廓爾喀需用食鹽藏內亦需彼處米石仍令
通市交易行使銀錢仰見我
皇上加惠番黎永綏藩服跪誦
訓諭欽服難名查藏內貿易之巴勒布克什米爾商
民多係在藏居住祗差店夥往來營販貨物運
至藏內自行零星發賣唐古特向無承攬開行
之人與內地行頭總收外來貨物代議價值者
不同是以商民貿易並不由噶布倫等說合無
從牟利即五十三年鄂輝等議派第巴一人管
理貿易商民仍屬有名無實至今並無藏番頭
目管理貿易之事臣等公同酌核與其派出官

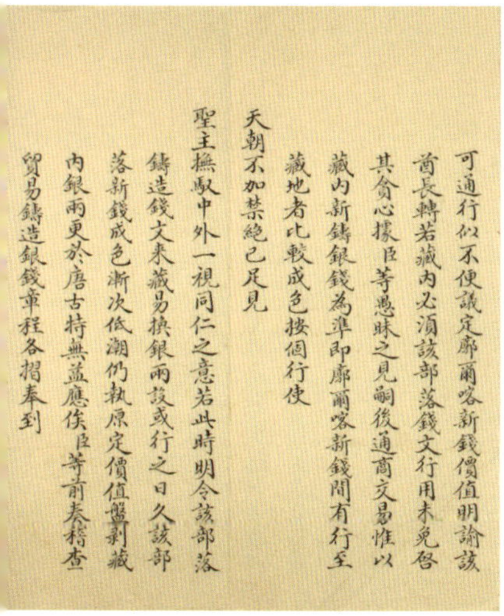

可通行似不便議定廓爾喀新錢價值明諭該
酋長轉若藏內必須該部落錢文行用未免啟
其貪心據臣等愚昧之見嗣後通商交易惟以
藏內新鑄銀錢為準即廓爾喀新錢間有行至
藏地者比較成色按個行使
天朝不加禁絕已足見
聖主撫馭中外一視同仁之意若此時明令該部落
鑄造錢文來藏易換銀兩設或行之日久該部
落新錢成色漸次低潮仍執原定價值盤剝藏
內銀兩更於唐古特無益應俟臣等前奏稽查
貿易鑄造銀錢章程各摺奉到

廓尔喀，即今尼泊尔，又称为巴勒布，分为夜楞、布颜、库本三部。雍正九年（1731），各以金叶表文贡献方物。居民务农经商，与西藏、印度通贸易。廓尔喀曾于乾隆五十三年和五十六年两次侵入中国西藏地区。乾隆五十六年，清政府派遣福康安领兵入藏抗击廓尔喀。乾隆五十七年，清军收复失地，廓尔喀主动求和，福康安代表清政府受降，并与廓尔喀就双方进行公平贸易等事宜进行了协商。该组档案中福康安提出制定管理藏地贸易的章程，规定巴勒布番民每年贸易三次，克什米尔民人每年贸易一次。在廓尔喀与中国西藏贸易的过程中，因为新旧银钱兑换产生的纠纷，也得到解决，廓尔喀同意按照银钱成色公平交易，并且藏内已经开始铸造成色更好的新钱用于贸易，不再依赖廓尔喀的银钱。福康安还将贸易商谈过程向乾隆帝上奏进行说明。

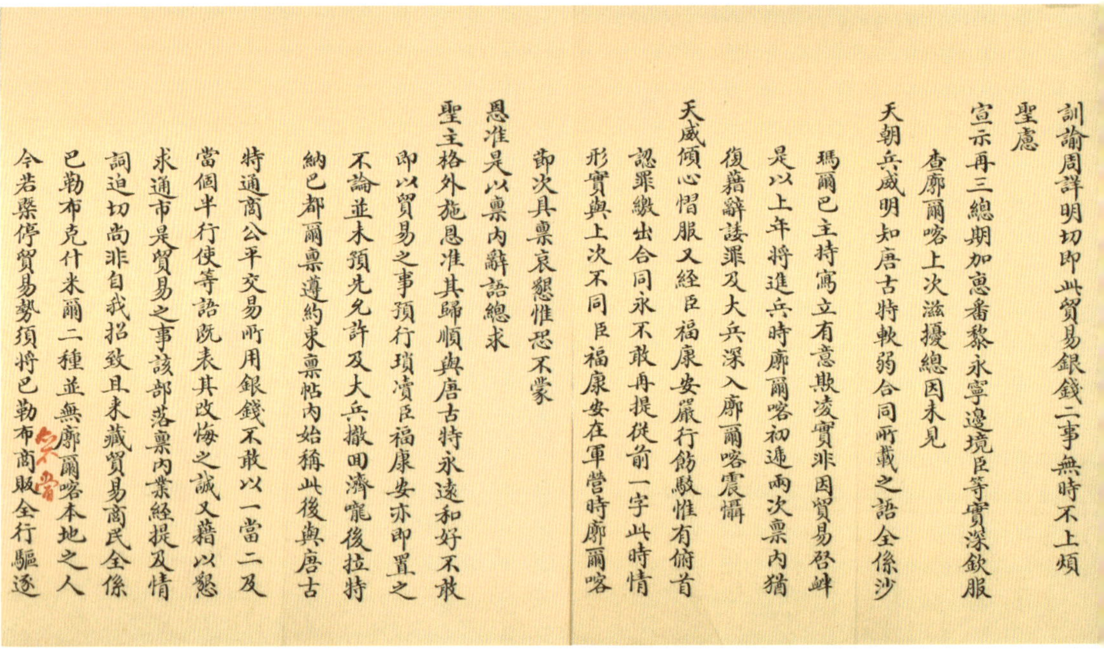

訓諭周詳明切即此貿易銀錢二事無時不上煩
聖慮
宣示再三總期加恩番黎永寧邊境臣等實深欽服
查廓爾喀上次滋擾總因未見
天朝兵威明知唐古特軟弱合同所載之語全係沙
瑪爾巴主持寓立有意欺凌實非因貿易啓釁
是以上年將進兵時廓爾喀初遞兩次禀内猶
復藉辭諉罪及大兵深入廓爾喀震懾
天威傾心惕服又經臣福康安嚴行飭駁惟有俯首
認罪繳出合同永不敢再提從前一字此時情
形實與上次不同臣福康安在軍營時廓爾喀
節次具禀哀懇惟恐不蒙
恩准是以禀内辭語總求
聖主格外施恩准其歸順與唐古特永遠和好不敢
即以貿易之事預行瑣瀆臣福康安亦即置之
不論並未預先允許及大兵撤回濟嚨後拉特
納巴都爾禀遵約束禀帖内始稱此後與唐古
特通商公平交易所用銀錢不敢以一當二及
當個半行使等語既表其改悔之誠又藉以懇
求通市是貿易之事該部落禀内業經提及情
詞迫切尚非自我招致且來藏貿易商民全係
巴勒布克什米爾二種並無廓爾喀本地之人
如常
今若槩停貿易勢須將巴勒布商販全行驅逐

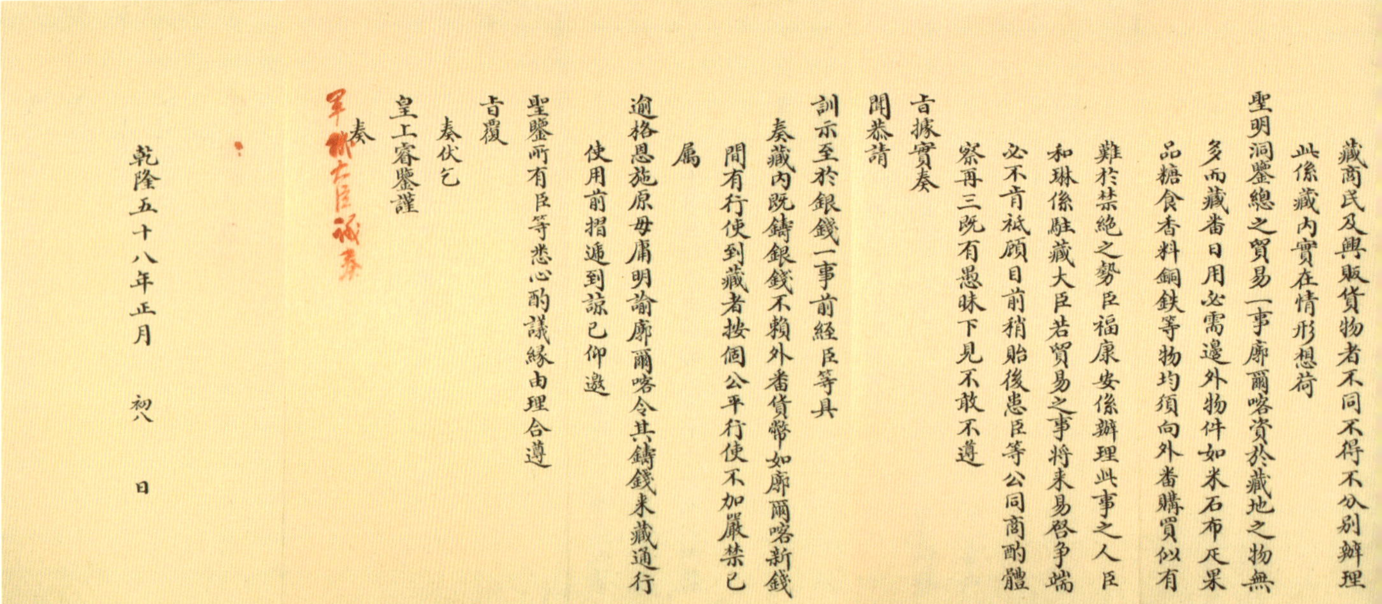

藏商民及興販貨物者不同不得不分别辦理
此係藏内實在情形想荷
聖明洞鑒總之貿易一事廓爾喀資於藏地之物無
多而藏番日用必需邊外物件如米石布疋果
品糖食香料銅鉄等物均須向外番購買似有
難於禁絶之勢臣福康安係辦理此事之人臣
和琳係駐藏大臣若貿易之事將來易啓爭端
必不肯祇顧目前稍貽後患臣等公同商酌體
察再三既有愚昧下見不敢不遵
旨據實奏
聞恭請
訓示至於銀錢一事前經臣等具
奏藏内既鑄銀錢不賴外番貨幣如廓爾喀新錢
間有行使到藏者按個公平行使不加嚴禁已
屬
逾格恩施原毋庸明諭廓爾喀令其鑄錢來藏通行
使用前摺遞到諒已仰邀
聖鑒所有臣等悉心酌議緣由理合遵
旨覆
奏伏乞
皇上睿鑒謹
奏
軍機大臣議奏
乾隆五十八年正月　初八　日

大将军福康安等奏折（乾隆五十八年正月初八日）

奏

臣福康安孫士毅和琳惠齡跪
奏為欽奉
諭旨恭摺覆
奏事竊臣等奉到
諭旨閱廓爾喀呈出合同內稱不許使用別部落錢
文隱躍其詞指稱內地錢文不得使用前因悔罪
投誠許其仍通貿易今思此事不宜遽行允准若
自我准其貿易使用銀錢轉似有心招致福康安
等此事宜作不知惟不准貿易及禁止行使銀錢
等事俟其求開市再許方可以斷葛藤而杜爭端
等因欽此又奉
硃批待朕細思再隨便發吉爾等若有別見即奏欽
此又奉
諭旨廓爾喀與唐古特貿易惟知貪得便宜必致又
生嫌隙行之日久斷不能如澳門之與西洋恰克
圖之與俄羅斯永臻妥善何必於彼未求之前藏
中大臣反先行准其交易所有交易銀錢二事竟
當不必向彼提及祇宜付之不理但恐福康安已
將交易事向彼說知則又不可固執此旨等因欽
此又奉
諭旨廓爾喀與唐古特貿易彼此易啓爭端即察看
情形有必須准通貿易之處總當酌定次數官為
經理或將米鹽等項運至交界令駐藏大臣遴派

而克什米爾通商之路多由陽布而來亦必須
全加禁止況藏內一切食用物件全賴外番一
旦嚴禁商販實於藏番不便倘由官為經理將
貨物等項彙齊運至交界派員監察又恐派去
員弁藉詞索詐轉啓弊端即如恰克圖地方與
俄羅斯貿易該處大臣係屬稽察來往商人彈
壓市集其運送貨物評論價值均非官辦其澳
門與西洋各國貿易定例臣福康安等到粵省時
尤所深知每遇洋船到粵查明粗細各貨按則
收稅該商人等自投洋行議價發賣地方官亦
祇稽查彈壓來往夷人向不經管交易銀錢之
事一切賬目俱係商人自行清理苟非緣事呈
控在官亦並不向其查問茲查藏內貿易資本
有限尚不及澳門等處千百分之一俱由巴勒
布商夥自行販貨自行零賣唐古特又無開行
承攬之人無從代為經理前經臣等再四籌畫
請將外番商人來藏者酌定次數由駐藏大臣
給照往來今江孜定日兩汛官弁稽查人數其
邊界零星交易彼此常有令該營官就近隨時
約束毋許私越似已可便番情而示限制蓋因
邊界地方犬牙相錯尋常互易鹽米並無巨商
大賈捆載而來原係邊地番民與接壤居住之
巴勒布番民就近易換至多不過數包且有少

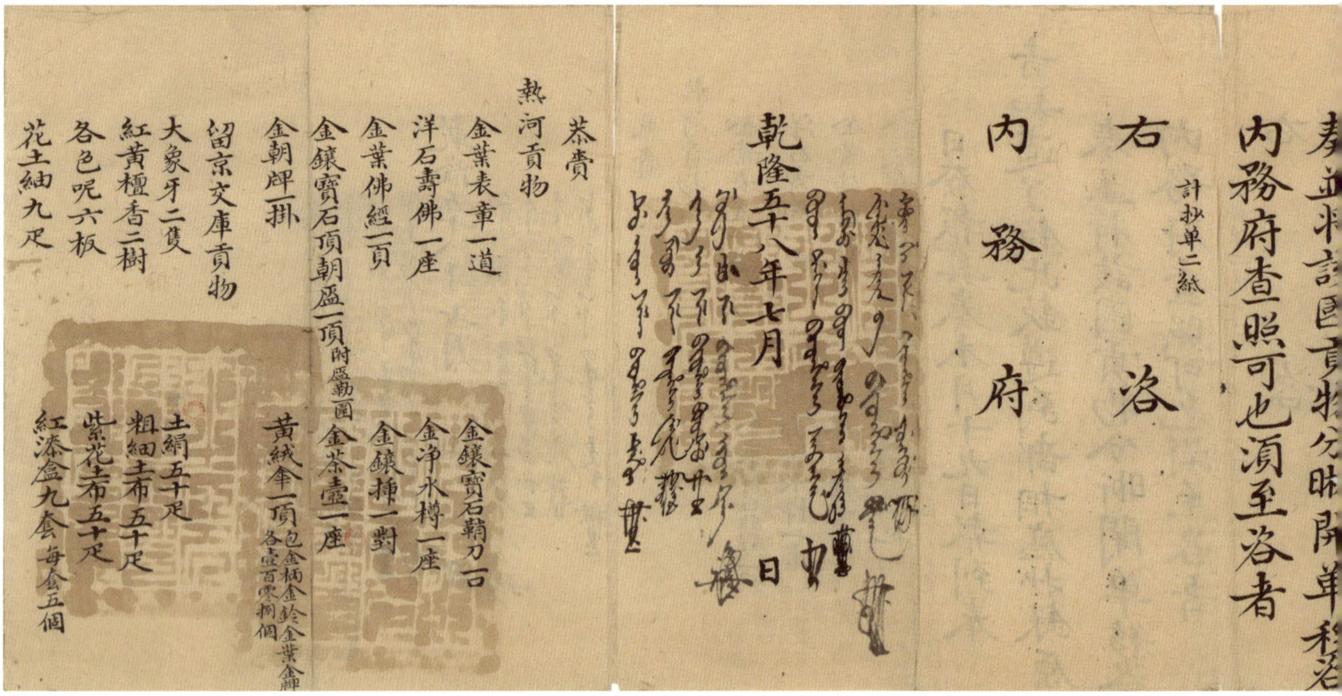

奏並將該國貢物分晰開單移咨
内務府查照可也須至咨者
右咨
内務府
計抄单二紙
乾隆五十八年七月 日

恭賚
熱河貢物
金葉表章一道
洋石壽佛一座
金葉佛經一頁
金鑲寶石頂朝盔一頂附盔勒圖
金朝衶一掛
金鑲寶石鞘刀一口
金淨水樽一座
金鑲揷一對
金茶壺一座
黃絨傘一頂包金柄金鈴金葉金歊各壹百零捌個
留京交庫貢物
大象牙二隻
紅黃檀香二樹
各色呢六板
花土紬九疋
土絹五十疋
粗細土布五十疋
紫花土布五十疋
紅漆盒九套每套五個

礼部致总管内务府咨文：

为抄录缅甸使臣进京祝厘并赴热河日期一折原奏并将该国贡物分晰开单事

乾隆五十八年七月（1793 年 8 月）

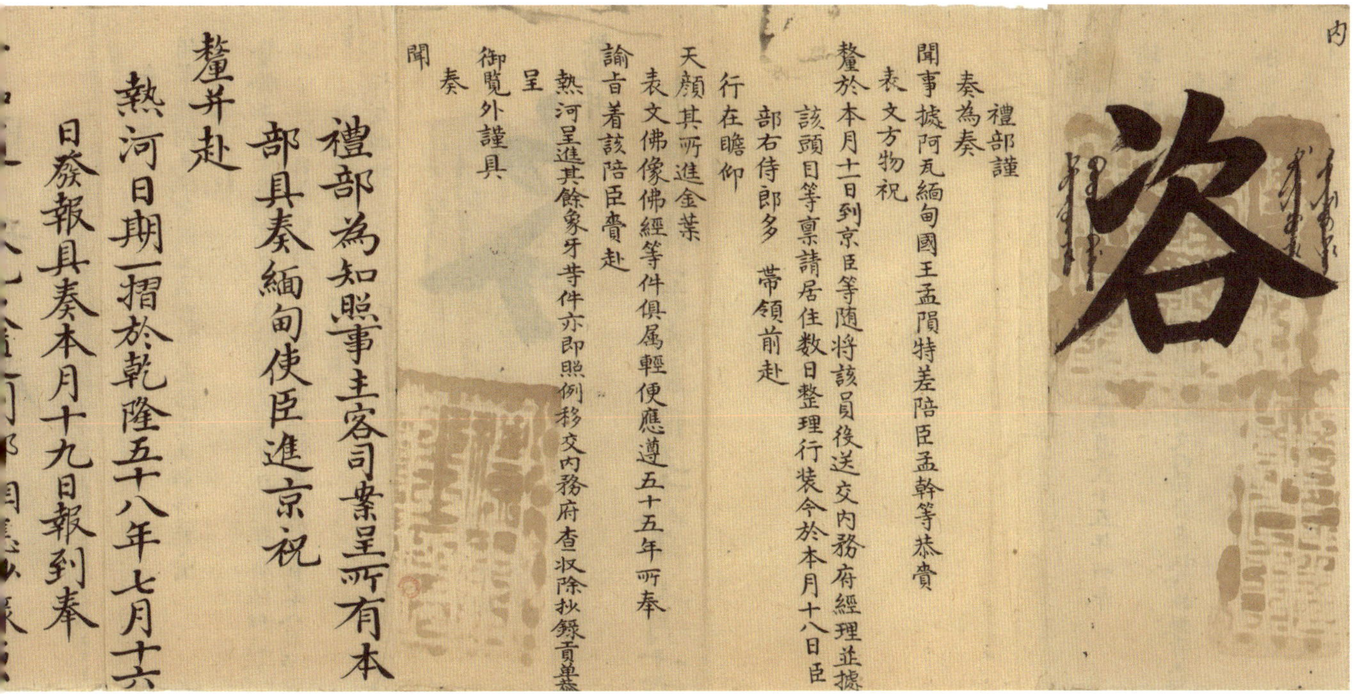

内
咨
禮部謹
奏為奏
聞事據阿瓦緬甸國王孟隕特差陪臣孟幹等恭賫
表文方物祝
釐於本月十一日到京臣等隨將該員役送交內務府經理並據
該頭目等稟請居住數日整理行裝今於本月十八日臣
部右侍郎多　帶領前赴
行在瞻仰
天顏其所進金葉
表文佛像佛經等件俱屬輕便應遵五十五年所奉
諭旨着該陪臣賫赴
熱河呈進其餘象牙等件亦即照例移交內務府查收除抄錄貢單恭
呈
御覽外謹具
奏
聞
禮部為知照事主客司案呈所有本
部具奏緬甸使臣進京祝
釐并赴
熱河日期一摺於乾隆五十八年七月十六
日發報具奏本月十九日報到奉

礼部致总管内务府咨文（乾隆五十八年七月）

乾隆五十八年（1793），缅甸国王孟陨差陪臣孟幹携带表文和物品进京为乾隆帝祝寿。七月十一日到京，整理行装数日，于七月十八日赴热河觐见皇帝，按旧例将金叶、表文、佛像、佛经等随身携带，其余象牙等交由内务府查收。缅甸此次贡物有：金叶表章1道，金镶宝石鞘刀1口，洋石寿佛1座，金净水樽1座，金叶佛经1页，金镶插1对，金镶宝石顶朝盔1顶（附盔勒1围），金茶壶1座，金朝牌1挂，黄绒伞1顶（包金柄、金铃、金叶、金牌各108个）。留京交库贡物：大象牙2只，土绢50匹，红黄檀香两树，粗细土布50匹，各色呢6板，紫花土布50匹，花土绸9匹，红漆盒9套（每套5个）。

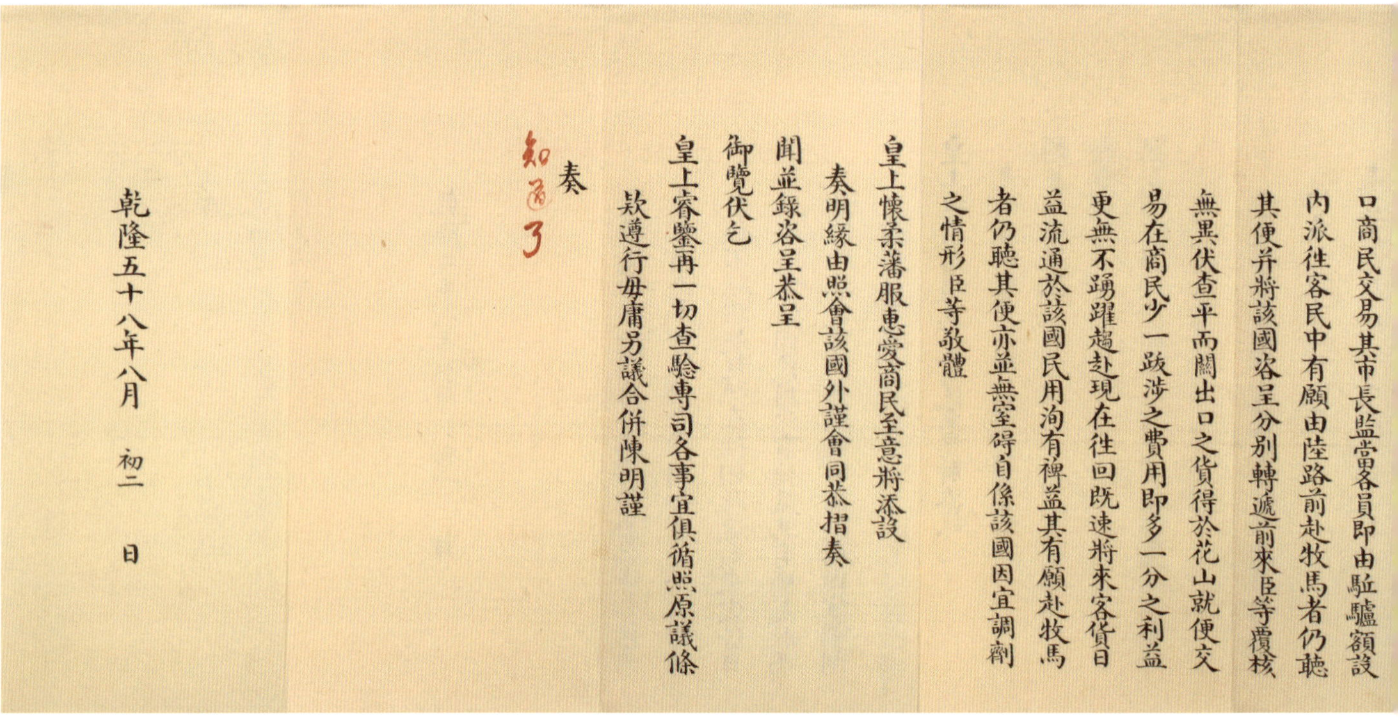
口商民交易其市長監當各員即由駐驢額設
內派往客民中有願由陸路前赴牧馬者仍聽
其便并將該國咨呈分別轉遞前來臣等覆核
無異伏查平而關出口之貨得於花山就便交
易在商民少一跋涉之費用即多一分之利益
更無不踴躍趨赴現在往回既速將來客貨日
益流通於該國民用洵有裨益其有願赴牧馬
者仍聽其便亦並無室得自係該國因宜調劑
之情形臣等敬體
皇上懷柔藩服恵愛商民至意將添設
奏明緣由照會該國外謹會同恭摺奏
聞並錄咨呈恭呈
御覽伏乞
皇上睿鑒再一切查驗專司各事宜俱循照原議條
款遵行毋庸另議合併陳明謹
奏
知道了
乾隆五十八年八月 初二 日

署理两广总督郭世勋奏折：

为安南通市添设花山市场商民益增踊跃事

乾隆五十八年八月初二日（1793 年 9 月 6 日）

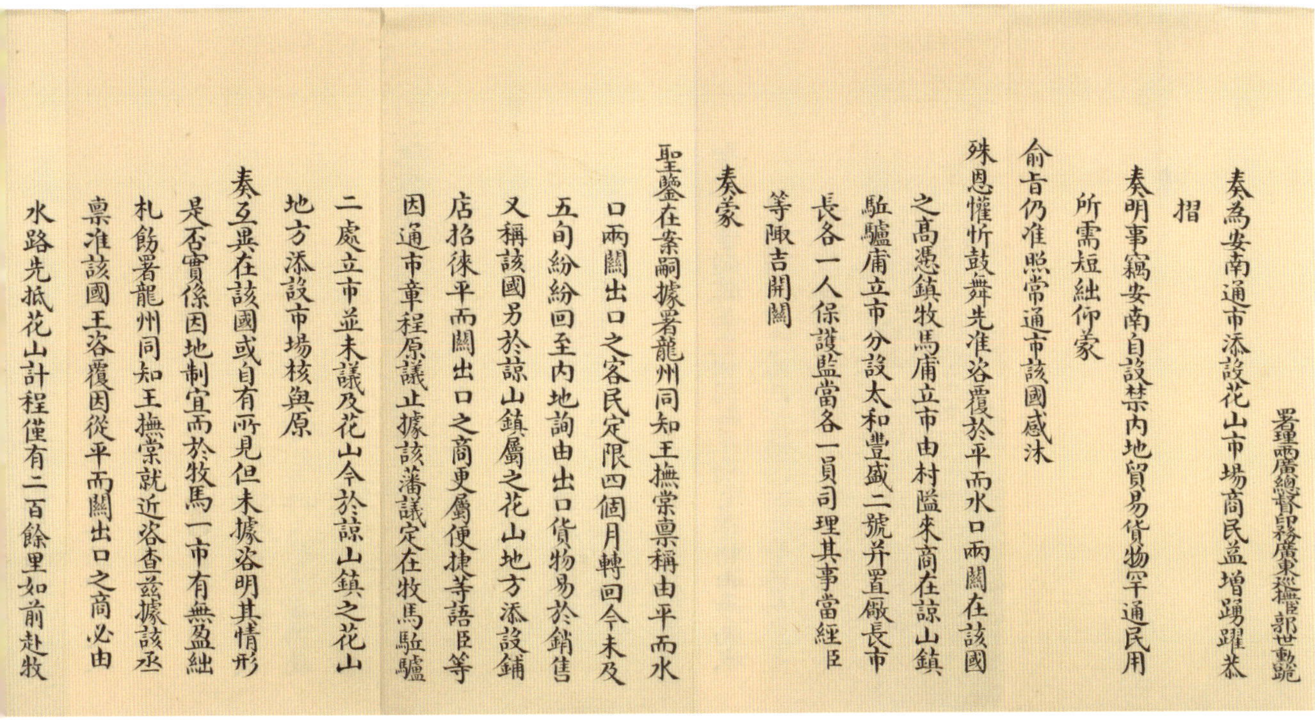
署理兩廣總督印務廣東巡撫臣郭世勳跪
奏為安南通市添設花山市場商民益增踴躍恭
摺
奏明事竊安南自設禁內地貿易貨物罕通民用
所需短絀仰蒙
俞旨仍准照常通市該國感沐
殊恩懽忻鼓舞先准咨覆於平而水口兩關在該國
之高憑鎮牧馬庯立市由村隘來商在諒山鎮
駈驢庯立市分設太和豐盛二號并置廠長市
長各一人保護監當各一員司理其事當經臣
等諏吉開關
奏蒙
聖鑒在案嗣據署龍州同知王撫棠稟稱由平而水
口兩關出口之客民定限四個月轉回今未及
五旬紛紛回至內地詢由出口貨物易於銷售
又稱該國另於諒山鎮屬之花山地方添設鋪
店招徠平而關出口之商更屬便捷等語臣等
因通市章程原議止據該藩議定在牧馬駈驢
二處立市並未議及花山今於諒山鎮之花山
地方添設市場核與原
奏互異在該國或自有所見但未據咨明其情形
是否實係因地制宜而於牧馬一市有無盈絀
札飭署龍州同知王撫棠就近咨查茲據該丞
稟准該國王咨覆因從平而關出口之商必由
水路先抵花山計程僅有二百餘里如前赴牧

署理两广总督郭世勋奏折（乾隆五十八年八月初二日）

乾隆末年安南之役后，随着安南国王阮惠主动向清政府求和，并接受清政府提出的和谈条件，安南被重新纳入到封贡体系之中，成为清朝的藩属国，两国之间中断的贸易也得以继续。按照之前的通商贸易章程约定，开放广西省的平而关和水口关，并在安南的高平镇牧马庯和谅山镇驱驴庯设立贸易市场。而当地官员在监管贸易的过程中，发现安南除了在约定的地点贸易外，又在谅山镇花山设立了市场。为此，当地官员进行了详细调查，发现花山确实交通便利、人口稠密，利于双方开展贸易。因此，署理两广总督郭世勋上奏乾隆帝，详细说明了安南“因地制宜”添设花山市场的做法，并主张在贸易章程中添设花山市场。奉朱批：“知道了。”

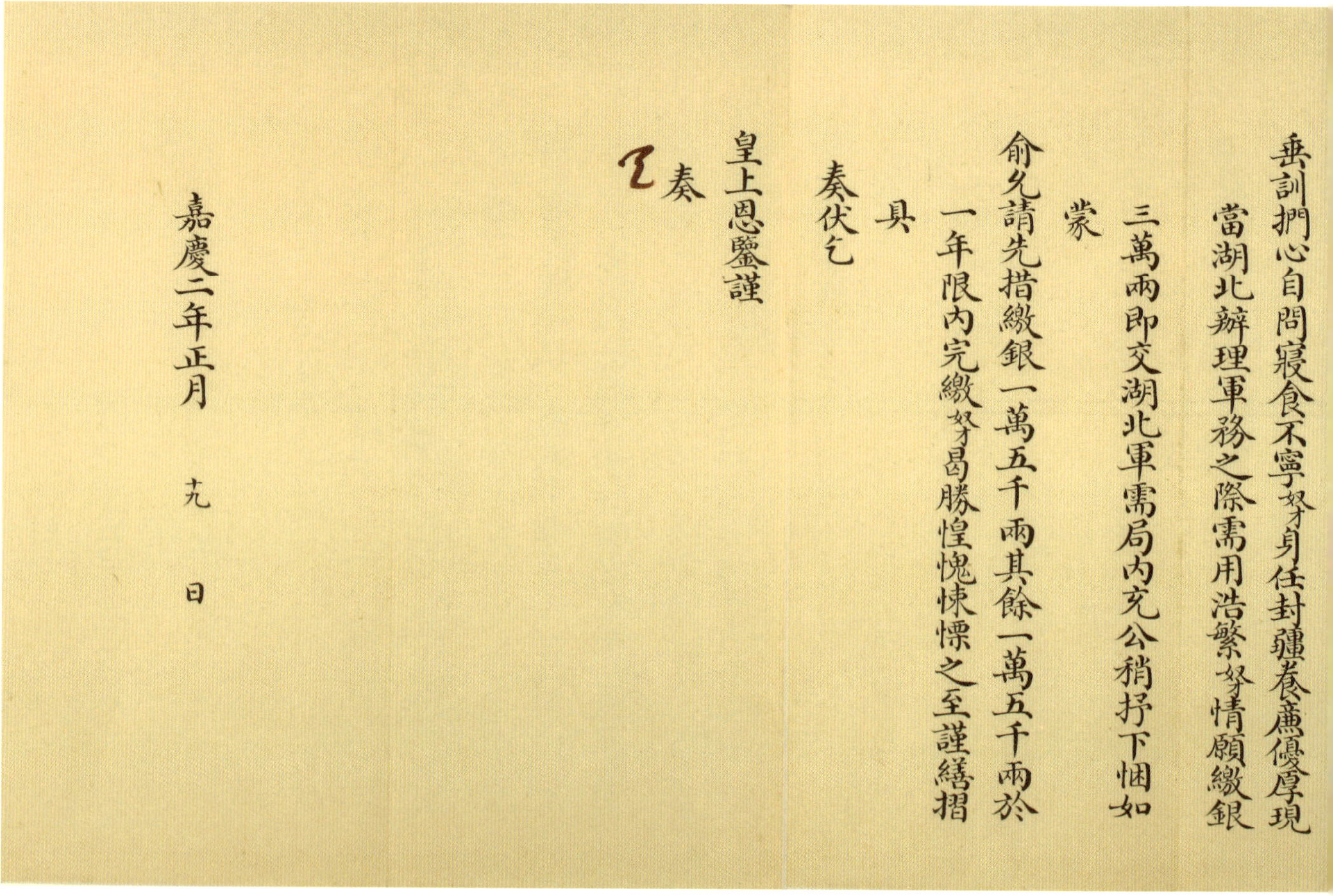
垂訓捫心自問寢食不寧奴才身任封疆叠膺優厚現
當湖北辦理軍務之際需用浩繁奴才情願繳銀
三萬兩即交湖北軍需局內充公稍抒下悃如
蒙
俞允請先措繳銀一萬五千兩其餘一萬五千兩於
一年限內完繳奴才曷勝惶愧悚慄之至謹繕摺
具
奏伏乞
皇上恩鑒謹
奏
嘉慶二年正月　九　日

云贵总督勒保奏折：

为办理缅甸遣使朝贡错谬事奉旨严饬情愿缴银充公事

嘉庆二年正月十九日（1797 年 2 月 15 日）

嘉庆年间，缅甸遣使朝贺，云贵总督勒保因为该国使臣刚刚回国，所以让朝贺使臣暂缓进京。不料嘉庆帝降谕“所办大错，交部严加议处”，申斥勒保的做法。勒保报请拿出三万两白银交给湖北军需局充公，弥补自己的过失。

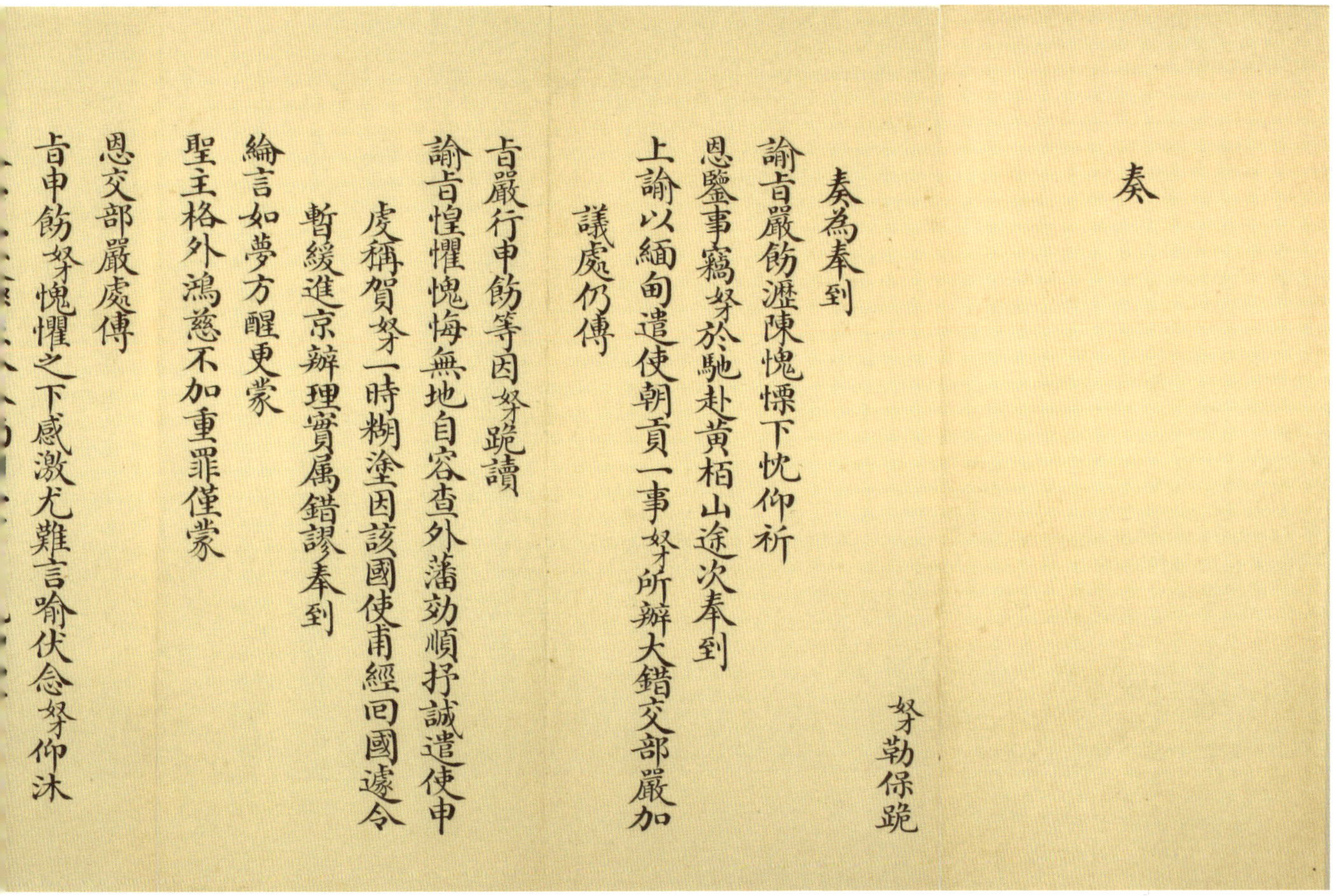
奏

奴才勒保跪

奏為奉到
諭旨嚴飭瀝陳愧慄下忱仰祈
恩鑒事竊奴才於馳赴黃栢山途次奉到
上諭以緬甸遣使朝貢一事奴才所辦大錯交部嚴加
議處仍傳
旨嚴行申飭等因奴才跪讀
諭旨惶懼愧悔無地自容查外藩効順抒誠遣使申
虔稱賀奴才一時糊塗因該國使甫經回國遽令
暫緩進京辦理實屬錯謬奉到
綸言如夢方醒更蒙
聖主格外鴻慈不加重罪僅蒙
恩交部嚴處傳
旨申飭奴才愧懼之下感激尤難言喻伏念奴才仰沐

云贵总督勒保奏折（嘉庆二年正月十九日）

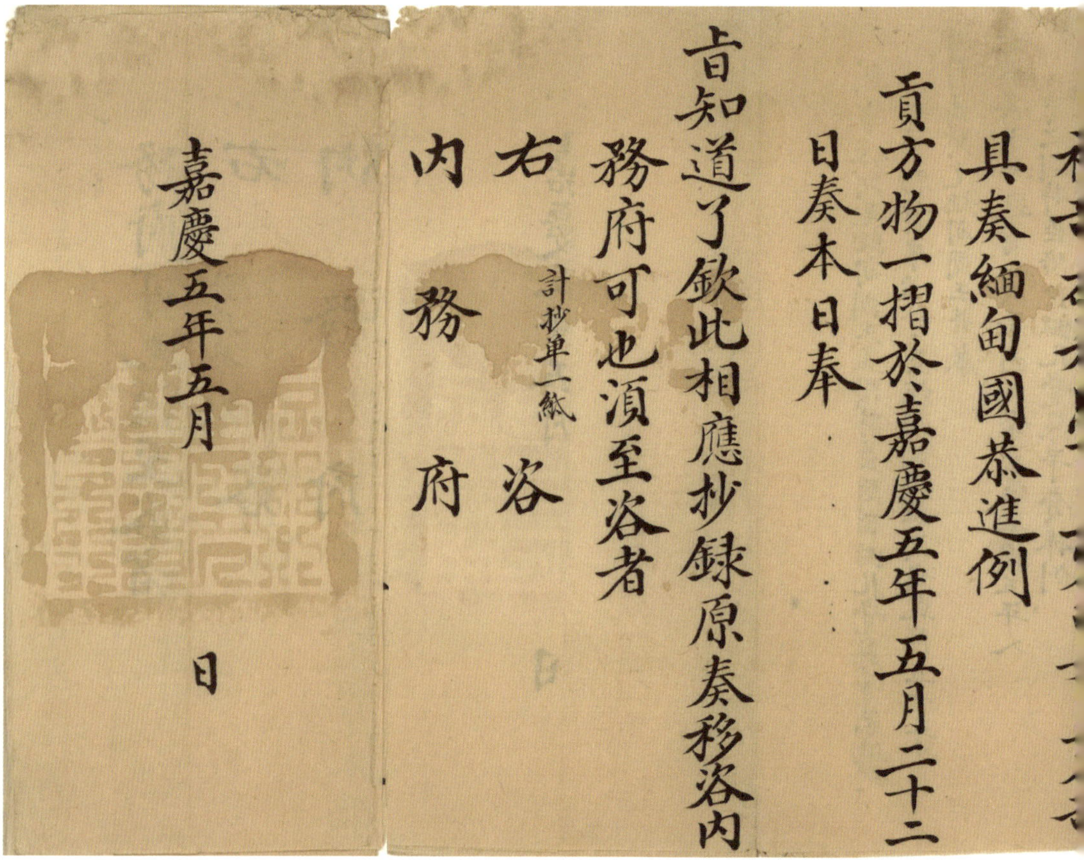

具奏緬甸國恭進例
貢方物一摺於嘉慶五年五月二十二
日奏本日奉
旨知道了欽此相應抄錄原奏移咨內
務府可也須至咨者
右　咨　計抄單一紙
內　務　府
嘉慶五年五月　　日

礼部致总管内务府咨文：

为抄录缅甸恭进例贡方物原折

嘉庆五年五月（1800 年 6 月）

礼部致总管内务府咨文：

为缅甸贡物内短少金瓮盒屉将查办缘由抄录原奏知照事

嘉庆五年五月（1800 年 6 月）

礼部致总管内务府咨文：

为缅甸贡品内短少金瓮盒屉奉旨不必查了抄录原奏知照事

嘉庆五年十二月（1801 年 1 月）

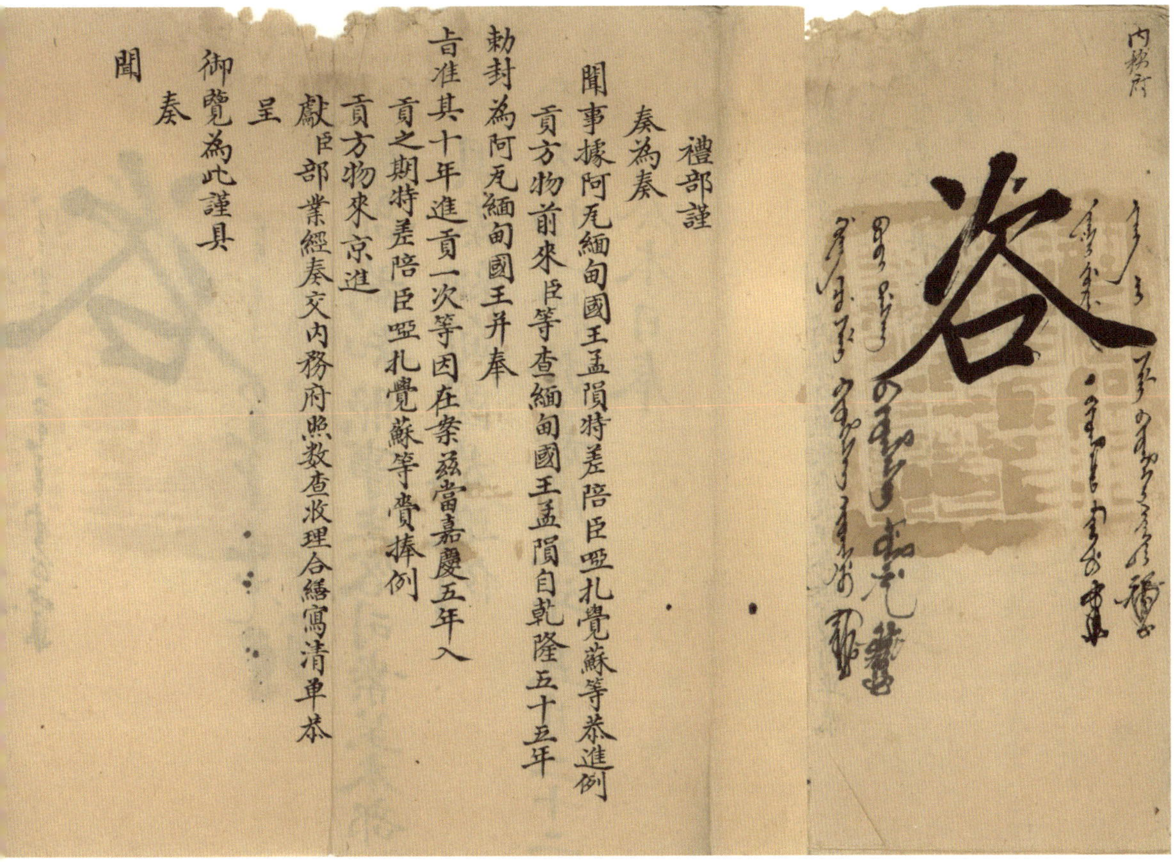
内務府

咨

禮部謹
奏為奏
聞事據阿瓦緬甸國王孟隕特差陪臣啞扎覺蘇等恭進例
貢方物前來臣等查緬甸國王孟隕自乾隆五十五年
勅封為阿瓦緬甸國王并奉
旨准其十年進貢一次等因在案茲當嘉慶五年入
貢之期特差陪臣啞扎覺蘇等賫捧例
貢方物來京進
獻臣部業經奏交內務府照數查收理合繕寫清單恭
呈
御覽為此謹具
奏
聞

礼部致总管内务府咨文（嘉庆五年五月）

乾隆五十五年（1790），清政府敕封孟陨为阿瓦缅甸国王，并准其十年一贡。嘉庆五年（1800）为进贡期，孟陨遣贡使哑扎觉苏进京朝贡。所带贡物交由总管内务府查收。总管内务府对贡物进行核查，贡品内缺少与无量寿佛配套的金龛一座，十个红漆盒内有一个没有盒屉。礼部只接收了表文，贡物由押运官员交割。据押贡官安朝聘供述：点发贡物时是按照委牌点付，牌上并没有金龛，漆盒少盒屉也没有注明，路上也没有遗失和盗窃事情发生。经查，与安朝聘所述一致。但是该抚印册内有金龛一座，也没有说明有一个漆盒缺少盒屉。如果是缅甸的贡品与贡单不一致，抚册内为何会记录有金龛，也没有注明漆盒缺少盒屉，单凭押贡官一面之词不足为信。经云南巡抚查明，缅甸贡品内无量寿佛是用小佛橱装储，抵达腾越州后，该州吴继善担心沿路磕碰，自行增加一座用金箔粘贴的木龛用以保护。抚册内登记的金龛就是这个木龛，由于木龛粗重，沿途磨损，所以未送京，现在留存在公所。十个红漆盒中的一个原来就没有盒屉，册内没有声明，沿途也没有遗失盗窃情况。礼部认为佛龛既然是木质，为什么会登记成金龛，而且木龛也并非高大沉重，为何会撇下，红漆盒屉如果没有检查，怎么会知道原来就没有，如果检查完毕发现没有盒屉，为什么不事先声明，事情原委奏报嘉庆帝。奉嘉庆帝谕旨：“不必查了。”

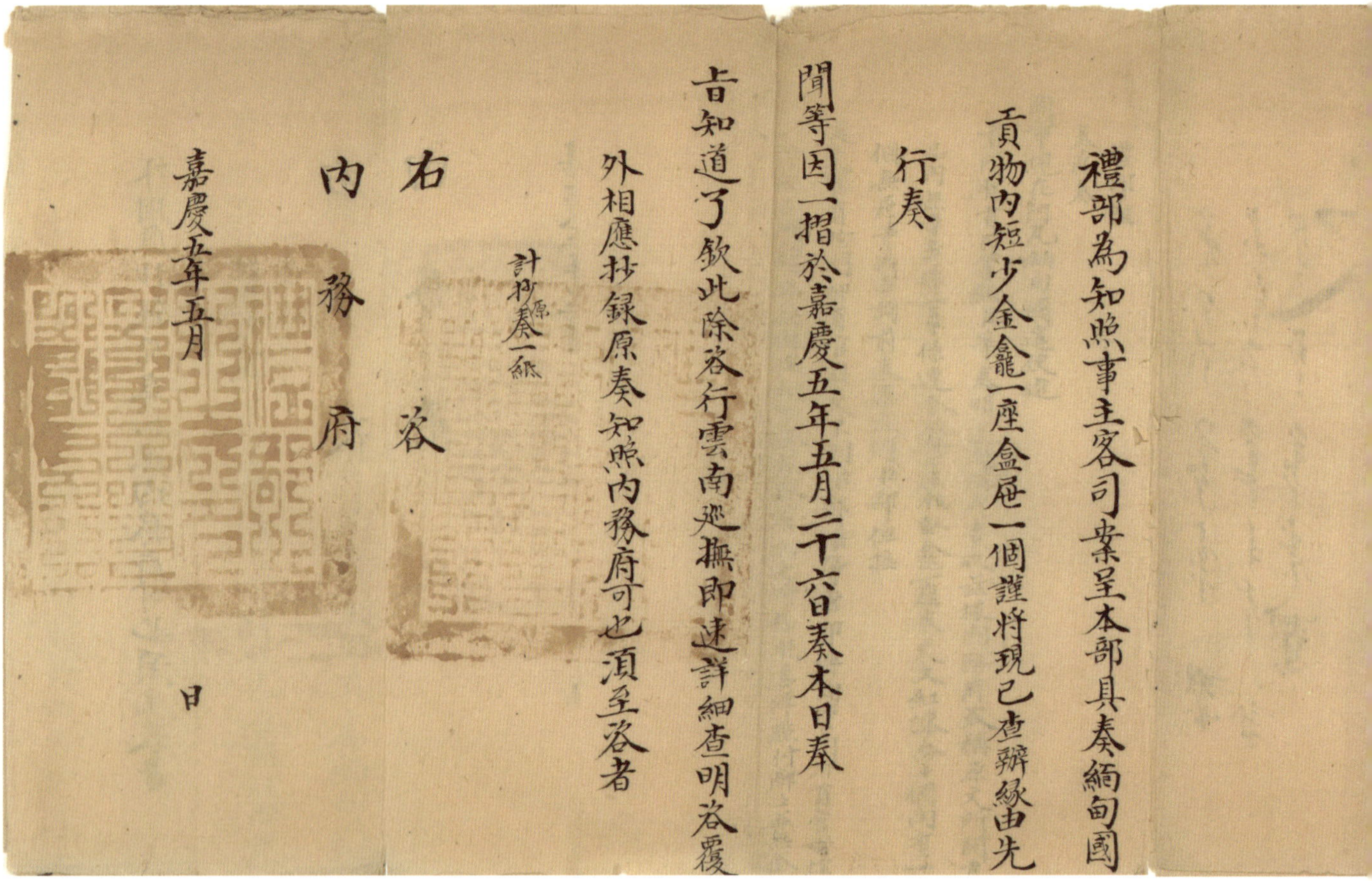
禮部為知照事主客司案呈本部具奏緬甸國
貢物內短少金龕一座盒匣一個謹將現已查辦緣由先
行奏
聞等因一摺於嘉慶五年五月二十六日奏本日奉
旨知道了欽此除咨行雲南巡撫即速詳細查明咨覆
外相應抄録原奏知照內務府可也須至咨者
計抄原奏一紙
右咨
內務府
嘉慶五年五月 日

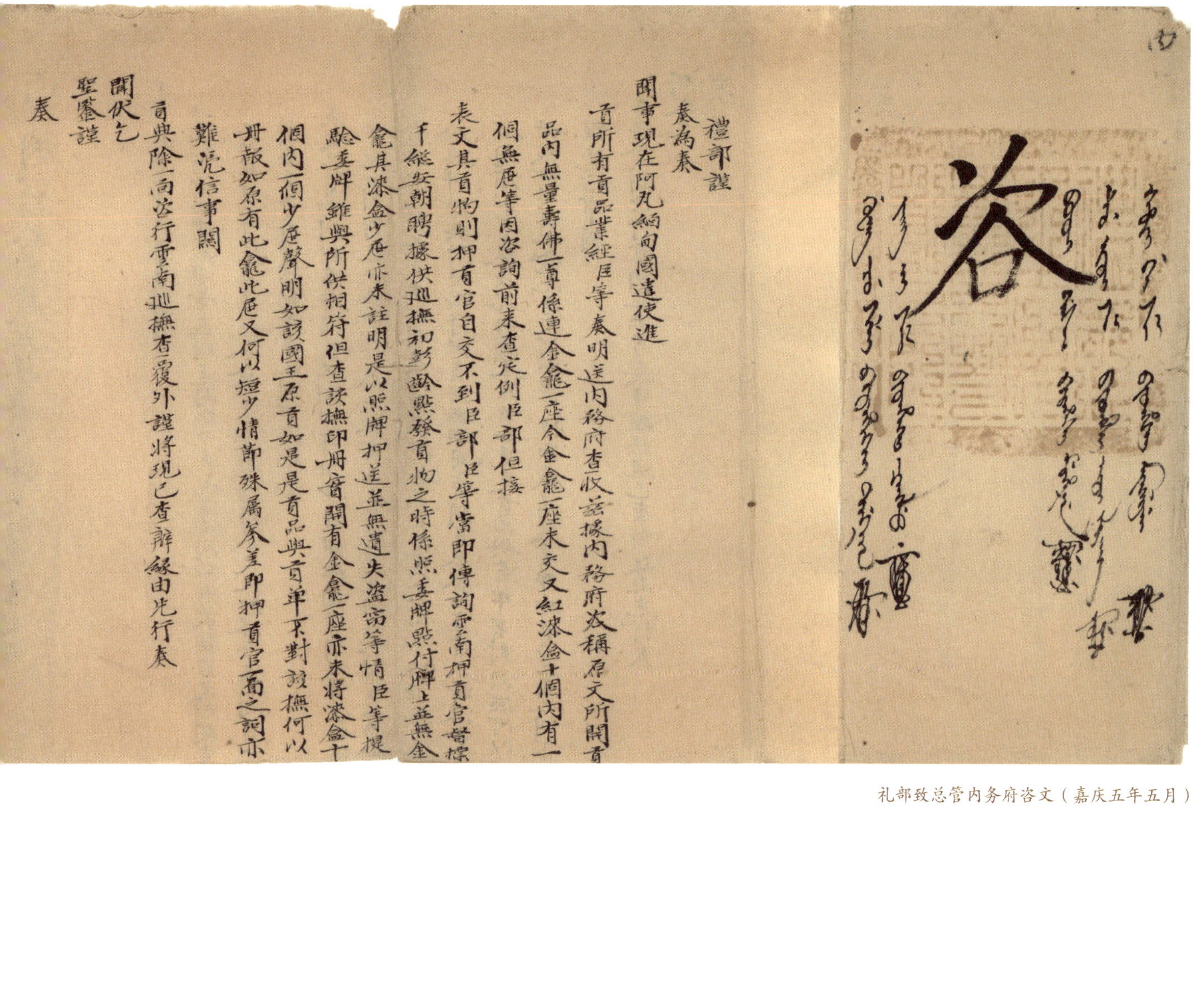

咨

禮部謹
奏為奏
聞事現在阿瓦緬甸國遣使進
貢所有貢品業經臣等奏明送內務府查收茲據內務府咨稱原文所開貢
品內無量壽佛一尊係連金龕一座今金龕一座未交又紅漆盒十個內有一
個無匣等因咨詢前來查定例臣部但接
表文貢物則押貢官自交不到臣部臣等當即傳詢雲南押貢官督標
千總安朝聘據供巡撫初彭齡照發貢物之時係照委牌照付牌上並無金
龕其漆盒少匣亦未註明是以照牌押送並無遺失盜竊等情臣等提
驗委牌雖與所供相符但查該撫印冊內開有金龕一座亦未將漆盒十
個內一個少匣聲明如該國王原貢如是貢品與貢單不對該撫何以
冊報如原有此龕此匣又何以短少情節殊屬參差即押貢官一面之詞亦
難深信事關
貢典除一面咨行雲南巡撫查覆外謹將現已查辦緣由先行奏
聞伏乞
聖鑒謹
奏

礼部致总管内务府咨文（嘉庆五年五月）

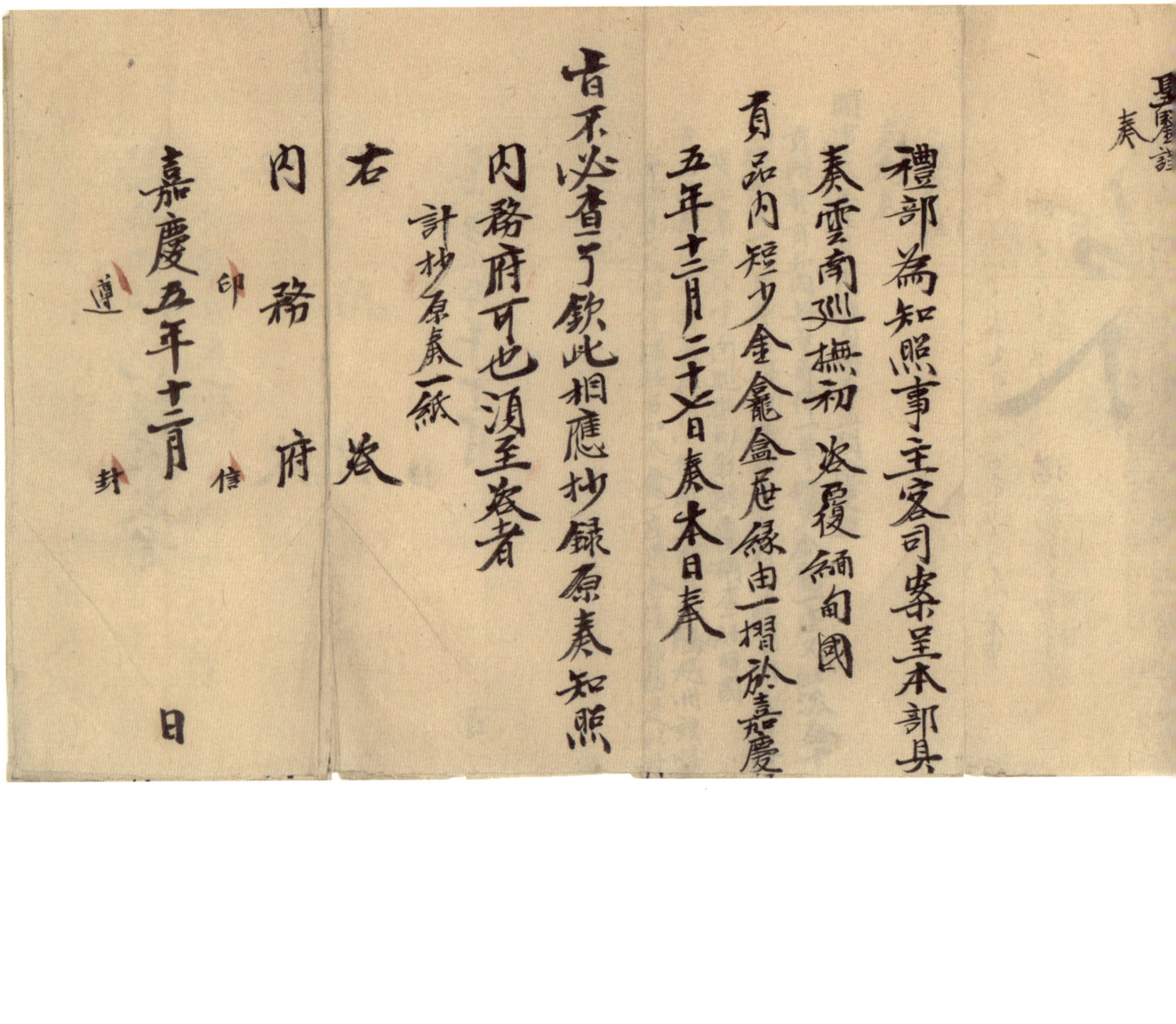

聖鑒謹
奏

禮部爲知照事主客司案呈本部具
奏雲南巡撫初 咨覆緬甸國
貢品內短少金龕盒歷緣由一摺於嘉慶
五年十二月二十七日奏本日奉
旨不必查了欽此相應抄録原奏知照
內務府可也須至咨者
計抄原奏一紙
右　咨
內　務　府
印　信
嘉慶五年十二月　　日
遵　封

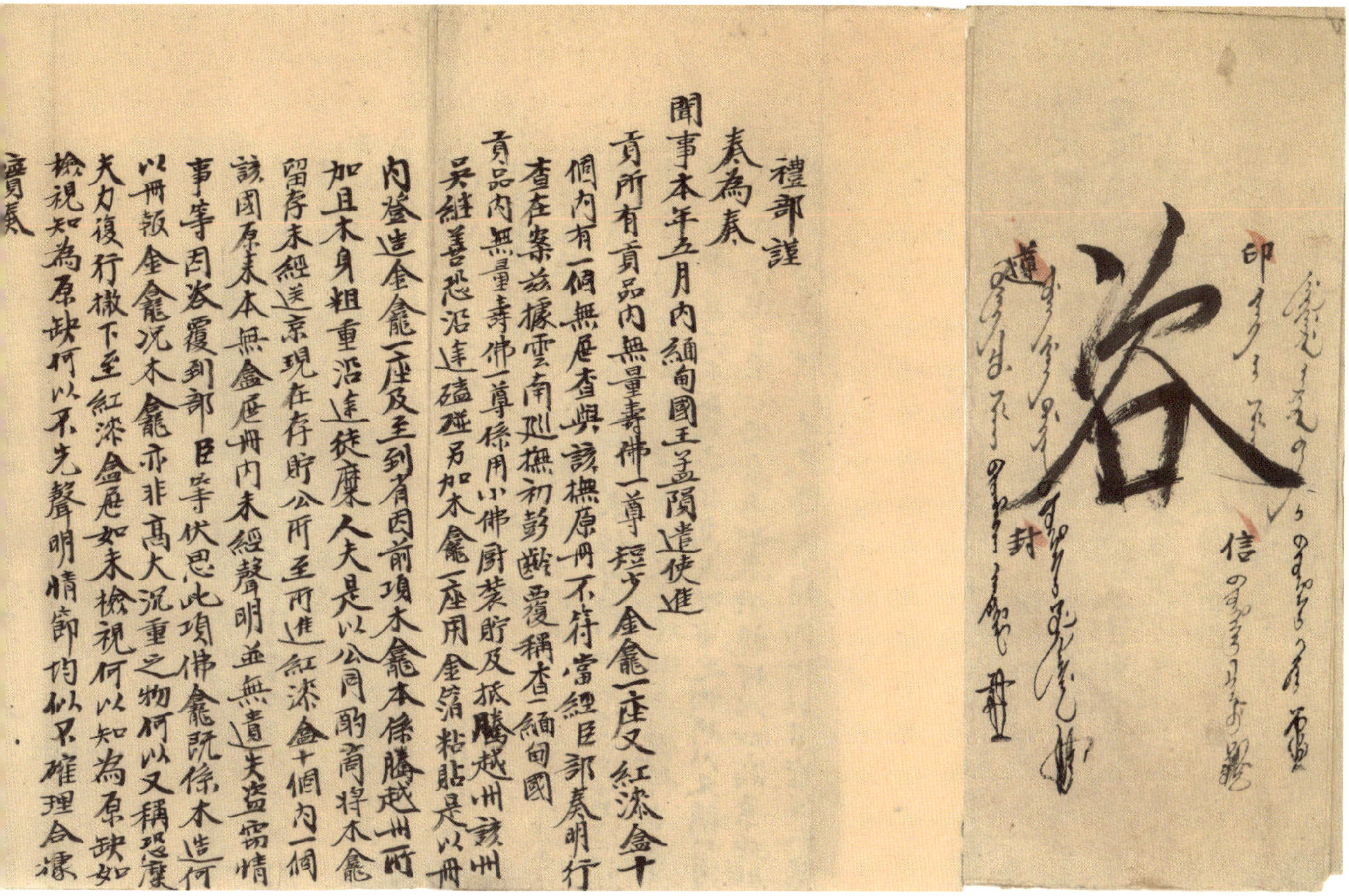

禮部謹
奏為奏
聞事本年五月內緬甸國王孟隕遣使進
貢所有貢品內無量壽佛一尊短少金龕一座又紅漆盒十
個內有一個無盒查與該撫原冊不符當經臣部奏明行
查在案茲據雲南巡撫初彭齡覆稱查緬甸國
貢品內無量壽佛一尊係用小佛廚裝貯及抵騰越州該州
吴維善恐沿途磕碰另加木龕一座用金箔粘貼是以冊
內登造金龕一座及至到省因前項木龕本係騰越州所
加且木身粗重沿途徒糜人夫是以公同酌商將木龕
留存未經送京現在存貯公所至所進紅漆盒十個內一個
該國原來本無盒歷冊內未經聲明並無遺失盜竊情
事等因咨覆到部臣等伏思此項佛龕既係木造何
以冊叙金龕況木龕亦非高大沉重之物何以又稱恐糜
夫力復行撤下至紅漆盒既如未檢視何以知為原缺如
檢視知為原缺何以不先聲明情節均似未確理合據
實奏

咨

印

信

封

礼部致总管内务府咨文（嘉庆五年十二月）

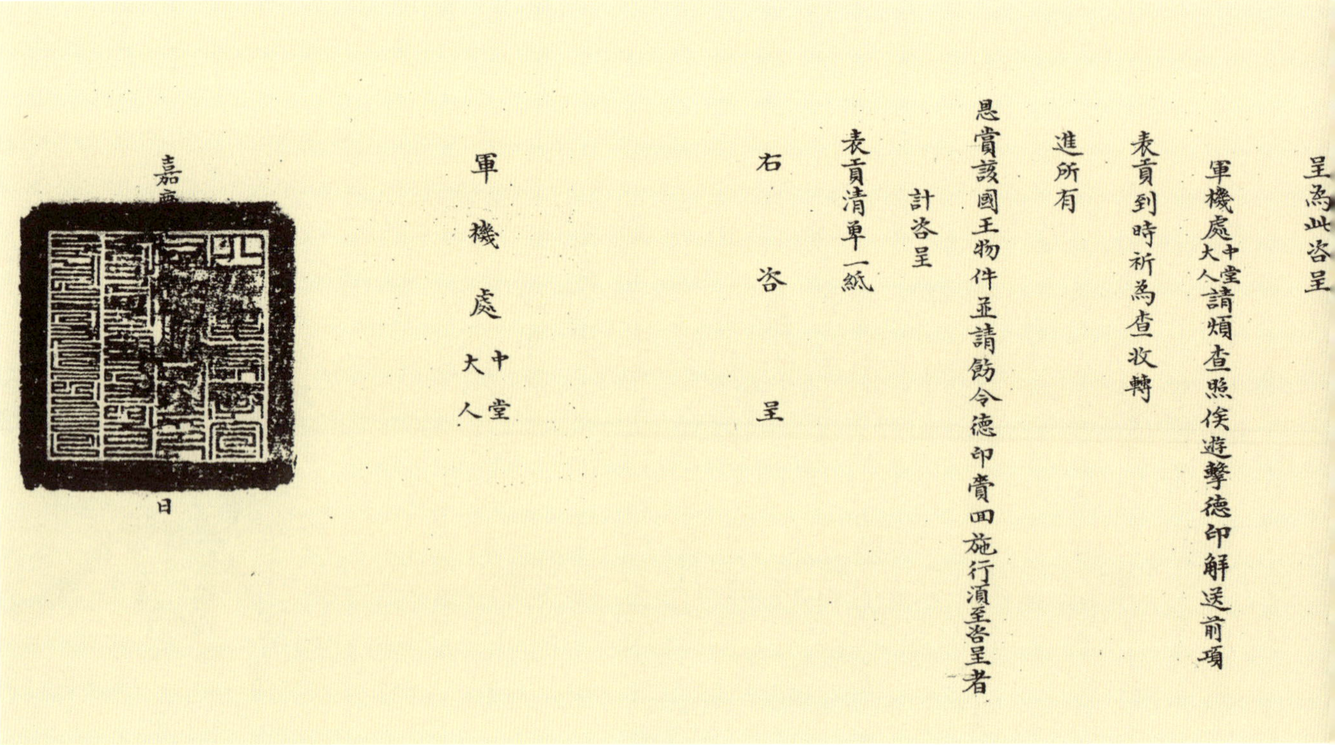
呈為此咨呈
軍機處中堂大人請煩查照俟遊擊德印解送前項
表貢到時祈為查收轉
進所有
恩賞該國王物件並請飭令德印賫回施行須至咨呈者
計咨呈
表貢清單一紙
右 咨 呈
軍 機 處 中堂大人
嘉慶 日

四川总督勒保致军机处咨呈：

为廓尔喀王进表朝贡派员解至京城事

嘉庆七年十一月十五日（1802 年 12 月 9 日）

嘉庆七年（1802），廓尔喀王向清政府呈进表贡，由清政府派人代为呈进，游击戴文星护送表贡由前藏到四川，再由守备郭安将表贡点验清楚交由游击德印护送到京城，同时命令沿途加以照料，预计在年内到达。并请军机处在查收表贡后，将赏赐给廓尔喀国王的物品由游击德印带回。

兵部尚書兼都察院右都御史總督四川等處地方軍務兼理糧餉管巡撫事一等男爵勒 為

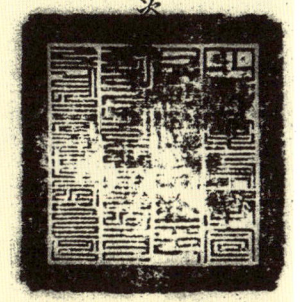

咨明事案准

駐藏大臣咨會本年廓爾喀王應行呈進

表貢奏奉

諭旨賫至邊界由內地派員接收代為呈進經委遊擊

戴文星前赴濟嚨接遞至藏於九月十八日自前

藏起程逐台護送來川由省委員賫送赴京等因

經本爵督部堂飭行口內外一體照料應付並預

派遊擊德印在省聽候茲於本月十二日據差員守

倫郭安將該國王及該王之母

表貢兩分賫解抵省隨經逐一點驗妥為裝貯包裹

結實即於十六日交該遊擊德印護送起程諭

令沿途加意照料趕緊行走以期年內到京除由

代行衙門恭摺具

四川总督勒保致军机处咨呈（嘉庆七年十一月十五日）

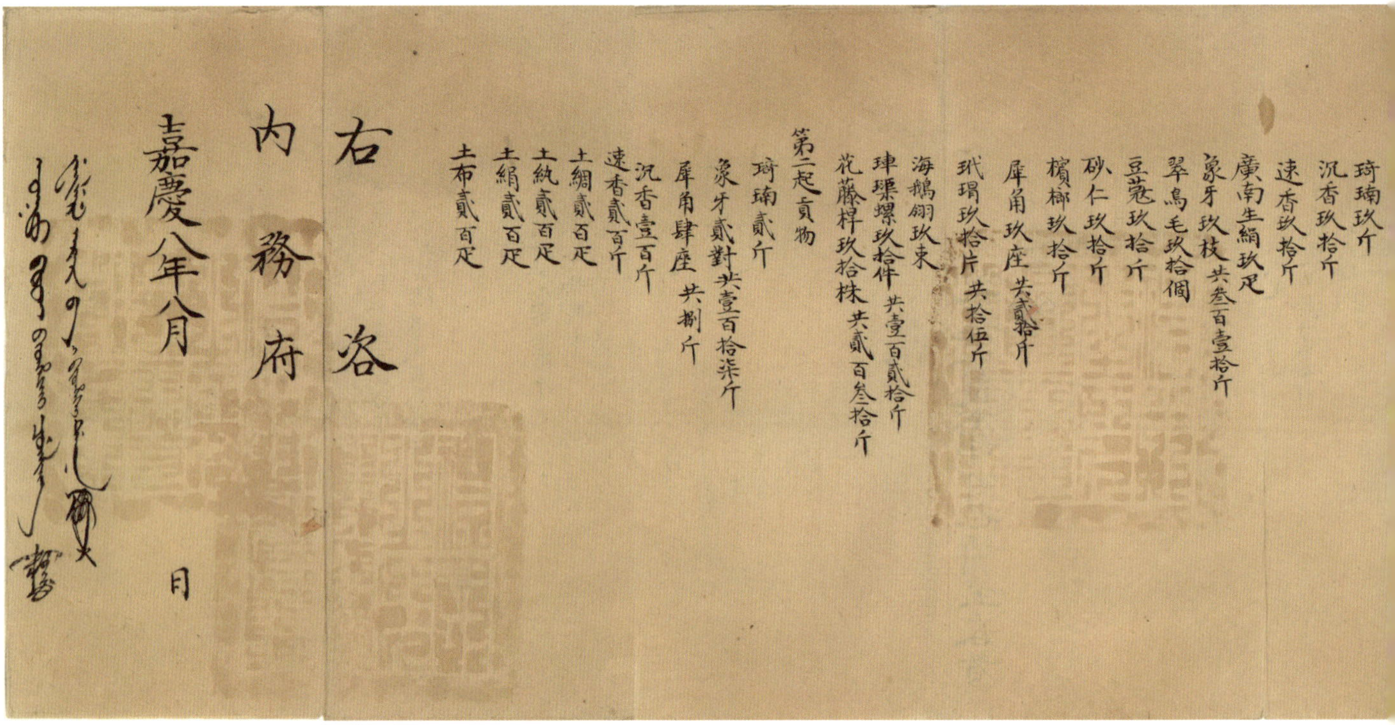

琦𤥭玖斤
沉香玖拾斤
速香玖拾斤
廣南生絹玖疋
象牙玖枝 共叁百壹拾斤
翠鳥毛玖拾個
豆蔻玖拾斤
砂仁玖拾斤
檳榔玖拾斤
犀角玖座 共貳拾斤
玳瑁玖拾片 共拾伍斤
海鵝翎玖束
硨磲螺玖拾件 共壹百貳拾斤
花藤桿玖拾株 共貳百叁拾斤

第二起貢物
琦𤥭貳斤
象牙貳對 共壹百拾柒斤
犀角肆座 共捌斤
沉香壹百斤
速香貳百斤
土綢貳百疋
土紈貳百疋
土絹貳百疋
土布貳百疋

右咨
内務府
嘉慶八年八月　日

礼部致总管内务府咨文：

为抄录越南进贡方物原折并贡物清单

请照数查收事

嘉庆八年八月（1803 年 9 月）

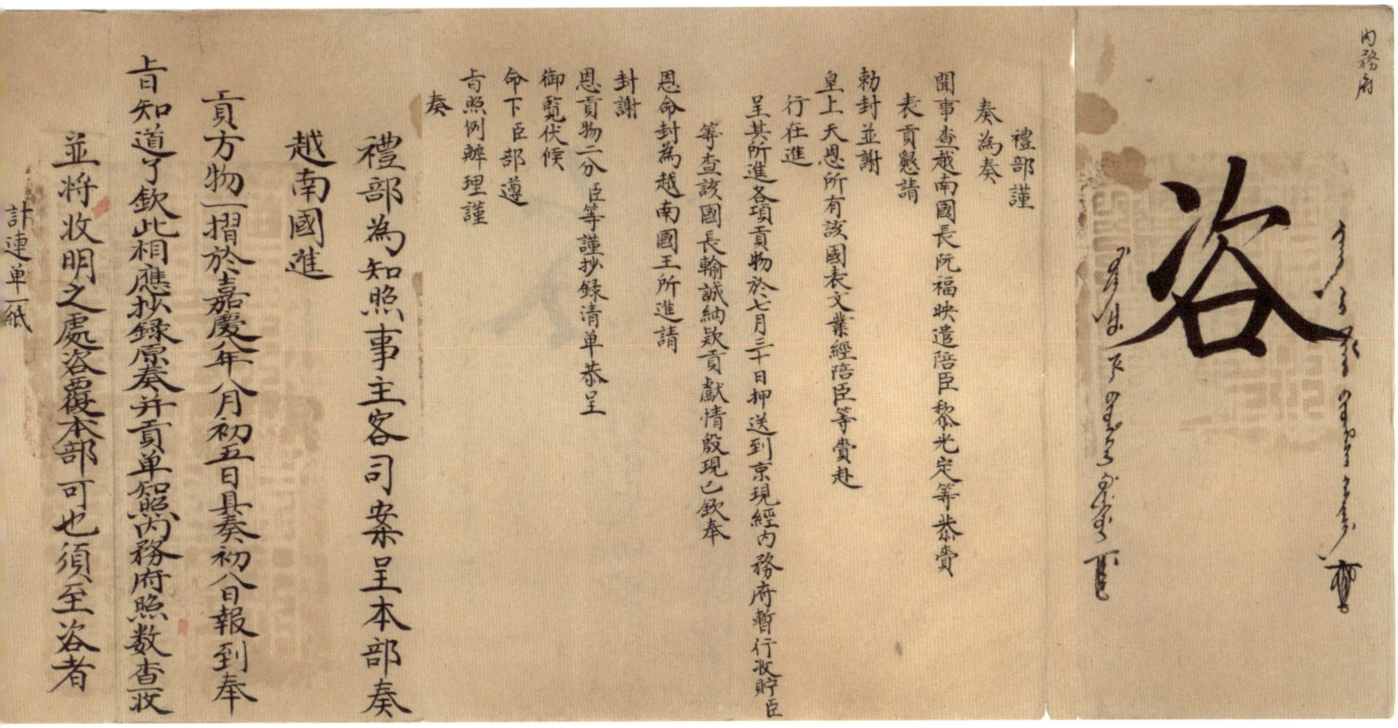

內務府

咨

禮部謹
奏為奏
聞事查越南國長阮福映遣陪臣黎光定等恭賫
表貢懇請
勅封並謝
皇上天恩所有該國表文業經陪臣等賫赴
行在進
呈其所進各項貢物於七月三十日押送到京現經內務府暫行收貯臣
等查該國長輸誠納款貢獻情殷現已欽奉
恩命封為越南國王所進請
封謝
恩貢物二分臣等謹抄錄清单恭呈
御覽伏候
命下臣部遵
旨照例辦理謹
奏

禮部為知照事主客司案呈本部奏
越南國進
貢方物一摺於嘉慶八年八月初五日具奏初八日報到奉
旨知道了欽此相應抄錄原奏并貢单知照內務府照數查收
並將收明之處咨覆本部可也須至咨者
計連单一紙

礼部致总管内务府咨文（嘉庆八年八月）

嘉庆八年（1803），越南国长阮福映遣使进京呈贡，并恳请敕封。各项贡物于七月三十日押送到京，交由总管内务府查收。之后嘉庆帝封阮福映为越南国王，所进呈的两起请封谢恩贡物清单呈嘉庆帝御览。第一起贡物包括琦璃9斤、沉香90斤、速香90斤、广南生绢9匹、象牙9只（共310斤）、翠鸟毛90个、豆蔻90斤、砂仁90斤、槟榔90斤、犀角9座(共20斤)、玳瑁90片(共15斤)、海鹅翎9束、砗磲螺90件(共120斤)、花藤杆90株（共230斤）。第二起贡物包括琦璃2斤、象牙2对(共117斤)、犀角4座(共8斤)、沉香100斤、速香200斤、土绸200匹、土纨200匹、土绢200匹、土布200匹。

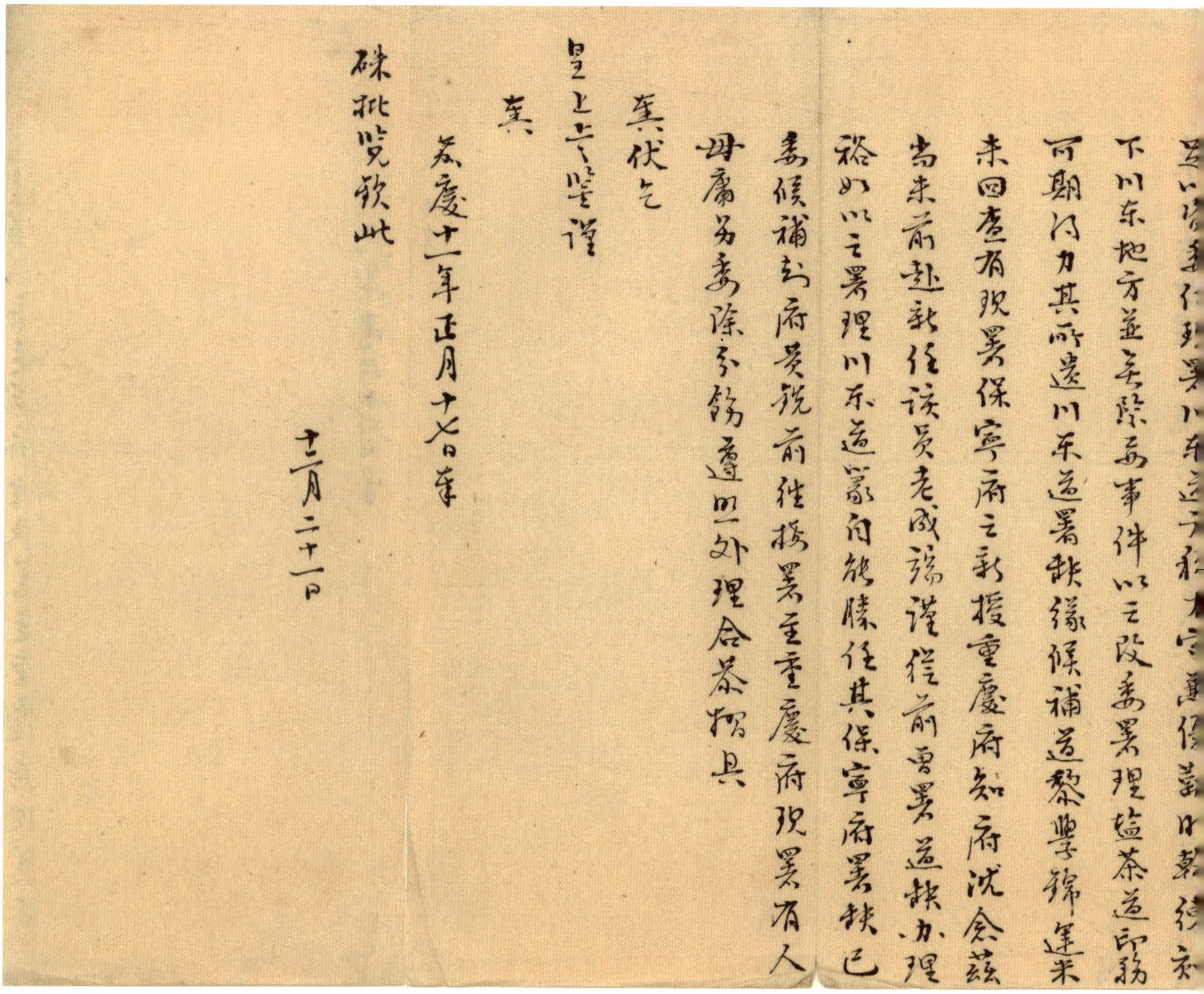
下川東地方並無緊要事件以之改委署理鹽茶道印務
可期得力其所遺川東道署缺緣候補道黎學錦業未
來回查有現署保寧府之新授重慶府知府沈念茲
尚未前赴新任該員老成端謹從前曾署道缺辦理
裕如以之署理川東道篆自能勝任其保寧府署缺已
委候補知府英魁前往接署至重慶府現署有人
毋庸另委除分飭遵照外理合恭摺具
奏伏乞
皇上聖鑒謹
奏
嘉慶十一年正月十七日奉
硃批覽欽此
十二月二十一日

四川总督勒保奏折：

为委署四川盐茶道等处各员事

嘉庆十年十二月二十一日（1806年2月9日）

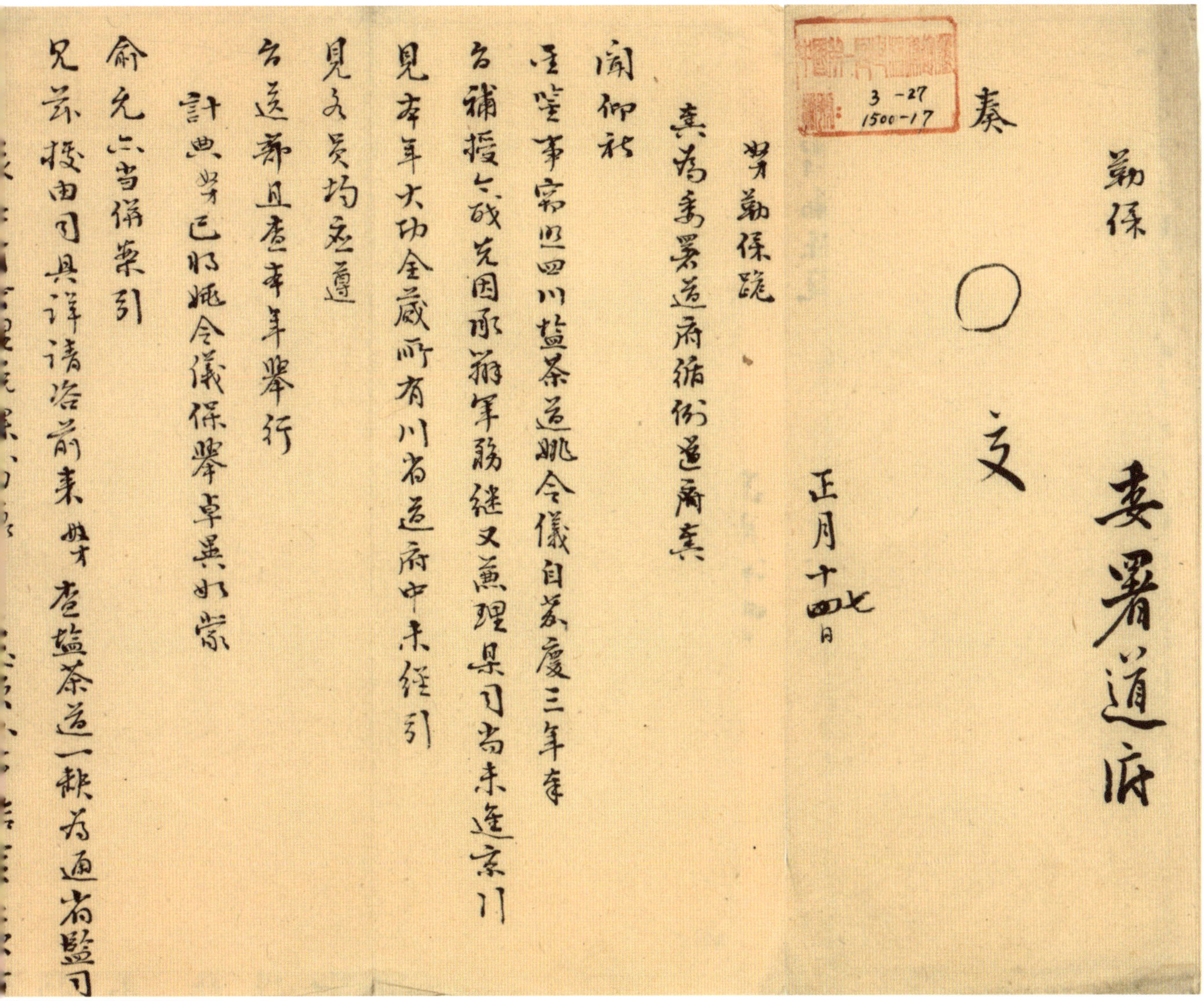
勒保
奏
文
委署道府
正月十七日
奴才勒保跪
奏為委署道府循例[illegible]奏
聞仰祈
聖鑒事竊照四川鹽茶道姚令儀自嘉慶三年奉
旨補授以後充因承辦軍務繼又兼理臬司尚未進京引
見本年大功全蔵所有川省道府中未經引
見之員均應遵
旨送部且查本年舉行
計典奴才已將姚令儀保舉卓異[illegible]
俞允亦當備案引
見茲據由司具詳請咨前來奴才查鹽茶道一缺為通省鹽司

四川总督勒保奏折（嘉庆十年十二月二十一日）

四川从宋朝开始即是产盐（井盐）和产茶的大省，川西是盐茶集中产地。乾隆四十四年（1779），为加强四川盐茶管理，将驿传仍划属按察使司专管，成绵水利并归松茂道，盐茶两项职责则独立设置通省盐茶道。该件档案主要内容为四川盐茶道姚令仪即将因事进京，因而出现空缺；四川总督勒保举荐方积署理盐茶道，并举荐沈念兹署理川东道、黄铣署理保宁府知府。奉朱批："览！"

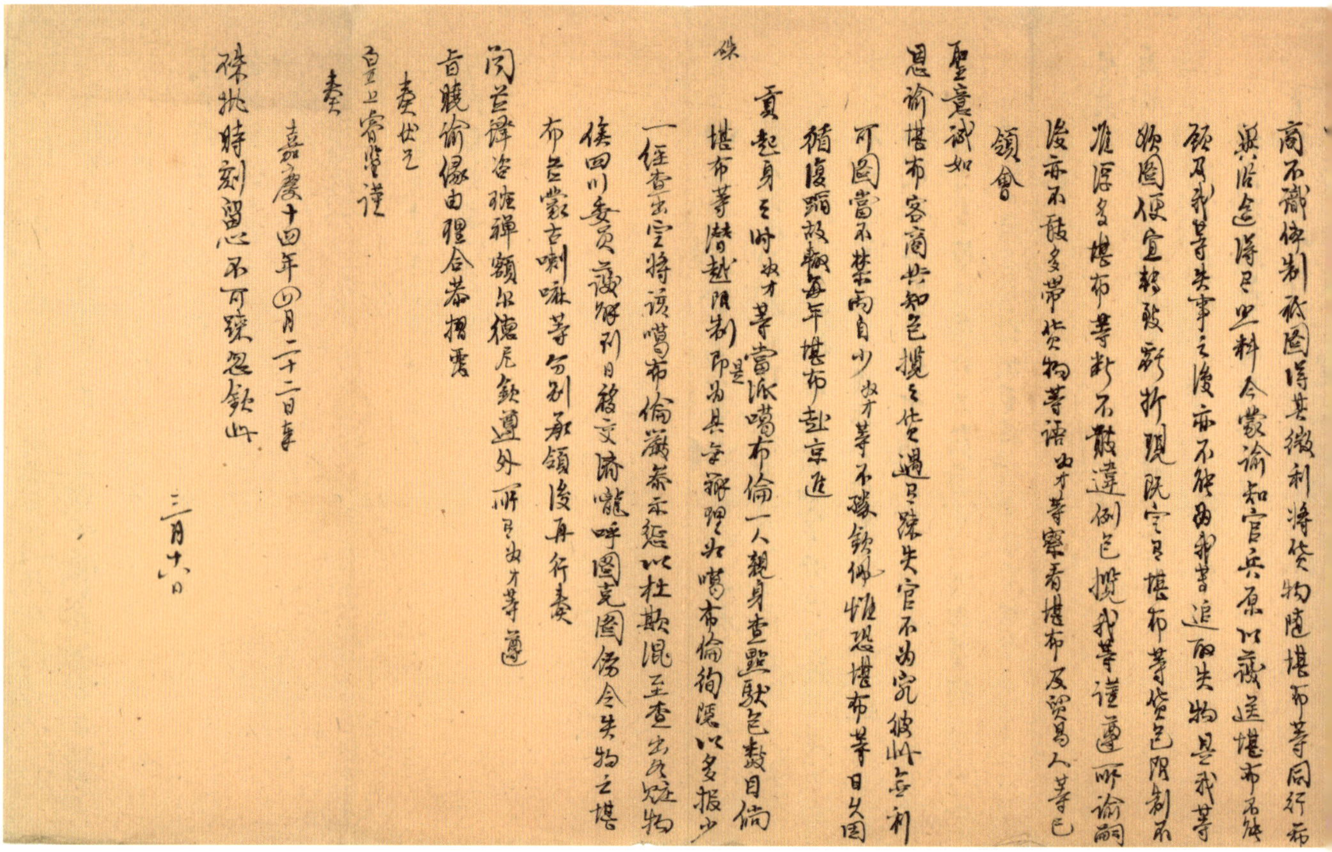

驻藏办事大臣文弼等奏折：

为晓谕堪布及贸易人等毋得违例多带货物事

嘉庆十四年三月十八日（1809年5月2日）

嘉庆十四年（1809），堪布赴京进贡，与克什米尔民人并唐古特贸易人等同行，携带货物超过标准，后遭到果罗克（今青海果洛藏族自治州）贼众抢劫。陕甘总督长龄、西宁办事大臣文孚让堪布呈报失物，而堪布“率意浮开”。四川总督勒保奉旨捕捉贼众，起获赃物并移交给驻藏大臣文弼。文弼饬令失主分别承领，并告诫他们应携货物不得超过标准。嘉庆十四年四月二十日，文弼将堪布与克什米尔民人并唐古特贸易人已领会圣旨之意禀报嘉庆帝，同时为防止每年堪布赴京进贡所带货物超过标准，会派噶布伦差点货物。奉朱批：“时刻留心，不可疏忽。”该档案体现了这一时期清政府对西藏地方的贸易政策。

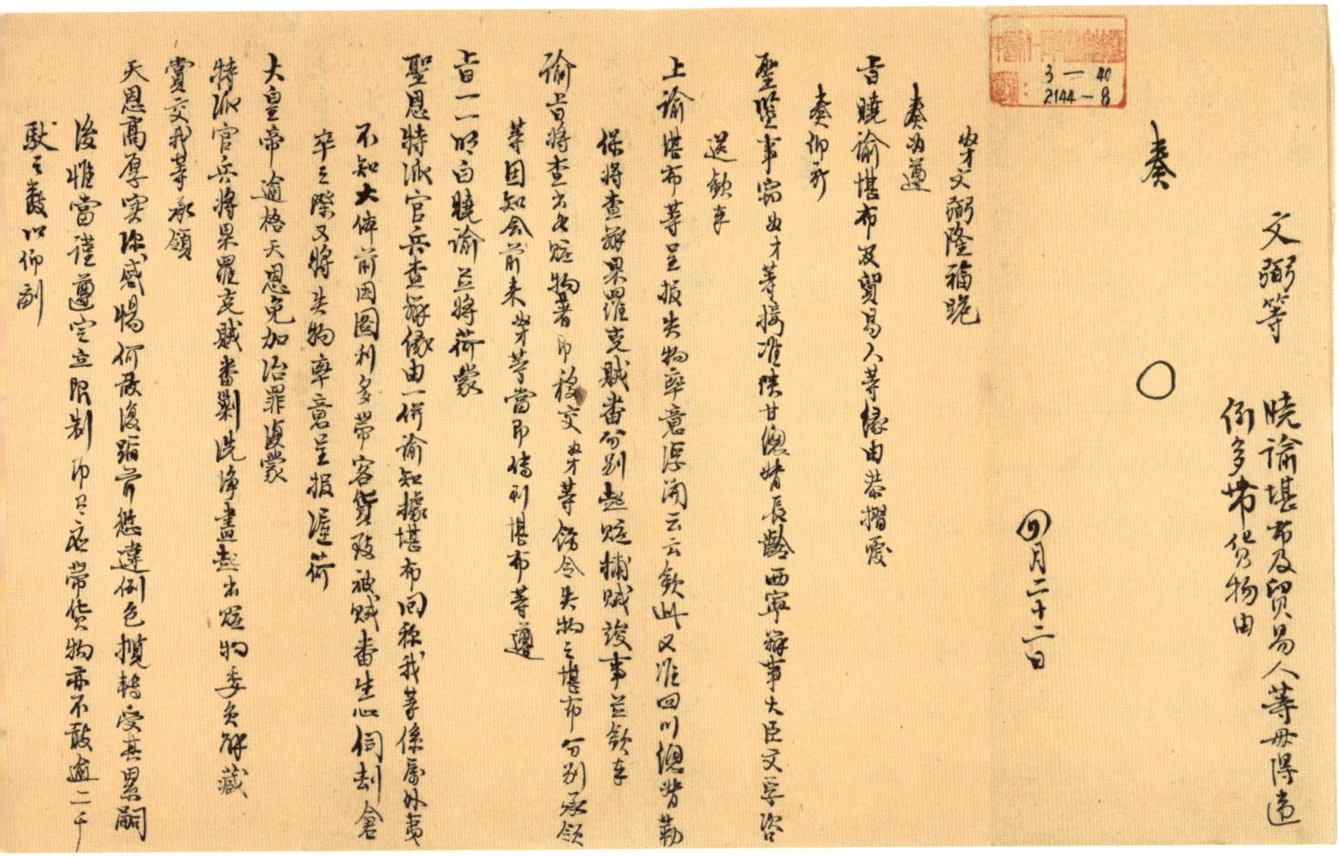

文弼等　晓谕堪布及贸易人等毋得违
例多带货物由

3—40
2144—8

奏　○

四月二十二日

奴才文弼隆福跪
奏为遵
旨晓谕堪布及贸易人等缘由恭摺覆
奏仰祈
圣鉴事窃奴才等接准陕甘总督长龄西宁办事大臣文孚咨
送钦奉
上谕堪布等呈报失物率意厚润云云钦此又准四川总督勒
保将查办果洛克贼番分别起赃捕贼该事宜钦奉
谕旨将查出之赃物著即移交奴才等饬令失物之堪布分别承领
等因知会前来奴才等当即传到堪布等遵
旨一一明白晓谕并将荷蒙
圣恩特派官兵查办缘由一併谕知据堪布回称我等係属外夷
不知大体前因川多带客货致被贼番生心伺劫仓
卒之际又将失物率意呈报迟荷
大皇帝逾格天恩免加治罪复蒙
特派官兵将果洛克贼番剿洗净尽起出赃物交解藏
赏交我等承领
天恩高厚实深感惕何敢复蹈前愆违例包揽转受其累嗣
后惟当谨遵定立限制即只带货物亦不敢逾二千
驮之数以仰副

驻藏办事大臣文弼等奏折（嘉庆十四年三月十八日）

西藏马帮

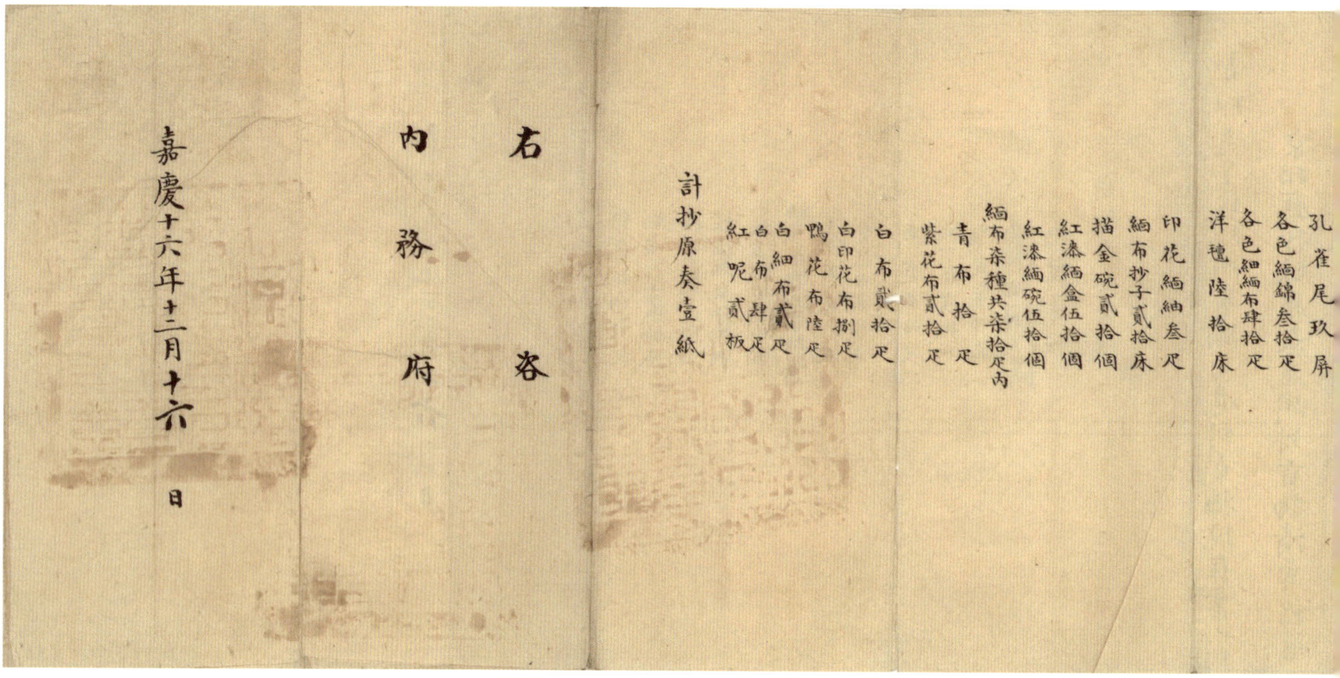

孔雀尾玖屏
各色細錦叁拾疋
各色細緬布肆拾疋
洋氊陸拾床
印花緬紬叁疋
緬布抄子貳拾床
描金碗貳拾個
紅漆緬盒伍拾個
紅漆緬碗伍拾個
緬布柒種共柒拾疋內
青布拾疋
紫花布貳拾疋
白布貳拾疋
白印花布捌疋
鴨花布陸疋
白細布貳疋
白布肆疋
紅呢貳板
計抄原奏壹紙
右咨
內務府
嘉慶十六年十二月十六日

礼部致总管内务府咨文：

为抄录缅甸贡使臣到京日期原奏并开列贡物清单咨请查收事

嘉庆十六年十二月十六日（1812 年 1 月 29 日）

嘉庆十六年（1812），缅甸国王孟陨遣使臣孟幹来京朝贡，于十二月十四日到京。供应使臣的食物及照料事项均按照乾隆五十五年（1790）谕旨由内务府办理，礼

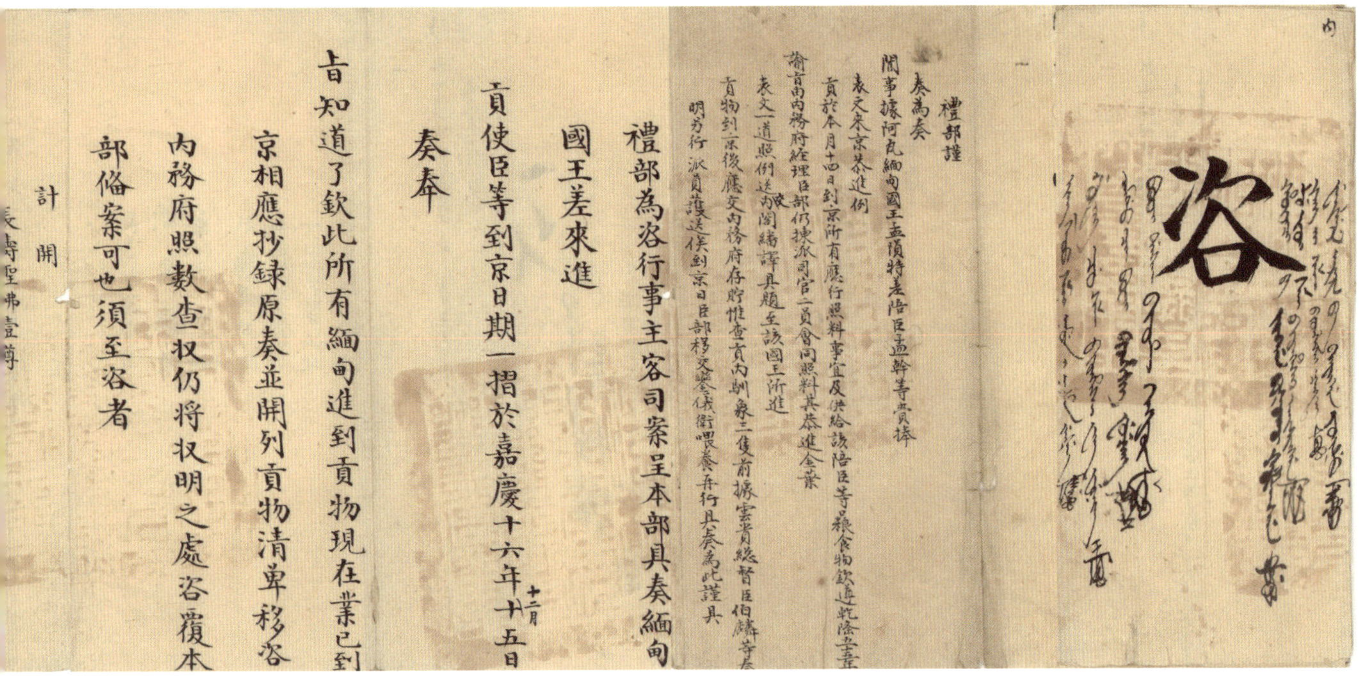

礼部致总管内务府咨文（嘉庆十六年十二月十六日）

部派遣两名官员随同照料，缅甸进呈的金叶表文交由内阁翻译，所有贡物交由内务府查收。此次，贡物内有贡象3只，云贵总督伯麟奏报另派人护送到京交由銮仪卫喂养。

贡物包括长寿圣佛1尊、驯象3只、象牙3对、孔雀尾9屏、各色缅布30匹、各色细缅布40匹、洋毡60床、印花缅绸3匹、缅布抄子20床、描金碗20个、红漆缅盒50个、红漆缅碗50个、缅布7种共70匹（其中青布10匹、紫花布20匹、白布20匹、白印花布8匹、鸭花布6匹、白细布2匹、白布4匹）、红呢2板。

总管内务府奏折：

为越南国贡使进到贡物事

嘉庆二十二年九月二十六日（1817 年 11 月 5 日）

嘉庆二十二年（1817），越南国王遣使将乙亥、丁丑两年的例贡呈进到京，交内务府查收。内务府奉旨将象牙交造办处，犀角、沉香、速香交外库，土绸、土布交内殿，土绢交同乐园，土纨交重华宫，砂仁、槟榔留存用于赏赐。从档案中可以看出当时越南所贡物品种类流向。

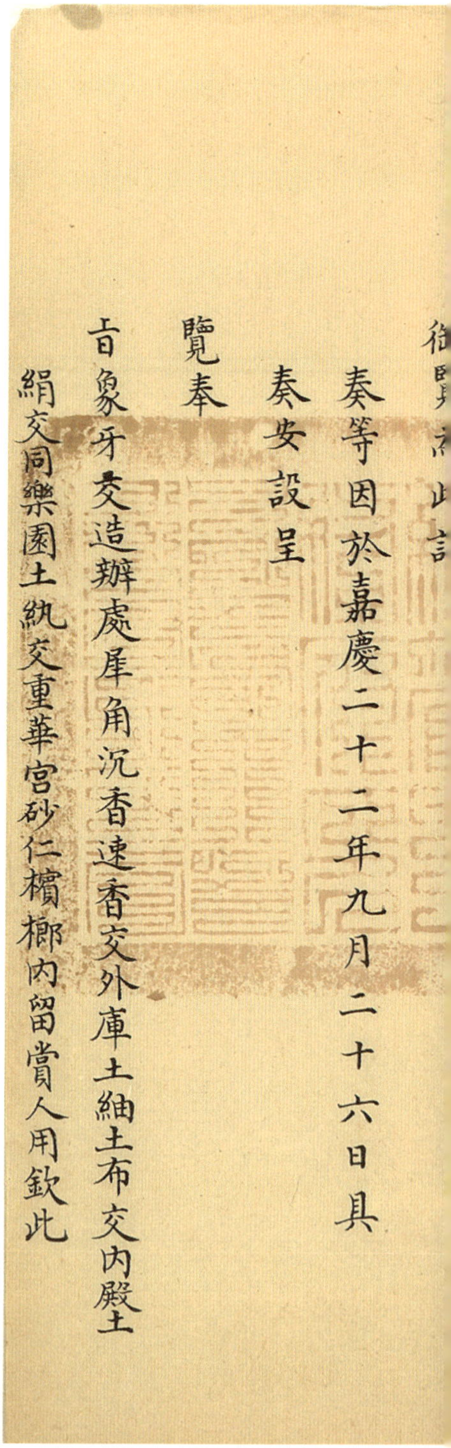
奏等因於嘉慶二十二年九月二十六日具
奏安設呈
覽奉
旨象牙交造辦處犀角沉香速香交外庫土紬土布交內殿土
絹交同樂園土紈交重華宮砂仁檳榔內留賞人用欽此

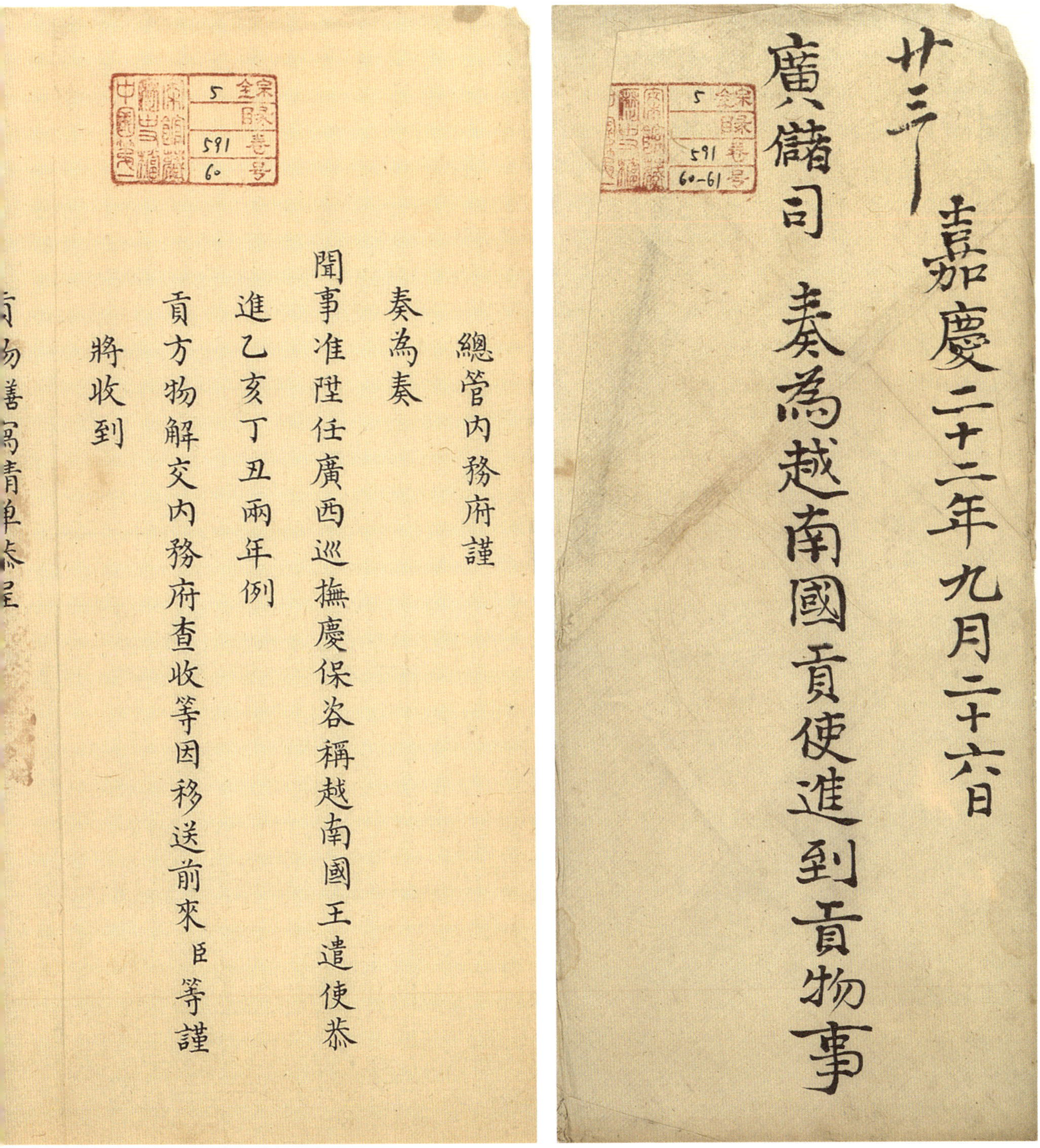
廿三
嘉慶二十二年九月二十六日
廣儲司
奏為越南國貢使進到貢物事

總管內務府謹
奏為奏
聞事准陞任廣西巡撫慶保咨稱越南國王遣使恭
進乙亥丁丑兩年例
貢方物解交內務府查收等因移送前來臣等謹
將收到

总管内务府奏折（嘉庆二十二年九月二十六日）

总管内务府奏折：

为廓尔喀王进到贡物呈御览事

嘉庆二十二年十二月二十四日（1818 年 1 月 30 日）

驻藏办事大臣玉麟等奏折：

为廓尔喀王恳请遣使赴京朝贡事

道光元年二月初八日（1821 年 3 月 11 日）

驻藏办事大臣文幹等奏折：

为廓尔喀王恳请遣使朝贡事

道光元年四月二十一日（1821 年 5 月 22 日）

廓尔喀作为清朝的藩属国，每五年进京朝贡一次。嘉庆二十二年（1818），廓尔喀王遣使将例贡呈进到京，交总管内务府查收。道光元年（1821），驻藏办事大臣玉麟上奏，廓尔喀王为恭贺道光帝登基，恳请派人赴京呈进表贡，由于第二年是应进例贡之年，廓尔喀恳请将第二年的例贡一并呈进。据查嘉庆元年廓尔喀国王差人赴京，获准将例贡随同呈进。驻藏大臣玉麟请旨道光帝，可否令廓尔喀将来年的例贡一并呈进。同年四月，驻藏大臣文幹奉道光帝上谕，允许廓尔喀王将表贡和例贡一同进京呈进。

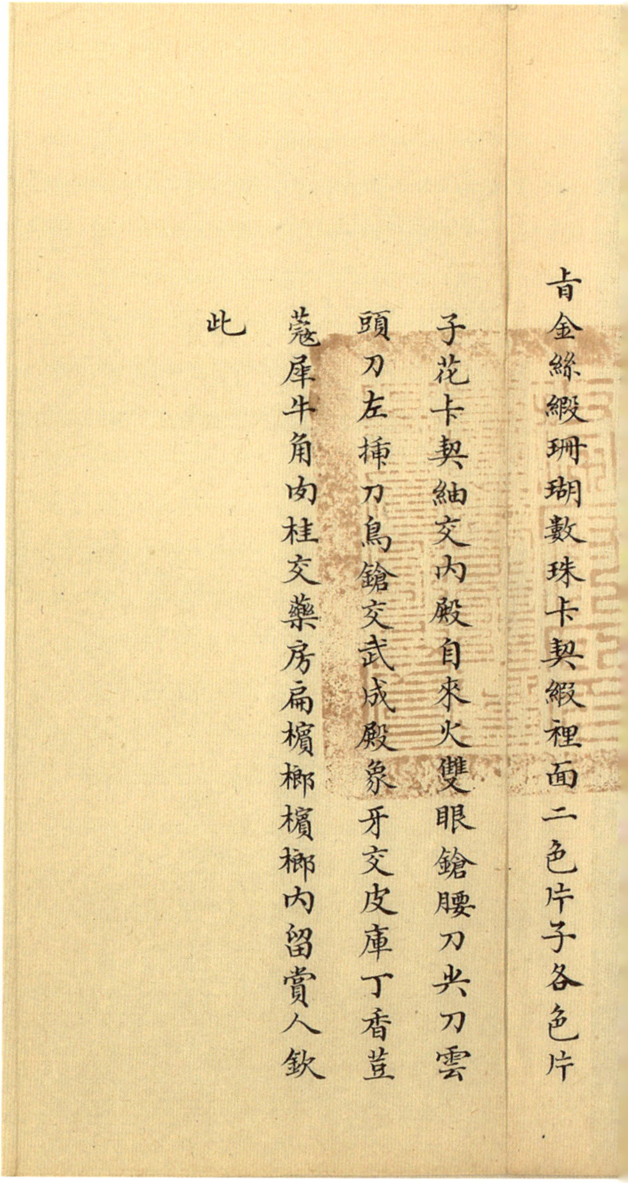
旨金絲緞珊瑚數珠卡契緞裡面二色片子各色片
子花卡契紬交內殿自來火雙眼鎗腰刀尖刀雲
頭刀左插刀鳥鎗交武成殿象牙交皮庫丁香荳
蔻犀牛角肉桂交藥房扁檳榔檳榔內留賞人欽
此

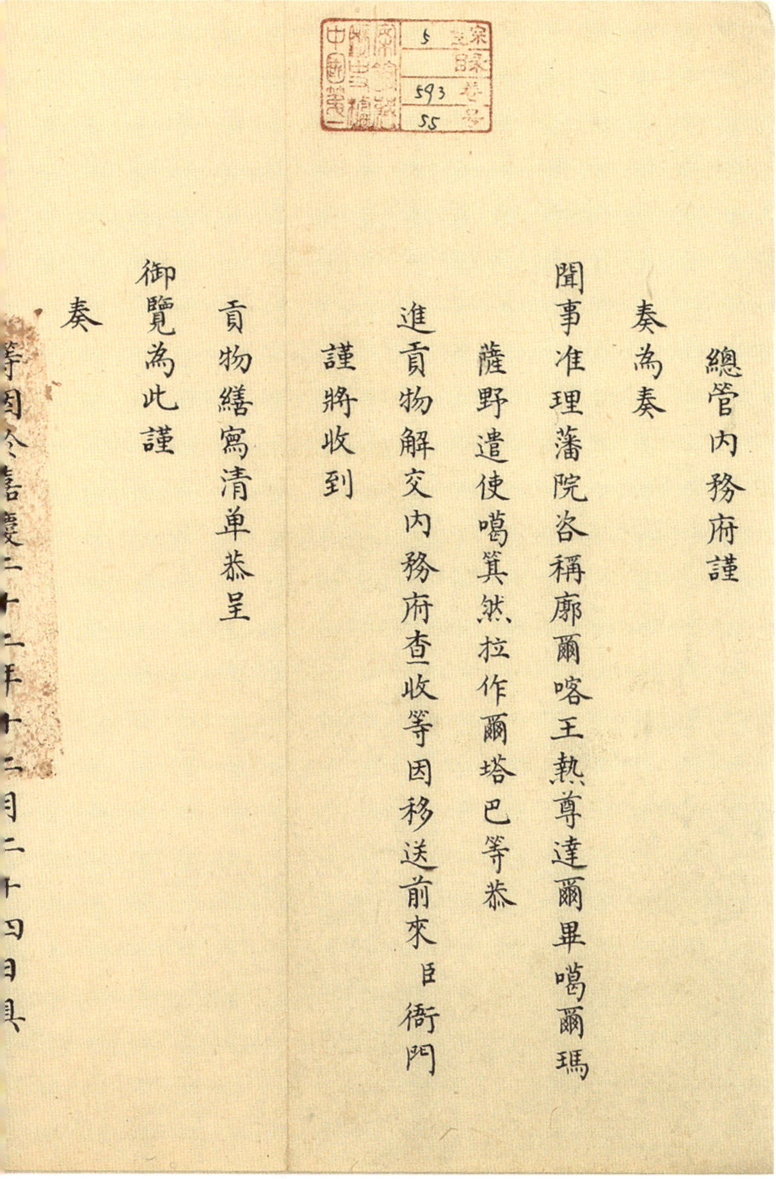

總管內務府謹
奏為奏
聞事准理藩院咨稱廓爾喀王熱尊達爾畢噶爾瑪
薩野遣使噶箕然拉作爾塔巴等恭
進貢物解交內務府查收等因移送前來臣衙門
謹將收到
貢物繕寫清单恭呈
御覽為此謹
奏
嘉慶二十二年十二月二十四日具

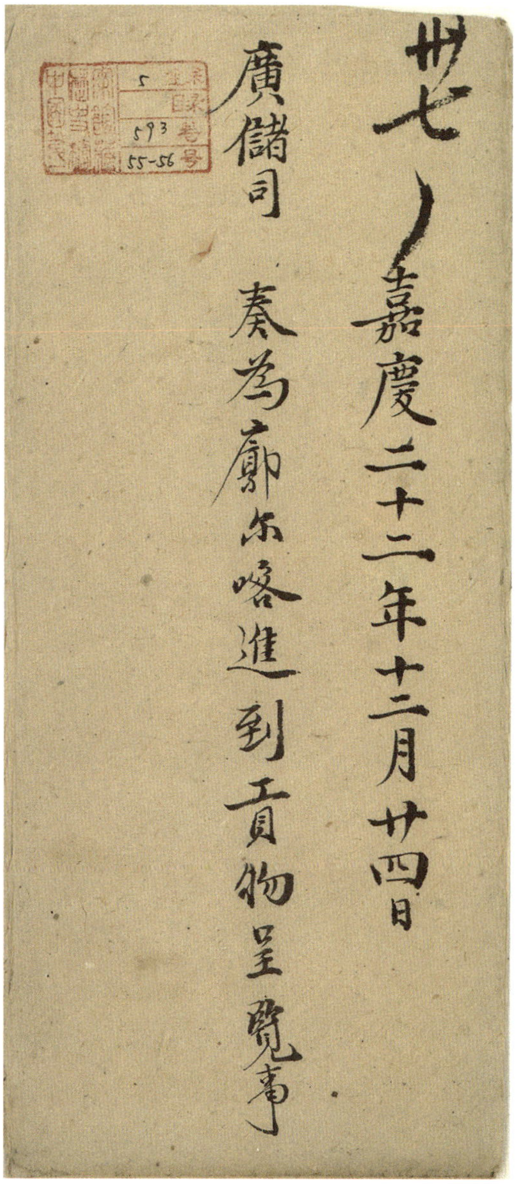

廿七
嘉慶二十二年十二月廿四日
廣儲司 奏為廓尔喀進到貢物呈覽事

总管内务府奏折（嘉庆二十二年十二月二十四日）

一貢嘉慶元年該國王咨請專差赴京叩賀奏
奉
敕旨允行並准其舊例
貢隨同呈
進在案今該國王咨請遣使赴京恭進
表貢叩賀
天喜情詞懇切查來年即屆該國例
貢之期可否即令隨同此次
表貢一併呈
進以示
天朝柔遠之仁出自
聖主鴻慈恭候
命下奴才等檄飭該國王遵照辦理為此繕摺具
奏並將譯出該國王來咨恭呈
御覽伏乞
皇上訓示遵行謹
奏

二月初八日

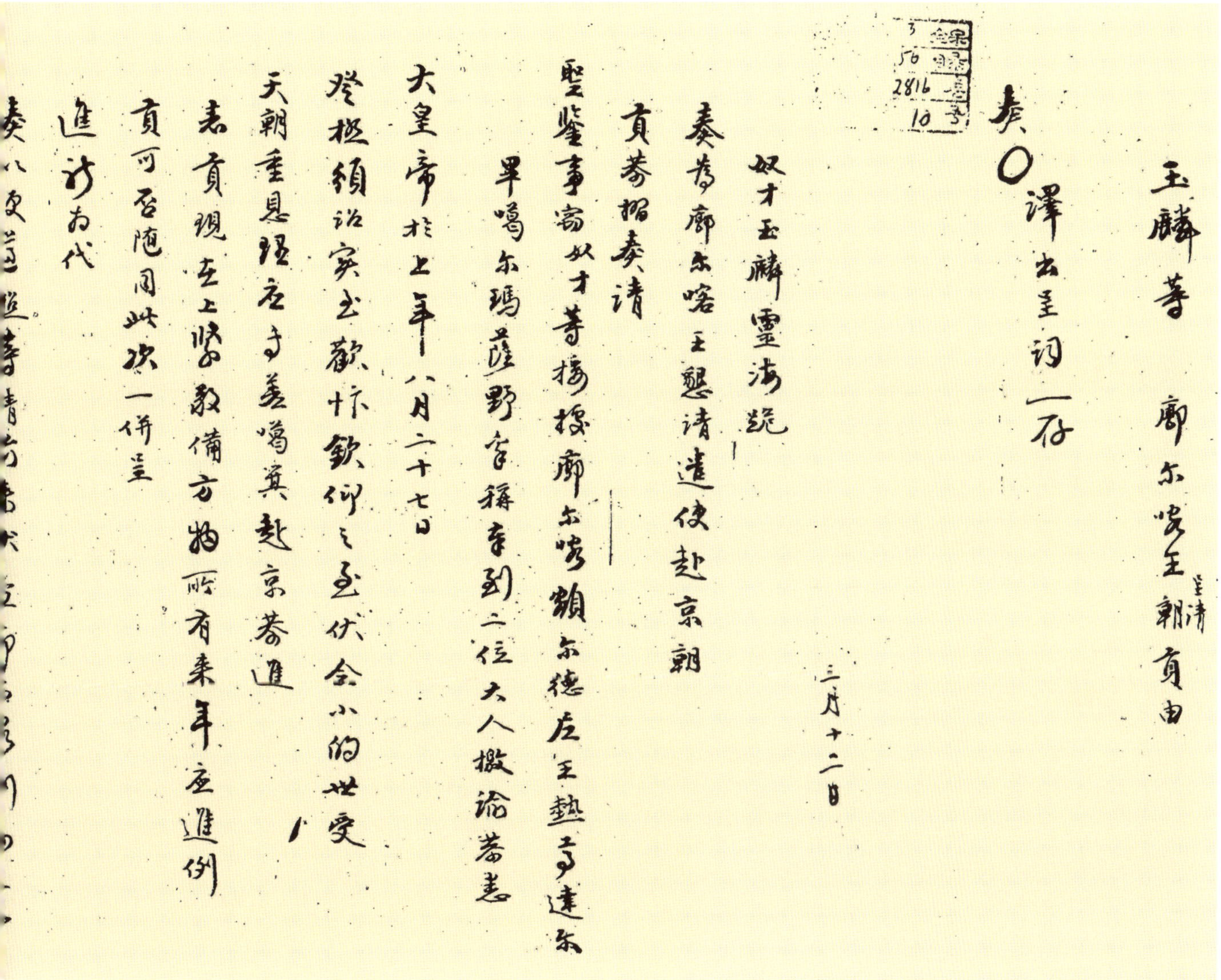
玉麟等　廓尔喀王呈請朝貢由

奏○譯出呈詞一存

二月十二日

奴才玉麟、靈海跪

奏為廓尔喀王懇請進使赴京朝

貢，恭摺奏請

聖鑒事。竊奴才等接據廓尔喀額尔德尼王熱尊達尔

畢噶尔瑪薩野字稟到二位大人撒諭蕃悉

大皇帝於上年八月二十七日

登極頒詔，實在歡忭欽仰之至。伏念小的世受

天朝重恩，理應專差噶箕赴京恭進

表貢，現在上緊敎備方物，所有來年應進例

貢可否隨同此次一併呈

進，祈為代

奏……

驻藏办事大臣玉麟等奏折（道光元年二月初八日）

皇上體恤外藩祛繁就簡之至意當即欽遵
聖主指示檄諭廓爾喀王飭令於道光二年四五月
間專差噶箕恭齎
表貢與例貢一同自陽布起程期於封篆前抵京
除俟屆期另行具
奏外所有遵
旨檄諭廓爾喀王欽遵辦理緣由理合恭摺覆
奏並將檄諭底稿録呈
御覽伏乞
皇上睿鑒謹
奏

知道了

道光元年四月　二十一　日

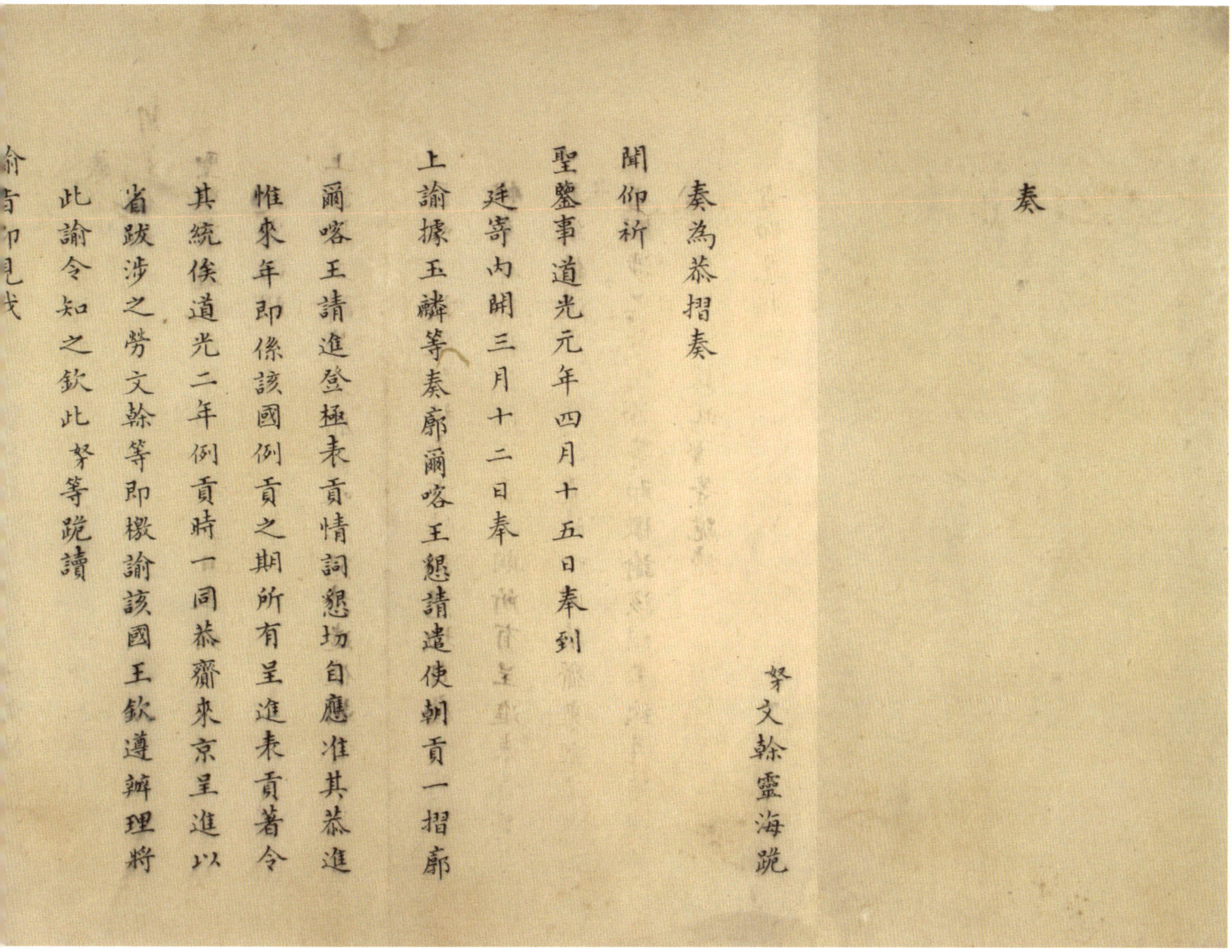
奏

奴才文幹靈海跪

奏為恭摺奏
聞仰祈
聖鑒事道光元年四月十五日奉到
廷寄内開三月十二日奉
上諭據玉麟等奏廓爾喀王懇請遣使朝貢一摺廓
爾喀王請進登極表貢情詞懇切自應准其恭進
惟來年即係該國例貢之期所有呈進表貢著令
其統俟道光二年例貢時一同恭齎來京呈進以
省跋涉之勞文幹等即檄諭該國王欽遵辦理將
此諭令知之欽此奴才等跪讀
諭旨仰見我

駐藏办事大臣文幹等奏折（道光元年四月二十一日）

四川总督蒋攸铦奏折：

为天全州茶商引多滞销拖欠课银请减茶引事

嘉庆二十五年二月十九日（1820年4月1日）

嘉庆七年（1802）之后，四川行销打箭炉口外的茶叶渐少，天全州商民承销茶引积滞。四川总督蒋攸铦奉旨调查此事，于嘉庆二十五年二月十九日向嘉庆帝奏报原因：番民以前买得茶叶后只煎熬一次，又因巴勒布、廓尔喀两次用兵时用茶叶作为番民承运军需的赏赐，所以茶引畅销，商民请增加茶引数量。后来用兵结束，“树老枝枯，茶不敷引”，加上番民知道煎熬茶叶可以至二三次，因此茶引积滞。蒋攸铦还提出抒商力而归核实的具体措施。奉朱批：“依议。该部知道。”

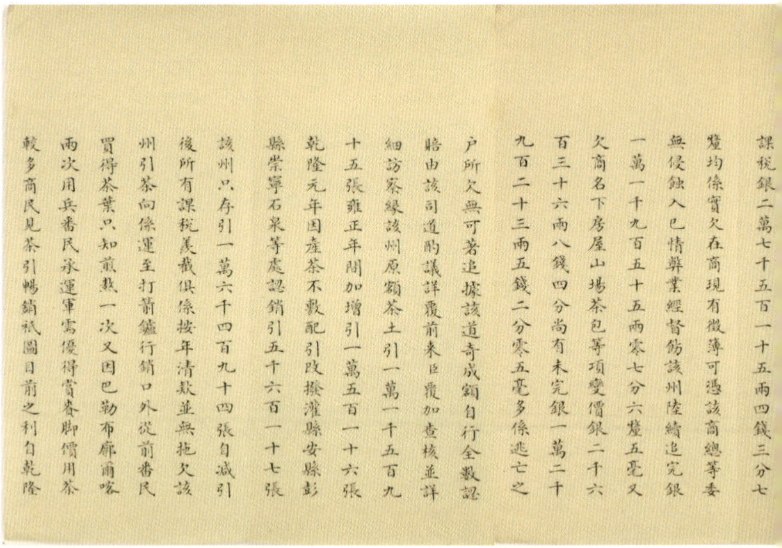
課稅銀二萬七千五百一十五兩四錢三分七
釐均係實欠在商現有微薄可憑該商總等並
無侵蝕入己情弊業經督飭該州陸續追完銀
一萬一千九百五十五兩零七分六釐五毫又
欠商名下房屋山場茶包等項變價銀二千六
百三十六兩八錢四分尚有未完銀一萬二千
九百二十三兩五錢二分零五毫多係逃亡之
户所欠無可著追據該道奇成額自行全數認
賠由該司道酌議詳覆前來臣覆加查核並詳
細訪察緣該州原額茶土引一萬一千五百九
十五張雍正年間加增引一萬五百一十六張
乾隆元年因產茶不敷配引改撥灌縣安縣彭
縣崇寧石泉等處認銷引五千六百一十七張
該州只存引一萬六千四百九十四張自減引
後所有課稅羨截俱係按年清款並無拖欠該
州引茶向係運至打箭鑪行銷口外從前番民
買得茶葉只知煎熬一次又因巴勒布廓爾喀
兩次用兵番民承運軍需優得賞賚腳價用茶
較多商民見茶引暢銷祇圖目前之利自乾隆

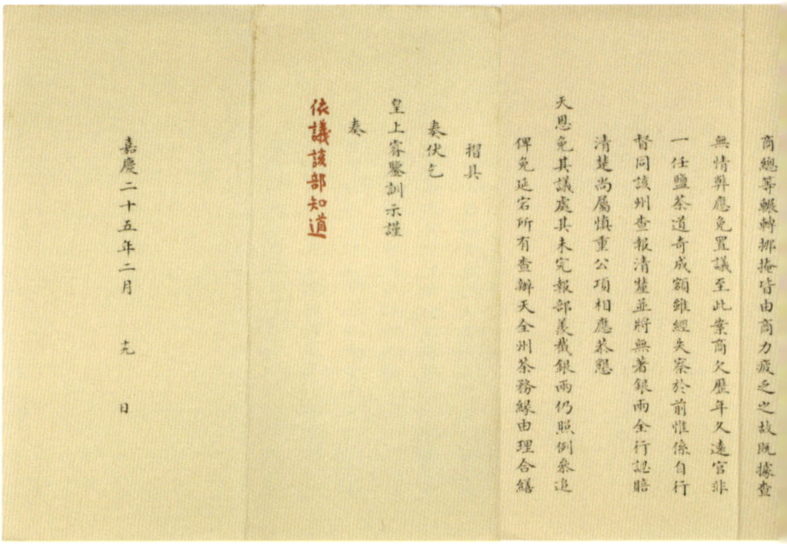
商總等輾轉挪掩皆由商力疲乏之故既據查
無情弊應免置議至此案商欠歷年久遠宦非
一任鹽茶道奇成額雖經失察於前惟係自行
旨同該州查報清釐並將無著銀兩全行認賠
清楚尚屬慎重公項相應恭懇
天恩免其議處其未完報部羨截銀兩仍照例參追
俾免延宕所有查辦天全州茶務緣由理合繕
摺具
奏伏乞
皇上睿鑒訓示謹
奏
依議該部知道
嘉慶二十五年二月　十九　日

四川总督蒋攸铦奏折（嘉庆二十五年二月十九日）

奏

四川總督臣蔣攸銛跪

奏為查明天全州茶商引多銷滯拖欠課銀業經
提省查清分別追賠請減各緣由恭摺奏請
聖鑒事竊照川省現行邊腹茶引一十三萬九千三
百五十四張行銷打箭鑪口外者約居十分之
八内天全一州額設續增茶土引三萬一千一
百二十張每年應徵課稅銀一萬五千一百二
十四兩零羨截銀七千二百五十兩零十餘年
來口外銷茶漸少引多積滯而天全州茶商不
下二百餘家因係由土改流地方本鮮殷實之
户相沿土司舊習零星領引銷茶謂之土引自
嘉慶七年起至二十三年止共有未完羨截銀
三萬八千餘兩均經按年報部条追其每年額
引行銷均有積滯辦理尤形竭蹶前據鹽茶道
奇成額暨該管知府督同天全州知州方同煦
查稟該州茶課稅羨截銀兩向係商總催收運
解鹽道衙門交納除節年未完羨截業經開条
報部外其課稅兩項每因奏銷不能全完相沿
舊習輾轉挪新掩舊雖奏銷内並未短少而散
商仍多掛欠賬目轇轕不清現在積引未疏新
引又發若再任因循掩飾各商漸就逃亡終歸
懸宕無著等情臣查天全州商民承銷茶引已
久何以自嘉慶七年起課羨常有拖欠至今不
能清款各商總既已私相挪掩顯有影射侵蝕
情弊必須澈底查追其茶引是否實因積滯難
銷現在究應如何辦理當即札飭藩臬兩司會
同該道等摘提各商並吊齊卷冊來省查算追

五十三年至嘉慶二年陸續請增引一萬四千
六百二十六張比之未減撥以前轉多引九千
零九張而産茶並未較前旺盛彼時已覺勉強
近則樹老枝枯茶不敷引且番民皆知節省將
茶熬至二三次不似從前祗熬一次需茶較前
減少以致商民既艱採配又苦滯銷或白截引
張空賠課稅或茶包堆貯鑪城壓擱成本年復
一年日形支絀雖經歴任鹽茶道設法調劑迄
無效驗是該州之催徵掣肘商欠日積委因增
引過多所致現在查明此外行茶各州縣各有
額設續撥引目無處可以改撥代銷若仍責令
該州商民照前認辦不特有名無實且恐愈欠
愈多日久難以清釐將來更難保無奸商猾樹
課為名做造假茶掐價病番於茶政殊有關礙
除二十五年分茶引業經赴部承領回川仍請
行銷外再四思維惟有仰懇
聖慈准將天全州多增茶土引九千零九張自嘉慶
二十六年為始免其領銷以紓商力而歸核實
該州茶商二百餘名多係欠課之人本應全行
革退另招他商承辦惟茶引請減外每年尚有
應行引二萬二十一百一十一張納課不少恐
一時乏人認辦有誤口外番民日食之需臣已
飭令該管鹽茶道督同該州於各商内擇其家
道稍殷未經欠課及掛欠最少已經完納之人
酌留四五十名責令分認前項引張按年行銷
納課其二十四年分因不能挪掩滯銷之引俟
奏銷時截清數目同二十五年分領回加增引

廓尔喀额尔德尼王热尊达尔毕噶尔玛萨野年班贡物单

道光二年十一月二十一日（1823年1月2日）

道光二年（1823），廓尔喀额尔德尼王热尊达尔毕噶尔玛萨野朝贡物品清单，包括珊瑚珠1串（109颗在表匣内）、金丝缎2匹（1匹在表匣内）、各色毡片13版、卡契缎20匹、卡契绸4匹、象牙4只、犀牛角2只、腰刀4把、左插刀4把、尖刀2把、云头刀2把、双眼枪1杆、鸟枪2杆、丁香360两、豆蔻1000颗、扁槟榔360两、圆槟榔600两、肉桂1匣（重16斤）。恭贺道光帝登基物品清单，包括珊瑚珠1串（109颗在表匣内）、珍珠1串（共74颗，含红石1颗绿石8颗）、珊瑚珠5颗（共重1两8钱余）、金银丝缎3匹（银丝缎1匹在表匣内）、裹面2色毡片1版、各色毡片7版、卡契缎20匹、卡契绸4匹、甲噶尔花布6匹、金银丝掌扇1柄、象牙10只、犀牛角2只、腰刀4把、尖刀2把、左插刀2把、小刀2把、袖枪2杆、双眼枪1杆、四眼枪1杆、鸟枪2杆、千里眼镜2个、丁香720两、甲噶尔核桃360两、豆蔻500颗、肉桂1匣(重14斤)、奈桃100个、花露油21两6钱、红花300两。还附有贡使人员名单。

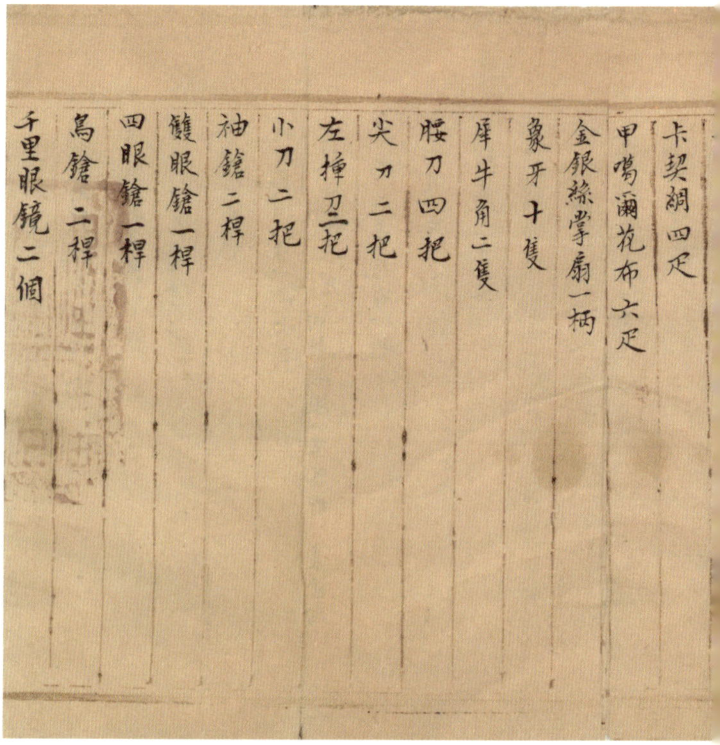
卡契綢四疋
甲噶爾花布六疋
金銀絲掌扇一柄
象牙十隻
犀牛角二隻
腰刀四把
尖刀二把
左揷刀二把
小刀二把
袖鎗二桿
雙眼鎗一桿
四眼鎗一桿
鳥鎗二桿
千里眼鏡二個

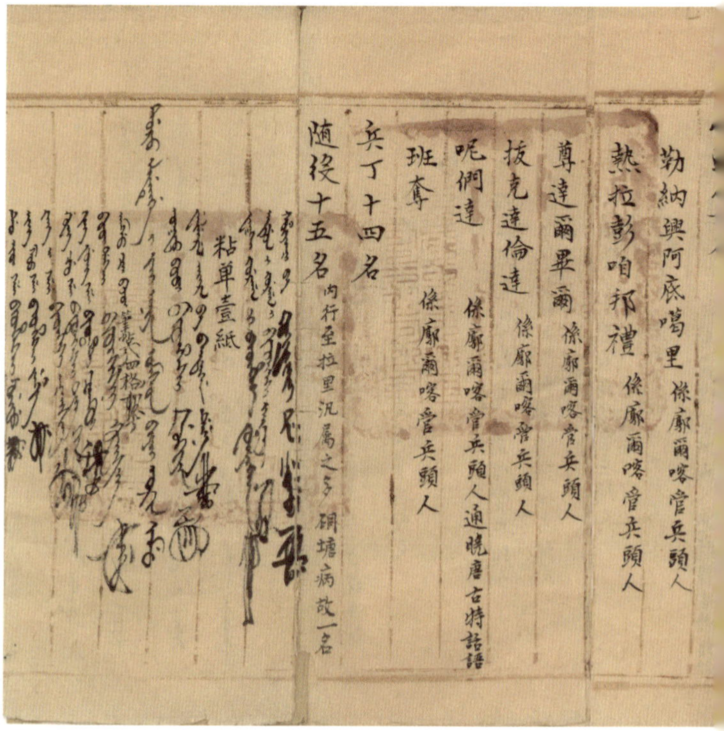
勒納興阿底噶里 係廓爾喀管兵頭人
熱拉彭咱邦禮 係廓爾喀管兵頭人
尊達爾畢爾 係廓爾喀管兵頭人
拔克達倫達 係廓爾喀管兵頭人
呢𠈌達 係廓爾喀管兵頭人通曉唐古特話語
班奪
兵丁十四名
隨役十五名 內行至拉里汎屬之多硐塘病故一名
粘單壹紙

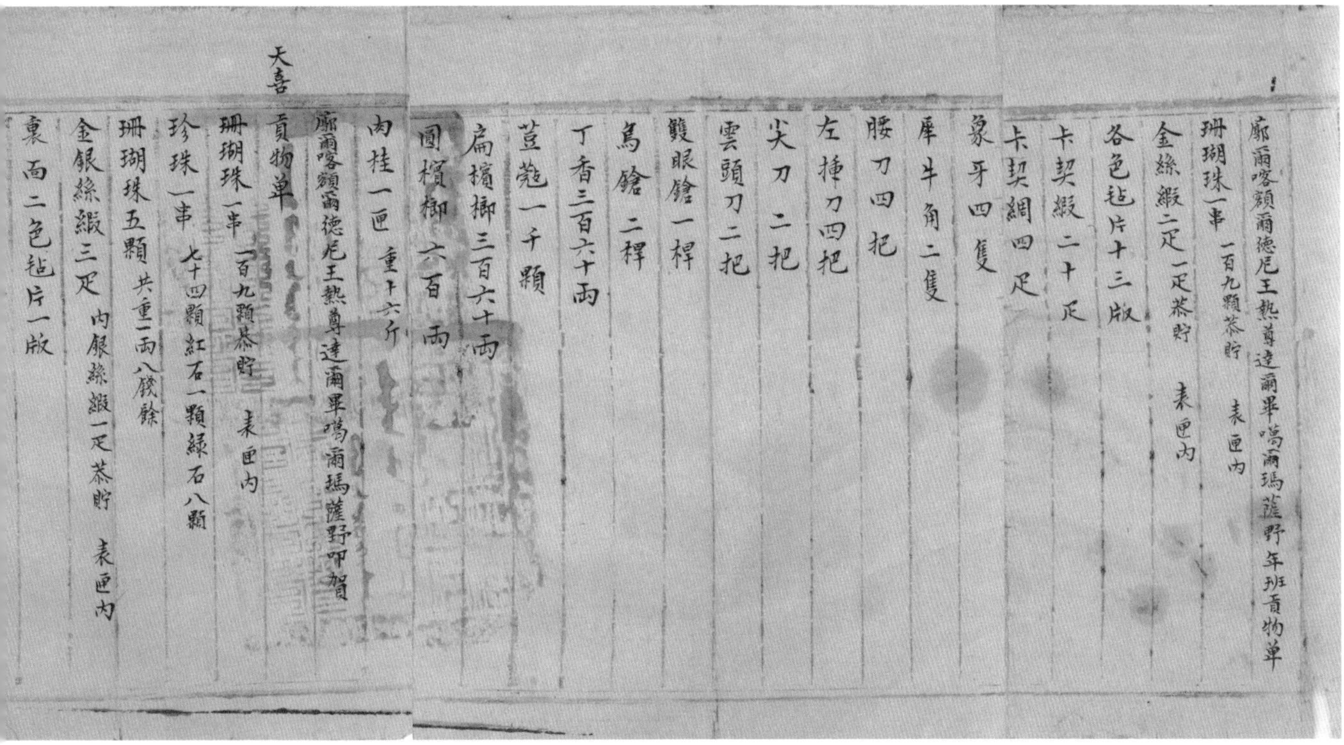
廓爾喀額爾德尼王熱尊達爾畢噶爾瑪薩野年班貢物單
珊瑚珠一串 一百九顆 蒂貯 表匣内
金絲緞二疋 一疋蒂貯 表匣内
各色毡片十三版
卡契緞二十疋
卡契綢四疋
象牙四隻
犀牛角二隻
腰刀四把
左插刀四把
尖刀二把
雲頭刀二把
雙眼鎗一桿
鳥鎗二桿
丁香三百六十兩
荳蔻一千顆
扁檳榔三百六十兩
圓檳榔六百兩
内桂一匣 重十六斤
廓爾喀額爾德尼王熱尊達爾畢噶爾瑪薩野叩賀
大喜
貢物單
珊瑚珠一串 一百九顆蒂貯 表匣内
珍珠一串 七十四顆 紅石一顆 緑石八顆
珊瑚珠五顆 共重一兩八錢餘
金銀絲緞三疋 内銀絲緞一疋蒂貯 表匣内
裏面二色毡片一版

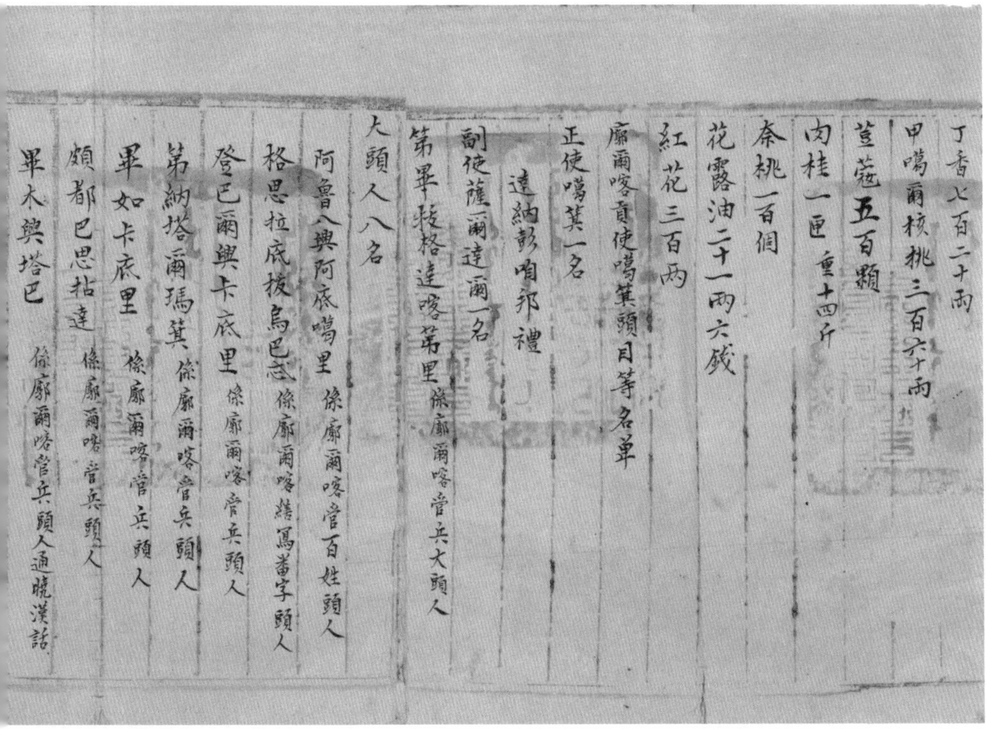
丁香七百二十兩
甲噶爾核桃三百六十兩
荳蔻五百顆
内桂一匣 重十四斤
奈桃一百個
花露油二十一兩六錢
紅花三百兩
廓爾喀貢使噶箕頭目等名單
正使噶箕一名
達納彭咱邦禮
副使薩爾達爾一名
第畢裝格達喀第里 係廓爾喀管兵大頭人
大頭人八名
阿魯八與阿底噶里 係廓爾喀管百姓頭人
格思拉底拔烏巴忠 係廓爾喀精寫番字頭人
登巴爾與卡底里 係廓爾喀管兵頭人
第納塔爾瑪箕 係廓爾喀管兵頭人
畢如卡底里 係廓爾喀管兵頭人
頗都巴思枯達 係廓爾喀管兵頭人
畢木與塔巴 係廓爾喀管兵頭人通曉漢話

廓尔喀额尔德尼王热尊达尔毕噶尔玛萨野年班贡物单（道光二年十一月二十一日）

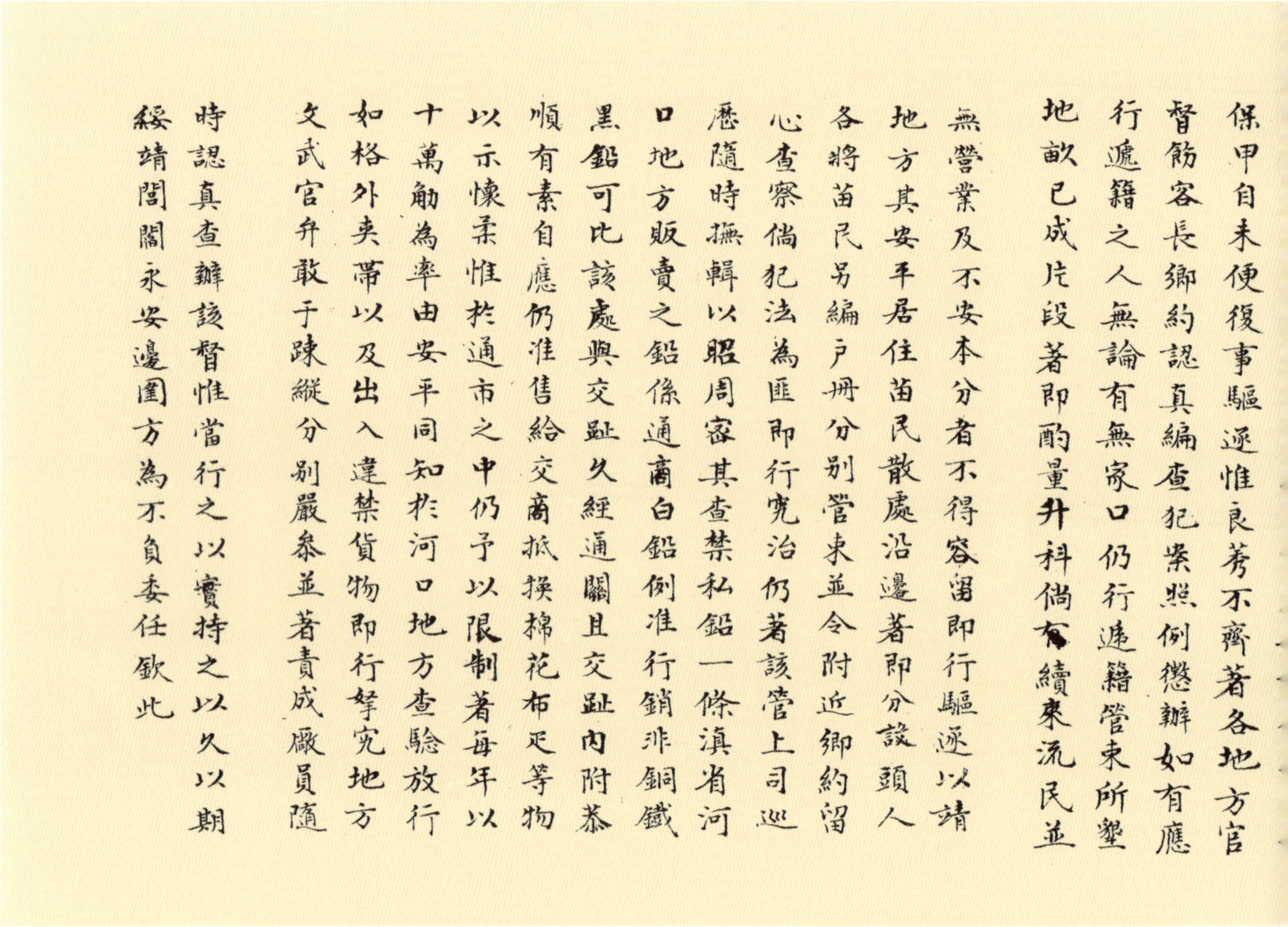
保甲自未便復事驅逐惟良莠不齊著各地方官督飭客長鄉約認真編查犯案照例懲辦如有應行遞籍之人無論有無家口仍行遞籍管束所墾地畝已成片段著即酌量升科倘有續來流民並無營業及不安本分者不得容留即行驅逐以靖地方其安平居住苗民散處沿邊著即分設頭人各將苗民另編戶冊分别管束並令附近鄉約留心查察倘犯法為匪即行究治仍著該管上司巡歷隨時撫輯以昭周密其查禁私鉛一條滇省河口地方販賣之鉛係通商白鉛例准行銷非銅鐵黑鉛可比該處與交趾久經通關且交趾內附恭順有素自應仍准售給交商抵換棉花布疋等物以示懷柔惟於通市之中仍予以限制著每年以十萬觔為率由安平同知於河口地方查驗放行如格外夾帶以及出入違禁貨物即行拏究地方文武官弁敢于疎縱分别嚴參並著責成廠員隨時認真查辦該督惟當行之以實持之以久以期綏靖閭閻永安邊圉方為不負委任欽此

道光帝谕旨：

着严禁滇省私种鸦片并查与交趾通商有无违禁品情形分别办理

道光三年七月十二日（1823年8月17日）

道光帝根据吏部议驳御史尹佩棻奏滇省应办事件降旨，命令云贵总督明山体察情形。在明山奏报之后，道光帝就其中四件事发布了谕旨，其中第四件事关于查禁私铅。云南河口地方向交趾贩卖白铅，购买棉花、布匹等物。奉谕旨“于通市之中仍予以限制，着每年以十万斤为率”，不准过量。道光帝还命令各级地方官员要严格认真执行该政策，“以期绥靖闾阎，永安边圉”。该谕旨体现了道光时期的中越贸易政策。

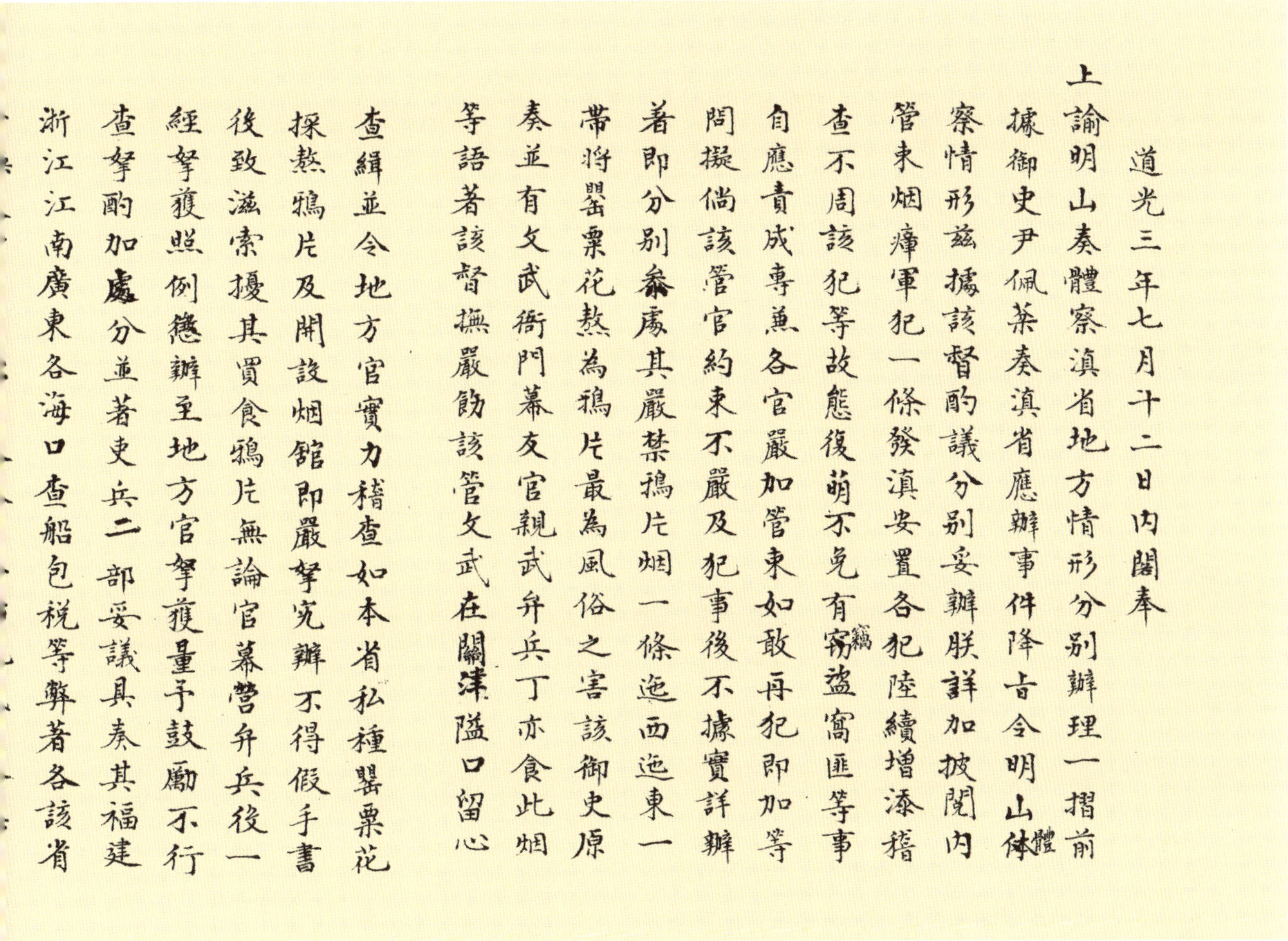
道光三年七月十二日内閣奉
上諭明山奏體察滇省地方情形分别辦理一摺前
據御史尹佩棻奏滇省應辦事件降旨令明山體
察情形兹據該督酌議分别妥辦朕詳加披閱内
管束烟瘴軍犯一條發滇安置各犯陸續增添稽
查不周該犯等故態復萌不免有竊盜窩匪等事
自應責成專兼各官嚴加管束如敢再犯即加等
問擬倘該管官約束不嚴及犯事後不據實詳辦
著即分别叅處其嚴禁鴉片烟一條迤西迤東一
帶将罌粟花熬為鴉片最為風俗之害該御史原
奏並有文武衙門幕友官親武弁兵丁亦食此烟
等語著該督撫嚴飭該管文武在關津隘口留心
查緝並令地方官實力稽查如本省私種罌粟花
採熬鴉片及開設烟館即嚴拏究辦不得假手書
役致滋索擾其買食鴉片無論官幕營弁兵役一
經拏獲照例懲辦至地方官拏獲量予鼓勵不行
查拏酌加處分並著吏兵二部妥議具奏其福建
浙江江南廣東各海口查船包税等弊著各該省

道光帝谕旨（道光三年七月十二日）

清宣宗 爱新觉罗·旻宁（1782—1850）

礼部致总管内务府咨片：

为缅甸象奴名数无凭开送俟进贡象只解到京之日再行查明并补送赏赐缎匹等项事

道光四年正月十一日（1824 年 2 月 10 日）

礼部致总管内务府咨片：

为开列缅甸进贡象只象奴名数事

道光四年正月二十二日（1824 年 2 月 11 日）

道光四年（1824），缅甸进贡象只，根据清制，应该对该国进贡象只的象奴进行赏赐，但由于缅甸没有报送象奴的人数和名册，需要等到贡象押送到京后，再根据象奴的实际人数进行赏赐。贡象抵京后，根据护送贡象的都司吴虎臣递送的名册，查得缅甸进贡象只随行的象奴共十名，礼部将象奴姓名开列告知总管内务府。

贺清泰、潘廷章合绘《廓尔喀贡象马图》卷（局部）

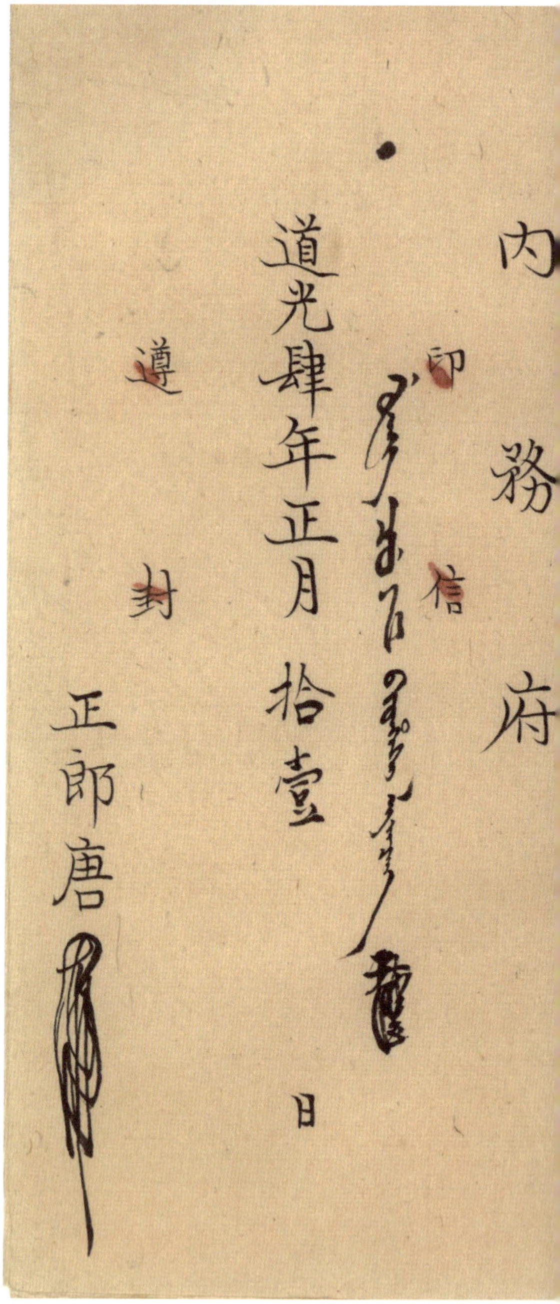

内務府

道光肆年正月拾壹日

印 信

遵 封

正郎唐

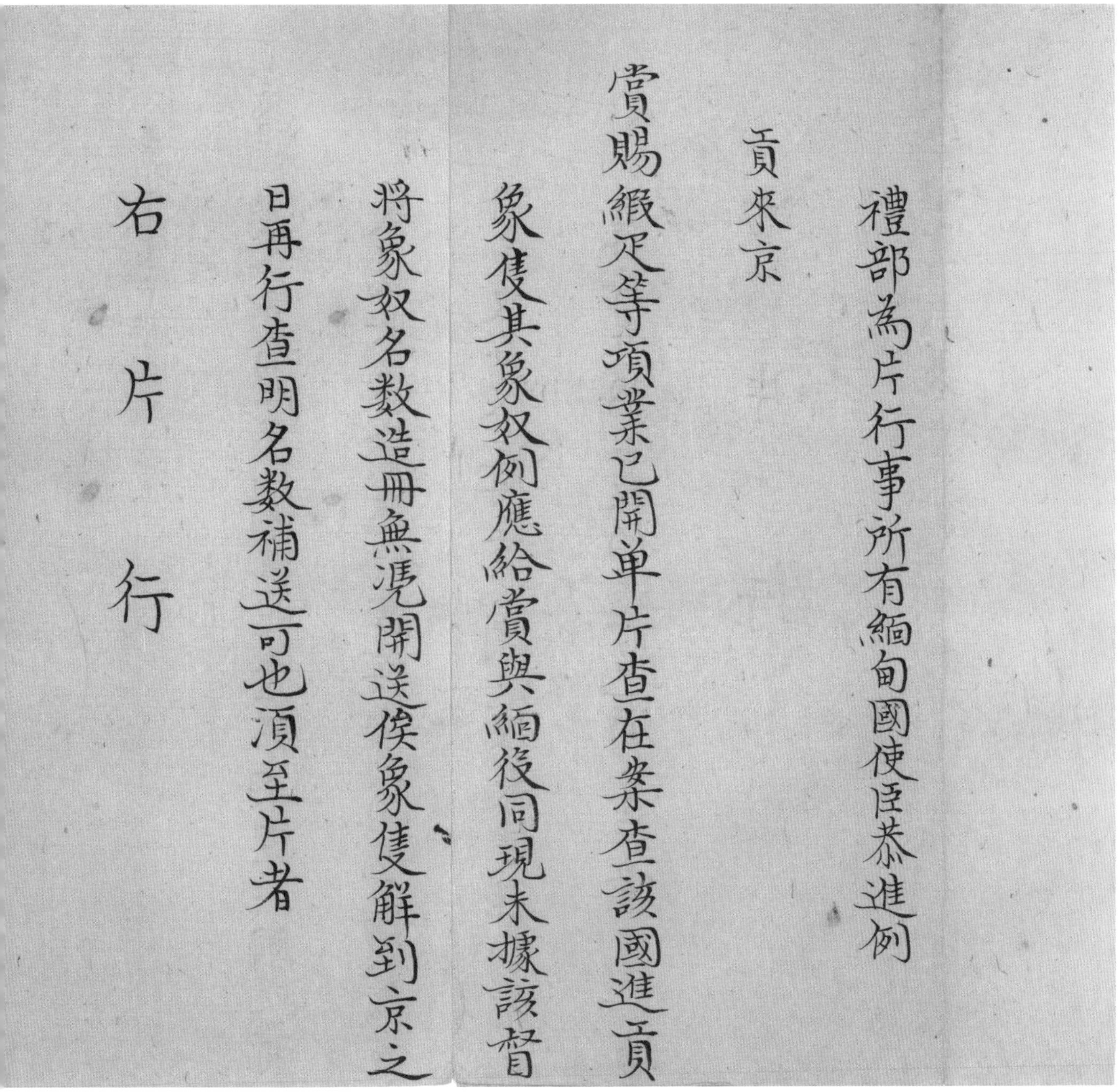

禮部為片行事所有緬甸國使臣恭進例
貢來京
賞賜緞疋等項業已開单片查在案查該國進貢
象隻其象奴例應給賞與緬役同現未據該督
將象奴名數造冊無憑開送俟象隻解到京之
日再行查明名數補送可也須至片者
右片行

礼部致总管内务府咨片（道光四年正月十一日）

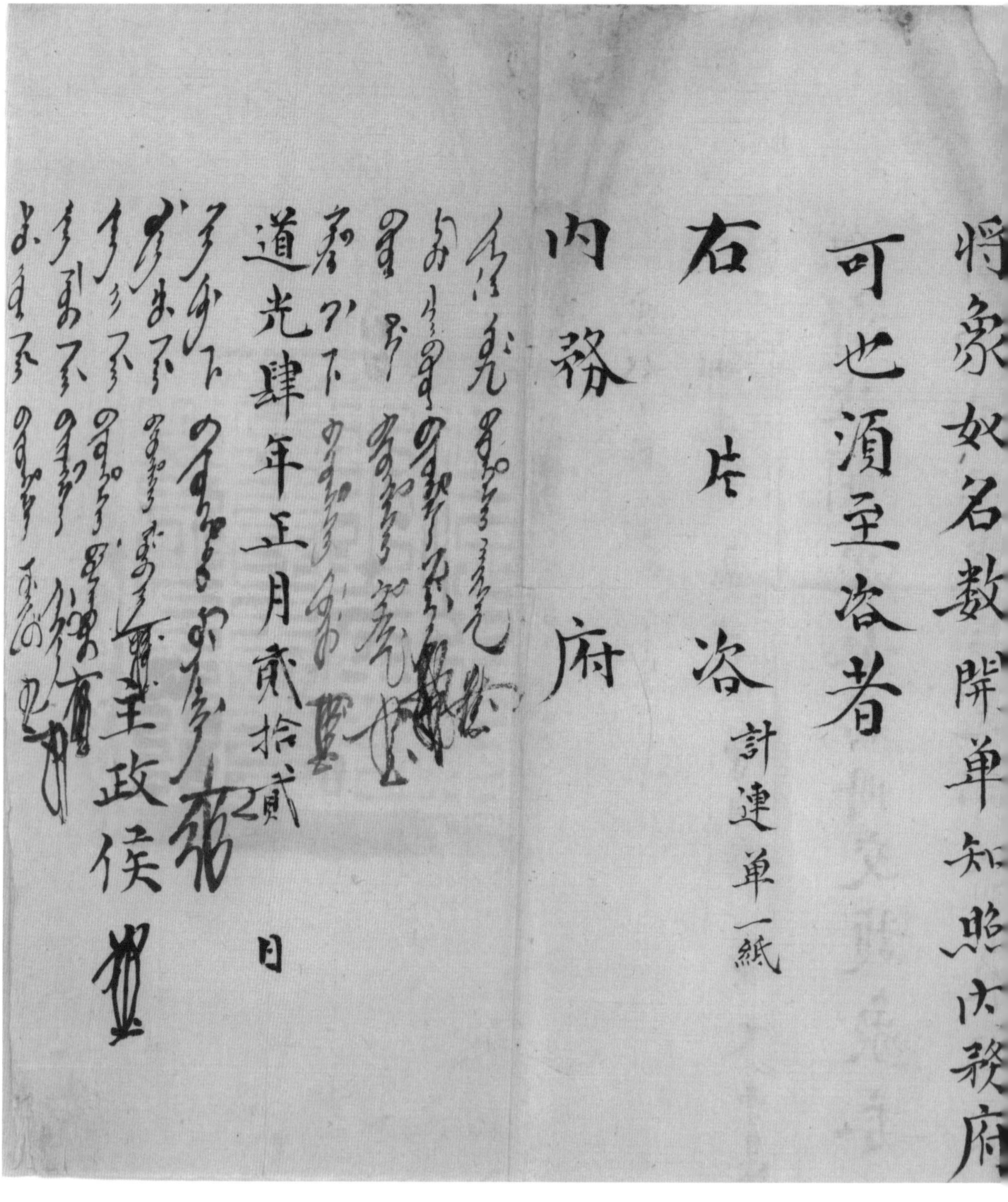
将象奴名数開单知照内務府
可也須至咨者
右 咨
内務府
計連单一紙
道光肆年正月貳拾貳日
主政侯

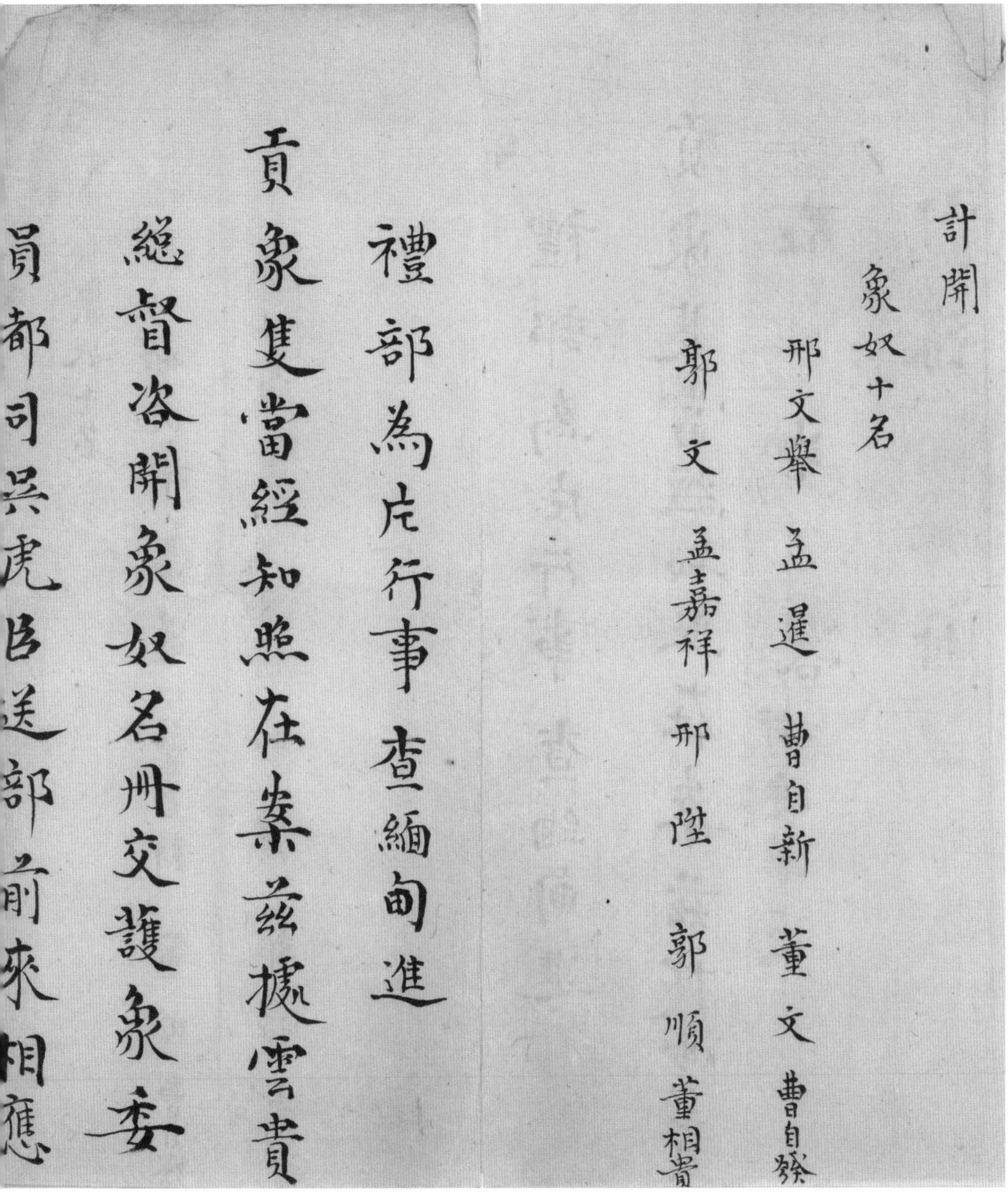
計開
象奴十名
邢文舉 孟遲 曹自新 董文 曹自發
鄭文 孟嘉祥 邢陞 郭順 董相貴

禮部為片行事 查緬甸進
貢象隻當經知照在案茲據雲貴
總督咨開象奴名冊交護象委
員都司吳虎臣送部前來相應

礼部致总管内务府咨片（道光四年正月二十二日）

都察院左都御史松筠等奏折：

为滇省民人孙尊五呈陈茶盐积弊事

道光四年八月二十六日（1824年10月18日）

道光四年（1824），云南石屏州人孙尊五向都察院具呈，陈述边地情形。针对铜矿“硐老山空”、官吏刁难问题，他建议觅厂开矿。针对车里茶山一带屡被各猛土官土幕任意剥削问题，他建议“禁止茶山索派”“猛地设作屯田”。针对车里九龙江一带为缅甸、暹罗、南掌三处交界之地逃匪边夷劫掠问题，他建议“召集练民回猛”“严禁汉奸出境逗留”。针对盐商抬高盐价，不能按引行销，以及废井额课不敷等问题，他提出每日开采的盐矿，令灶户分煎发卖，配引征课，除抵补废井缺额，其余做益额解销。经都察院左都御史松筠查核，孙尊五所述“尚属有因”，他提出的措施“关系边民利弊”，需要详细查勘核议。

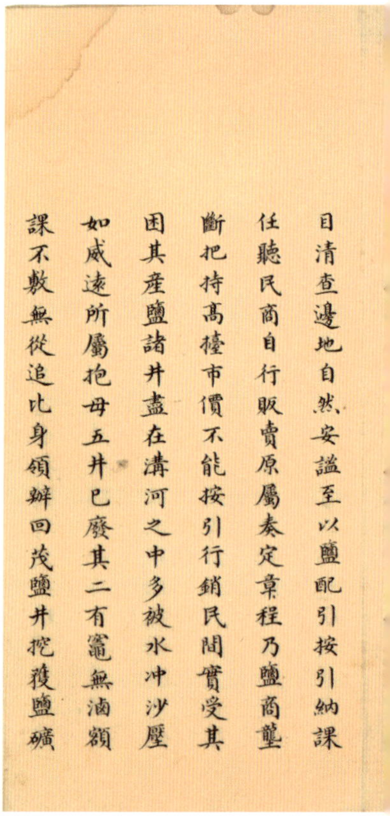
目清查邊地自然安謐至以鹽配引按引納課
任聽民商自行販賣原屬奏定章程乃鹽商壟
斷把持高檯市價不能按引行銷民間實受其
困其産鹽諸井盡在溝河之中多被水沖沙壓
如威遠所屬抱母五井已廢其二有竈無滷額
課不敷無從追比身領辦回茂鹽井挖獲鹽礦

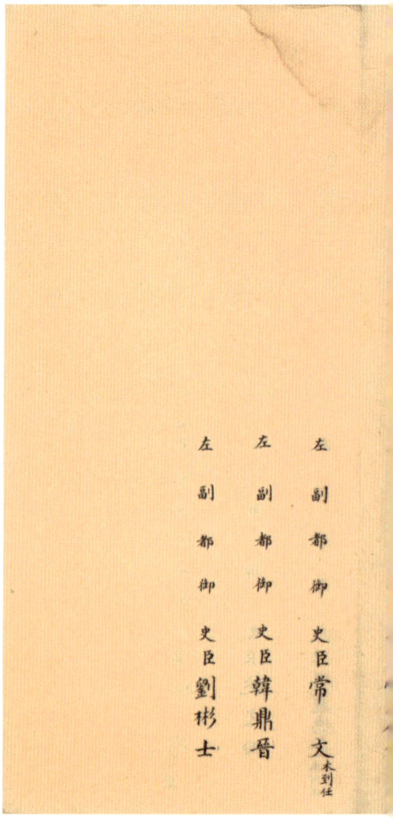
左副都御史臣常 文未到任
左副都御史臣韓鼎晉
左副都御史臣劉彬士

都察院 滇省民人孫尊五
呈陳茶山積弊由
奏 旨 隨 交 抄呈一存
八月廿六日

都察院左都御史臣松筠等跪
奏為奏
聞請
旨事據雲南石屏州民孫尊五以綏靖邊圉利賴民
生等詞赴臣衙門具呈臣等公同訊問據孫尊
五供稱身籍石屏向以採茶為業近又遷居威
遠夥辦鹽井營生熟悉邊地情形緣滇省山多
田少無業貧民全賴廠地工作今則硐老山空
礦沙難於採辦間或尋覓子廠官吏刁難需索
稍不遂欲輒行封禁以致民無所依竟有赴江
外而歸夷寨者又車里茶山一帶屢被各猛土
官土幕任意剝削即如易武所屬每年承辦貢
茶二萬二千四百觔外又需派江干糧練及公
用夫馬等費各猛養練之田典賣殆盡若禁止
茶山索派將猛地設作屯田庶民富練強軍不
煩而財不費其車里九龍江一帶為緬甸暹羅

甚旺地方官恐有私挖情弊旋經填塞實則煎
礦成鹽甚有利益若廣開子井每日採鹽礦若
干令竈户分煎發賣配引徵課除抵補廢井缺
額外其餘請作益額解銷等語餘與原呈大畧
相同臣等查該民人孫尊五呈稱茶山鹽井伊
曾承辦賠累所呈尚屬有因其覓廠開礦配引
銷鹽及嚴禁漢奸出境逗遛致滋勾刼等情雖
屬不干己事但關係邊民利弊臣等不敢壅於
上
聞是否可行必須詳悉查勘核議期於邊務民生均
有裨益謹抄錄原呈恭呈
御覽伏祈
皇上訓示謹
奏

道光四年八月 二十六 日都察院左都御史臣松筠入閣

都察院左都御史松筠等奏折（道光四年八月二十六日）

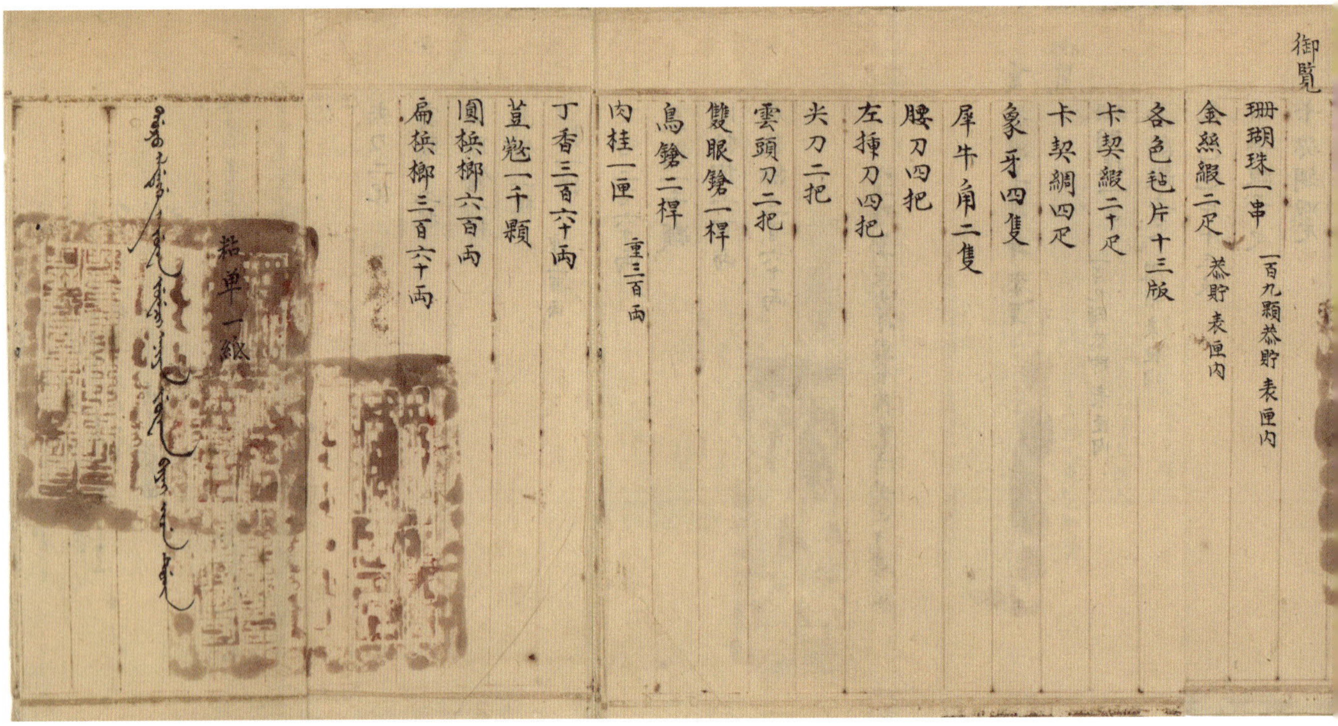
御覽
珊瑚珠一串 一百九顆恭貯表匣內
金絲緞二疋 恭貯表匣內
各色毡片十三版
卡契緞二十疋
卡契綢四疋
象牙四隻
犀牛角二隻
腰刀四把
左插刀四把
尖刀二把
雲頭刀二把
雙眼鎗一桿
鳥鎗二桿
肉桂一匣 重三百兩
丁香三百六十兩
荳蔻一千顆
圓檳榔六百兩
扁檳榔三百六十兩
粘单一紙

廓尔喀使臣员役名单并贡物清单

道光十二年十月初四日（1832 年 11 月 25 日）

理藩院致总管内务府咨文：

为廓尔喀来使贡物抵京行知崇文门税务衙门照例免税事

道光十二年十二月十五日（1833 年 2 月 4 日）

道光十二年（1832）廓尔喀朝贡人员名单及贡物清单，包括正使噶箕 1 名、副使萨尔达尔 1 名、大头人 8 名、小头人 6 名、兵丁 19 名、跟役 10 名。贡物包括：珊瑚珠 1 串（109 颗在表匣内）、金丝缎 2 匹（在表匣内）、各色毡片 13 版、卡契缎 20 匹、卡契绸 4 匹、象牙 4 只、犀牛角 2 只、腰刀 4 把、左插刀 4 把、尖刀 2 把、云头刀 2 把、双眼枪 1 杆、鸟枪 2 杆、肉桂 1 匣（重 300 两）、丁香 360 两、豆蔻 1000 颗、圆槟榔 600 两、扁槟榔 360 两。同年十二月十六日，廓尔喀朝贡贡使等由千总杨鸿春护送到京，随身携带箱只共 213 件，行李等共 101 件。理藩院行知崇文门税务衙门照例免税查验放行，并将贡使进京情况告知总管内务府。

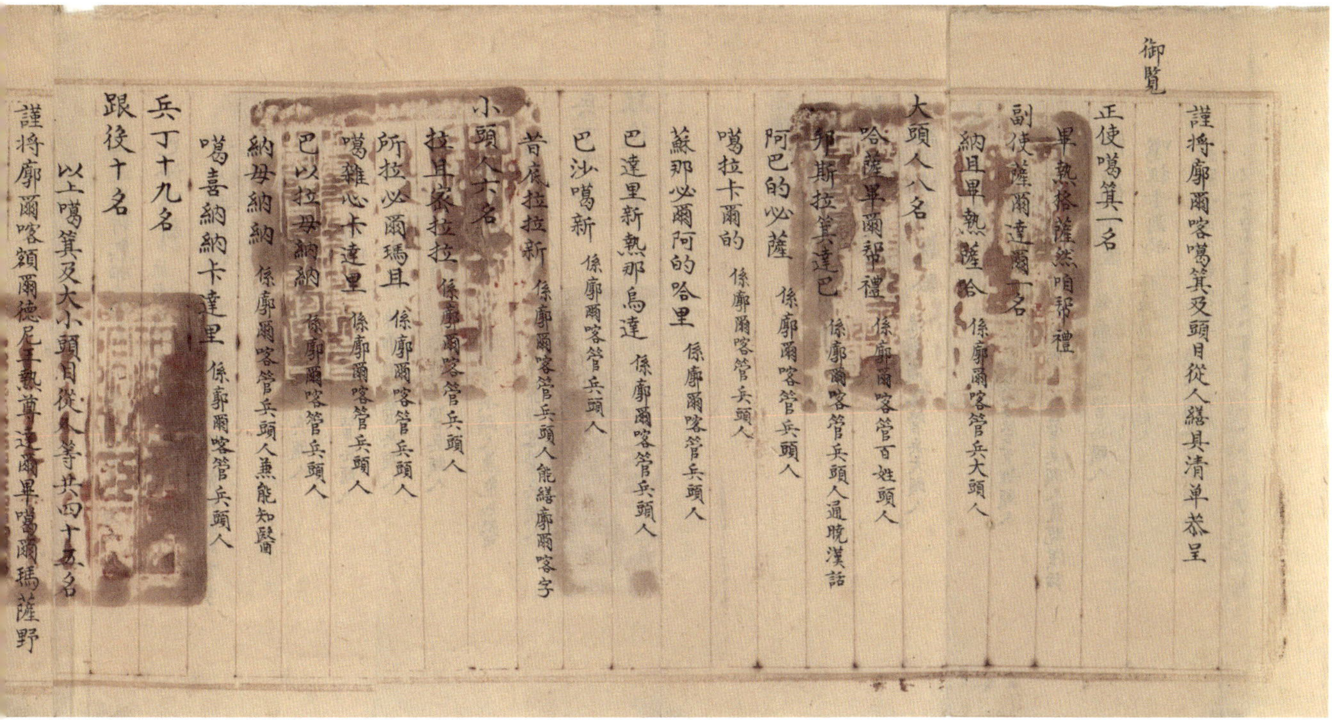

謹將廓爾喀噶箕及頭目從人繕具清單恭呈

御覽

正使噶箕一名

畢熱搭薩然咱郛禮

副使薩爾達爾一名

納且畢熱薩哈 係廓爾喀管兵大頭人

大頭人八名

哈薩畢爾郛禮 係廓爾喀管百姓頭人

郛斯拉箕達巴 係廓爾喀管兵頭人通曉漢話

阿巴的必薩 係廓爾喀管兵頭人

噶拉卡爾的 係廓爾喀管兵頭人

蘇那必爾阿的哈里 係廓爾喀管兵頭人

巴達里新熱那烏達 係廓爾喀管兵頭人

巴沙噶新 係廓爾喀管兵頭人

小頭人六名

普底拉拉新 係廓爾喀管兵頭人能繕廓爾喀字

拉且家拉拉 係廓爾喀管兵頭人

所拉必爾瑪且 係廓爾喀管兵頭人

噶雜心卡達里 係廓爾喀管兵頭人

巴以拉毋納納 係廓爾喀管兵頭人

納毋納納 係廓爾喀管兵頭人兼能知醫

噶喜納納卡達里 係廓爾喀管兵頭人

兵丁十九名

跟役十名

以上噶箕及大小頭目從人等共四十五名

謹將廓爾喀額爾德尼王熱萆達爾畢噶爾瑪薩野

廓尔喀使臣员役名单并贡物清单（道光十二年十月初四日）

清末的崇文门（山本赞七郎拍摄，选自1906年初版《北京名胜》）

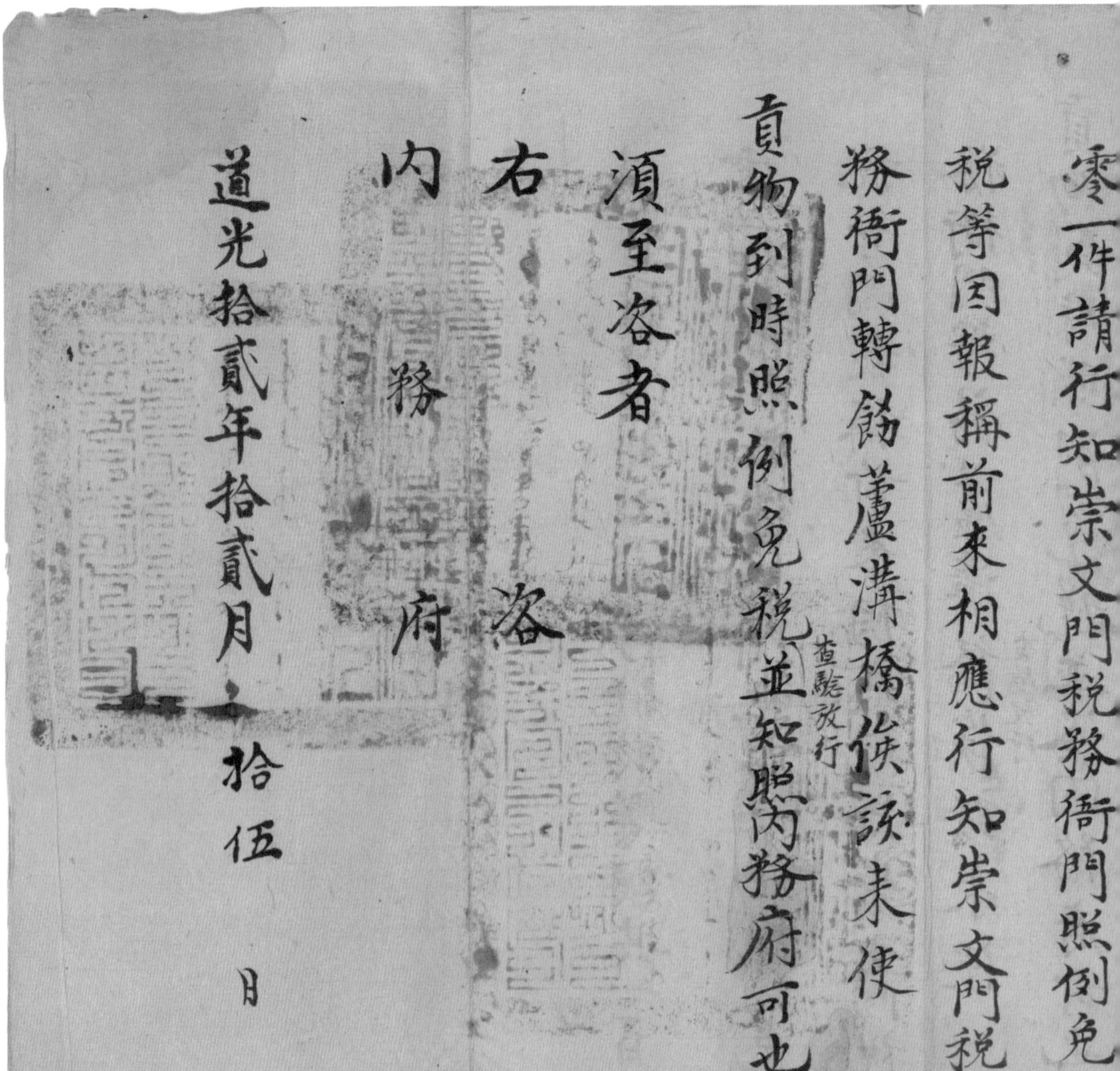
零一件請行知崇文門稅務衙門照例免
稅等因報稱前來相應行知崇文門稅
務衙門轉飭蘆溝橋俟該使
查驗放行
貢物到時照例免稅並知照內務府可也
須至咨者
右　咨
內　務　府
道光拾貳年拾貳月　拾伍　日

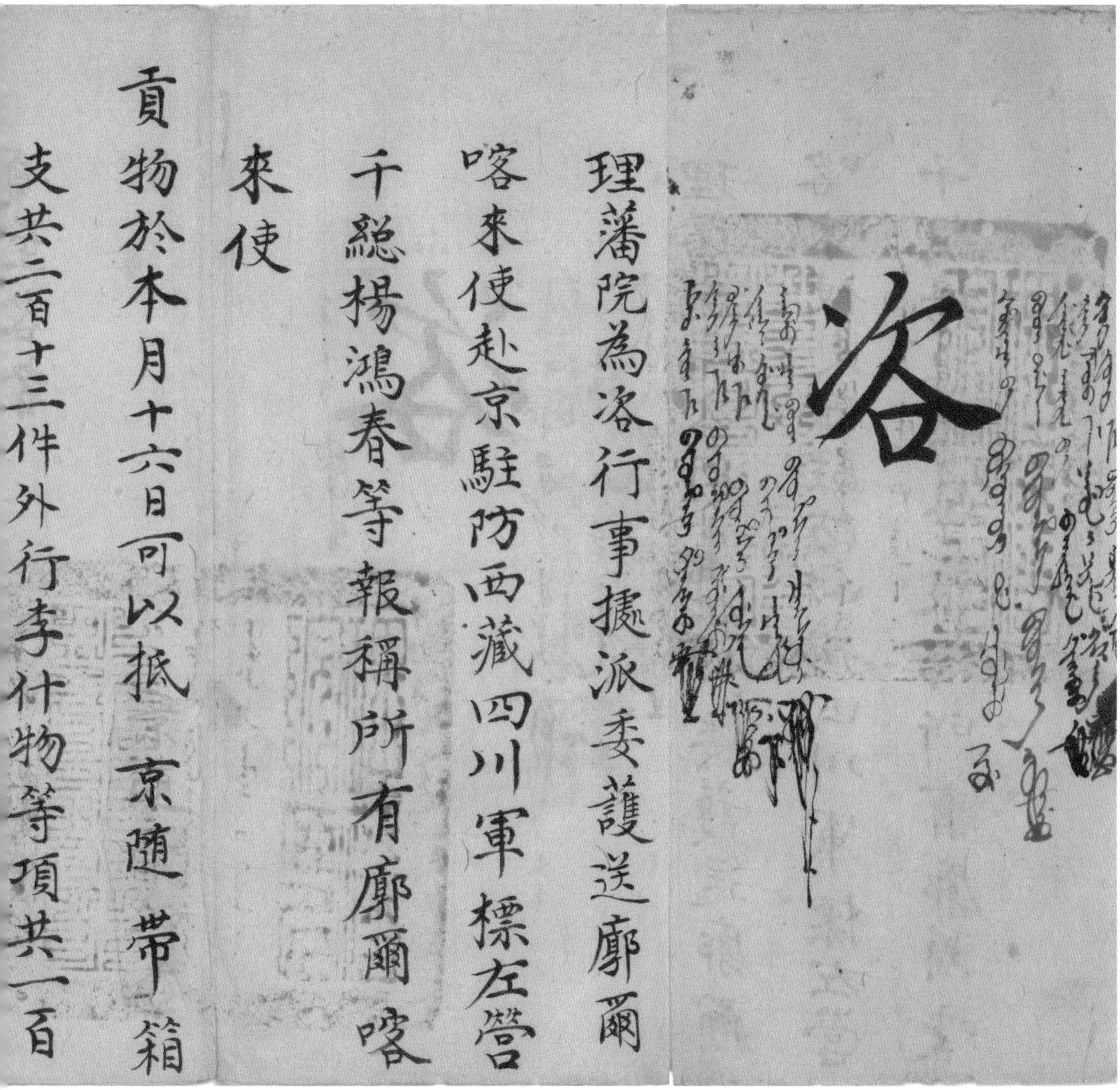
咨

理藩院為咨行事據派委護送廓爾
喀來使赴京駐防西藏四川軍標左營
千総楊鴻春等報稱所有廓爾喀
來使
貢物於本月十六日可以抵　京隨帶箱
支共二百十三件外行李什物等項共一百

理藩院致总管内务府咨文（道光十二年十二月十五日）

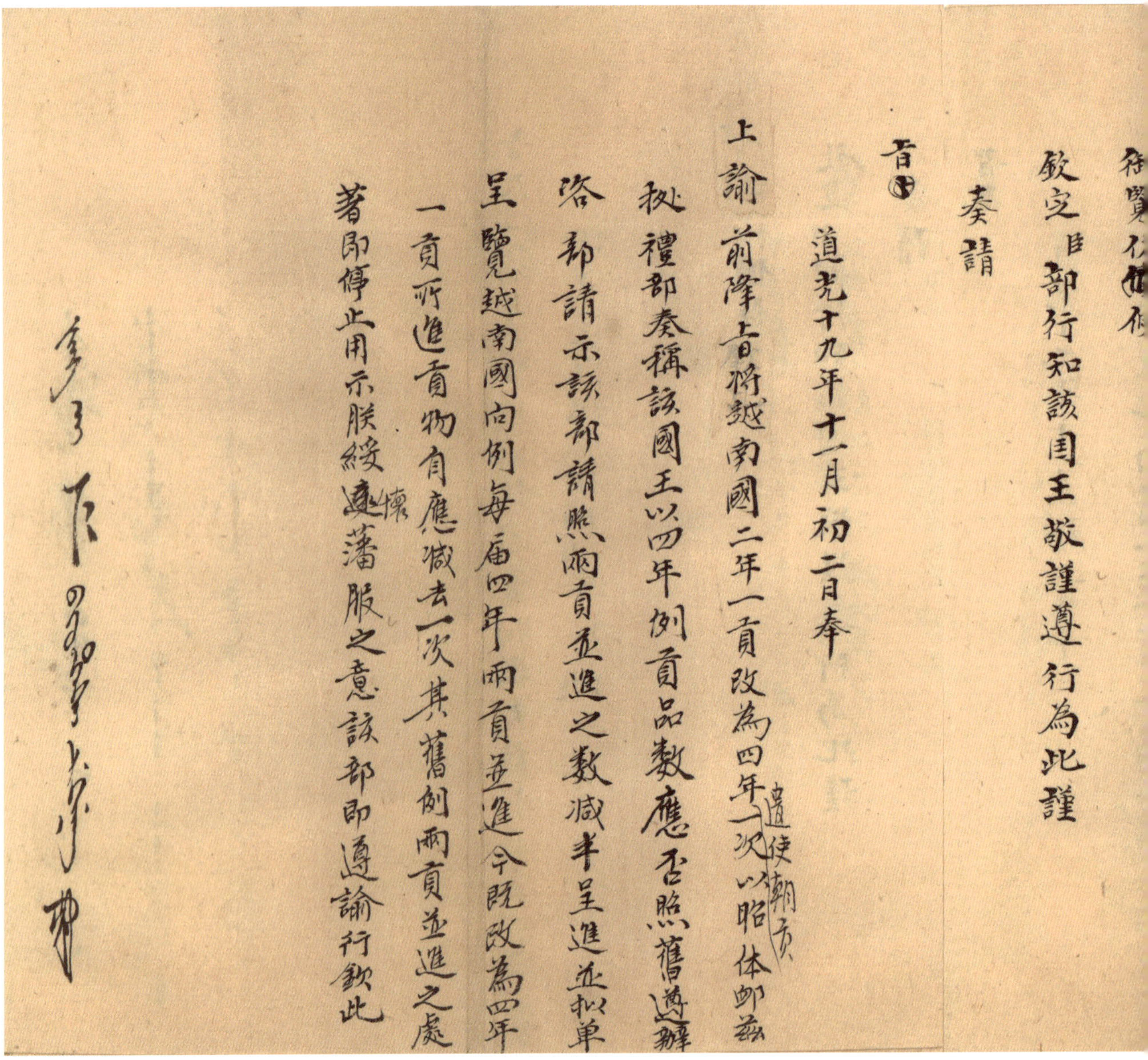

御覽伏候
欽定臣部行知該国王敬謹遵行為此謹
奏請
旨
道光十九年十一月初二日奉
上諭前降旨將越南國二年一貢改為四年遣使朝贡一次以昭体恤茲
據禮部奏稱該國王以四年例貢品數應否照舊遵辦
咨部請示該部請照兩貢並進之數減半呈進並擬單
呈覽越南國向例每届四年兩貢並進今既改為四年
一貢所進貢物自應減去一次其舊例兩貢並進之處
著即停止用示朕綏遠懷藩服之意該部即遵諭行欽此
[illegible]

礼部尚书奎照等奏折：

为越南改为四年一贡贡物应请照两贡并进之数减半呈进事

道光十九年十一月初二日（1839 年 12 月 7 日）

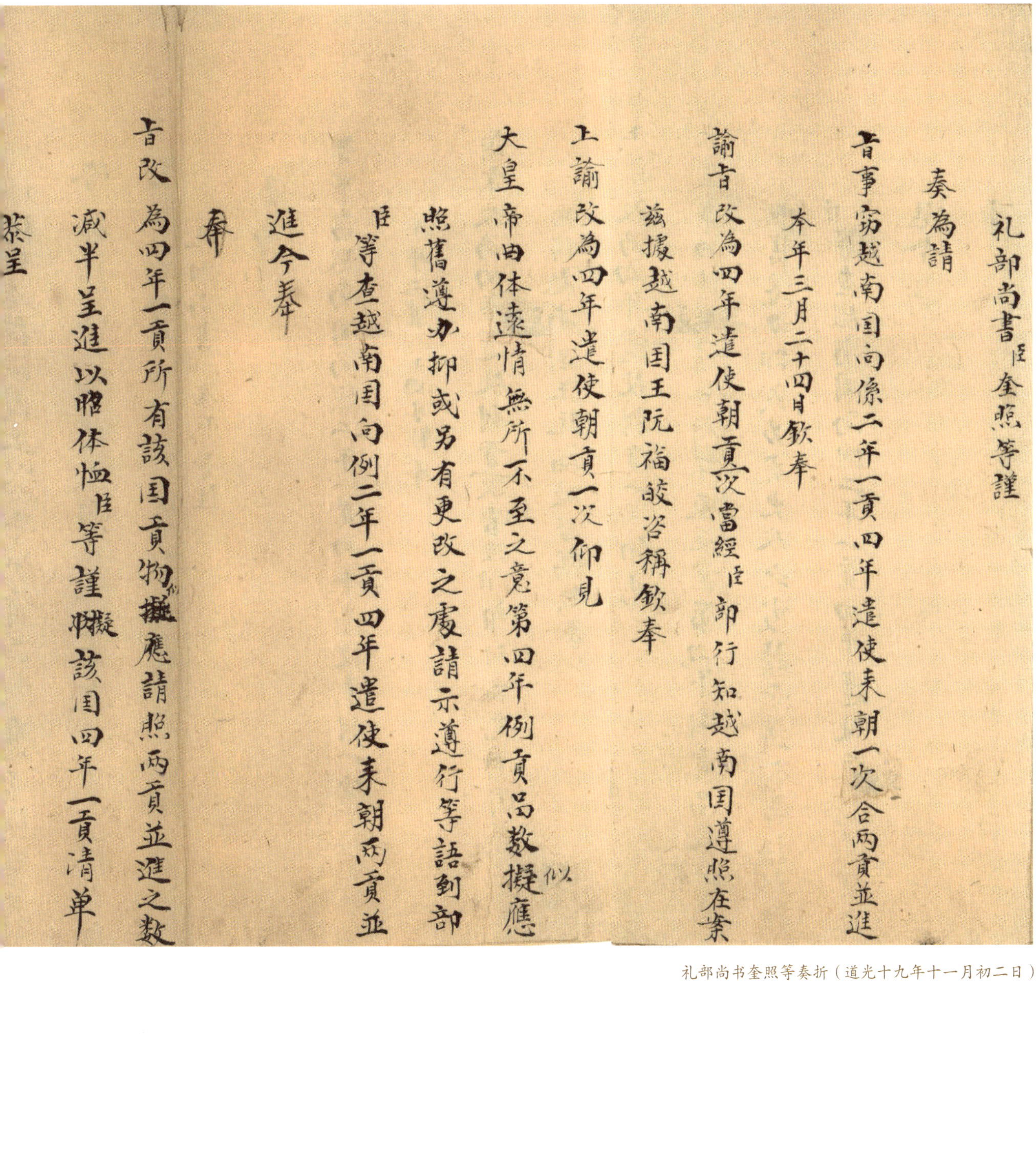

礼部尚書臣奎照等謹
奏為請
旨事窃越南国向係二年一貢四年遣使来朝一次合兩貢並進
本年三月二十四日欽奉
諭旨改為四年遣使朝貢一次當經臣部行知越南国遵照在案
茲據越南国王阮福皎咨稱欽奉
上諭改為四年遣使朝貢一次仰見
大皇帝曲体遠情無所不至之意第四年例貢品数擬應似
照舊遵办抑或另有更改之處請示遵行等語到部
臣等查越南国向例二年一貢四年遣使来朝兩貢並
進今奉
奉
旨改為四年一貢所有該国貢物似擬應請照兩貢並進之数
減半呈進以昭体恤臣等謹擬該国四年一貢清单
恭呈

礼部尚书奎照等奏折（道光十九年十一月初二日）

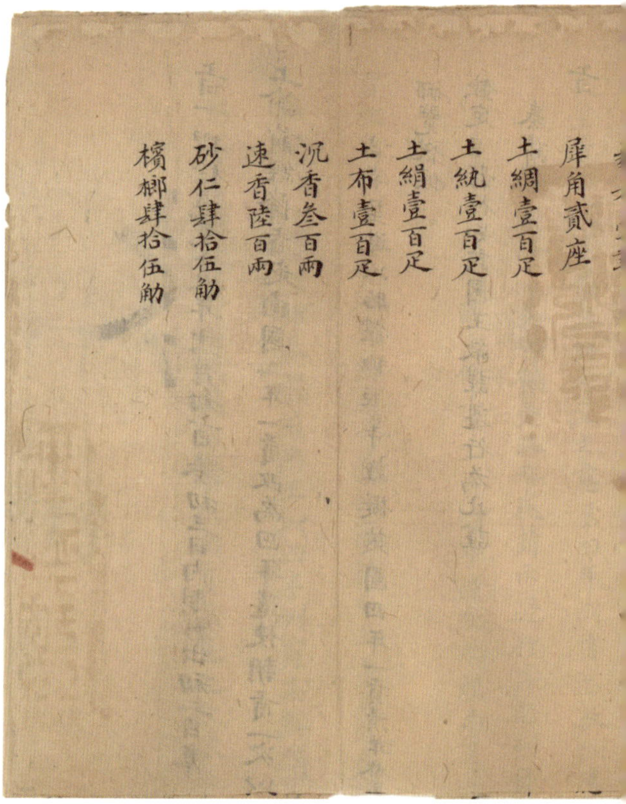

犀角貳座
土綢壹百疋
土紈壹百疋
土絹壹百疋
土布壹百疋
沉香叁百兩
速香陸百兩
砂仁肆拾伍觔
檳榔肆拾伍觔

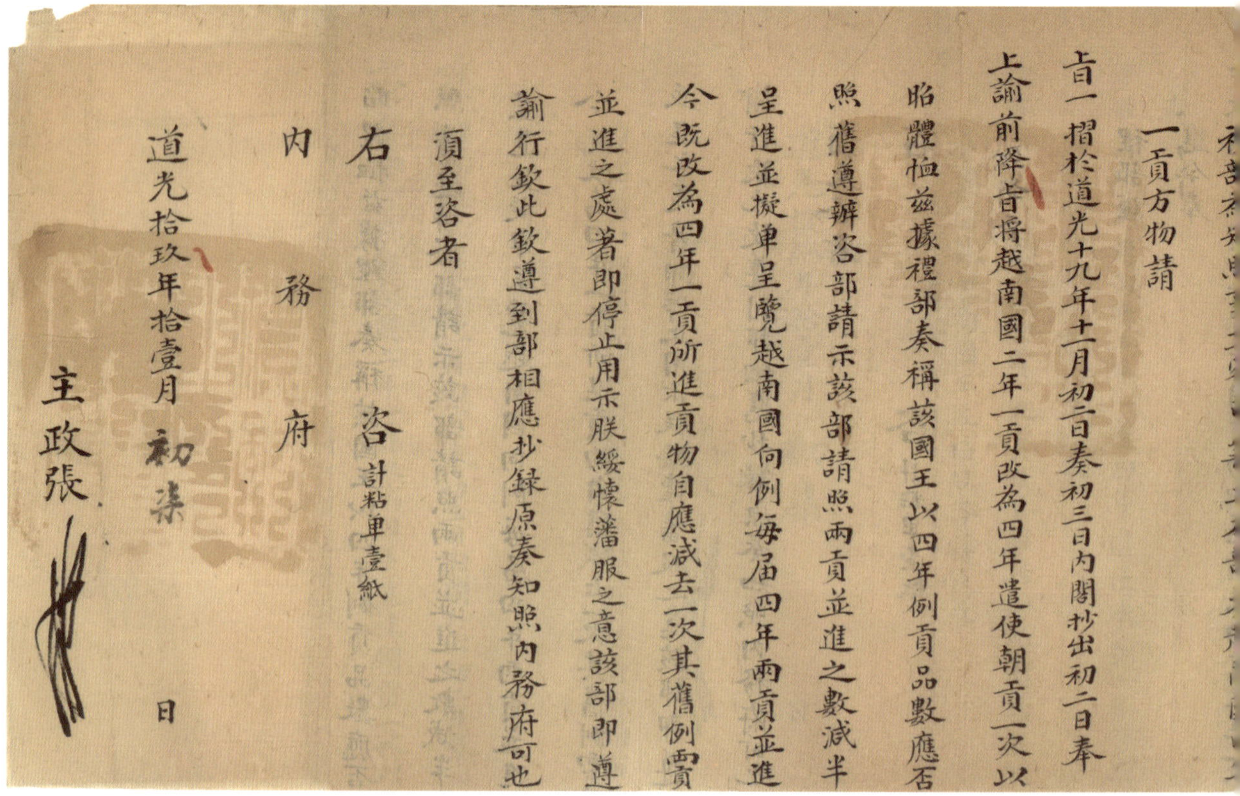

一貢方物請
旨一摺於道光十九年十一月初二日奏初三日內閣抄出初二日奉
上諭前降旨將越南國二年一貢改為四年遣使朝貢一次以
昭體恤茲據禮部奏稱該國王以四年例貢品數應否
照舊遵辦咨部請示該部請照兩貢並進之數減半
呈進並擬單呈覽越南國向例每屆四年兩貢並進
今既改為四年一貢所進貢物自應減去一次其舊例貢
並進之處著即停止用示朕綏懷藩服之意該部即遵
諭行欽此欽遵到部相應抄錄原奏知照內務府可也
須至咨者
右　咨　計粘單壹紙
內　務　府
道光拾玖年拾壹月初柒日
主政張

礼部致总管内务府咨文（道光十九年十一月初七日）

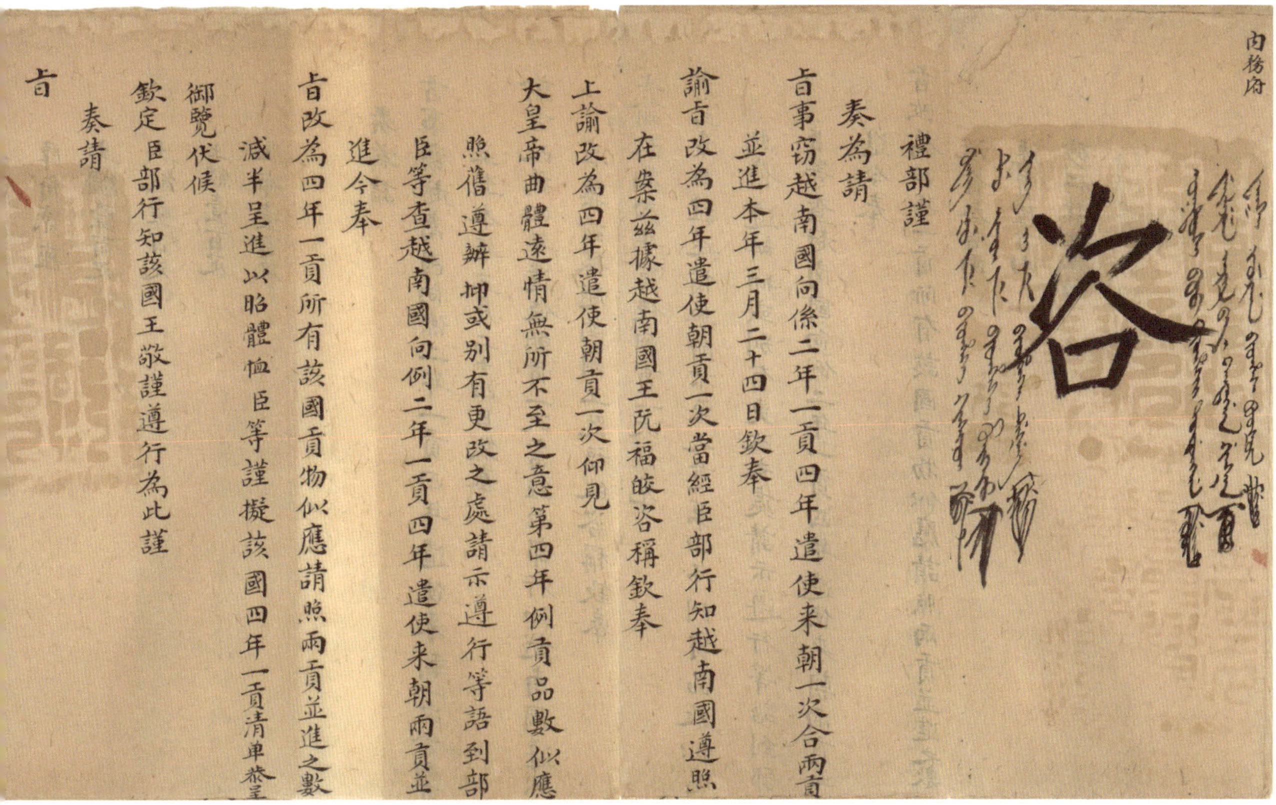
内務府

咨

禮部謹

奏為請

旨事竊越南國向係二年一貢四年遣使來朝一次合兩貢

並進本年三月二十四日欽奉

諭旨改為四年遣使朝貢一次當經臣部行知越南國遵照

在案茲據越南國王阮福皎咨稱欽奉

上諭改為四年遣使朝貢一次仰見

大皇帝曲體遠情無所不至之意第四年例貢品數似應

照舊遵辦抑或別有更改之處請示遵行等語到部

臣等查越南國向例二年一貢四年遣使來朝兩貢並

進今奉

旨改為四年一貢所有該國貢物似應請照兩貢並進之數

減半呈進以昭體恤臣等謹擬該國四年一貢清單恭呈

御覽伏候

欽定臣部行知該國王敬謹遵行為此謹

奏請

旨

礼部致总管内务府咨文：

为越南改为四年一贡所进贡物自应减去一次其旧例两贡并进著即停止抄录原奏知照事

道光十九年十一月初七日（1839 年 12 月 12 日）

越南作为清朝的藩属国，两年一贡，四年遣使来朝一次，合两贡并进。道光十九年（1839）三月二十四日，奉上谕改为四年遣使朝贡一次。为体现体恤藩属国之意，贡物数量较两贡并进时减半。越南四年一贡，贡物包括：象牙 1 对、犀角 2 座、土绸 100 匹、土纨 100 匹、土绢 100 匹、土布 100 匹、沉香 300 两、速香 600 两、砂仁 45 斤、槟榔 45 斤。

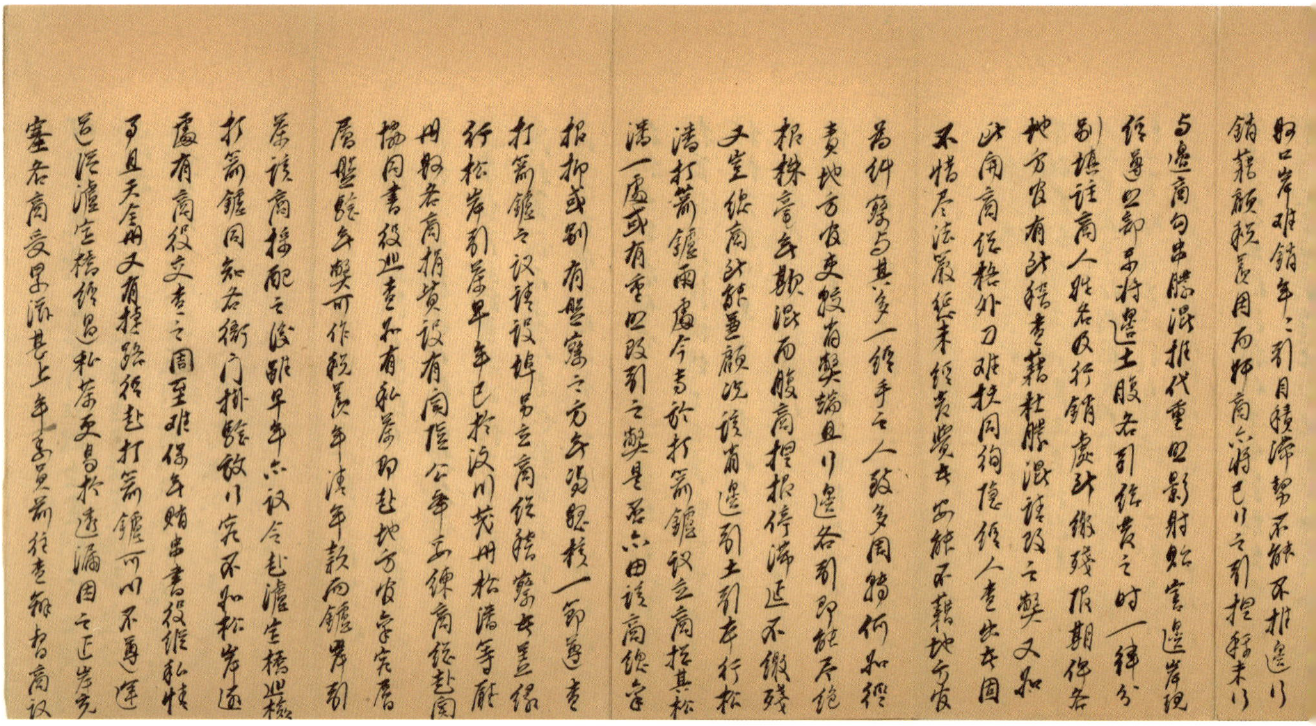

四川总督徐泽醇奏片：

为查办川省茶务积弊情形事

咸丰元年八月二十七日（1851年9月22日）

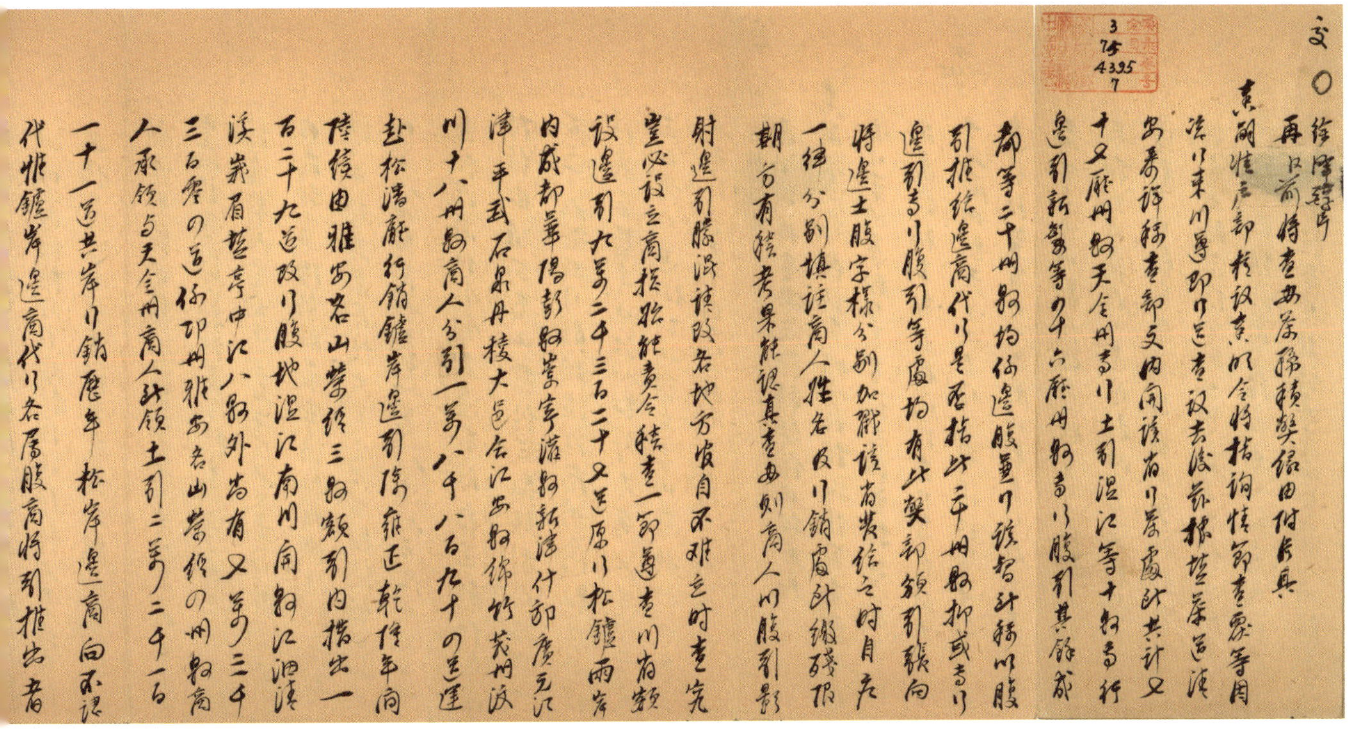

四川总督徐泽醇奏片之一（咸丰元年八月二十七日）

清代西南茶叶贸易由清政府给茶商颁发茶引到指定的地点进行贸易，而根据贩卖地点的不同又分为边引、腹引和土引。边引指与边疆地区少数民族进行茶叶贸易的凭证，腹引指在内地进行茶叶贸易的凭证，土引是从边引和腹引中分离出的，专指在土司属地进行茶叶贸易的凭证。咸丰元年（1851），四川总督徐泽醇奏报四川境内茶叶贸易存在边腹兼行的情况，有奸商冒用已经使用过的茶引，改变贸易地点牟取暴利。对此，徐泽醇提出，颁发茶引时须将边、腹、土引分别标明，不给奸商可乘之机，同时要求地方官吏加强监管等举措。该件档案反映了清代四川茶叶贸易的情况。

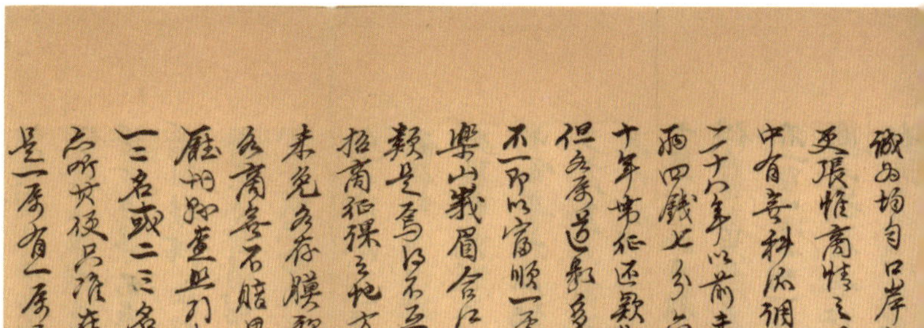

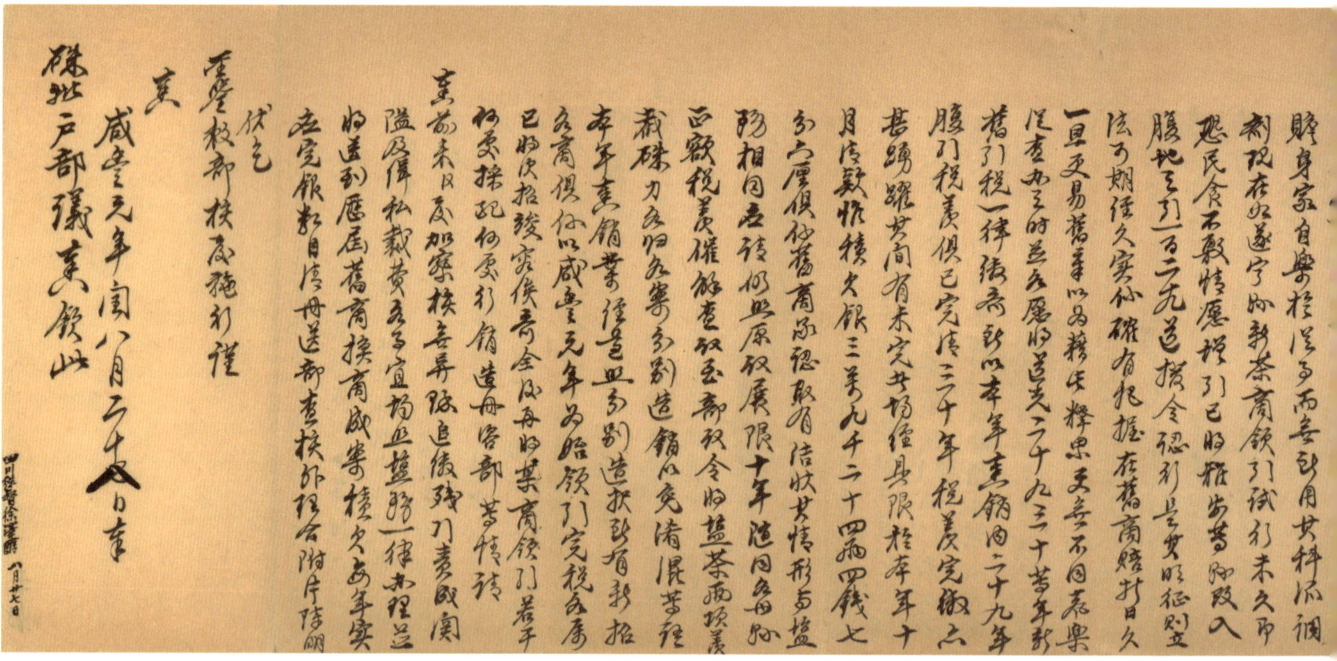

四川总督徐泽醇奏片之一（咸丰元年八月二十七日）

請於附近打箭鑪地方設立總埠各州縣商人限
附各舉商總一名常川駐彼會查則夫全提征
可以截阻遇有引茶經過由該商總等盤驗一次
如查出私代脹引重疊影射以及無引私茶就近
赴打箭鑪同知衙門稟究詳辦查無前項等
弊即將引色斤數註明運赴打箭鑪具投復
由該同知查驗相符始以截引倘有不符即提
該商總等訊追處懲等情當因打箭鑪係邛
州等五州縣專岸該商總等亦各有與同商額
引之引若設一處私茶即得乘商引課彼此自
不能不虞查足察且有靡費復驗亦不敢扶同
作弊即先經過之瀘定橋知前途稽查嚴密
而設立不敢受賄縱放與松岸稽查之法大同小
異於茶務不爛有益因岸多一經手之人其實
於務地方資為什察雜於腹商之捏把倘彿
不能兼顧而於邊岸之代腹行私實可遏除至
邊岸既必須設埠商查况腹引既不准推邊引張
又改量多派腹商亦再不能藉口仿佛據殘不
復捏請改邊作弊若松岸茶斤與邊埠無涉
並不由該商總等查驗又如部頒近年試運銀
難引茶不能區抵邊地以致專折告成致累之由
尤甚於邛商之匀專若能無為料理使邊茶易
於銷售則各商又何樂代銷腹引之微利甘受
興販私茶之重罪該總等並未籌畫招徠徒以
商總稽查專懲影射遂致邊引可以暢行似尚未
周備一節並查試運致累之根向來邊岸茶包
俱係牛隻馱運前因連年牛多瘦斃雇夫背
送用費浩煩亏折滋多現經查明牛疫已息茶
包脚煩並傍擬各商出公因出賞資易養馬匹間搭

為民間日用之需無不食茶之人即無不易銷之
引況五口最煩之區僅領引二百張計邊行之正附
茶斤每年不過二萬餘斤為數已屬不多以先
茶引積滯由於引岸不一私茶充斥現在舊
弊業除部有贈征贈銷收叙改受又归之各廳州

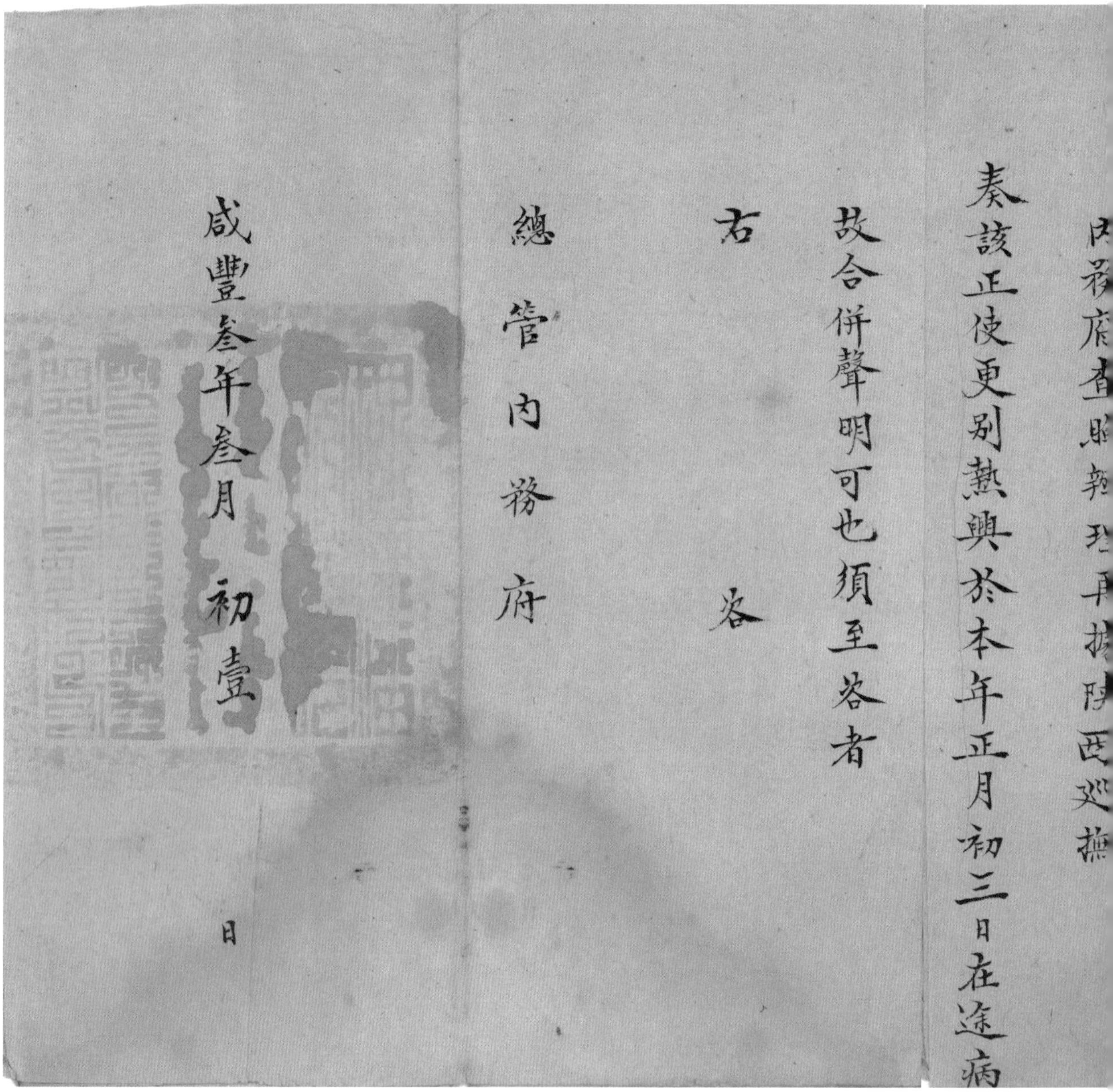
內務府查照辦理再據陝西巡撫
奏該正使吏別熱興於本年正月初三日在途病
故合併聲明可也須至咨者
右 咨
總管內務府
咸豐叁年叁月 初壹 日

理藩院致总管内务府咨文：

为廓尔喀年班遣使进贡抵京日期及使臣及头人兵丁跟役并贡物数目造册送府等事

咸丰三年三月初一日（1853 年 4 月 8 日）

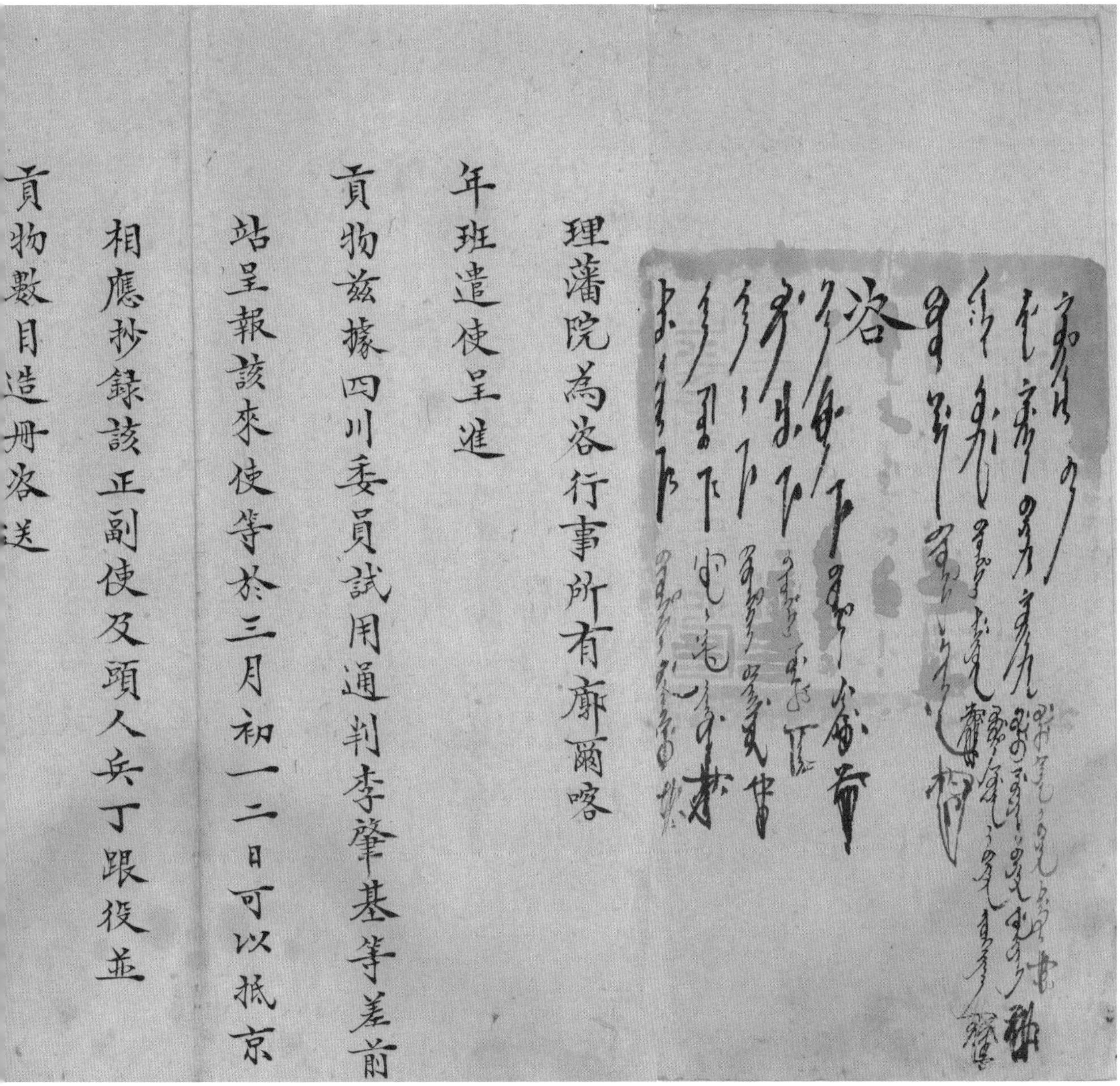

理藩院為咨行事所有廓爾喀
年班遣使呈進
貢物茲據四川委員試用通判李肇基等差前
站呈報該來使等於三月初一二日可以抵京
相應抄録該正副使及頭人兵丁跟役並
貢物數目造冊咨送

理藩院致总管内务府咨文（咸丰三年三月初一日）

乾隆五十七年（1792）廓尔喀成为清朝的藩属国。咸丰三年（1853），廓尔喀遣使进京朝贡，理藩院据试用通判李肇基呈报，使臣将于三月初一或初二日抵达北京。同时将使臣及随行人员和贡物的数量造册送交总管内务府查办。此外，将廓尔喀正使别热兴于本年正月初三在进京途中病逝的消息也一并告知总管内务府。此件档案记录了清朝对于朝贡国例行表贡活动的人员、路线、物资、赏赐等具体的管理细节。

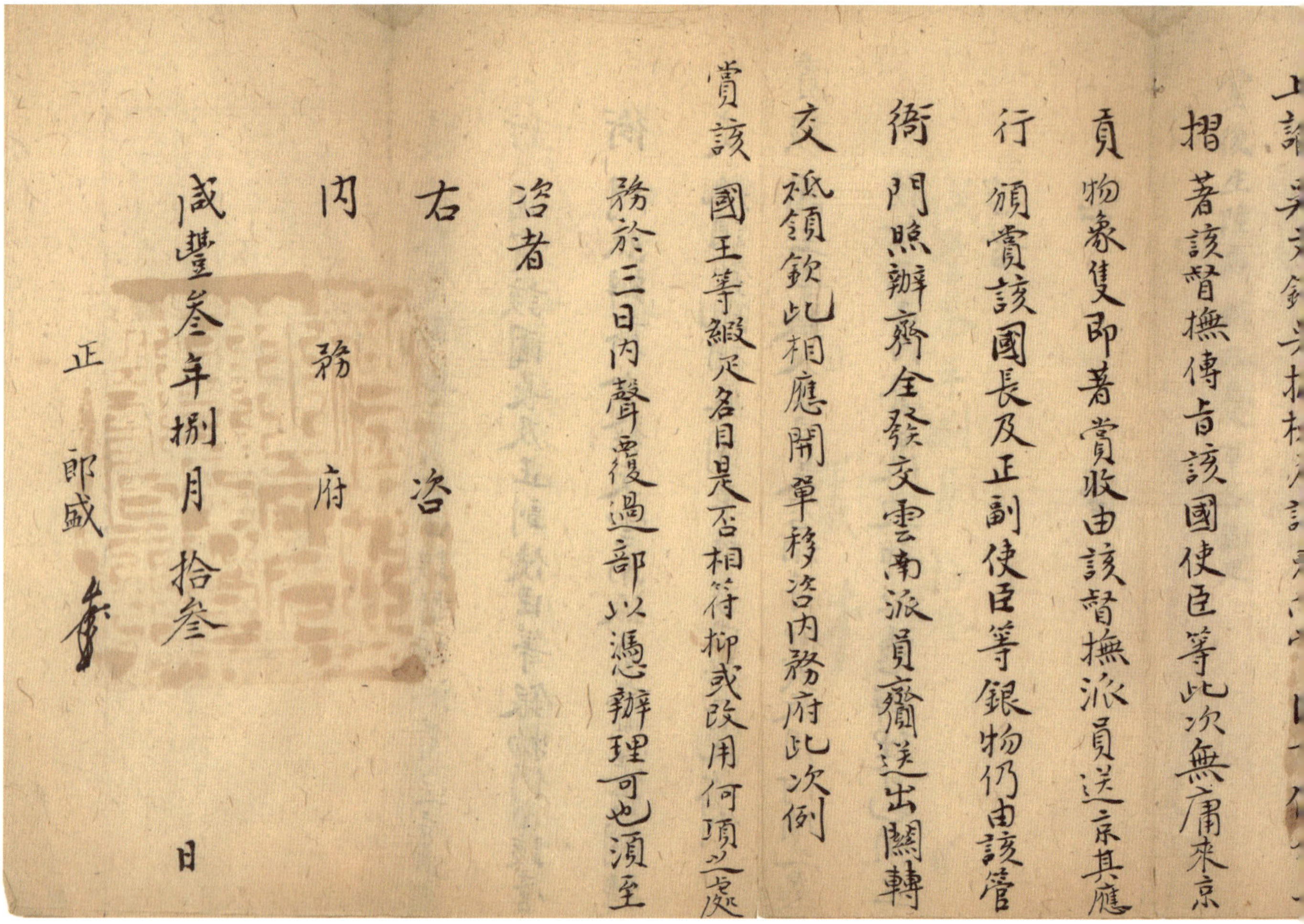
摺著該督撫傳旨該國使臣等此次無庸來京
貢物象隻即著賞收由該督撫派員送京其應
行頒賞該國長及正副使臣等銀物仍由該管
衙門照辦齊全發交雲南派員齎送出關轉
交祇領欽此相應開單移咨內務府此次例
賞該國王等緞疋名目是否相符抑或改用何項之處
務於三日内聲覆過部以憑辦理可也須至
咨者
右咨
内務府
咸豐叁年捌月拾叁日
正郎盛

礼部致总管内务府咨文：

为南掌恭进例贡咨查应颁例赏国王等缎匹名目是否相符抑或改用何项事

咸丰三年八月十三日（1853 年 9 月 15 日）

南掌（今老挝），14 世纪起向明代上表称贡，永乐二年（1404）成祖曾授其国王职官，置老挝军民宣慰司，颁以印信。清雍正八年（1730），南掌遣使表贡，从此成为清朝的藩属国。咸丰三年（1853），南掌按例进京朝贡。同年八月初七日，奉上谕：南掌贡使此次毋庸来京，贡物、贡象由云南督抚派专人

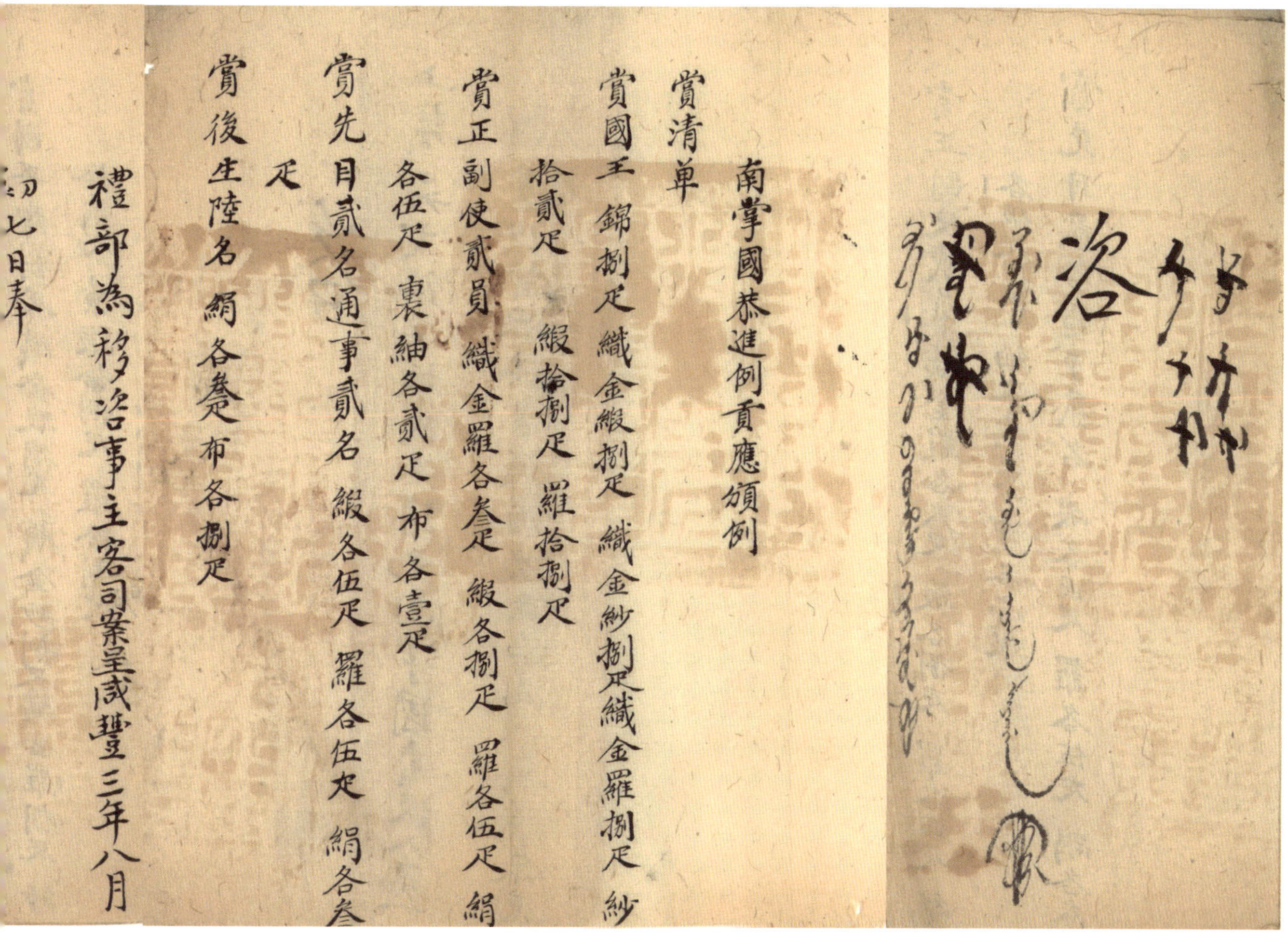
咨

南掌國恭進例貢應頒例

賞清单

賞國王 錦捌疋 織金緞捌疋 織金紗捌疋 織金羅捌疋 紗

拾貳疋 緞拾捌疋 羅拾捌疋

賞正副使貳員 織金羅各叁疋 緞各捌疋 羅各伍疋 絹

各伍疋 裏紬各貳疋 布各壹疋

賞先目貳名通事貳名 緞各伍疋 羅各伍疋 絹各叁

疋

賞後生陸名 絹各叁疋 布各捌疋

禮部為移咨事主客司案呈咸豐三年八月

初七日奉

礼部致总管内务府咨文（咸丰三年八月十三日）

押送到北京。赏赐给南掌国国王及使臣的物品，交由云南督抚派人送出关，转交给南掌国。礼部将赏赐给南掌国国王等的物品清单报给内务府查验是否相符，如不符，应该改用何种物品进行赏赐。例赏清单包括：赏国王锦8匹、织金缎8匹、织金纱8匹、织金罗8匹、纱20匹、缎18匹、罗18匹，赏正副使2员织金罗各3匹、缎各8匹、罗各5匹、绢各5匹、里绸各2匹、布各1匹，赏先目2名、通事2名缎各5匹、罗各5匹、绢各3匹，赏后生6名绢各3匹、布各8匹。此件档案反映了清政府对于藩属国朝贡制度的管理，以及赏赐物品的种类及数量。

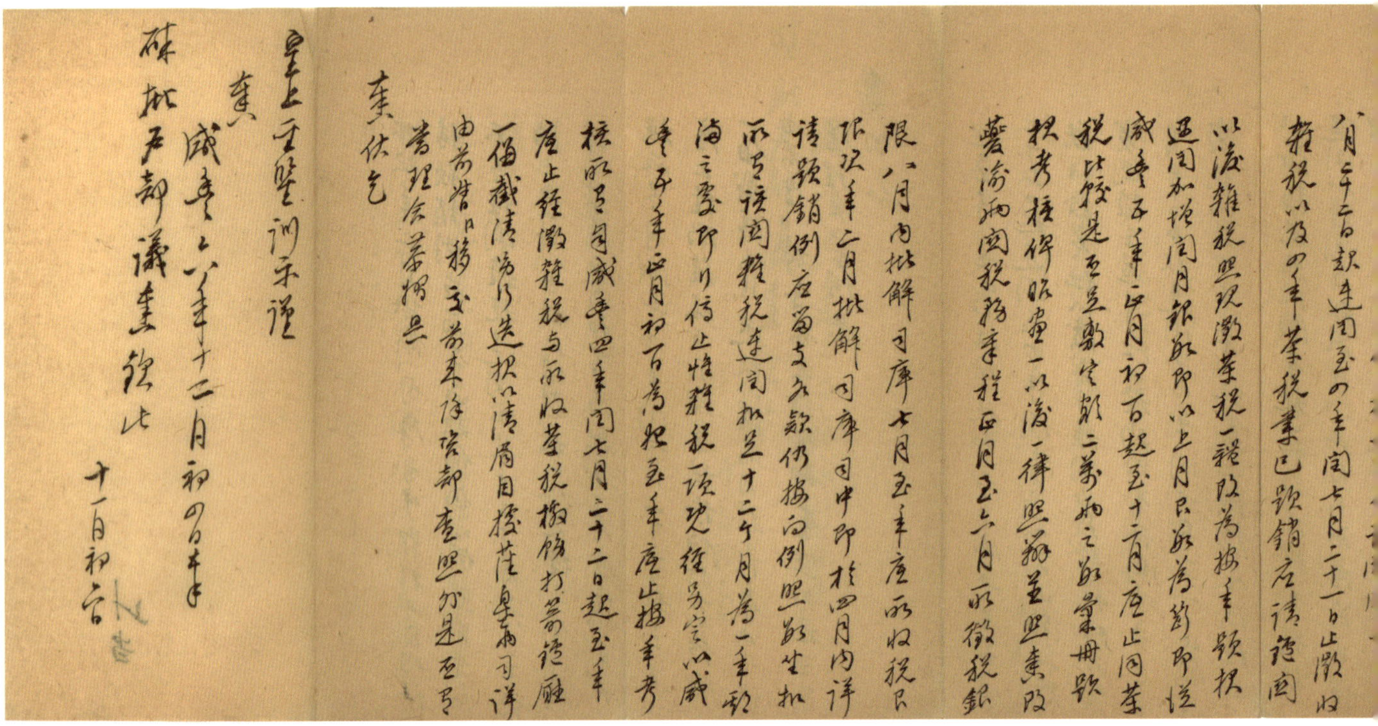

兼署四川总督乐斌奏折：

为酌改打箭炉关征收杂税章程等事

咸丰六年十一月初六日（1856 年 12 月 3 日）

咸丰六年（1856），兼署四川总督乐斌奏报，前川督黄宗汉因夔、渝两关征税项题报限额连闰年计算的方式容易产生亏挪的弊端，改为按年报满，遇到闰年加征税收，并规定打箭炉关杂税按照新方法征收。经查打箭炉关征收茶、杂二税，原定额数二万两，于嘉庆四年（1799）改为十二个月一年，额满题报考核。道光六年（1826）经原四川总督戴三锡将茶税划出改为按年题销，杂税仍按十二个月为一年。打箭炉关税务一向以茶税为大宗，杂税等只有二千数百两上下。茶杂二税都在打箭炉关征收，茶税按年题报遇闰年加征，而杂税连闰年按十二个月计算报销。据查咸丰三年八月二十二日起连闰至四年七月二十一日止征收杂税以及四年茶税已经题销，以后打箭炉关的杂税

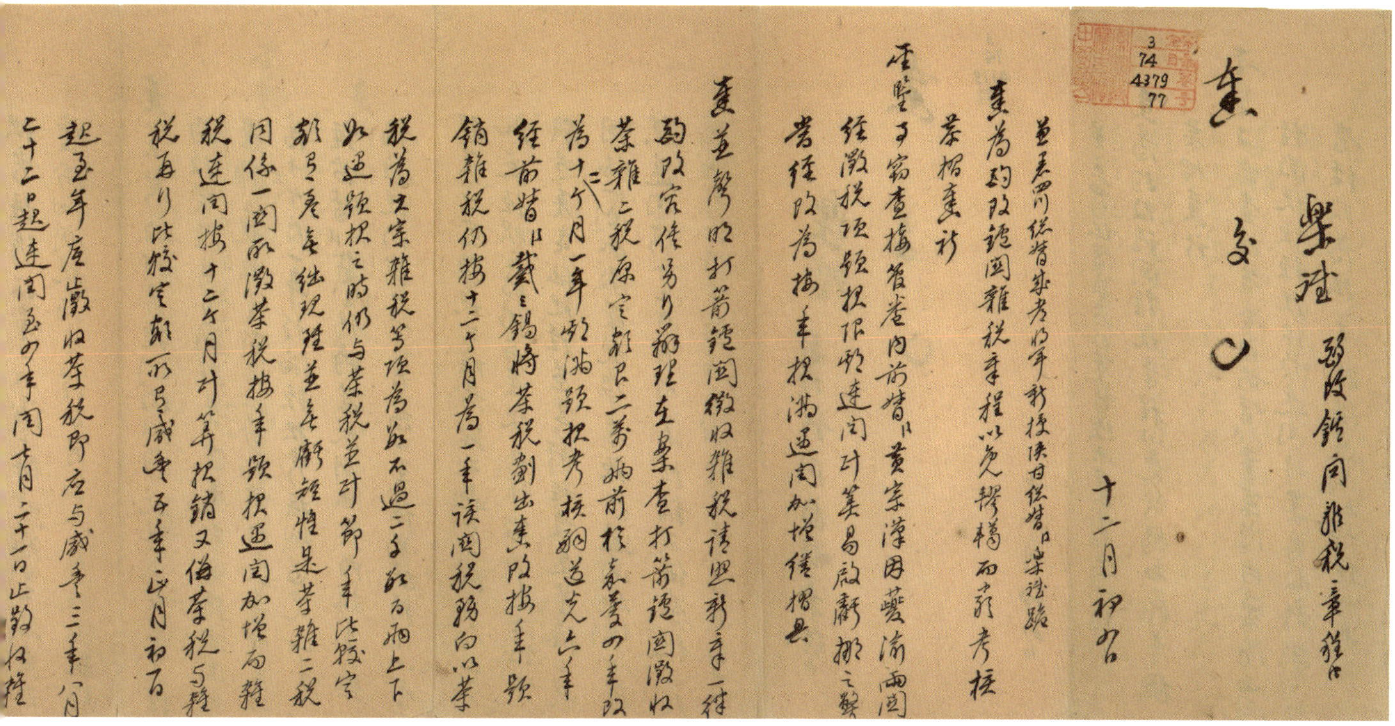

兼署四川总督乐斌奏折（咸丰六年十一月初六日）

按照茶税改为按年题报，遇闰年加征，闰月银的数量以上一月银数为准。同时改夔、渝两关税务章程，正月至六月所征税银限八月内批解司库，七月至年底所收税银限次年二月批解司库。于四月题销，并按例将留支各款扣除。杂税连闰扣足十二个月为一年。将咸丰四年闰七月二十二日起至年底征收的杂税与茶税檄饬打箭炉厅，一并截清，另行造报。

还原清代打箭炉关场景雕塑

奏片：
为查明四川盐茶道系冲繁难要缺事
咸丰十一年（1861）

雍正年间根据地域、人口、赋税、政务等方面的差异，中央政府对地方衙署官缺进行划分，并根据划分选派官吏，逐步建立起了“冲繁疲难”制度。“冲”指地处冲要，“繁”指行政事务多，“疲”指税赋积欠多，“难”指民风彪悍、命盗案件多。占四项为最要缺，占三项为要缺，占二项为中缺，占一项或无项为简缺。该件档案中将四川盐茶道定为冲繁难要缺，反映出当时西南茶叶贸易很频繁，税收很稳定，但是由于地处西南，民风彪悍，导致案件频发。

夏贡拉山口

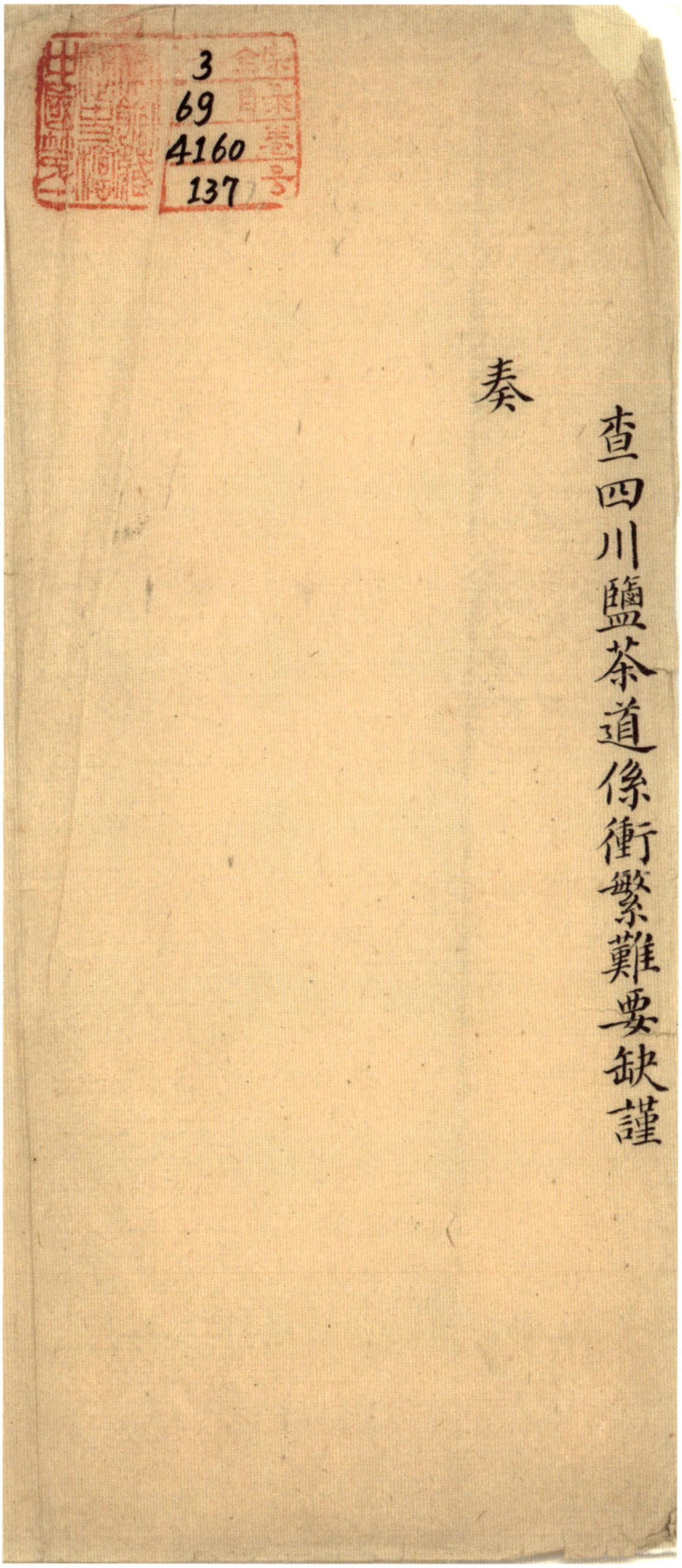

查四川鹽茶道係衝繁難要缺謹
奏

奏片（咸丰十一年）

四川总督骆秉章题本：

为打箭炉关同治三年份征收茶税银两数目事

同治四年五月十八日（1865 年 6 月 11 日 闰 7 月 10 日）

四川总督奎俊奏片：

为四川打箭炉关光绪二十六年征收茶税银两奏销事

光绪二十七年五月十六日（1901 年 7 月 1 日）

四川总督奎俊奏片：

为四川打箭炉关光绪二十七年征收茶税并支销实存数目事

光绪二十八年五月二十六日（1902 年 7 月 1 日）

四川总督锡良奏片：

为打箭炉关光绪三十年征收茶税及支销数目事

光绪三十一年四月三十日（1905 年 6 月 2 日）

四川总督锡良奏片：

为核查打箭炉关光绪三十一年关税收支数目事

光绪三十二年七月初四日（1906 年 8 月 23 日）

护理四川总督赵尔丰奏片：

为打箭炉关光绪三十二年茶税等项税银收支数目事

光绪三十三年六月初三日（1907年7月12日）

四川总督赵尔巽奏片：

为宣统元年打箭炉征收茶税及官房地租银数事

宣统二年六月十五日（1910年7月21日）

打箭炉关是中国西南地区进行贸易的重要关卡。明末清初由于战乱致使打箭炉的边茶贸易由西藏地方政府控制，康熙年间清政府开始直接控制打箭炉的边茶贸易。雍正七年（1729），设置打箭炉厅，隶属于雅州府，加强了对于边茶贸易的管理。藏地对于茶叶的需求巨大，清政府通过茶引制度将大量川茶运进西藏。通过档案中记录的同治、光绪、宣统三朝打箭炉关税银征收的奏报可见，每年征收茶税银17313两至18755两，行销茶引95415张，可以看出同治至宣统年间打箭炉作为西南边茶贸易的关卡，茶税和茶引基本趋于稳定，能够反映当时的边茶贸易概况。

骆秉章（1793—1867）

旨截三錫奏稱打箭鑪關每年徵收課稅前於
嘉慶陸年
欽定額銀貳萬兩其雜稅[illegible]
所恃以符定額者全賴茶稅爲[illegible]
前當年茶稅至次年肆月始行題銷故商人得以
從容完納自嘉慶肆年議改以拾貳個月爲壹
年期滿以來共計遇閏拾次每次趲前壹月截

照邛雅等州縣之例遇閏加增轉致格礙惟是
該關抽稅難容短絀應將嗣後遇有閏之年額
行打箭鑪廳茶引每張除配正附茶觔外酌添
附茶玖觔半核計每引增閏稅銀壹分伍釐共
增閏稅銀壹千肆百叁拾壹兩貳[illegible]
核與加增閏年壹月茶引稅銀數目相等而[illegible]
稅既得充裕商力亦不致拮据等語查臣部奏
增閏月茶引原係比照崇文門遇閏加增之例
今該督所稱有閏之年加增壹月茶引則循引
之邛雅等州縣額徵課稅亦當一例加增推而
至於通省各州縣凡有茶引者皆須加增實[illegible]
格礙難行請於邛雅等任州縣額行茶引遇閏
之年每引酌添附茶玖觔半增稅銀壹分伍
核與增引稅銀數目相等自[illegible]酌量[illegible]
准其辦理等因咨院行司轉飭遵照[illegible]在案
茲據管理鑪關稅務署打箭鑪廳同知張大勲
冊報遵奉
奏准章程將茶稅劃出改爲按年造報
題銷所有同治叁年正月初壹日起至年底止共
徵收茶稅銀壹萬柒千叁百壹拾叁兩貳錢肆
分玖釐陸毫行銷邊額引玖萬伍千肆百壹拾

四川总督骆秉章题本之一（同治四年五月十八日）

該部察核具奏

題

太子太保頭品頂戴兵部尚書兼都察院右副都御史總督四川等處地方提督軍務兼理糧餉管巡撫事臣[illegible]謹

題爲奏明請

旨事據四川布政使江忠濬詳案查嘉慶柒年貳月初
玖日奉准户部咨四川司案呈内閣抄出户部
具奏四川打箭罏關徵收稅銀請

旨定額一摺嘉慶陸年拾貳月拾壹日奉

旨四川打箭罏關徵收稅銀其正額盈餘向無定數是
以嘉慶肆年分酌定各關盈餘時檯令儘徵儘解乃
自肆年以後經徵之員任意短少若年復壹年伊於胡
底自應照各關之例定以正額嗣後打箭罏關每
年徵收稅銀著以貳萬兩作爲正額如有盈餘儘徵
儘解倘定額數内或有短少著落管關之員賠補以
示限制其嘉慶肆年短徵銀玖百肆拾玖兩零伍年
短徵銀壹千壹百叁兩零著加恩免其賠補欽此欽
遵於拾貳日抄出到部相應抄錄原奏行文四

至道光伍年分已趲至本年陸月内題銷商人
甫於叁月内領引距題銷之期僅至叁月因定
限所關不得不令其整納以致商力拮据異常
以後再積閏年必致[illegible]經領引先須繳銀實[illegible]
格礙難行請將茶稅一項劃出自道光柒年[illegible]
始另行按年

題銷其餘雜稅仍案拾貳個月計算題報等因奉

旨户部議奏欽此臣部照奏覆准惟查罏關近年稅額
間有短絀今茶稅既按歲年計算此後遇有閏
之年照崇文門徵稅之例酌增壹月茶引奉

旨允行在案今據該督咨稱打箭罏廳每年額行茶引
玖萬伍千肆百壹拾伍張每張例配正茶壹百
觔附茶拾肆觔如以有閏之年加增壹月茶引

玖萬伍千肆百壹拾伍張徵收過餘茶銀壹百
肆拾肆兩通共徵收銀壹萬柒千肆百伍拾柒
兩貳錢肆分玖釐陸毫除支銷過銀伍千玖百
陸拾捌兩柒錢壹分玖釐柒毫叁絲伍忽實存
銀壹萬壹千肆百捌拾捌兩伍錢貳分玖釐捌
毫陸絲伍忽造用加結詳送到司該司覆核徵
收支存銀兩數目均屬相符詳請核
題並聲明該關自同治叁年正月初壹日起至

旨

太子太保頭品頂戴兵部尚書兼都察院右副都御史總督四川等處地方軍務兼理糧餉管巡撫事臣駱秉章謹
題爲奏明請
旨事該臣看得打箭鑪關徵收茶稅銀兩數目例應按
年造用
題銷茲據布政使江忠濬詳據管理鑪關稅務署
打箭鑪廳同知張大勲用報同治叁年正月初
壹日起至年底止共徵收茶稅銀壹萬柒千叁
百壹拾叁兩零行銷過額引玖萬伍千肆百壹
拾伍張徵收過餘茶銀壹百肆拾肆兩通共徵
收銀壹萬柒千肆百伍拾柒兩零除支銷過銀
伍千玖百陸拾捌兩零俟年和協兑領兵餉至
日另行詳報等情並出具儘收儘解印結造具
支銷各項清用同商人親填檔用並指環指考
等簿詳送到司該司覆核徵收支存銀兩數目
均屬相符詳請具
題等情前來臣覆核無異除用結送部外謹
題請
旨

四川总督骆秉章题本之二（同治四年五月十八日）

伍張徵收過餘茶銀壹百肆拾肆兩通共徵收
銀壹萬柒千肆百伍拾柒兩貳錢肆分玖釐陸
毫除支銷過銀伍千玖百陸拾捌兩柒錢壹
分玖釐柒毫叁絲伍忽實存銀壹萬壹千
肆百捌拾捌兩伍錢貳分玖釐捌毫陸絲伍忽
俟阜和協兌領兵餉至日另行詳報等情並出
具儘收儘解印結造具支銷各項清冊同商人
親填檔冊並循環號簿等冊詳送前來該司覆
核徵收支存銀兩數目均屬相符理合將齎到
各簿冊結具文詳請察核具
題再該關自同治叁年正月初壹日起至年底止
徵收茶稅銀壹萬柒千肆百伍拾柒兩貳錢肆
分玖釐陸毫按引照額徵收並無短絀至打箭
爐關自同治叁年正月初壹日起至年底止徵
收茶稅銀兩遵照新章應與同治叁年正月初
壹日起至年底止徵收雜稅米豆稅及官房地
租等稅銀數比較合併聲明等情據此該臣覆
得打箭爐關徵收茶稅銀兩例應按年造冊
題銷茲據布政使江忠濬詳據管理爐關稅務署
打箭爐廳同知張大勲用報同治叁年五月初

年底止徵收茶稅銀壹萬柒千肆百伍拾柒兩
貳錢肆分玖釐陸毫按引照額徵收並無短絀
至打箭爐關自同治叁年正月初壹日起至年
底止徵收茶稅銀兩遵照新章應與同治叁年
正月初壹日起至年底止徵收雜稅米豆稅及
官房地租等稅銀數比較等情前來臣覆核無
異除冊結送部外理合具
題伏祈

各旗清冊以及紙樣等件由司詳送前來

覆查所交數目均屬相符除將清冊紙樣送

部查覈外理合會同四川學政題兩李樹

附片具陳伏乞

聖鑒謹

奏

硃批户部知道欽此

光緒二十七年五月十六日奏

四川總督奎俊

四月二十四日

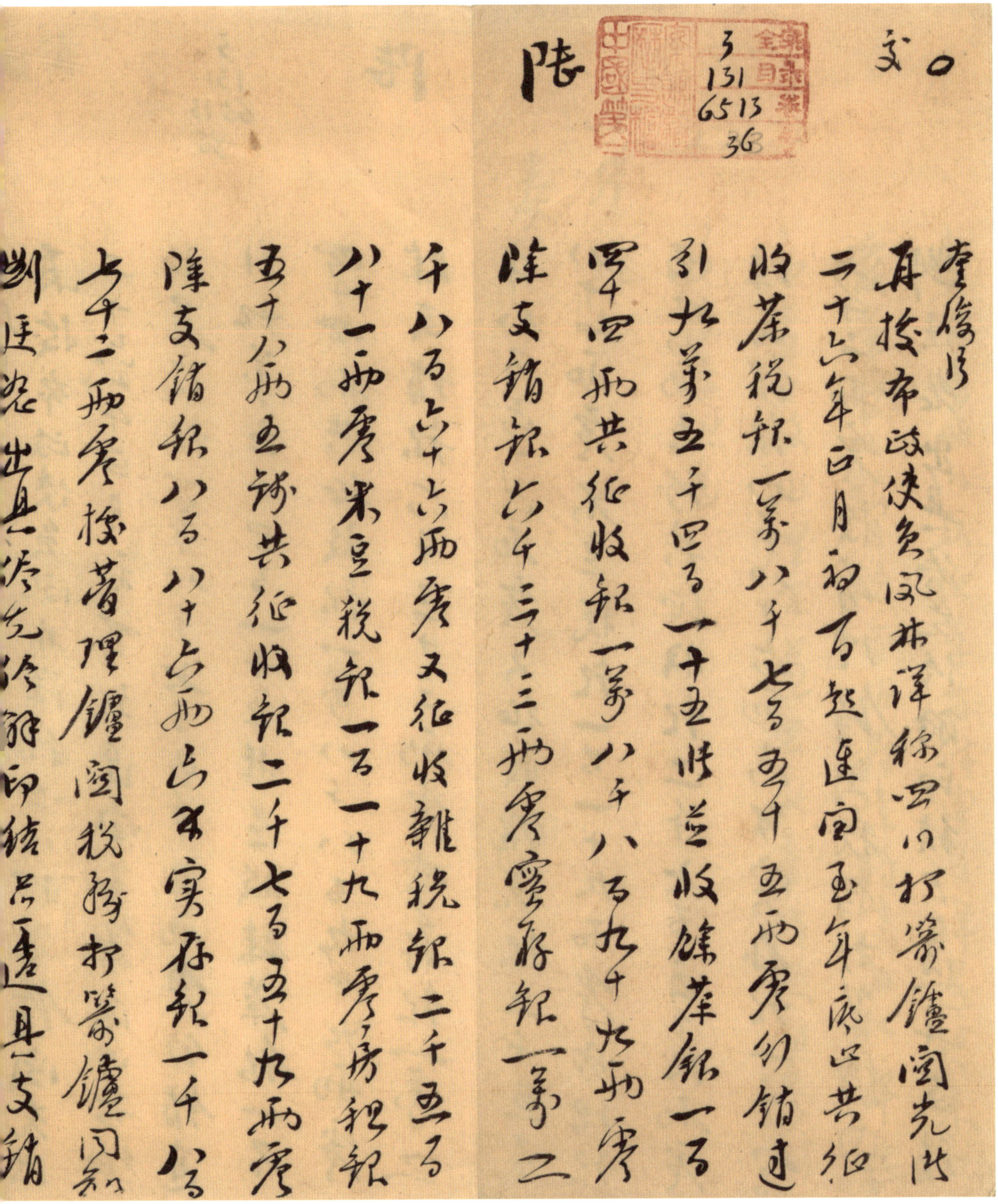

奎俊片
再據布政使多鳳林詳稱四川打箭鑪關光緒
二十六年正月初一日起連閏至年底止共征
收茶稅銀一萬八千七百五十五兩零勻銷邊
引九萬五千四百一十五張並收餘茶銀一百
四十四兩共征收銀一萬八千八百九十九兩零
除支銷銀六千二十三兩零實存銀一萬二
千八百六十六兩零又征收雜稅銀二千五百
八十一兩零米豆稅銀一百一十九兩零房租銀
五十八兩五錢共征收銀二千七百五十九兩零
除支銷銀八百八十六兩六錢實存銀一千八百
七十二兩零據署理鑪關稅務打箭鑪同知
劉廷恕出具徵收印結呈送具支銷

四川总督奎俊奏片（光绪二十七年五月十六日）

銀[illegible]實存銀一千八百[illegible]

九十六兩零據管理鑪關稅務打箭鑪同

知劉廷恕出具收解印信並造具支銷各項

清冊以及紅單等件由司詳送前來奴才覆查

收支數目均屬相符除將清冊紅單送部查覈

外理合附片具陳伏乞

聖鑒謹

奏

道光二十八年五月二十六日奉

四川總督琦善

硃批：該部知道。欽此

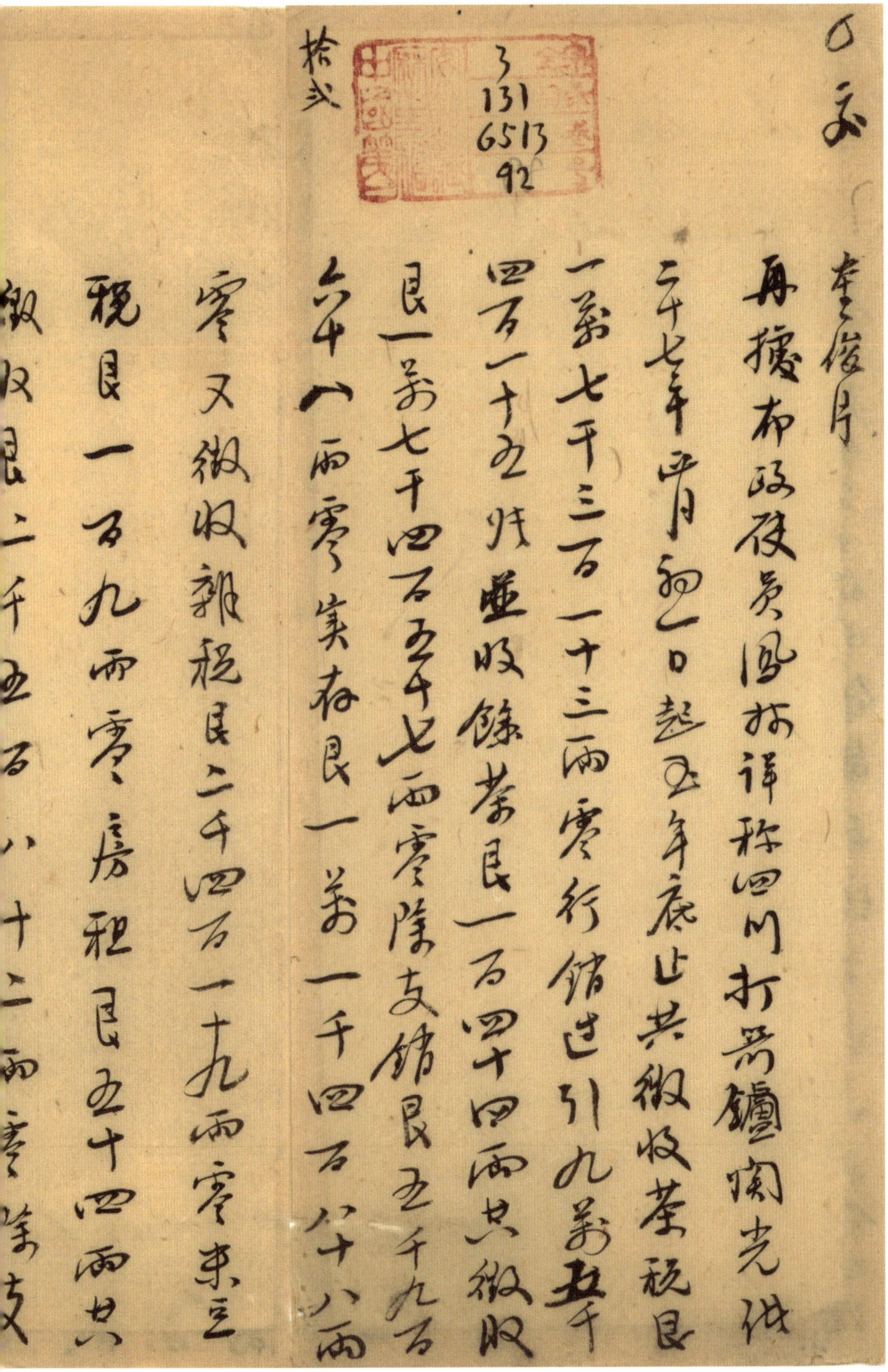

奎俊片

再據布政使司馮煦詳稱四川打箭鑪關光緒二十七年正月初一日起至年底止共徵收茶稅銀一萬七千三百一十三兩零行銷過引九萬五千四百一十五張並收餘茶銀一百四十四兩共徵收銀一萬七千四百五十七兩零除支銷銀五千九百六十八兩零實存銀一萬一千四百八十八兩零又徵收雜稅銀二千四百一十九兩零東三稅銀一百九兩零房租銀五十四兩共徵收銀二千五百八十二兩零除支

四川总督奎俊奏片（光绪二十八年五月二十六日）

锡良（1853—1917）

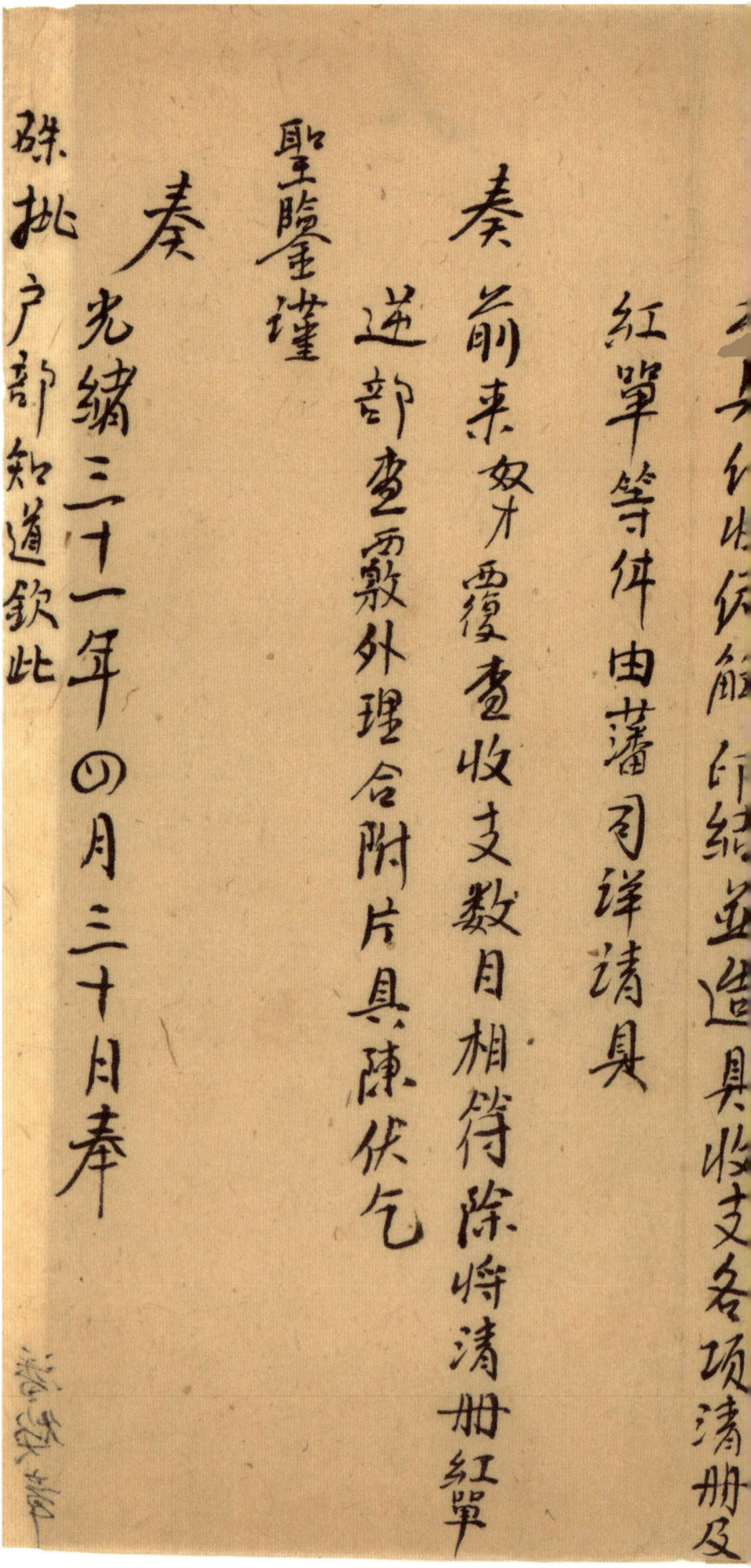

……並造具收支各項清冊及
紅單等件由藩司詳請具
奏前來奴才覆查收支數目相符除將清冊紅單
送部查覈外理合附片具陳伏乞
聖鑒謹
奏
光緒三十一年四月三十日奉
硃批户部知道欽此

四川总督锡良奏片
（光绪三十一年四月三十日）

○京

廿七

錫良片

再查四川打箭鑪關自光緒三十年正月初一日起至年底止共徵收茶稅銀一萬七千三百一十三兩零行銷過茶引九萬五千四百一十五張並收餘茶銀一百四十四兩共徵收過銀一萬七千四百五十七兩零除支銷銀五千九百六十八兩零實存銀一萬一千四百八十八兩零又徵收雜稅銀二千四百二十一兩零米豆稅銀一百九兩零房租銀五十四兩共徵收稅銀二千五百八十五兩零除支銷銀八百八十六兩零實存銀一千六百九十八兩零據管理鑪關兌務丁[illegible]川鑪直隸同知

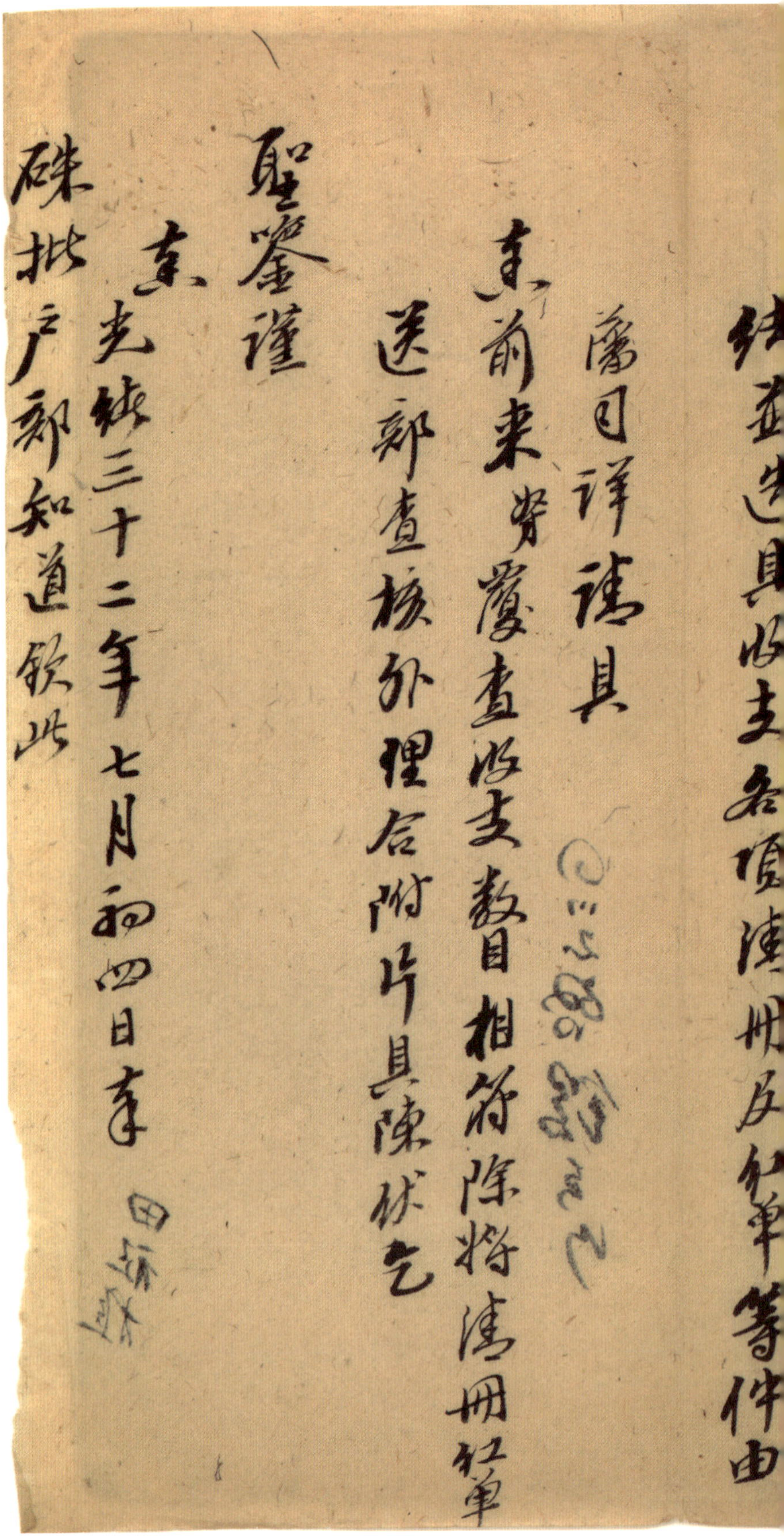
結並造具收支各項清冊及紅單等件由
藩司詳請具
奏前來覆查收支數目相符除將清冊紅單
送部查核外理合附片具陳伏乞
聖鑒謹
奏
光緒三十二年七月初四日奉
硃批户部知道欽此

四川总督锡良奏片
（光绪三十二年七月初四日）

〇、了

十五

錄六片

再查四川打箭鑪關自光緒三十一年正月初
一日起至年底止共徵收茶稅銀一萬七千三百
一十三兩零行銷過茶票引九萬五千四百一十
五張並收餘茶銀一百四十四兩共徵收過銀一萬
七千四百五十七兩零除支銷過銀六千一百四
十一兩實存銀一萬一千三百一十五兩零又徵收
雜稅銀二千四百一十八兩零米豆稅銀一百一十
一兩零房租銀五十四兩共徵收稅銀二千五百
八十三兩零除支銷銀八百八十六兩零實存銀
一千六百九十七兩零據管理鑪關稅務署打
箭鑪直隸廳同知劉式文原出具冊文卷詳[illegible]

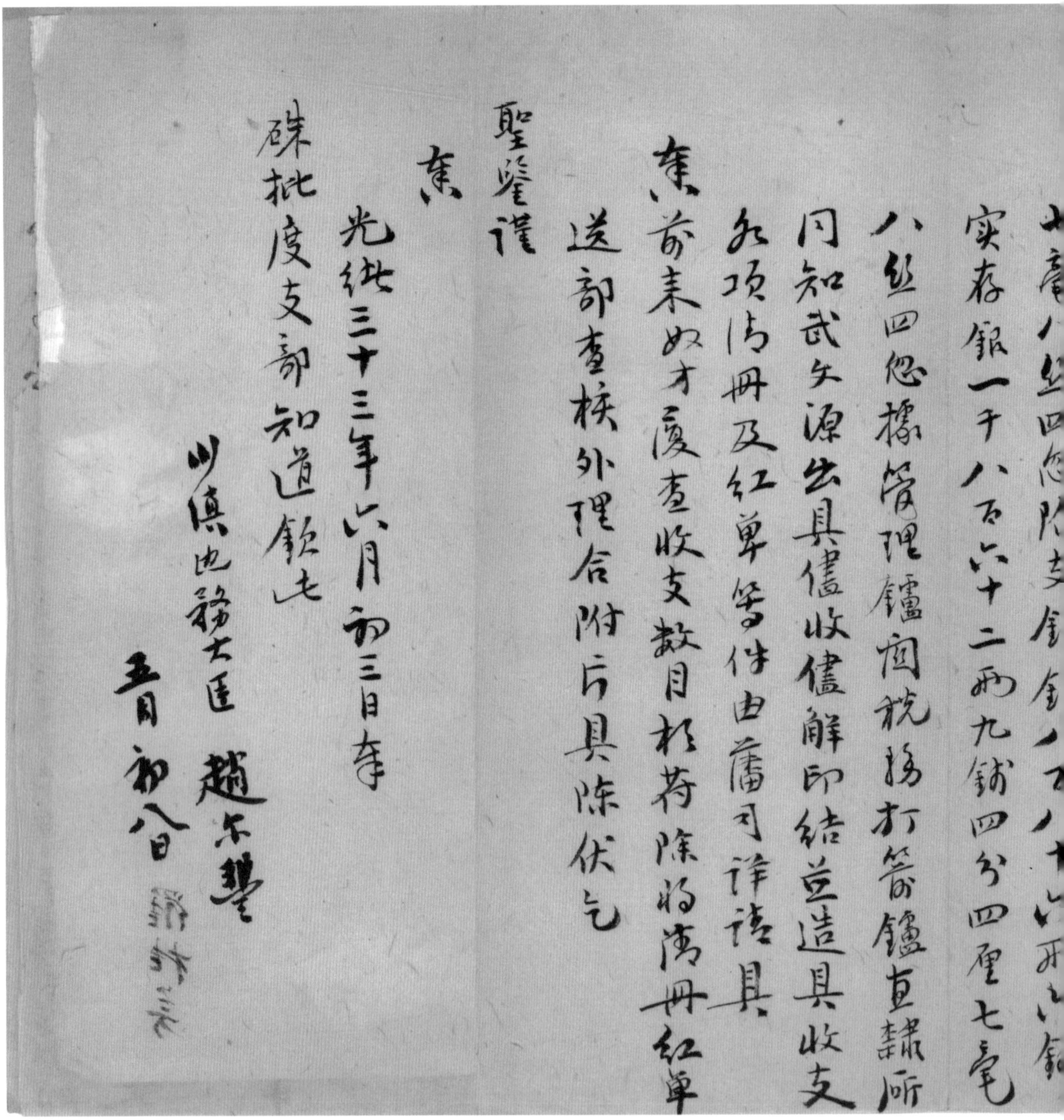

七毫八絲四忽附支銀八百八十六兩六錢
實存銀一千八百六十二兩九錢四分四釐七毫
八絲四忽據管理鑪關稅務打箭鑪直隸所
同知武文源出具儘收儘解印結並造具收支
各項清冊及紅單等件由藩司詳請具
奏前來奴才覆查收支數目相符除將清冊紅單
送部查核外理合附片具陳伏乞
聖鑒謹
奏
光緒三十三年六月初三日奉
硃批度支部知道欽此
川滇邊務大臣 趙爾豐
五月初八日

护理四川总督赵尔丰奏片（光绪三十三年六月初三日）

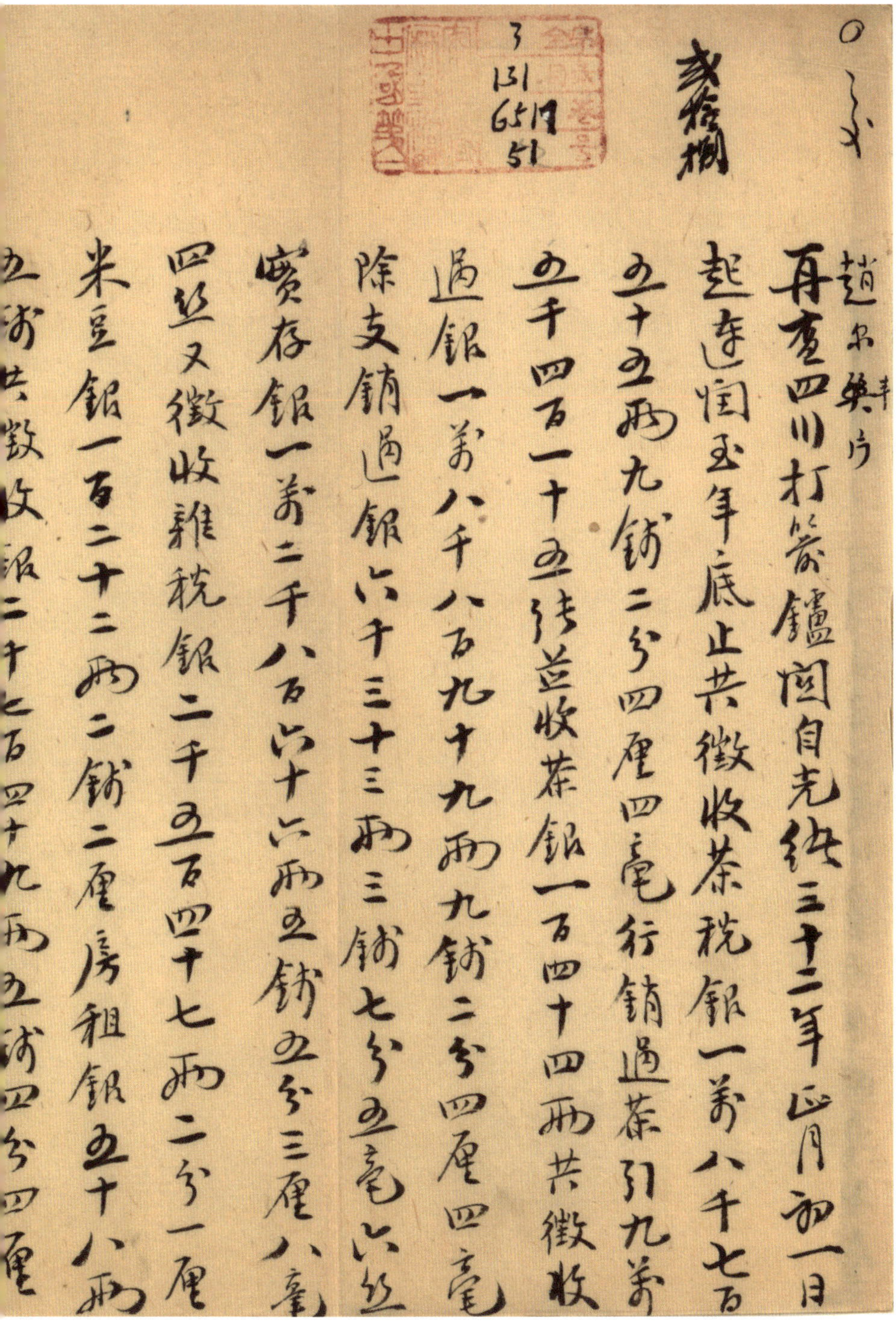

貳拾捌

趙爾豐片

再查四川打箭鑪關自光緒三十二年正月初一日起連閏至年底止共徵收茶稅銀一萬八千七百五十五兩九錢二分四厘四毫行銷過茶引九萬五千四百一十五張並收茶銀一百四十四兩共徵收過銀一萬八千八百九十九兩九錢二分四厘四毫除支銷過銀六千三十三兩三錢七分五毫六絲實存銀一萬二千八百六十六兩五錢五分三厘八毫四絲又徵收雜稅銀二千五百四十七兩二分一厘米豆銀一百二十二兩二錢二厘房租銀五十八兩五絲共數收銀二千七百四十九兩五錢四分四厘

赵尔丰（1845—1911）

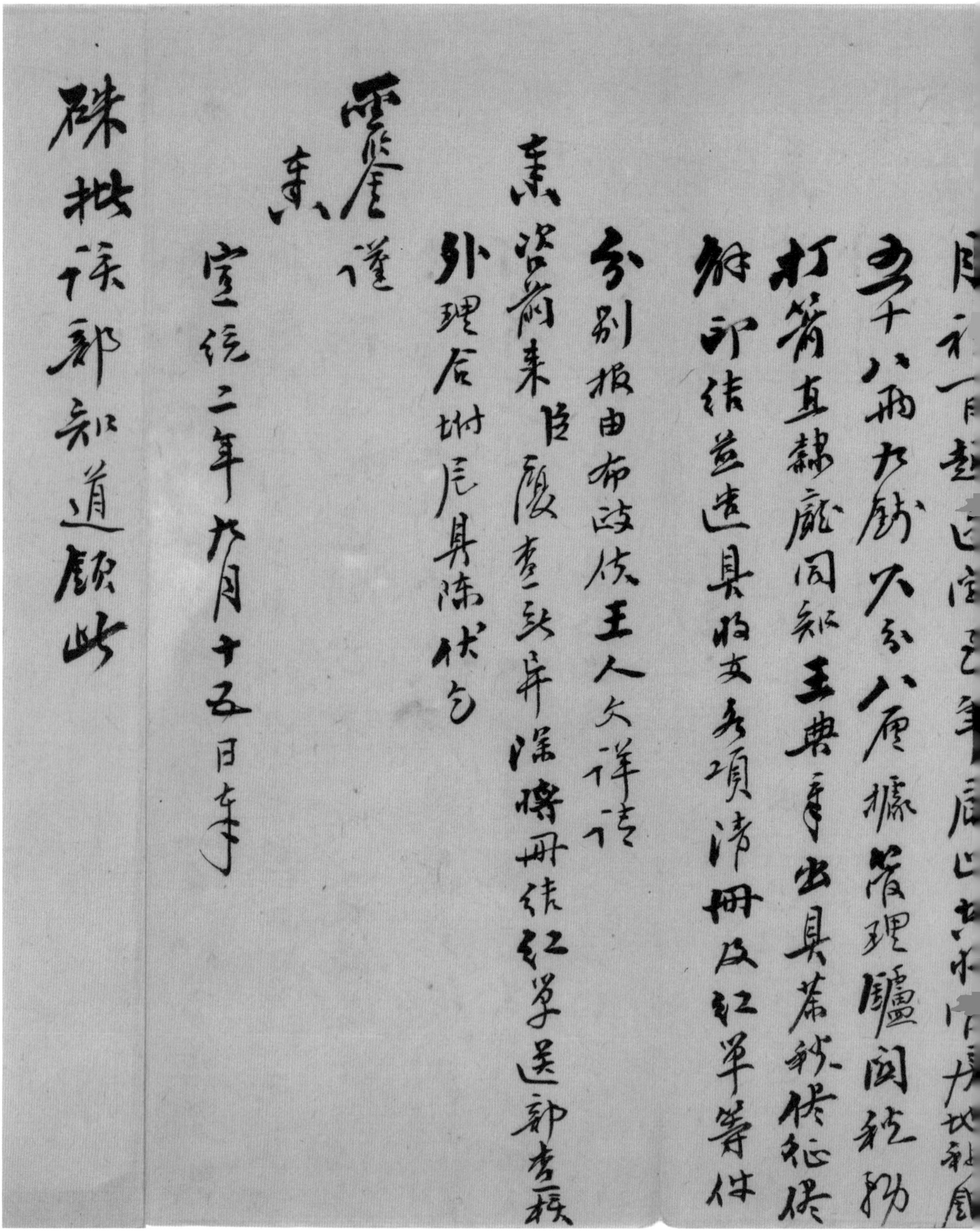
[illegible]
千八兩九錢六分八厘據管理鑪關稅務
打箭直隸廳同知王典章出具茶稅徵收供
結並造具收支各項清冊及紅單等件
分別報由布政使王人文詳請
奏咨前來臣覆查無異除將冊結紅單送部查核
外理合附片具陳伏乞
聖鑒謹
奏
宣統二年六月十五日奉
硃批該部知道欽此

四川总督赵尔巽奏片（宣统二年六月十五日）

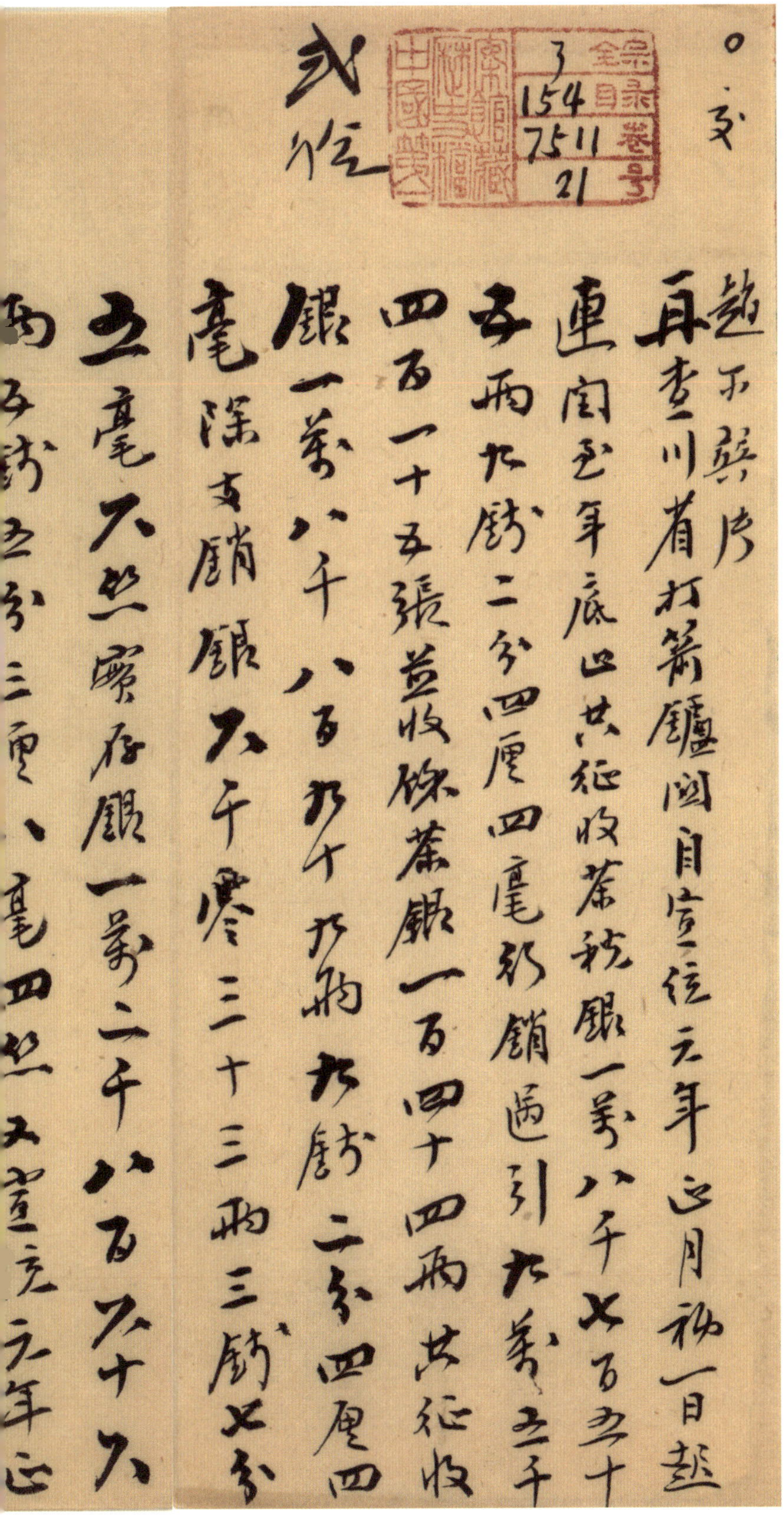
○發

趙爾巽片

再查川省打箭爐關自宣統元年正月初一日起連閏至年底止共征收茶稅銀一萬八千七百五十五兩九錢二分四厘四毫於銷過引九萬五千四百一十五張並收餘茶銀一百四十四兩共征收銀一萬八千八百九十九兩九錢二分四厘四毫除支銷銀九千零三十三兩三錢七分五毫九絲實存銀一萬二千八百六十六兩五錢四分三厘、毫四絲又宣統元年正

赵尔巽（1844—1927）

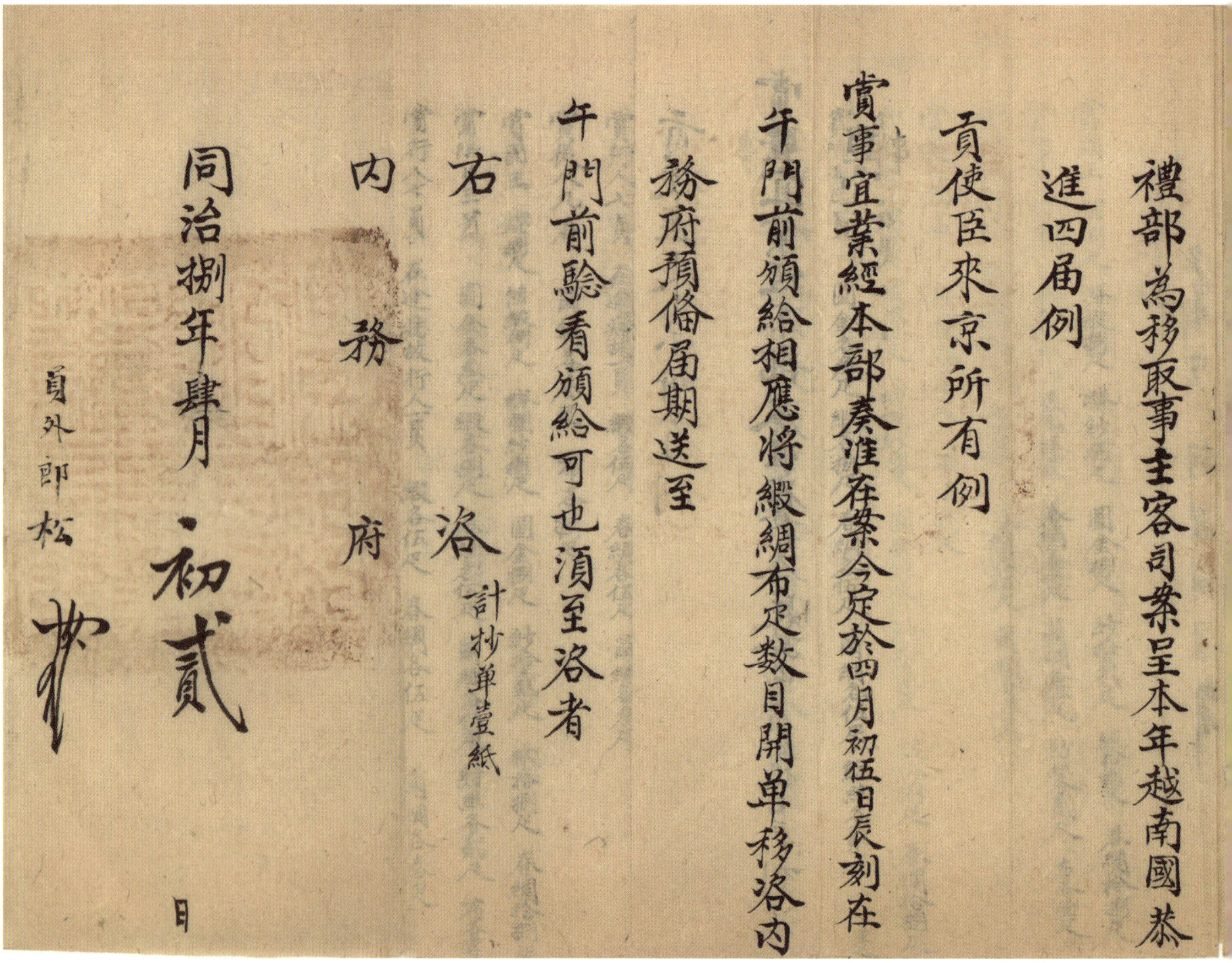
禮部為移取事主客司案呈本年越南國恭
進四届例
貢使臣來京所有例
賞事宜業經本部奏准在案今定於四月初伍日辰刻在
午門前頒給相應將緞綢布定數目開单移咨內
務府預備届期送至
午門前驗看頒給可也須至咨者
右　咨　計抄单壹紙
內　務　府
同治捌年肆月　初貳　日
員外郎松

礼部致总管内务府咨文：

为同治八年越南恭进四届例贡使臣来京将例赏缎绸等项开单请预备届期送至午门前验看颁给事

同治八年四月初二日（1869 年 5 月 13 日）

同治八年（1869），越南贡使来京呈进四届例贡。礼部请总管内务府按例准备好赏赐给贡使的物品，并于四月初五日送到午门颁给越南贡使。例赏清单包括：赏国王锦 8 匹、蟒缎 8 匹、圆金 8 匹、纱 12 匹、缎 18 匹、春绸 18 匹，赏陪臣 3 员圆金各 3 匹、缎各 8 匹、春绸各 5 匹、茧绸各 5 匹、纺丝各 2 匹、布各

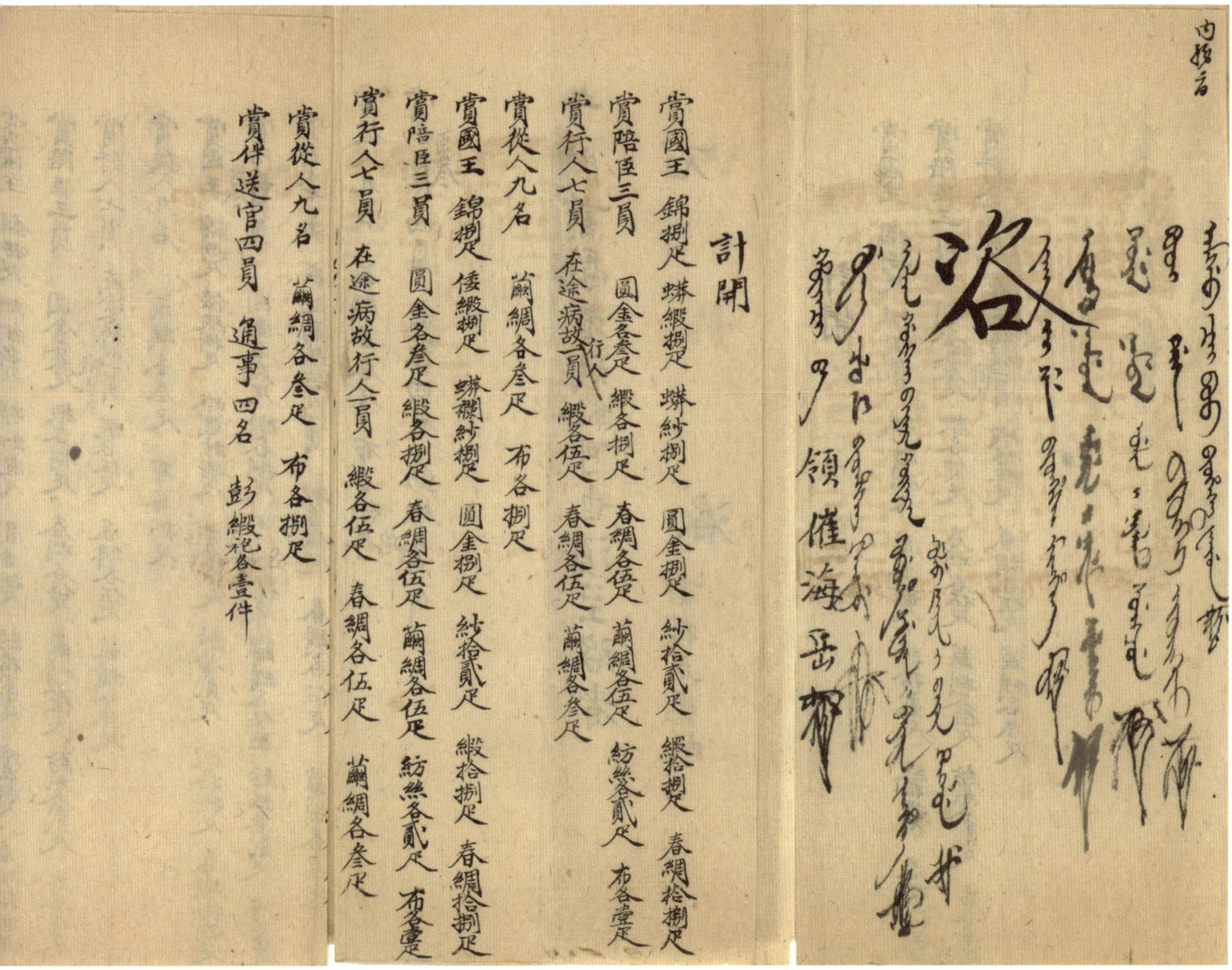

礼部致总管内务府咨文（同治八年四月初二日）

1 匹，赏行人 7 员，在途病故行人 1 员，缎各 5 匹、春绸各 5 匹、茧绸各 3 匹，赏从人 9 名茧绸各 3 匹、布各 8 匹，赏国王锦 8 匹、倭缎 8 匹、蟒栏纱 8 匹、圆金 8 匹、纱 12 匹、缎 18 匹、春绸 18 匹，赏陪臣 3 员圆金各 3 匹、缎各 8 匹、春绸各 5 匹、茧绸各 5 匹、纺丝各 2 匹、布各 1 匹，赏行人 7 员，在途病故行人 1 员，缎各 5 匹、春绸各 5 匹、茧绸各 3 匹，赏从人 9 名茧绸各 3 匹、布各 8 匹，赏伴送官 4 员，通事 4 名彭缎袍各 1 件。清代朝贡体系在同治年间依然得到良好的维护，成为中国与周边地区对外交往的基本准则。

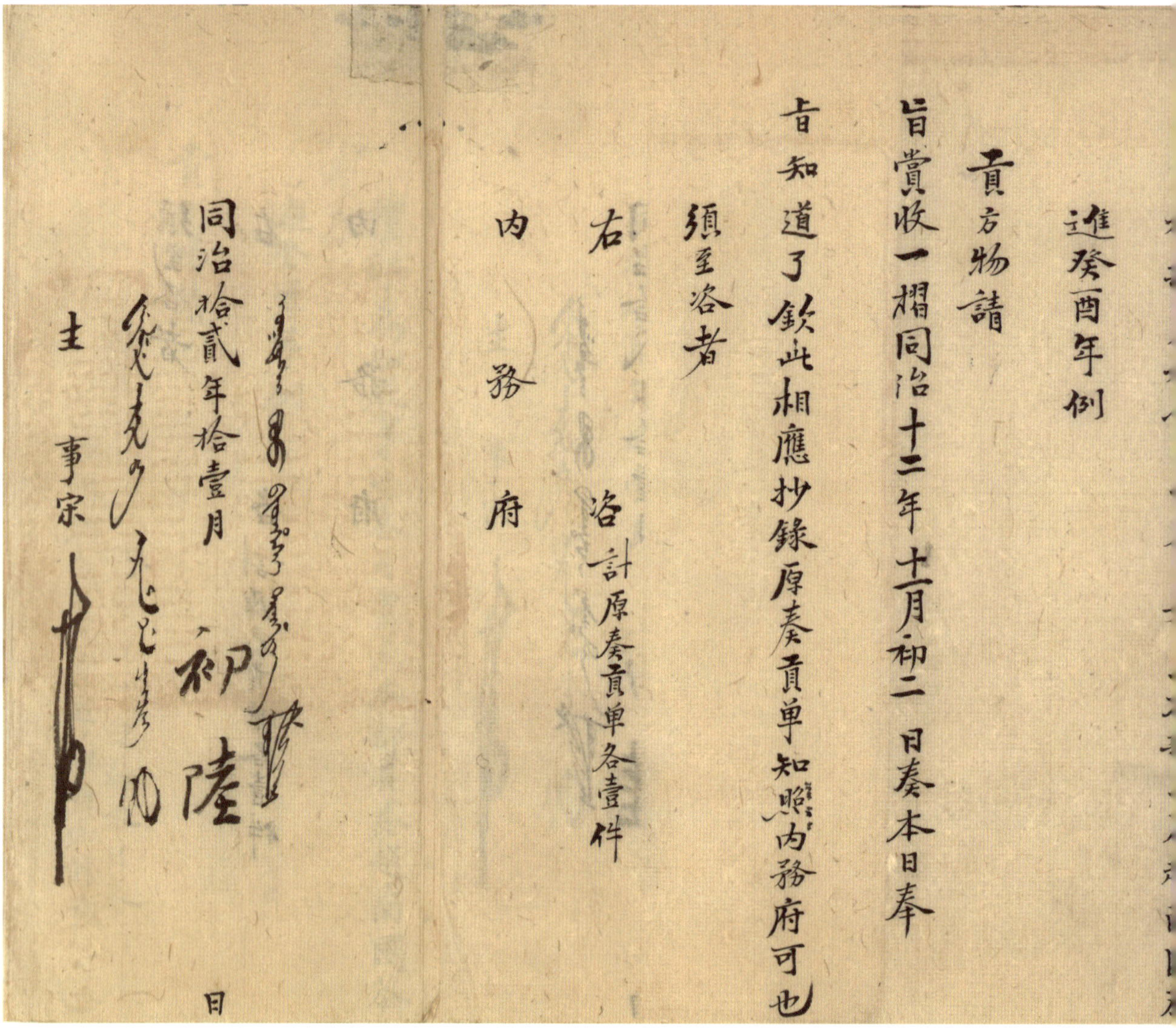

進癸酉年例
貢方物請
旨賞收一摺同治十二年十一月初二日奏本日奉
旨知道了欽此相應抄錄原奏貢單知照內務府可也
須至咨者
右　咨　計原奏貢單各壹件
內　務　府
同治拾貳年拾壹月　初陸　日
主事宗

礼部致总管内务府咨文：

为知照越南恭进同治癸酉年例贡方物请旨赏收一折抄录原奏贡单事

同治十二年十一月初六日（1873 年 12 月 25 日）

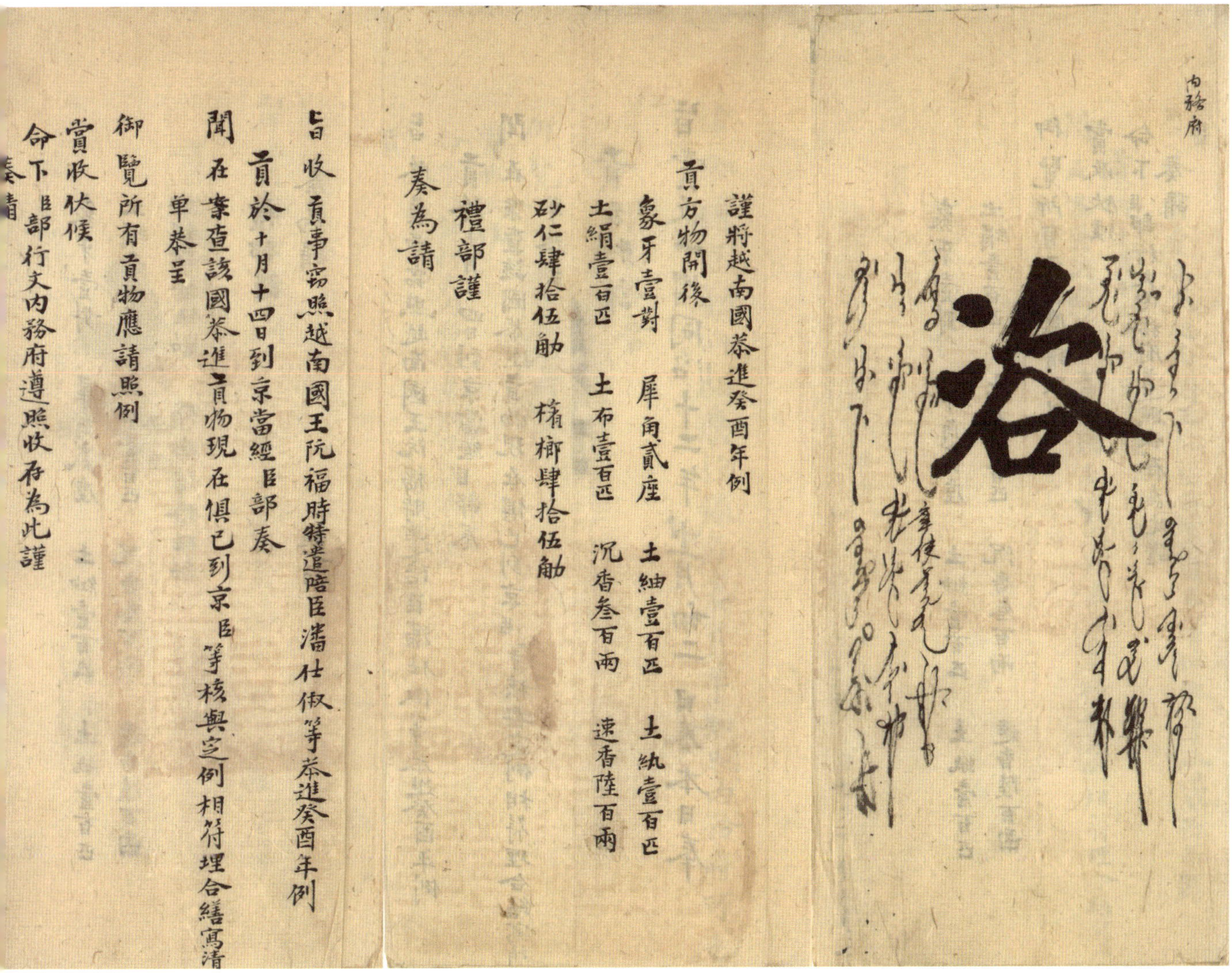

謹將越南國恭進癸酉年例
貢方物開後
象牙壹對　犀角貳座　土紬壹百匹　土紈壹百匹
土絹壹百匹　土布壹百匹　沉香叁百兩　速香陸百兩
砂仁肆拾伍觔　檳榔肆拾伍觔
禮部謹
奏為請
旨收貢事竊照越南國王阮福時特遣陪臣潘仕俶等恭進癸酉年例
貢於十月十四日到京當經臣部奏
聞在案查該國恭進貢物現在俱已到京臣等核與定例相符理合繕寫清
單恭呈
御覽所有貢物應請照例
賞收伏候
命下臣部行文內務府遵照收存為此謹
奏請

礼部致总管内务府咨文（同治十二年十一月初六日）

同治十二年（1873），越南国王遣使恭进癸酉年例贡，包括象牙1对、犀角2座、土绸100匹、土纨100匹、土绢100匹、土布100匹、沉香300两、速香600两、砂仁45斤、槟榔45斤，已于十月十四日抵达北京。经查，与定例相符。报同治帝御览，照旧例交总管内务府查收。奉旨："知道了。"此件档案反映了同治朝越南贡品的种类和数量。

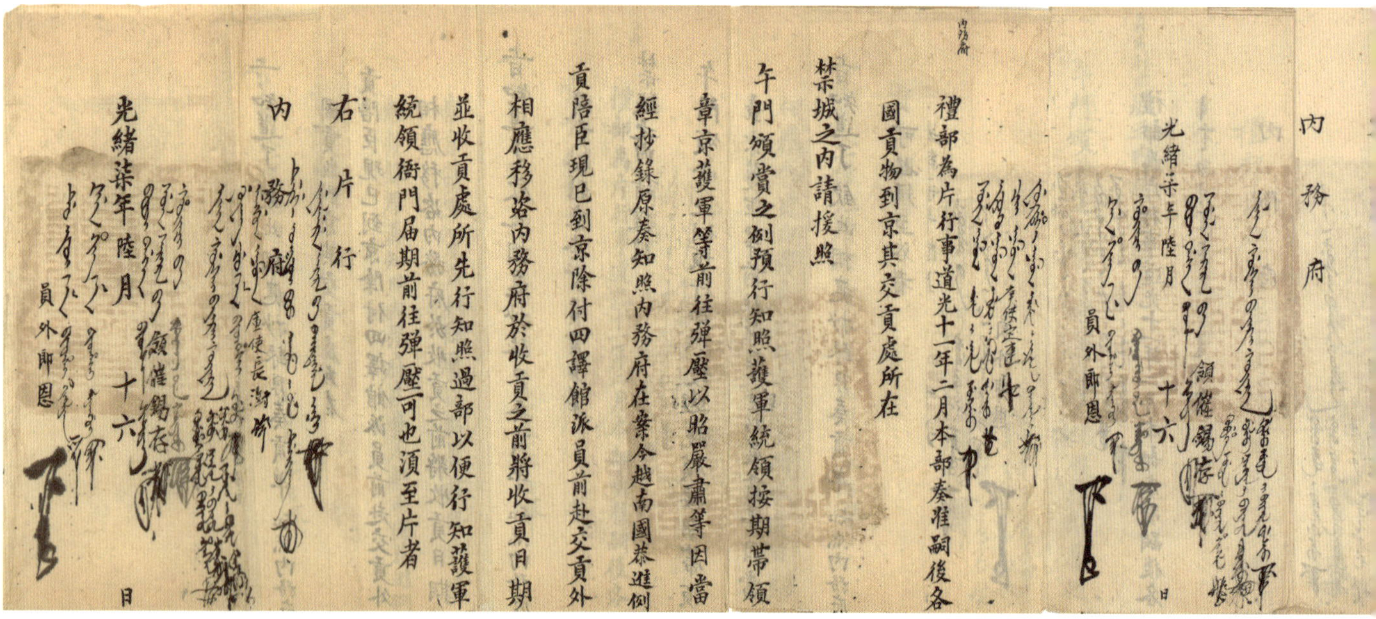

內務府

光緒柒年陸月 十六 日

員外郎恩

禮部為片行事道光十一年二月本部奏准嗣後各
國貢物到京其交貢處所在
禁城之內請援照
午門頒賞之例預行知照護軍統領按期帶領
章京護軍等前往彈壓以昭嚴肅等因當
經抄錄原奏知照內務府在案今越南國恭進例
貢陪臣現已到京除付四譯館派員前赴交貢外
相應移咨內務府於收貢之前將收貢日期
並收貢處所先行知照過部以便行知護軍
統領衙門屆期前往彈壓可也須至片者
右 片 行
內 務 府
光緒柒年陸月 十六 日
員外郎恩

礼部致总管内务府咨文：

为越南恭进光绪七年例贡方物请旨赏收一折抄录原奏贡单事

光绪七年六月十六日（1881 年 7 月 11 日）

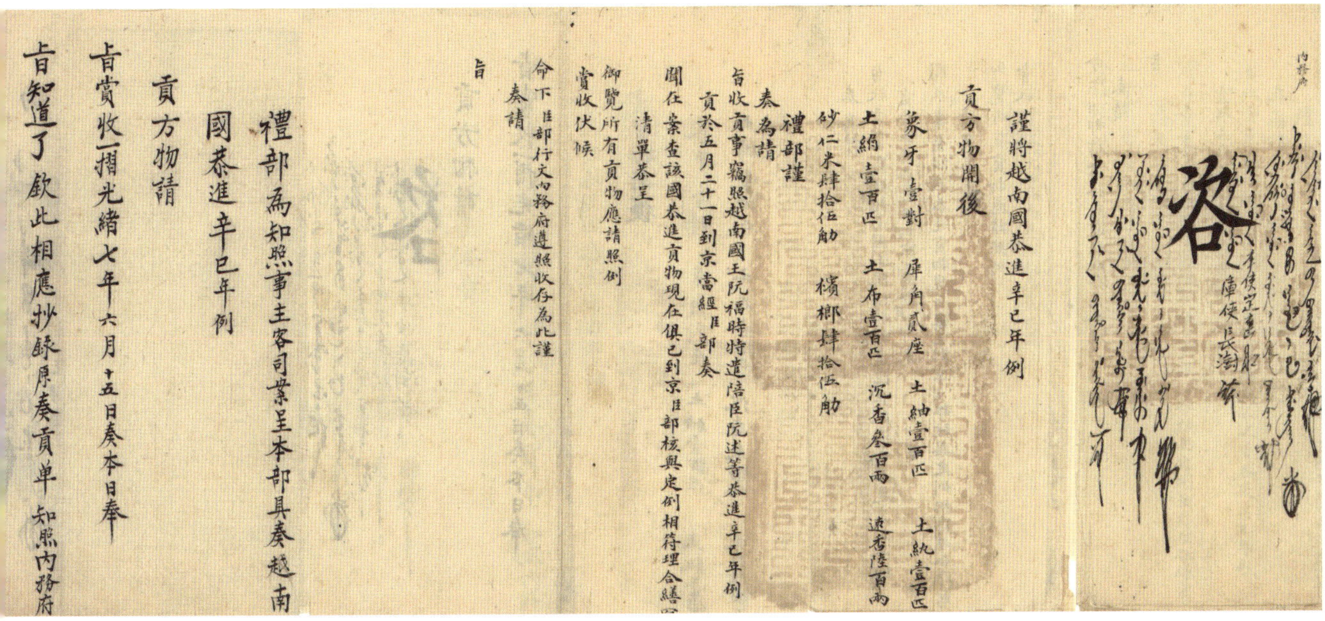
內務府

謹將越南國恭進辛巳年例
貢方物開後
象牙壹對　犀角貳座　土紬壹百匹　土紈壹百匹
土絹壹百匹　土布壹百匹　沉香叁百兩　速香陸百兩
砂仁米肆拾伍觔　檳榔肆拾伍觔

禮部謹
奏為請
旨收貢事竊照越南國王阮福時遣陪臣阮述等恭進辛巳年例
貢於五月二十一日到京當經臣部奏
聞在案查該國恭進貢物現在俱已到京臣部核與定例相符理合繕寫
清單恭呈
御覽所有貢物應請照例
賞收伏候
命下臣部行文內務府遵照收存為此謹
奏請
旨

禮部為知照事主客司案呈本部具奏越南
國恭進辛巳年例
貢方物請
旨賞收一摺光緒七年六月十五日奏本日奉
旨知道了欽此相應抄錄原奏貢單知照內務府

礼部致总管内务府咨文（光绪七年六月十六日）

光绪七年（1881），越南国王阮福时派遣陪臣阮述等进京朝贡，贡物包括象牙 1 对、犀角 2 座、土绸 100 匹、土纨 100 匹、土绢 100 匹、土布 100 匹、沉香 300 两、速香 600 两、砂仁 45 斤、槟榔 45 斤，已于五月二十一日到京。经礼部核查，与定例相符。报光绪帝御览，请照例由总管内务府查收。奉旨："知道了。"礼部援引道光十一年（1831）二月旧例，各国在紫禁城内交贡时，需先行告知护军统领，按期带领章京、护军前往。现在越南贡使已经到京，除了四译馆派人前往交贡外，总管内务府也应该在收贡之前告知礼部收贡日期和地点，礼部方可告知护军统领衙门派兵前往监控。此件档案反映了光绪朝越南贡品的种类和数量，以及交割方式。

军机大臣奏片：
为公同商阅四川总督游智开不允英人游历藏地等折拟旨事

光绪十二年六月二十六日（1886 年 7 月 27 日）

光绪二年（1876），英国通过与中国签订《中英烟台条约》另议专条迫使清廷允准外人入藏游历探险。在条约签订后，以四川总督丁宝桢为代表的川藏地方官吏对申请入藏游历的外国人多方掣肘，致使中英之间误解丛生。光绪十二年丁宝桢卒于四川总督任上，清政府任命游智开为四川总督。游智开向清政府上奏藏地不允英人游历、委员开导被阻情形。军机大臣拟旨：游智开会同驻藏大臣即刻查明藏民与印度人在边界有无私下贸易的情形，并据实具奏。英国政府在多次受阻后转变策略，企图建立印度与中国西藏间的直接关系，最终导致光绪十四年英国进兵隆吐事件。

清德宗 爱新觉罗·载湉（1871—1908）

蒙
發下摺報臣等公同商閱游智開奏藏番不允英人
遊歷委貟開導被阻情形摺擬請
批旨令游智開仍遵前旨會同駐藏大臣將藏番與
印度人有無邊界私相貿易情事查明據實具
奏又奏巴縣武童等折毀各國洋房片擬請
批旨令游智開仍遵前旨嚴拏滋事首犯訊辦並查
明被毀洋房處所及實在數目迅速奏聞其餘
摺片擬
批呈進是否有當伏候
聖裁謹
奏

军机大臣奏片（光绪十二年六月二十六日）

护理广西巡抚李秉衡电报：

为择定谅山以北通商处所事

光绪十二年九月十三日（1886 年 10 月 10 日）

光绪十年（1884），中法战争爆发，广西按察使李秉衡主持龙州西运局。光绪十一年三月，李秉衡与冯子材、苏元春获得“谅山大捷”。六月九日，在天津签订《中法会订越南条约》。其中第五款规定了“中国欲北圻陆路交界，允准法国商人及法国保护之商人运货进出。其贸易应限定若干处，及在何处，俟日后体察两国生意多寡及往来道路定夺”，“通商处所在中国边界者，应指定两处：一在保胜以上，一在谅山以北”。光绪十二年，护理广西巡抚李秉衡来电，接到北洋大臣与法国商定谅山以北通商地点事宜，他主张应按照条约规定在驱驴、文渊等地确定通商地点，必须严词拒绝法国想要趁此进入龙州通商的企图，并重申了龙州的重要地位，希望在谈判过程中“遵旨据约力持不移”。光绪十二年至十四年，清政府又被迫与法国签订了《中法越南边界通商章程》《中法界务条约》《中法续议商务条约》等一系列不平等条约，法国进一步取得了在中国西南边境的贸易优势和特权地位。

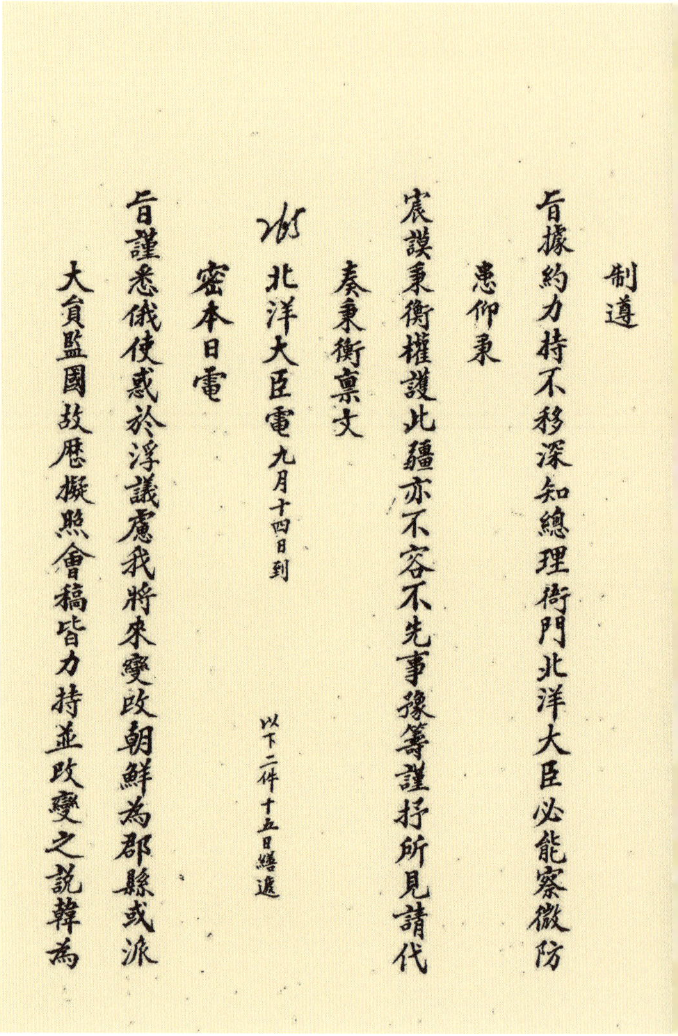
制遵
旨據約力持不移深知總理衙門北洋大臣必能察微防
患仰秉
宸謨秉衡權護此疆亦不容不先事豫籌謹抒所見請代
奏秉衡稟文
北洋大臣電 九月十四日到 以下二件十五日繕遞
密本日電
旨謹悉俄使惑於浮議慮我將來變政朝鮮為郡縣或派
大員監國故歷擬照會稿皆力持並政變之說韓為

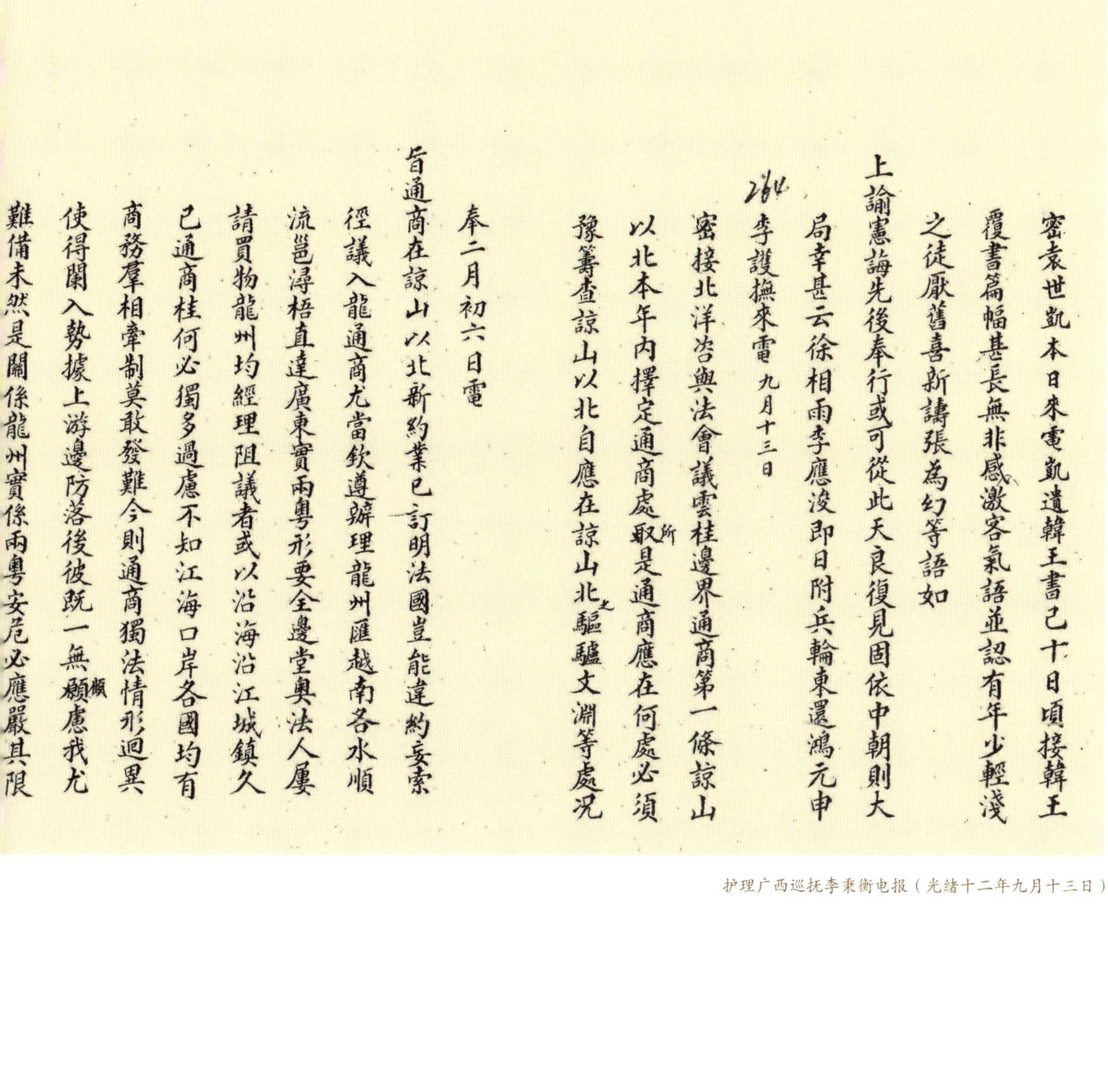
密袁世凱本日來電凱遣韓王書已十日頃接韓王
覆書篇幅甚長無非感激客氣語並認有年少輕淺
之徒厭舊喜新譸張為幻等語如
上諭憲誨先後奉行或可從此天良復見固依中朝則大
局幸甚云徐相雨李應浚即日附兵輪東還鴻元申
李護撫來電 九月十三日
密接北洋咨與法會議雲桂邊界通商第一條諒山
以北本年內擇定通商處所既是通商應在何處必須
豫籌查諒山以北自應在諒山北之驅驢文淵等處況
奉二月初六日電
旨通商在諒山以北新約業已訂明法國豈能違約妄索
徑議入龍通商尤當欽遵辦理龍州匯越南各水順
流邕潯梧直達廣東實兩粵形要全邊堂奧法人屢
請買物龍州均經理阻議者或以沿海沿江城鎮久
已通商桂何必獨多過慮不知江海口岸各國均有
商務犀相牽制莫敢發難今則通商獨法情形迥異
使得闌入勢據上游邊防落後彼既一無顧慮我尤
難備未然是關係龍州實係兩粵安危必應嚴其限

护理广西巡抚李秉衡电报（光绪十二年九月十三日）

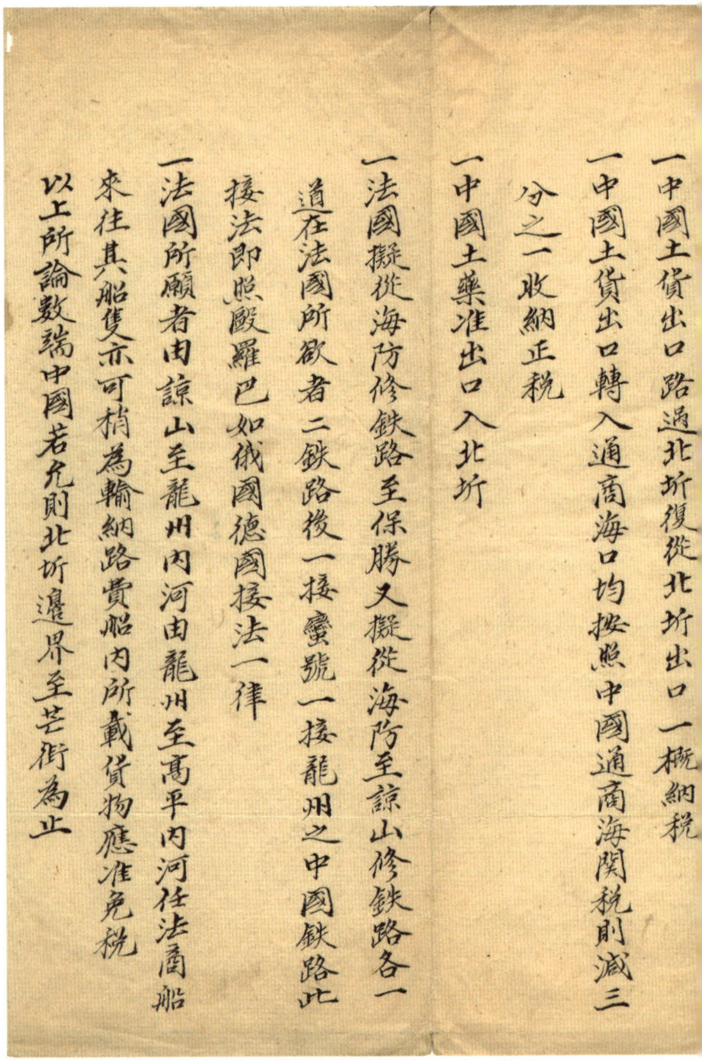

一中國土貨出口路過北圻復從北圻出口一概納稅
一中國土貨出口轉入通商海口均按照中國通商海關稅則減三
分之一收納正稅
一中國土藥准出口入北圻
一法國擬從海防修鉄路至保勝又擬從海防至諒山修鉄路各一
道在法國所欲者二鉄路後一接蠻號一接龍州之中國鉄路此
接法即照歐羅巴如俄國德國接法一律
一法國所願者由諒山至龍州內河由龍州至高平內河任法商船
來往其船隻亦可捎為輪納路貨船內所載貨物應准免稅
以上所論數端中國若允則北圻邊界至芒街為止

总理各国事务衙门底稿：

拟定中法商约底稿摘要

光绪十三年（1887）

总理各国事务衙门草稿：

拟定中法两国通商条约草稿

光绪十三年（1887）

光绪十一年（1885）中法战争结束后，清政府与法国签订《中法新约》。该条约迫使清政府承认了法国对于越南的宗主权，中国的通商口岸进一步开放。此后，法国为了继续扩大在华贸易，巩固自身的权益，将《中法新约》中第五款关于设置通商口岸的条款进一步细化，迫使清政府签订《中法两国通商条约》。该组档案为《中法商约》的部分底稿和《中法两国通商条约》（草稿），其中内容涉及开设通商口岸，领事官和商人等在通商口岸购地及修建住所，中国暂缓向北圻派驻领事，法国向云南派驻领事官，往来进出口货物征税法则，商人往来需要凭证，瞒报逃税的惩罚措施，在云南、广西、广东开设矿场，通商口岸商民出现纠纷如何处理等内容。反映了清政府不仅丧失对越南的宗主权，而且法国殖民势力伸向中国的云南和两广地区。

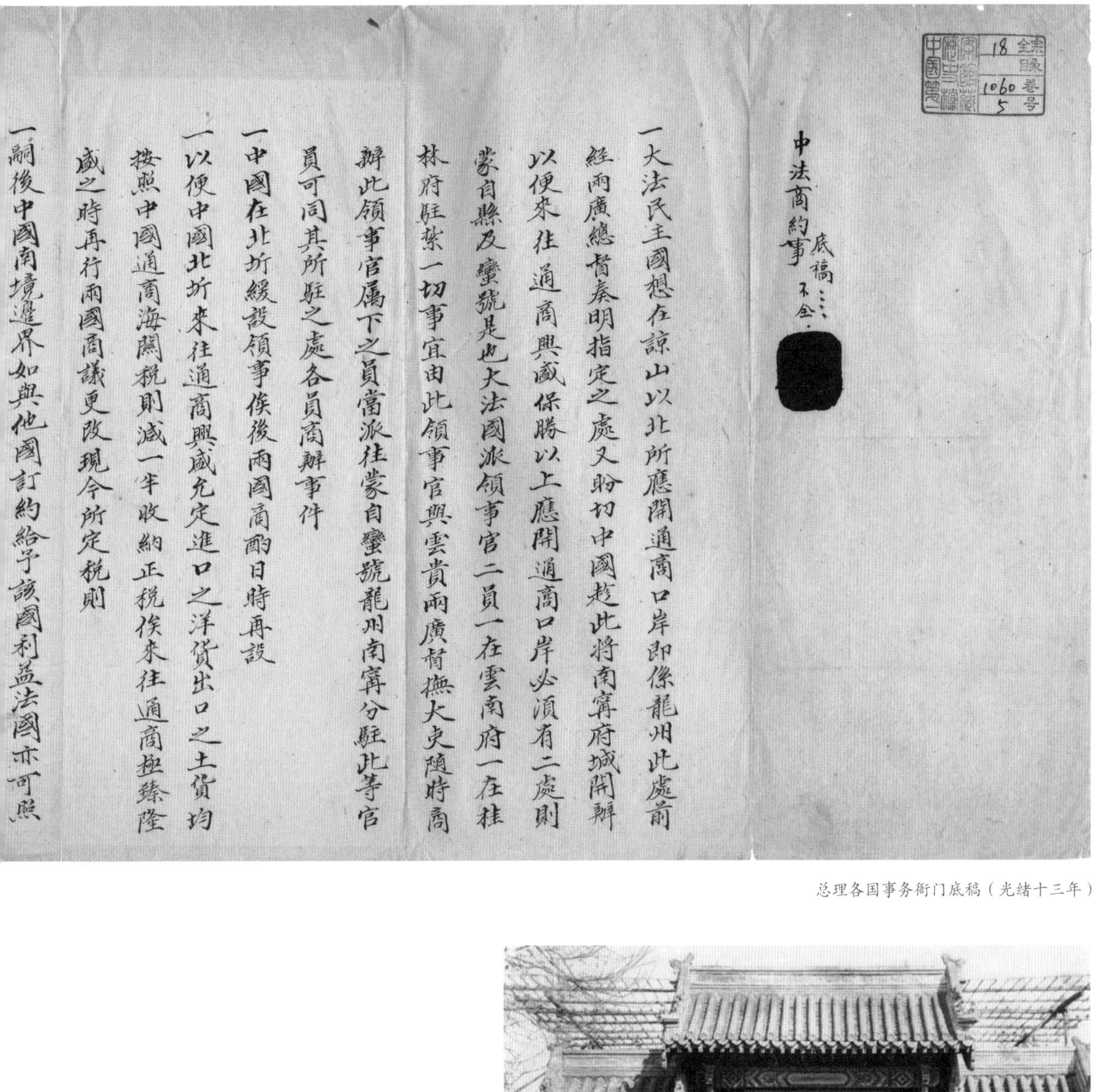

中法商約事 底稿 不全

一大法民主國想在諒山以北所應開通商口岸即係龍州此處前
經兩廣總督奏明指定之處又盼切中國趁此將南寧府城開辦
以便來往通商興盛保勝以上應開通商口岸必須有二處則
蒙自縣及蠻號是也大法國派領事官二員一在雲南府一在桂
林府駐紮一切事宜由此領事官與雲貴兩廣督撫大吏隨時商
辦此領事官屬下之員當派往蒙自蠻號龍州南寧分駐此等官
員可同其所駐之處各員商辦事件
一中國在北圻緩設領事俟後兩國商酌日時再設
一以便中國北圻來往通商興盛允定進口之洋貨出口之土貨均
按照中國通商海關稅則減一半收納正稅俟來往通商極臻隆
盛之時再行兩國商議更改現今所定稅則
一嗣後中國南境邊界如與他國訂約給予該國利益法國亦可照

总理各国事务衙门底稿（光绪十三年）

总理各国事务衙门

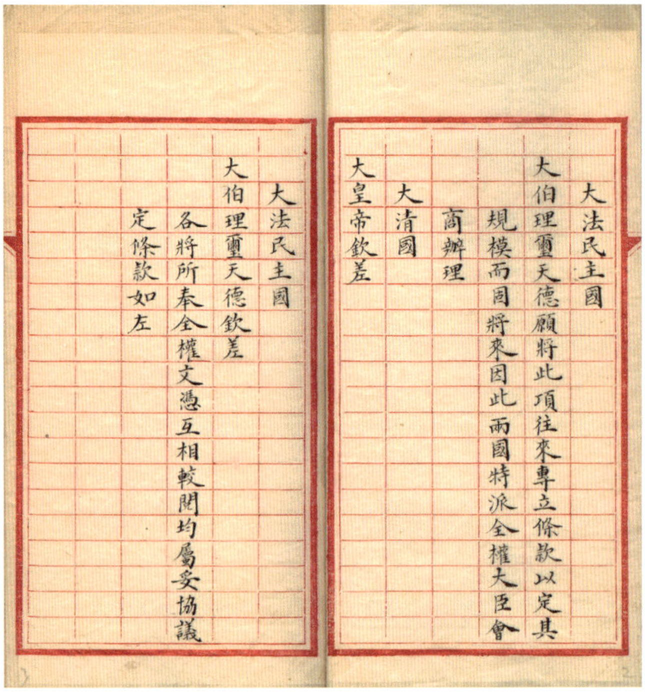
大法民主國
大伯理璽天德願將此項往來專立條款以定其
規模而因將來因此兩國特派全權大臣會
商辦理
大清國
大皇帝欽差
大法民主國
大伯理璽天德欽差
各將所奉全權文憑互相較閱均屬妥協議
定條款如左

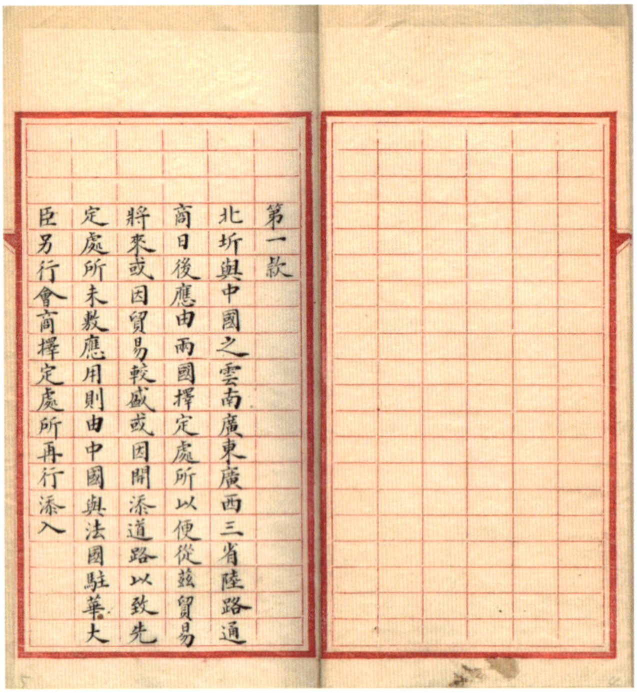
第一款
北圻與中國之雲南廣東廣西三省陸路通
商日後應由兩國擇定處所以便從茲貿易
將來或因貿易較盛或因開添道路以致先
定處所未敷應用則由中國與法國駐華大
臣另行會商擇定處所再行添入

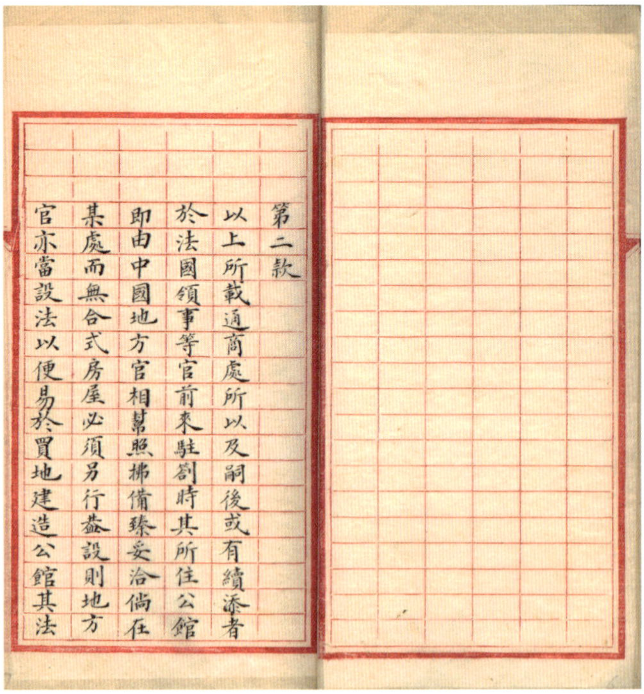
第二款
以上所載通商處所以及嗣後或有續添者
於法國領事等官前來駐劄時其所住公館
即由中國地方官相幫照拂備臻妥洽倘在
某處而無合式房屋必須另行蓋設則地方
官亦當設法以便易於買地建造公館其法

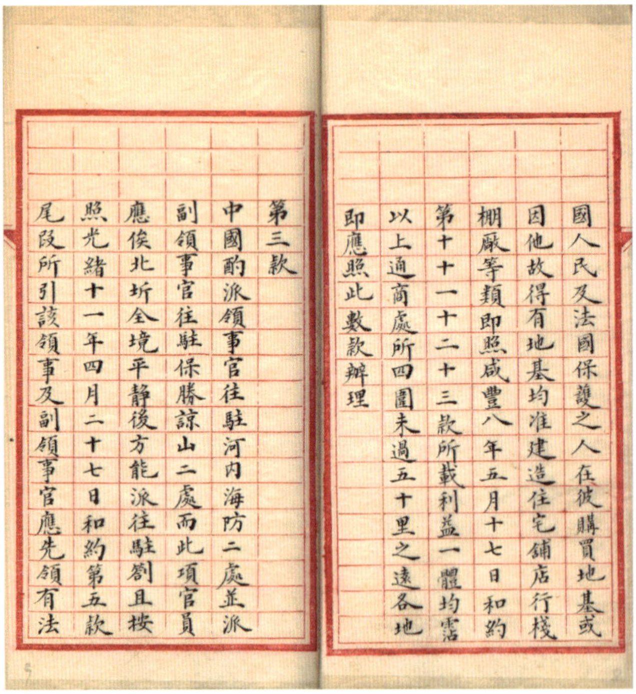
國人民及法國保護之人在彼購買地基或
因他故得有地基均准建造住宅鋪店行棧
棚廠等類即照咸豐八年五月十七日和約
第十十一十二十三款所載利益一體均霑
以上通商處所四圍未過五十里之遠各地
即應照此數款辦理
第三款
中國酌派領事官往駐河內海防二處並派
副領事官往駐保勝諒山二處而此項官員
應俟北圻全境平靜後方能派往駐劄且按
照光緒十一年四月二十七日和約第五款
尾段所引該領事及副領事官應先領有法

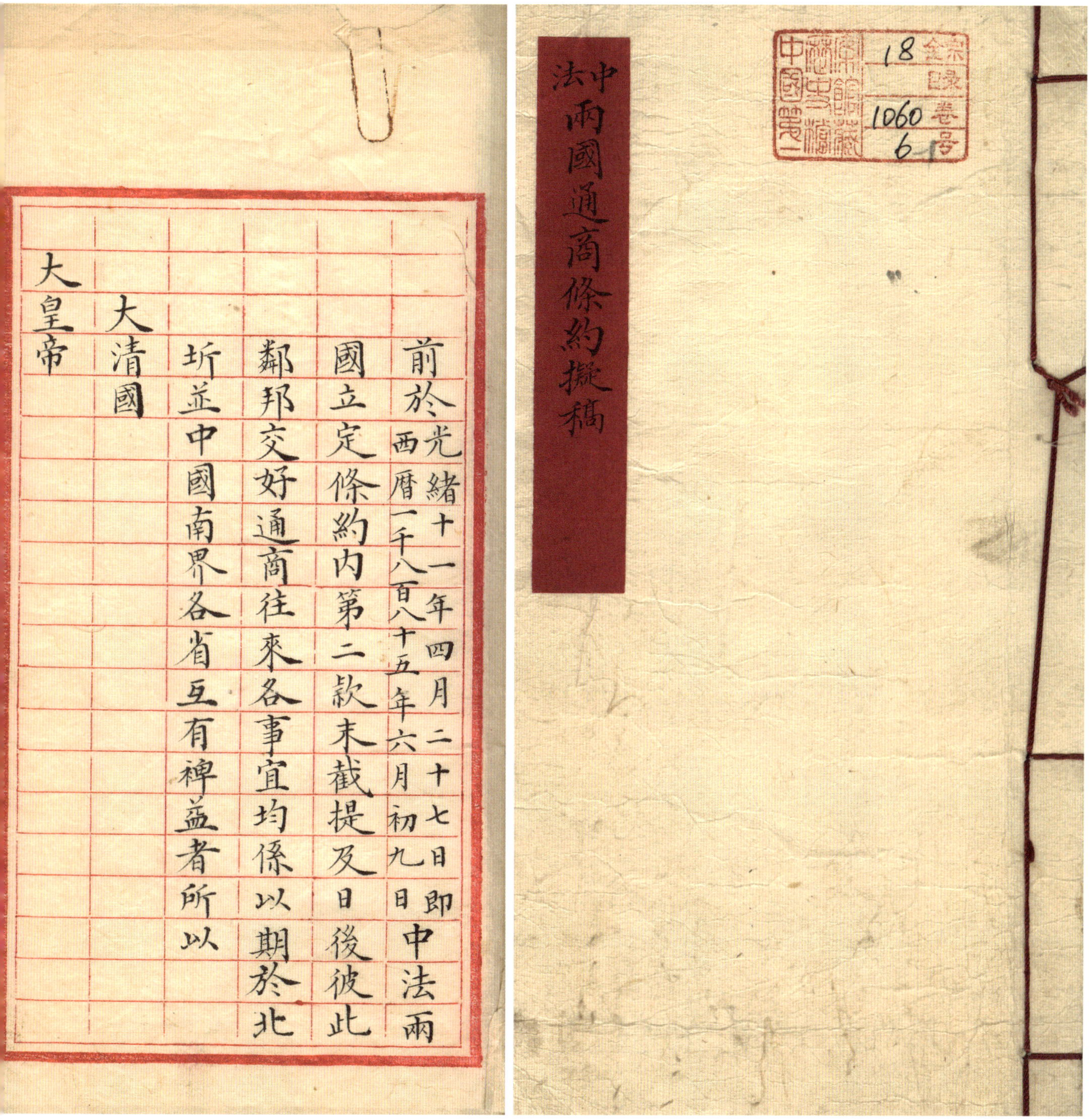

中法兩國通商條約擬稿

前於光緒十一年四月二十七日即西曆一千八百八十五年六月初九日中法兩
國立定條約內第二款末載提及日後彼此
鄰邦交好通商往來各事宜均係以期於北
圻並中國南界各省互有裨益者所以
大清國
大皇帝

总理各国事务衙门草稿（光绪十三年）

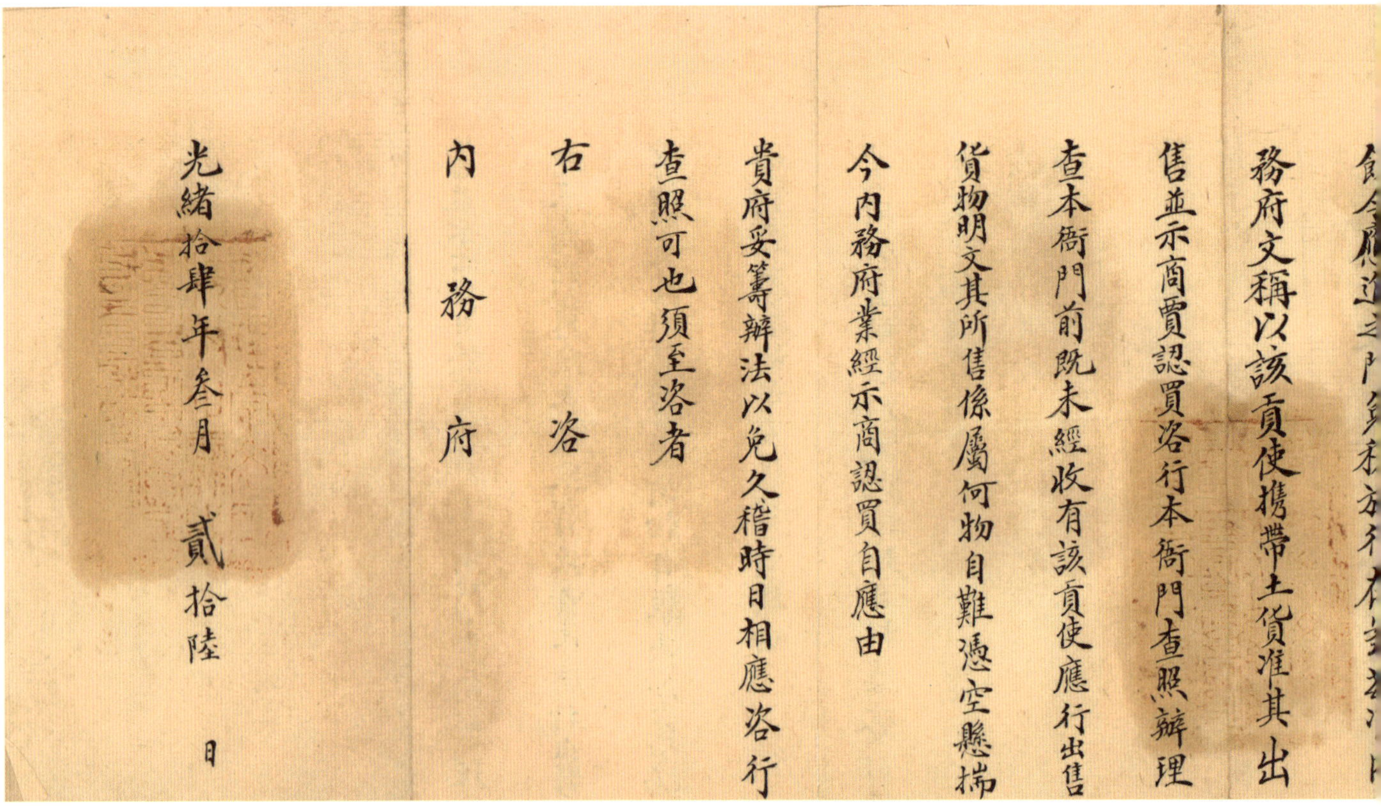

務府文稱以該貢使携帶土貨准其出
售並示商賈認買咨行本衙門查照辦理
查本衙門前既未經收有該貢使應行出售
貨物明文其所售係屬何物自難憑空懸揣
今內務府業經示商認買自應由
貴府妥籌辦法以免久稽時日相應咨行
查照可也須至咨者
右 咨
內 務 府
光緒拾肆年叁月 貳拾陸 日

督理崇文门商税事务衙门致总管内务府咨文：

为廓尔喀贡使携带土货应准售卖事

光绪十四年三月二十六日（1888 年 5 月 6 日）

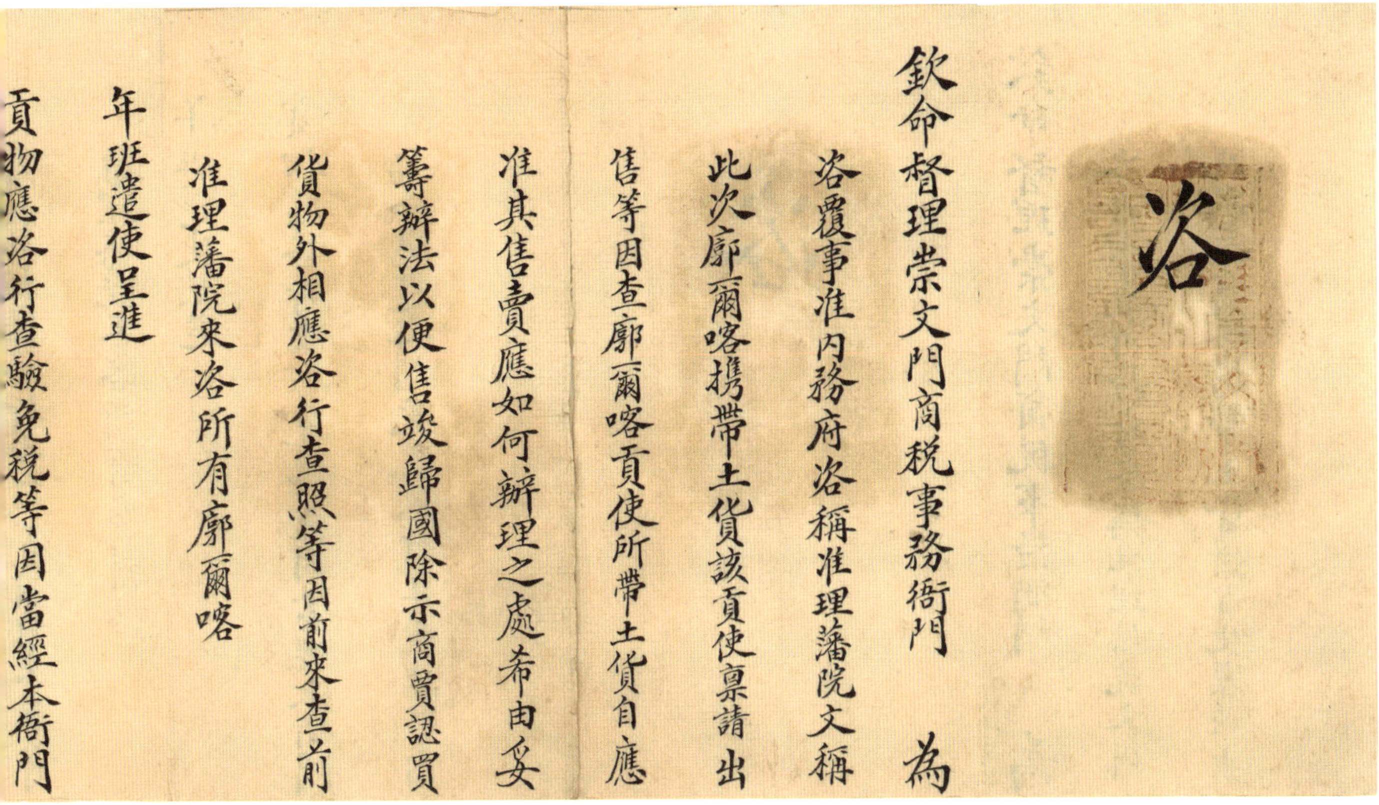
咨

欽命督理崇文門商稅事務衙門 為
咨覆事准內務府咨稱准理藩院文稱
此次廓爾喀攜帶土貨該貢使稟請出
售等因查廓爾喀貢使所帶土貨自應
准其售賣應如何辦理之處希由妥
籌辦法以便售竣歸國除示商賈認買
貨物外相應咨行查照等因前來查前
准理藩院來咨所有廓爾喀
年班遣使呈進
貢物應咨行查驗免稅等因當經本衙門

督理崇文门商税事务衙门致总管内务府咨文（光绪十四年三月二十六日）

光绪十四年（1888），廓尔喀贡使赴京朝贡，随同携带当地土货，在京期间提出出售这些土货的要求。崇文门商税事务衙门收到总管内务府咨呈后，允许廓尔喀贡使出售土货，并由商贾认买。并称此前因为没有收到廓尔喀贡使出售货物的明细，无法判断所出售的物品品种，既然总管内务府同意商贾认买，此事理应由总管内务府办理。此件档案反映了在朝贡过程中也存在贸易行为，但是这种贸易需要得到清政府的同意。

北洋大臣李鸿章电报：

为川督电藏帅咨开咱利山外通商等事

光绪十五年五月二十日（1889年6月18日）

19世纪初，英国东印度公司通过侵吞锡金、租借大吉岭，逐步将势力渗透入喜马拉雅山地区，而后以此为跳板，向今中印边界锡金段附近迈进。光绪十四年（1888），英国武装入侵西藏，遭到抵制。同年清政府派出驻藏帮办大臣升泰与英国议和，因边界划分和通商问题无法达成一致，谈判中断。光绪十五年，清政府与英国又继续进行谈判。五月二十日，李鸿章发来电报认为升泰"开导至此，已算件件遵依。特电总署，设法维持"。光绪十六年，签订了《中英会议藏印条约》，其中对于通商的事宜并没有达成一致意见。

李鸿章
（1823—1901）

收北洋大臣電 五月二十日

廿一日繕進

川督等致電准升大臣咨鈔四月念一東稿房先摘發電東等因内開前允在咱利山外通商開列條款交赫政賚去印督尚未回覆窃慮英官不允現又聞導在於藏屬納東地方通商莊番已遣蓋結指孟桃若照前議固善倘英人不允惟有斬斷葛藤免生枝節藏番似宜固執等語窃思升大臣聞導至此已莫件件遵依特電總署設法維持云滂磬辰

北洋大臣李鸿章电报（光绪十五年五月二十日）

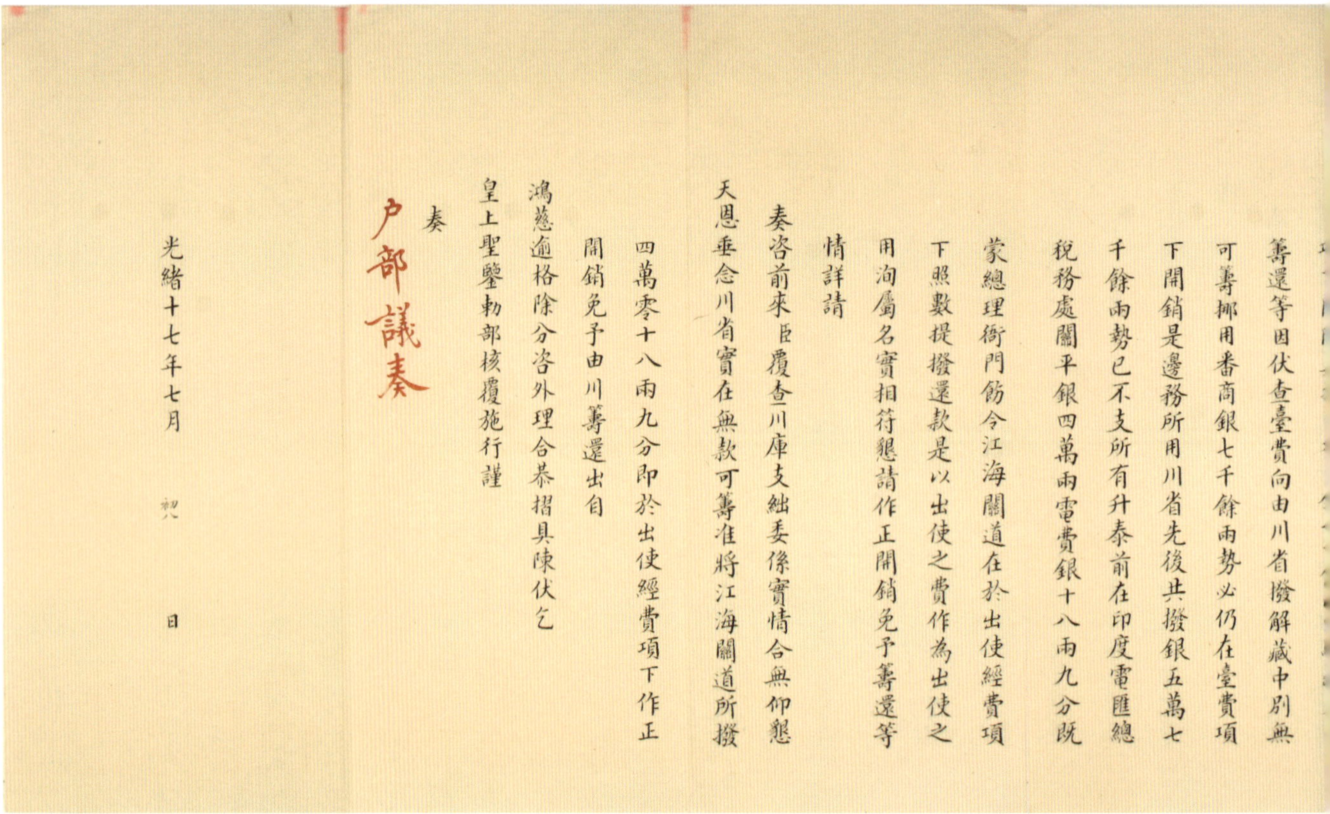

籌還等因伏查臺費向由川省撥解藏中別無
可籌挪用番商銀七千餘兩勢必仍在臺費項
下開銷是邊務所用川省先後共撥銀五萬七
千餘兩勢已不支所有升泰前在印度電匯總
稅務處關平銀四萬兩電費銀十八兩九分既
蒙總理衙門飭令江海關道在於出使經費項
下照數提撥還款是以出使之費作為出使之
用洵屬名實相符懇請作正開銷免予籌還等
情詳請
奏咨前來臣覆查川庫支絀委係實情合無仰懇
天恩垂念川省實在無款可籌准將江海關道所撥
四萬零十八兩九分即於出使經費項下作正
開銷免予由川籌還出自
鴻慈逾格除分咨外理合恭摺具陳伏乞
皇上聖鑒勅部核覆施行謹
奏
户部議奏
光緒十七年七月初八日

四川总督刘秉璋奏折：

为驻藏大臣升泰出使印度所用银两请作正开销事

光绪十七年七月初八日（1891年8月12日）

刘秉璋（1826—1905）

清代西藏地区归理藩院管理，清政府派驻藏大臣管理藏内事务，充分行使中央政府对西藏地方的完全主权。英国殖民者早在乾隆朝后期就以要求互市的名义企图向西藏渗透。光绪十四年（1888），英印殖民当局以争哲孟雄（锡金）、藏界地为名，进攻西藏，亚东、朗热等隘口失守。清政府派驻藏大臣升泰赴印度加尔各答对英谈判，放弃对哲孟雄的宗主权，承认其归英国保护，并重定藏、哲边界。光绪十六年二月二十七日，中英

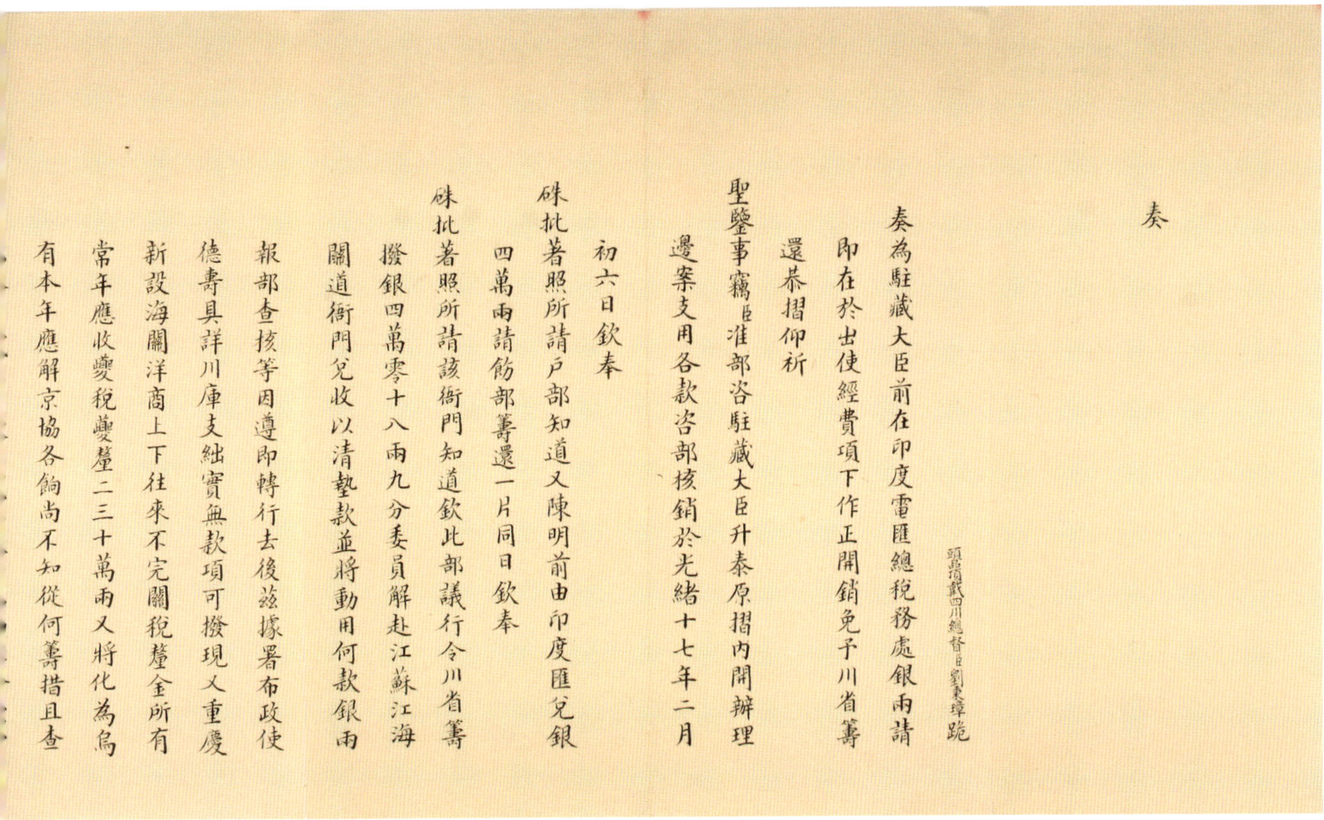
奏
頭品頂戴四川總督臣劉秉璋跪
奏為駐藏大臣前在印度電匯總稅務處銀兩請
即在於出使經費項下作正開銷免予川省籌
還恭摺仰祈
聖鑒事竊臣准部咨駐藏大臣升泰原摺內開辦理
邊案支用各款咨部核銷於光緒十七年二月
初六日欽奉
硃批著照所請戶部知道又陳明前由印度匯兌銀
四萬兩請飭部籌還一片同日欽奉
硃批著照所請該衙門知道欽此部議行令川省籌
撥銀四萬零十八兩九分委員解赴江蘇江海
關道衙門兌收以清墊款並將動用何款銀兩
報部查核等因遵即轉行去後茲據署布政使
德壽具詳川庫支絀實無款項可撥現又重慶
新設海關洋商上下往來不完關稅釐金所有
常年應收夔稅夔釐二三十萬兩又將化為烏
有本年應解京協各餉尚不知從何籌措且查

四川总督刘秉璋奏折（光绪十七年七月初八日）

双方签订条约。期间，驻藏大臣升泰出使印度所花费的四万两白银，奉朱批由户部筹还。户部商议后决定由四川筹拨四万余两解送江海关衙门支付垫款。署布政使德寿称川省财政困难，无法筹拨款项。而且重庆设关征收关税，每年应收夔税夔厘又损失二三十万两，本年的京协饷还无法凑齐。据查户部咨文驻藏大臣使用的一万两由台费项下支出，挪用番商的七千余两由驻藏大臣筹还。台费都是由四川省拨付，因为藏中无款可筹，挪用番商的七千余两势必会从台费项下支出。当前四川省拨付了五万七千余两用作边务，已经无法支撑。此前升泰在印度使用的四万余两白银，请总理各国事务衙门令江海关道在出使经费项下拨付，并作为正项开销，免除由四川省筹款归还。

唐绍仪（1863—1938）

议约大臣唐绍仪致外务部咨呈：

为拟由津海关支领赴印度经费四万两请于汇解沪关使费项下划抵事

光绪三十年十月十六日（1904年11月22日）

外务部致议约大臣唐绍仪咨稿：

为准在津海关支领赴印度经费四万两事

光绪三十年十月十六日（1904年11月22日）

光绪三十年（1904），议约大臣唐绍仪奉命取道西藏前往印度与英国所派大臣商议藏印条约，按例出使经费多由江海关道衙门支领。因津海关有应解送江海关出使经费的款项，故此，希望可以由津海关就近先行支领四万两公用，所出款项可以由应解送江海关的出使经费项目下划抵。外务部同意由津海关先行支领四万两，若不敷使用，后续还需要向外务部提交咨呈，由江海关按照规定汇解。这组档案反映了当时在与英属印度商谈藏印条约时，中方使臣的费用及来源。

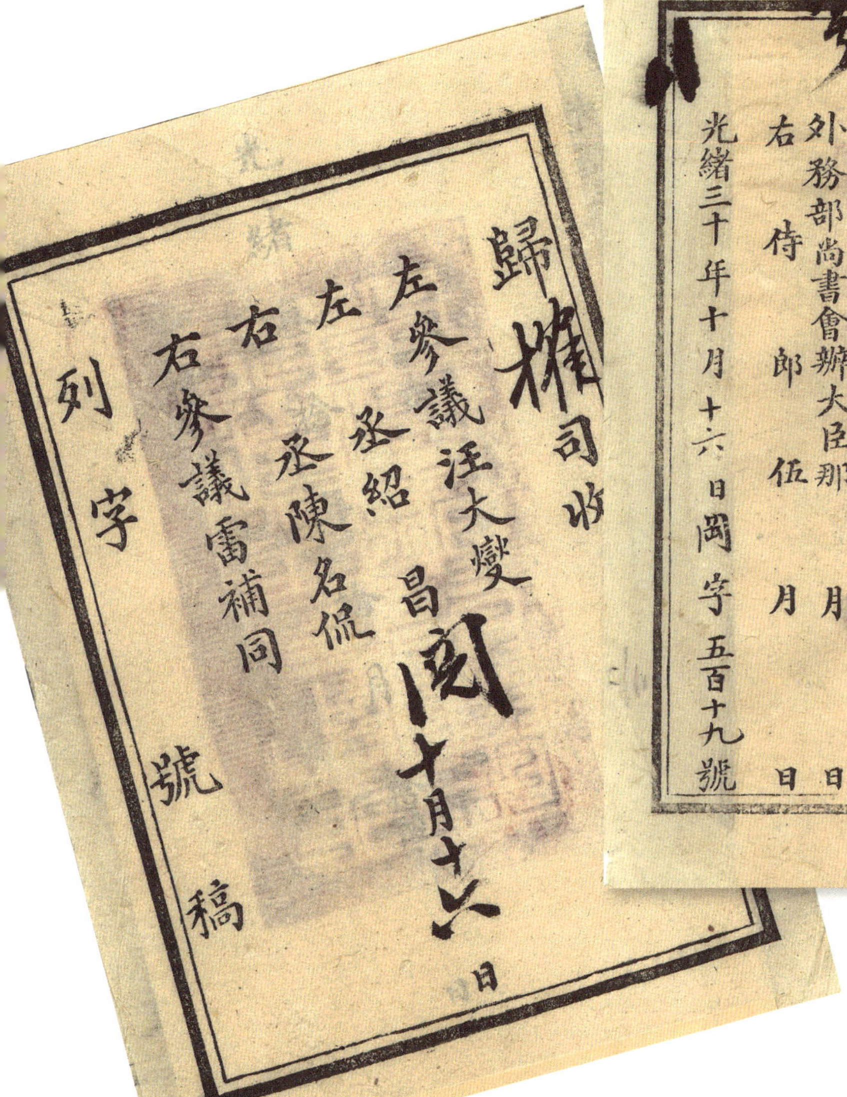
歸權司收

左參議汪大燮 閱 十月十六日

左丞紹昌

右丞陳名侃

右參議雷補同

列字　號稿

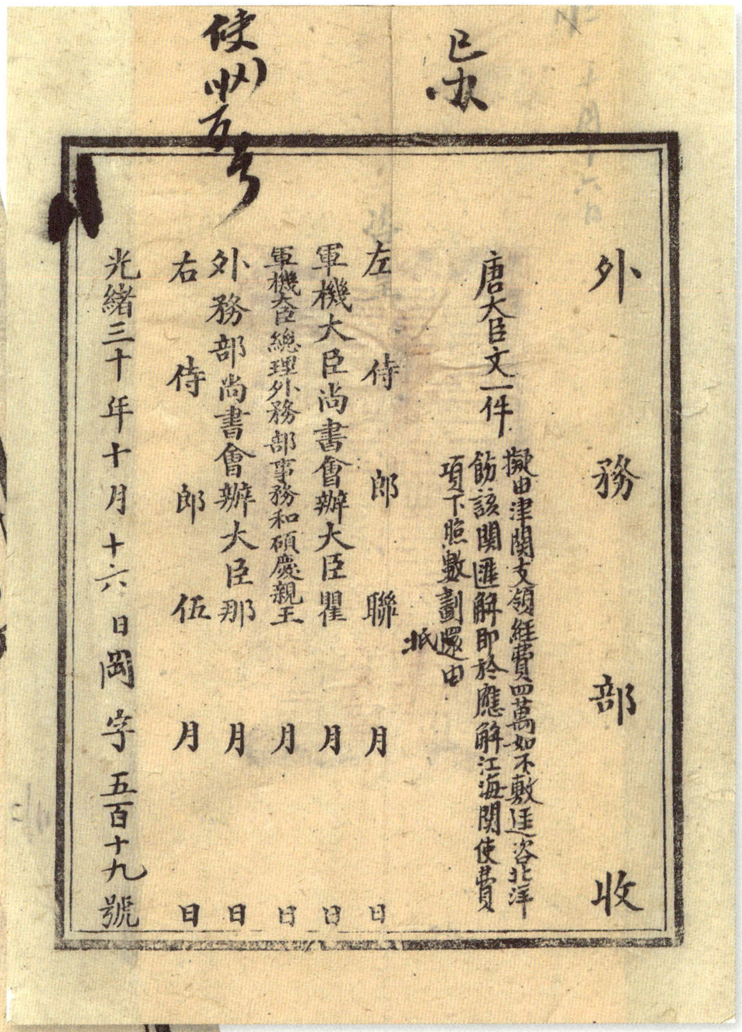
外務部收

唐大臣文一件 擬由津關支領經費四萬如不敷逕咨北洋飭該關匯解即於應解江海關使費項下照數劃還由

左侍郎聯　月　日

軍機大臣尚書會辦大臣瞿　月　日

軍機大臣總理外務部事務和碩慶親王　月　日

外務部尚書會辦大臣那　月　日

右侍郎伍　月　日

光緒三十年十月十六日閱字五百十九號

處准由本大臣隨時迅咨

北洋大臣轉飭津海關道陸續匯解以歸一律除俟差竣

後照案將實支數目另文報銷外相應咨呈

大部謹請轉咨

北洋大臣札飭津海關道陸續支發匯解即於應解江海

關出使經費項下照數劃抵實為公便須至咨呈者

右　咨　呈

外　務　部

光緒　　　　日

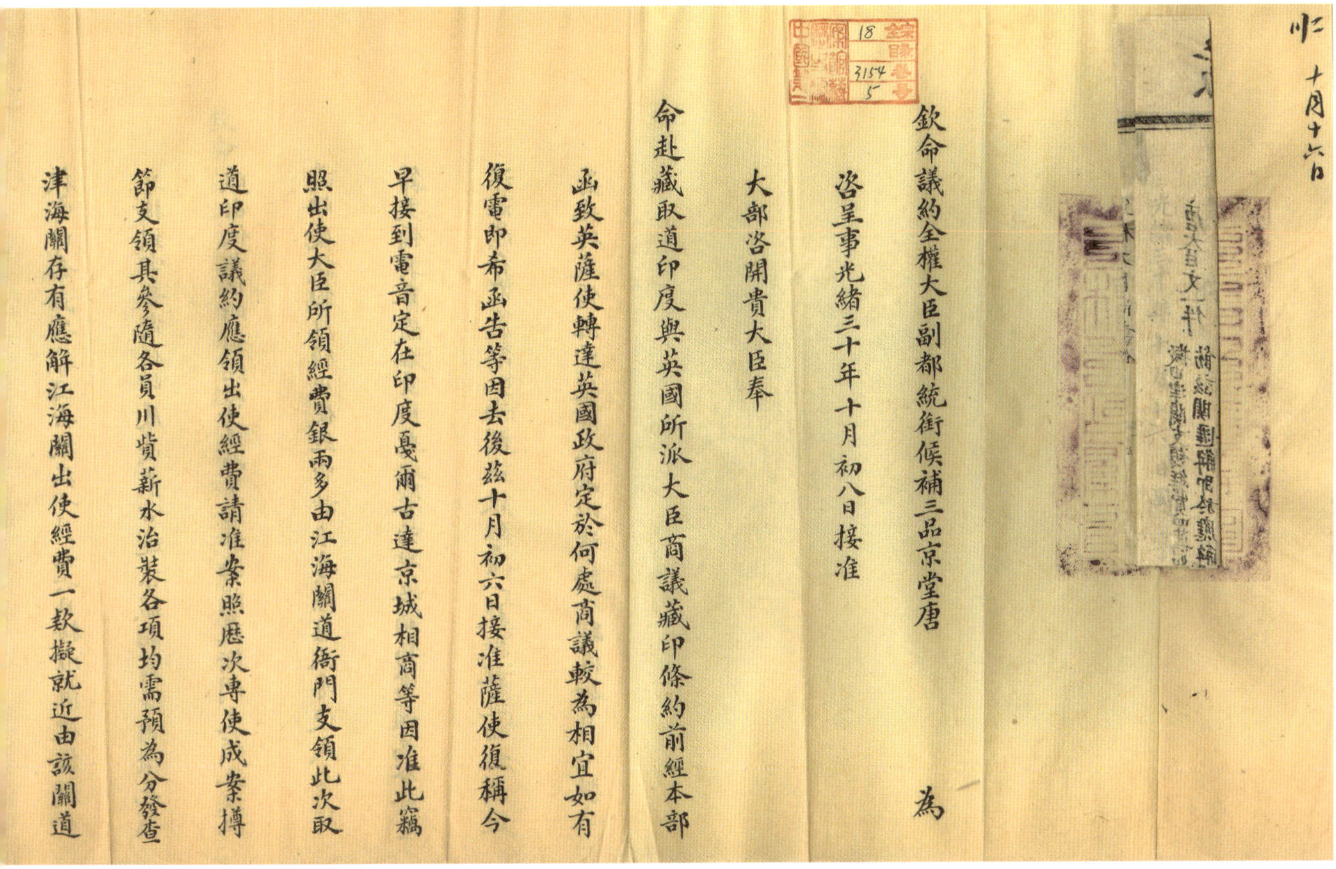
忙 十月十六日

欽命議約全權大臣副都統銜候補三品京堂唐　為
咨呈事光緒三十年十月初八日接准
大部咨開貴大臣奉
命赴藏取道印度與英國所派大臣商議藏印條約前經本部
函致英薩使轉達英國政府定於何處商議較為相宜如有
復電即希函告等因去後茲十月初六日接准薩使復稱今
早接到電音定在印度憂爾古達京城相商等因准此竊
照出使大臣所領經費銀兩多由江海關道衙門支領此次取
道印度議約應領出使經費請准案照歷次專使成案撙
節支領其參隨各員川資薪水治裝各項均需預為分發查
津海關存有應解江海關出使經費一款擬就近由該關道

议约大臣唐绍仪致外务部咨呈（光绪三十年十月十六日）

呈為咨復事光緒三十年十月十六日准

咨稱本大臣奉

命赴

藏應領出使經費請准案照歷次專使成案撙節支領其參

隨各員川資薪水治裝各項均需預為分發查津海關存有

應解江海關出使經費一款擬就近由該關道署先行支領

經費銀四萬兩以資辦公嗣後如有不敷之處准由本大臣

隨時逕咨北洋大臣轉飭津海關道陸續匯解以歸一律

應請轉咨北洋大臣札飭津海關陸續支發匯解即於應

解江海關出使經費項下照數劃抵等因前來本部查出

使經費一項向由各關提解江海關存儲聽候本部指撥

此次

貴大臣赴藏應需經費銀四萬兩既請就近先由津海關

支領仍於應解江海關使費項下照數劃抵自可准行惟嗣

後有不敷之處仍由

貴大臣咨明本部轉飭江海關道照數匯解以符定章除

咨北洋大臣轉飭津海關道照撥經費銀四萬兩並分咨南

洋大臣轉飭江海關道遵照外相應咨復

貴大臣查照並將收到經費日期聲復本部備案可也須

至咨者

赴藏大臣唐

光緒三十年十月　日

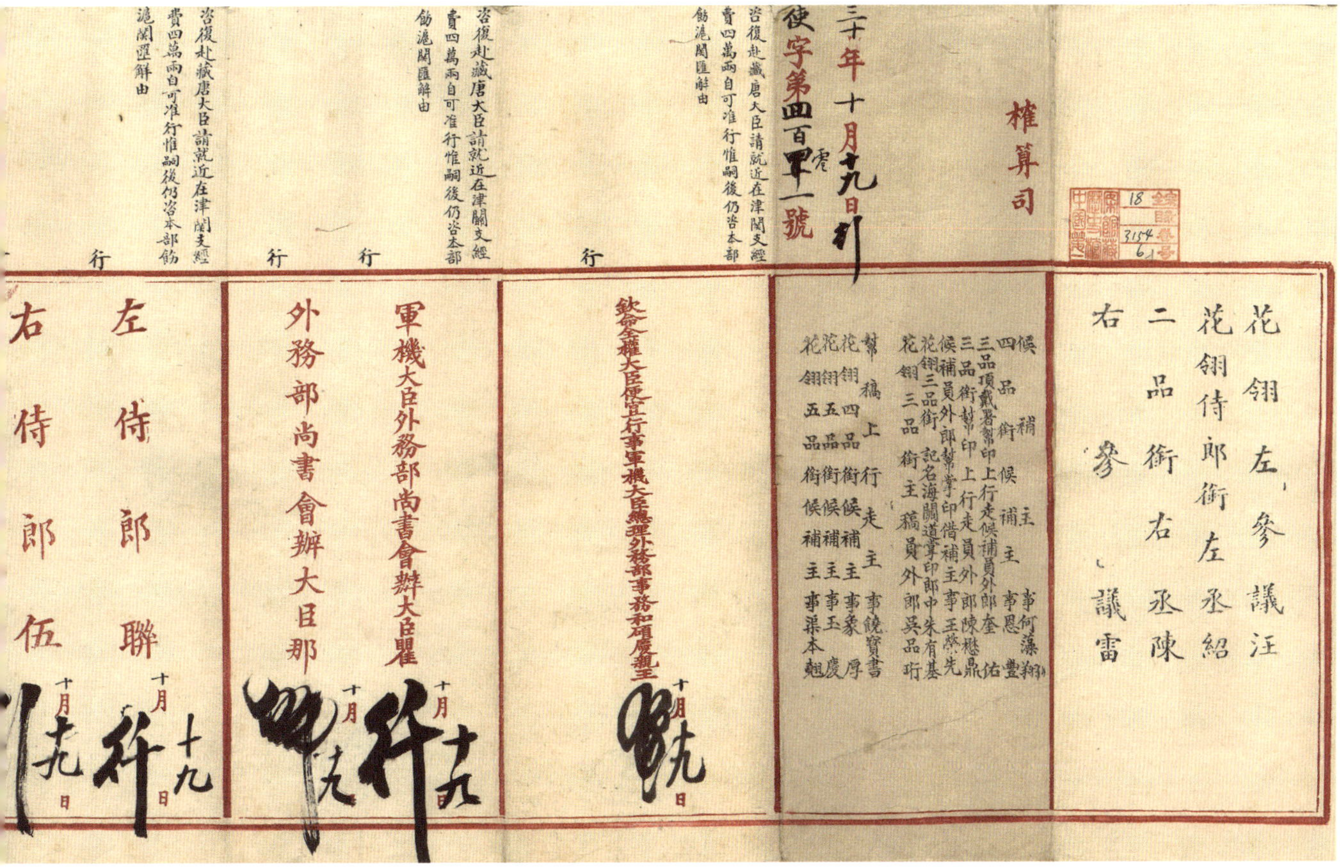

外务部致议约大臣唐绍仪咨稿（光绪三十年十月十六日）

權

関擬解江海関本備聽候本部指撥此次

貴大臣赴滬應需經費銀肆萬兩既請就近先由津海関支領

仍於應解江海関經費項下照數劃抵自可准行惟

劃收有不敷之處仍由

貴大臣咨行本部轉飭江海関道照數匯解以符

定章除咨北洋大臣轉飭津海関道照撥經費銀肆萬兩

並分咨南洋大臣轉飭江海関道遵照外相應咨復

貴大臣查照屆時將收到經費日期聲復本部備案可也

須至咨者

咨復赴滬唐大臣請就近在津海関支經費四萬兩自可准行惟劃收仍咨本部飭滬関匯解由

堂批

閱定 十月十六日

為咨復事光緒三十年十月十六日准

咨稱本大臣奉

命赴藏應領出使經費請准案照歷次專使成案指撥一節支

領其川藏隨員薪水治裝各項均需預為分撥

查津海關本有應解江海關出使經費一款擬就近由

該關道署先行支領經費銀肆萬兩以資辦公嗣後此

有不敷之處准由本大臣隨時逕咨北洋大臣轉飭津海

關道陸續匯解以歸一律應請轉咨北洋大臣札飭津

海關陸續支發匯解即於應解江海關出使經費項下

[illegible]等因前來本部[illegible]

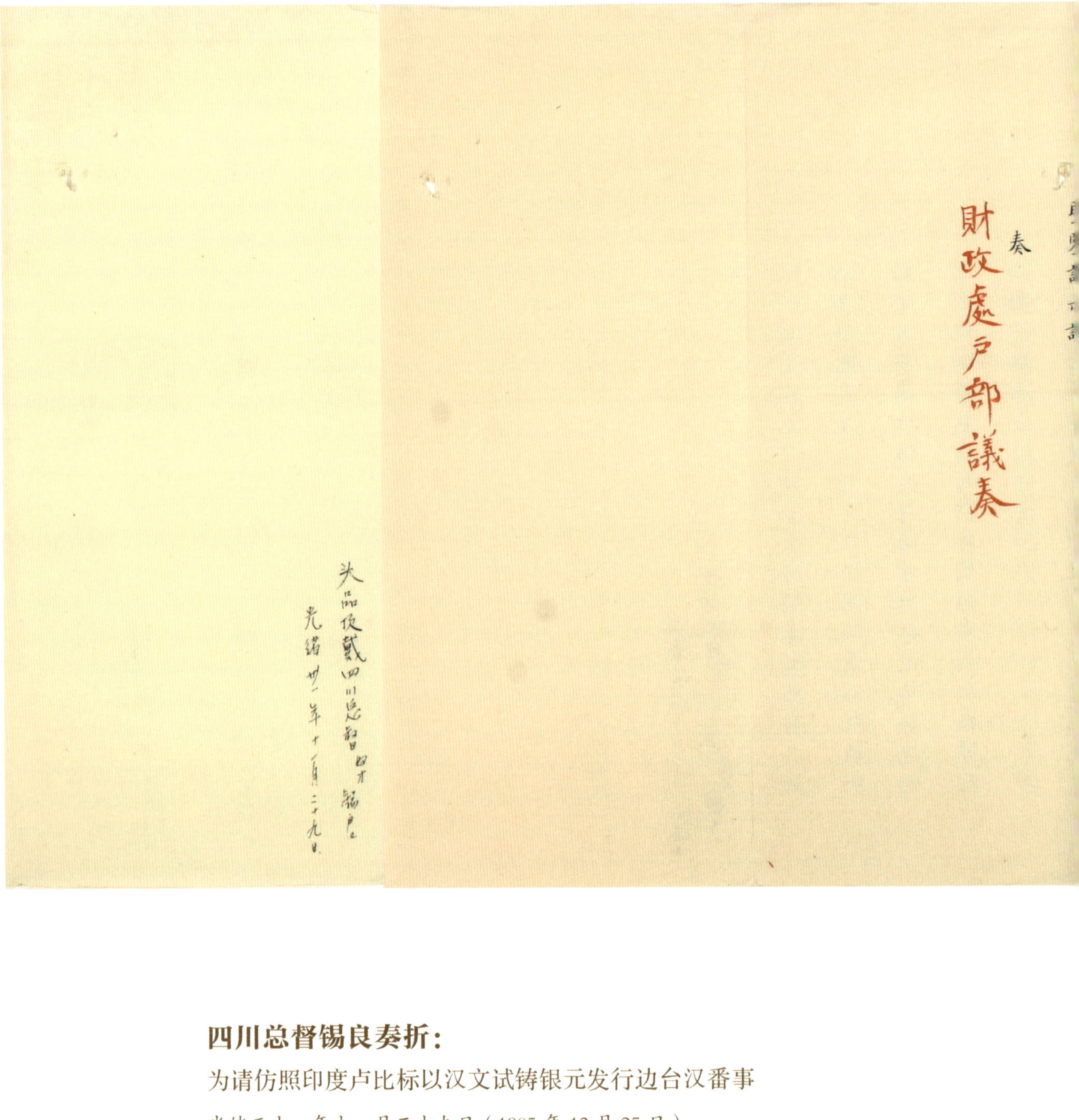

四川总督锡良奏折：

为请仿照印度卢比标以汉文试铸银元发行边台汉番事

光绪三十一年十一月二十九日（1905 年 12 月 25 日）

钦命会同户部办理财政事宜王大臣致外务部咨文：

为会奏遵议川督请仿造印度卢比通行卫藏一折录旨

抄奏遵照事

光绪三十二年二月初十日（1906 年 3 月 4 日）

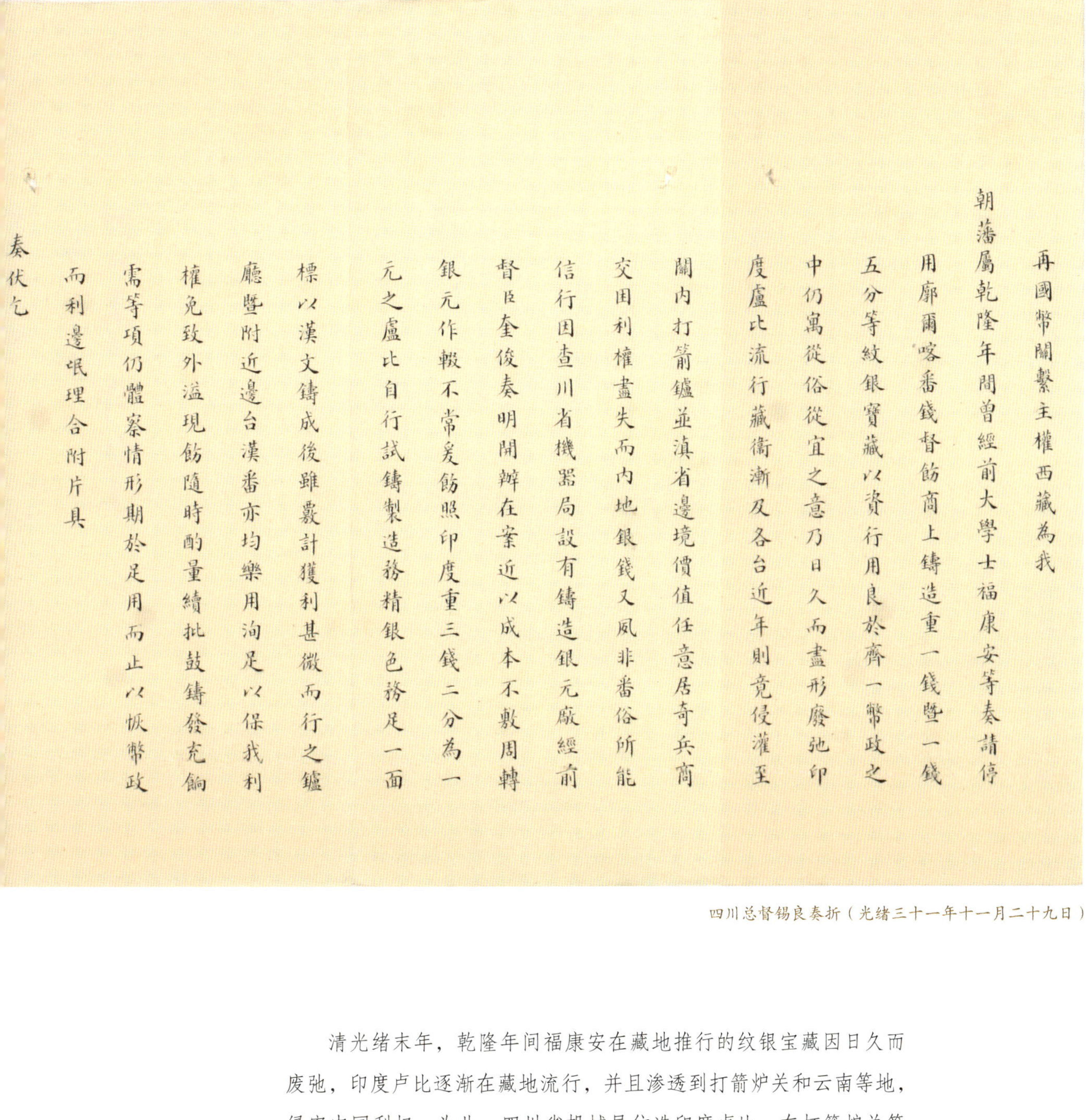
再國幣關繫主權西藏為我
朝藩屬乾隆年間曾經前大學士福康安等奏請停
用廓爾喀番錢督飭商上鑄造重一錢暨一錢
五分等紋銀寶藏以資行用良於齊一幣政之
中仍寓從俗從宜之意乃日久而盡形廢弛印
度盧比流行藏衛漸及各台近年則竟侵灌至
關內打箭鑪並滇省邊境價值任意居奇兵商
交困利權盡失而內地銀錢又夙非番俗所能
信行因查川省機器局設有鑄造銀元廠經前
督臣奎俊奏明開辦在案近以成本不敷周轉
銀元作輟不常爰飭照印度重三錢二分為一
元之盧比自行試鑄製造務精銀色務足一面
標以漢文鑄成後雖覈計獲利甚微而行之鑪
廳暨附近邊台漢番亦均樂用洵足以保我利
權免致外溢現飭隨時酌量續批鼓鑄發充餉
需等項仍體察情形期於足用而止以恢幣政
而利邊氓理合附片具
奏伏乞

四川总督锡良奏折（光绪三十一年十一月二十九日）

清光绪末年，乾隆年间福康安在藏地推行的纹银宝藏因日久而废弛，印度卢比逐渐在藏地流行，并且渗透到打箭炉关和云南等地，侵害中国利权。为此，四川省机械局仿造印度卢比，在打箭炉关等处流通使用。以此避免洋钱侵入，维护国家利权。在铸币过程中加强铸币工艺，保证货币足色，使当地人乐于使用，对恢复币政和便于边民使用都有益处。仿制的印度卢比只允许在西藏及附近地区流通，内地因为情况不同不得铸造仿制印度卢比。慈禧太后和光绪帝批准了这一做法。此组档案反映出清末中国西藏地区与英属印度之间的贸易已经十分普遍。

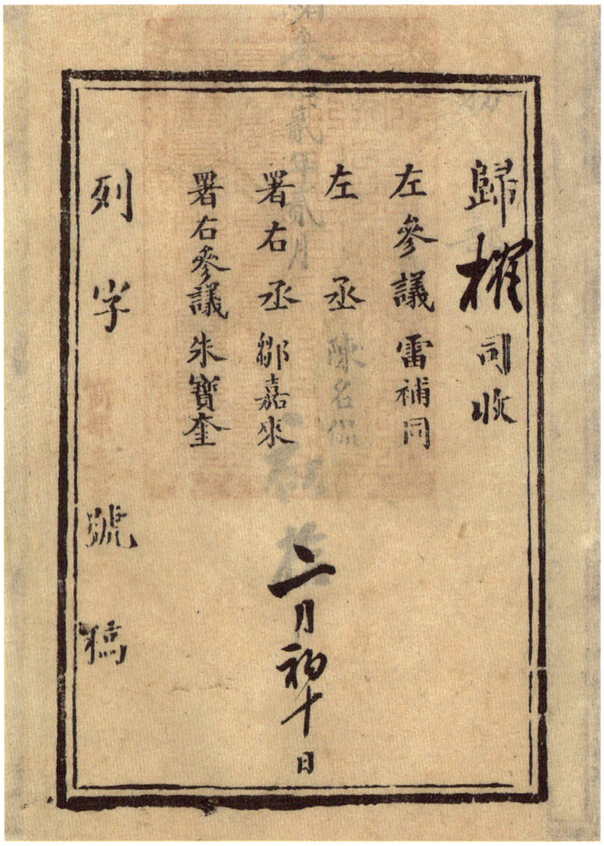
歸檔司收
左參議 雷補同
左 丞
署右丞 鄒嘉來
署右參議 朱寶奎
二月初十日
列字 號 稿

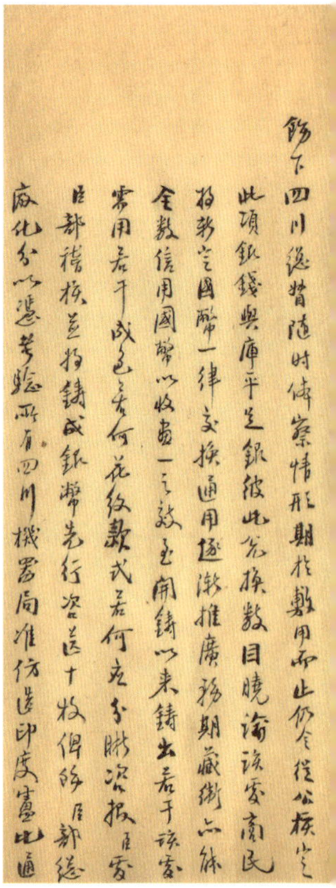
飭下四川總督隨時體察情形期於敷用而止仍令從公核定
此項銀錢與庫平足銀彼此兌換數目曉諭該處商民
均務以國幣一律交換通用逐漸推廣務期藏衛亦能
全數信用國幣以收畫一之效至開鑄以來鑄出若干該處
需用若干成色若何花紋款式若何應分晰咨報臣處
臣部稽核並將鑄成銀幣先行咨送十枚俾臣部總
廠化分以憑考驗所有四川機器局准仿造印度盧比通

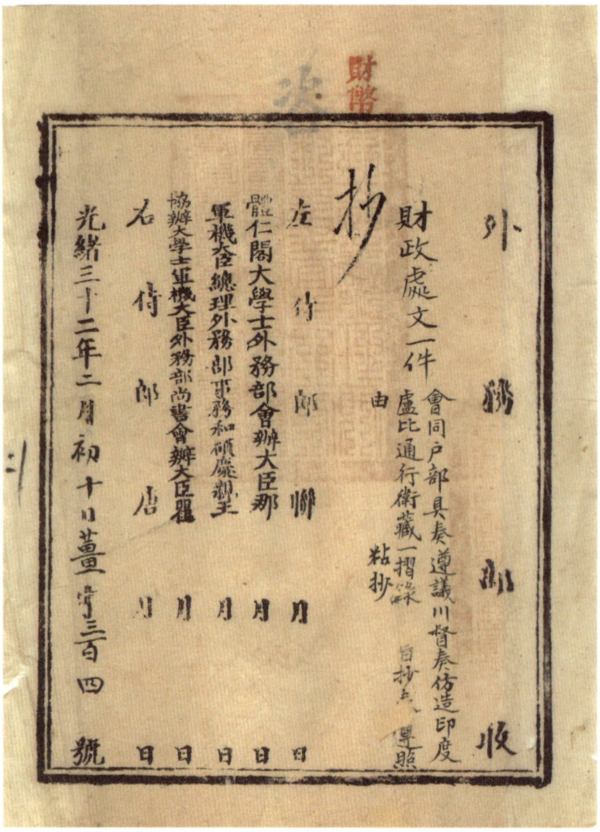
財幣
外務部收
財政處文一件 會同户部具奏遵議川督奏仿造印度盧比通行衛藏一摺錄旨抄單遵照 由
粘抄
抄
左侍郎 聯 月 日
體仁閣大學士外務部會辦大臣那 月 日
軍機大臣總理外務部事務和碩慶親王 月 日
協辦大學士軍機大臣外務部尚書會辦大臣瞿 月 日
右侍郎 唐 月 日
光緒三十二年二月初十日 畫字三百四號

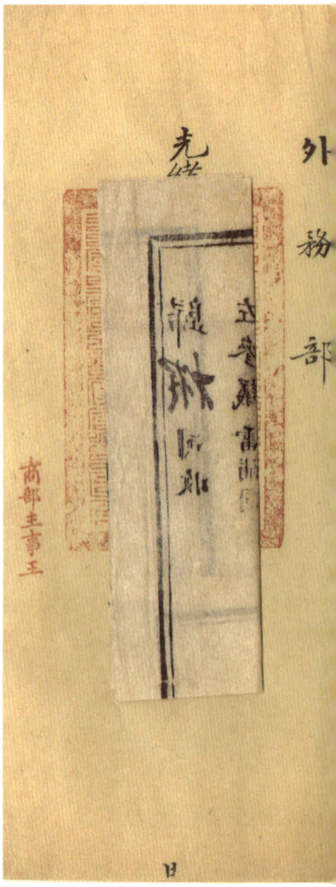
外務部
光緒
商部主事王

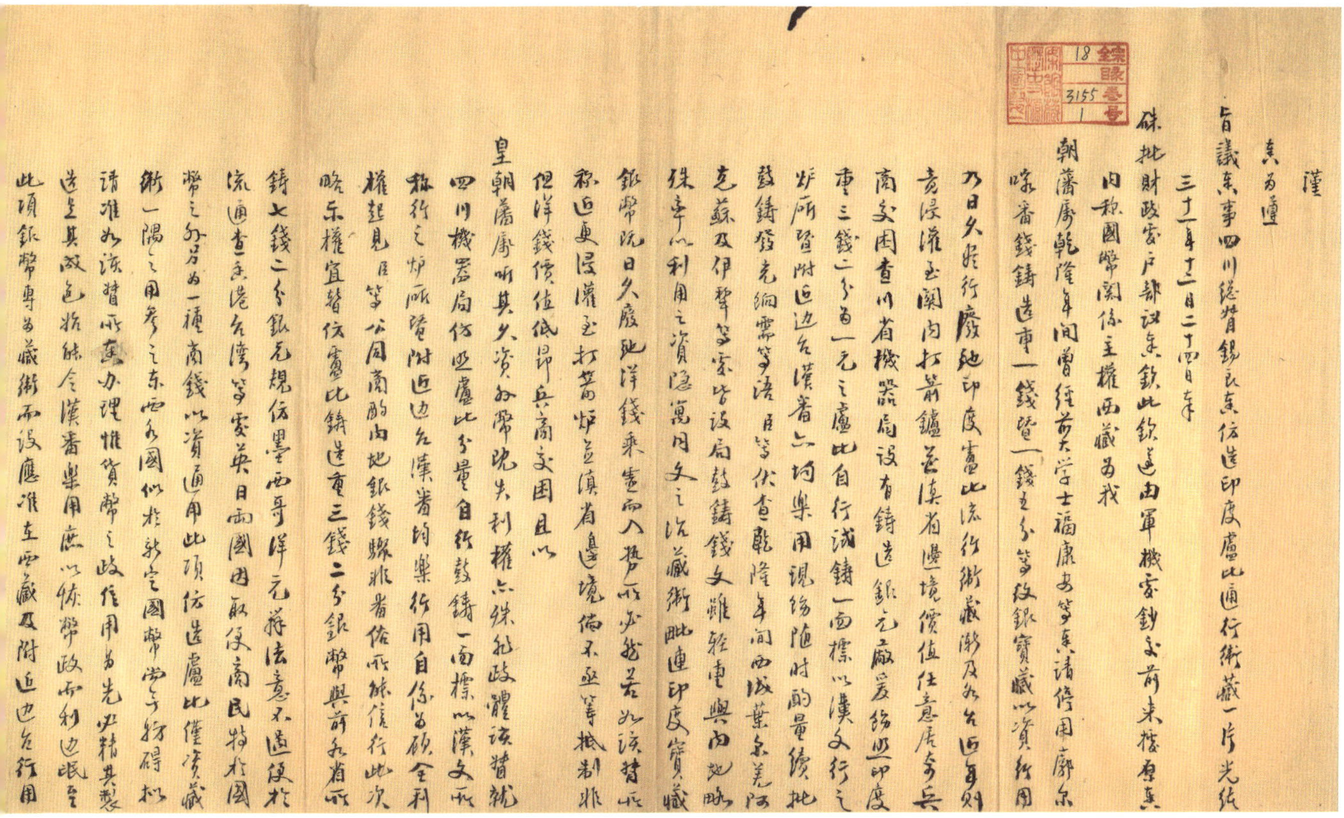

謹
奏為遵
旨議奏事四川總督錫良奏仿造印度盧比通行衛藏一片光緒
三十一年十二月二十四日奉
硃批財政處戶部議奏欽此欽遵由軍機處鈔交前來據原奏
內稱國幣關係主權西藏為我
朝藩屬乾隆年間曾經前大學士福康安等奏請停用廓爾
喀番錢鑄造重一錢暨一錢五分等銀寶藏以資行用
乃日久廢弛印度盧比流行衛藏漸及各近邊州
縣浸淫至關內打箭爐並滇省邊境價值任意居奇兵
商交困查川省機器局設有鑄造銀元廠爰飭照印度
重三錢二分為一元之盧比自行試鑄一面標以漢文行之
爐所暨附近邊各漢番亦均樂用現飭隨時酌量續批
鼓鑄發充餉需等語臣等伏查乾隆年間西域葉爾羌阿
克蘇及伊犁等處皆設局鼓鑄錢文雖輕重與內地略
殊要以利用之資隱寓同文之治藏衛毗連印度寶藏
銀幣既日久廢弛洋錢乘虛而入勢所必然若如該督所
稱近更浸灌至打箭爐並滇省邊境倘不亟籌抵制非
但洋錢價值低昂兵商交困且以
皇朝藩屬聽其久資外幣況失利權亦殊於政體該督就
四川機器局仿照盧比分量自行鼓鑄一面標以漢文所
稱行之爐所暨附近邊各漢番均樂行用自係為顧全利
權起見臣等公同商酌內地銀錢縣非省所能行此次
暫示權宜暫仿盧比鑄造重三錢二分銀幣與前奏省所
鑄七錢二分銀元規仿墨西哥洋元者法意不遠侵於
流通查香港各埠等處英日兩國因取便商民特於國
幣之外另為一種商錢以資通用此項仿造盧比僅資藏
衛一隅之用參之東西各國似於新定國幣當無窒礙擬
請准如該督所奏辦理惟貨幣之政作用為先必精其製
造並其成色務能令漢番樂用庶以統幣政而利邊氓至
此項銀幣專為藏衛而設應准在西藏及附近邊各行用

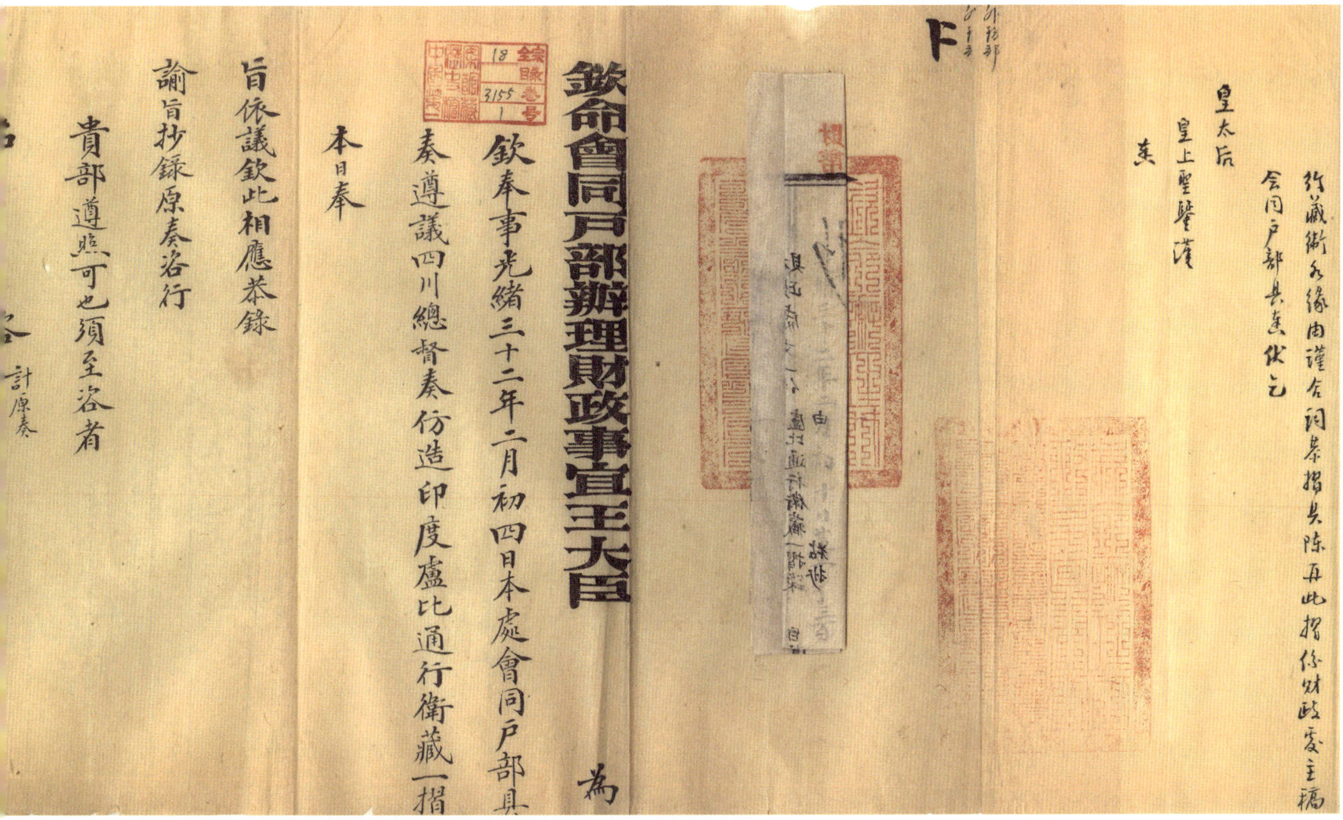

行藏衛各緣由謹會同恭摺具陳再此摺係財政處主稿
會同戶部具奏伏乞
皇太后
皇上聖鑒謹
奏
欽命會同戶部辦理財政事宜王大臣　為
欽奉事光緒三十二年二月初四日本處會同戶部具
奏遵議四川總督奏仿造印度盧比通行衛藏一摺
本日奉
旨依議欽此相應恭錄
諭旨抄錄原奏咨行
貴部遵照可也須至咨者
計原奏

钦命会同户部办理财政事宜王大臣致外务部咨文（光绪三十二年二月初十日）

署理两江总督周馥致外务部咨呈：

为咨送郑世璜考察锡兰印度茶务情形书请查照事

光绪三十一年十二月（1906 年 1 月）

鸦片战争以后，中国的茶叶国际贸易迎来了一个繁盛时期。但到了 19 世纪后期，随着印度、锡兰等新兴产茶国的崛起，中国在世界茶叶市场中的份额急遽减少，迫使中国社会各阶层在清末民初采取一系列挽救华茶的措施。光绪三十一年（1905），南洋大臣、两江总督周馥派江苏道员郑世璜等人赴印度、锡兰考察茶业，这次考察侧重在茶叶的种植、焙制。光绪三十二年，周馥根据郑世璜等人的汇报向外务部递送咨呈，主要陈述了华茶面临的各种困境，同时还提出了一些应对措施。虽然这次茶业海外考察没有能够从根本上扭转华茶衰落的命运，但对中国近现代茶业产生了持续、广泛、深刻的影响，在一定程度上推动了中国茶业的发展。

清代制茶工厂（约 1820 年）

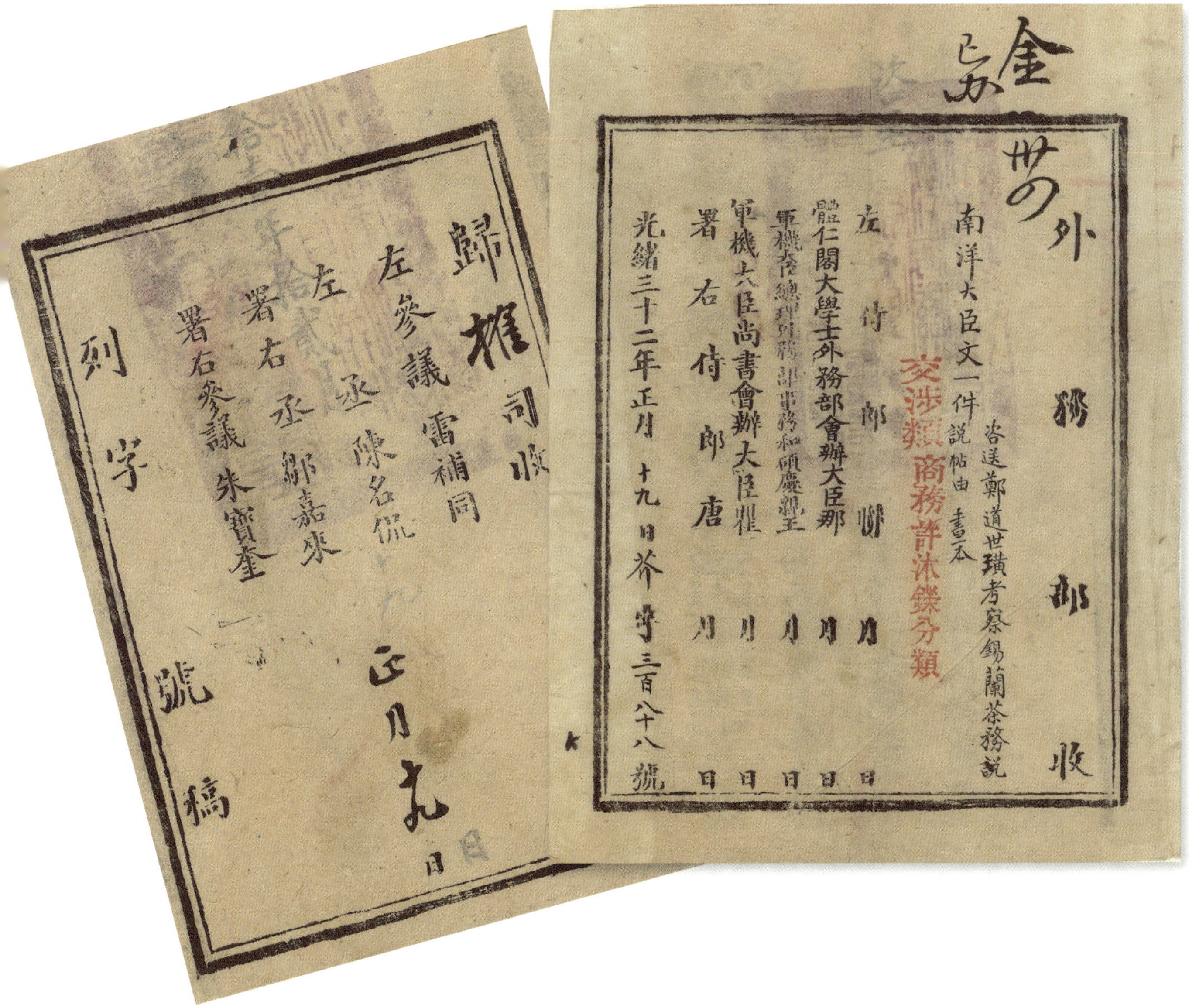
金
已承
外務部收 廿の
咨送鄭道世璜考察錫蘭茶務說帖由
南洋大臣文一件 說帖 書一本
交涉類 商務 許沐鍒分類
左侍郎聯 月日
體仁閣大學士外務部會辦大臣那 月日
軍機大臣總理外務部事務和碩慶親王 月日
軍機大臣尚書會辦大臣瞿 月日
署右侍郎唐 月日
光緒三十二年正月十九日莽字三百八十八號

歸榷司收
左參議雷補同
左丞陳名侃
署右丞鄒嘉來
署右參議朱寶奎
正月九日
列字 號 稿

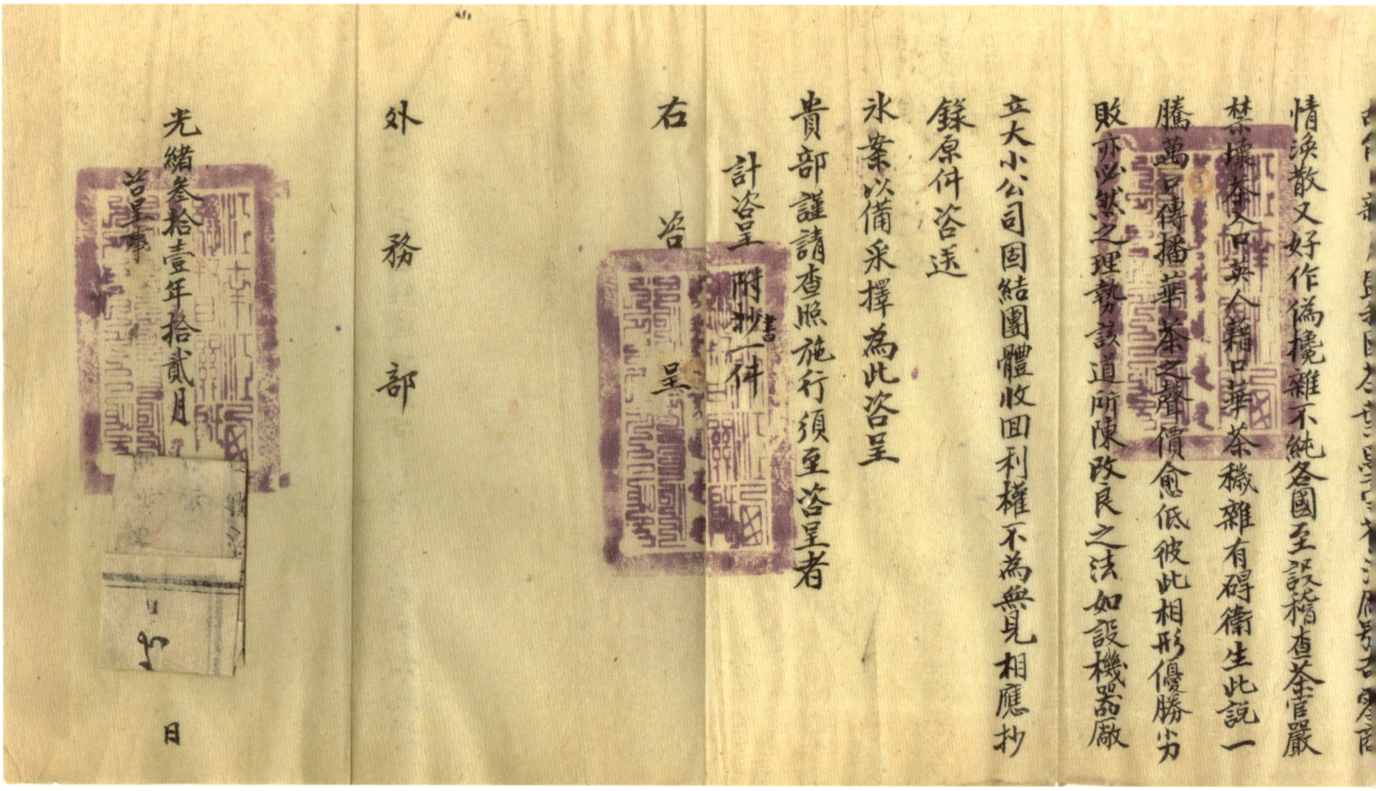
情涣散又好作偽攙雜不純各國至設稽查茶官嚴
禁攙雜入口英人藉口華茶穢雜有碍衛生此說一
騰萬口傳播華茶之聲價愈低彼此相形優勝劣
敗亦必然之理勢該道所陳改良之法如設機器廠
立大小公司固結團體收回利權不為無見相應抄
錄原件咨送
冰案以備采擇為此咨呈
貴部謹請查照施行須至咨呈者
計咨呈 附抄書一件
右 咨 呈
外 務 部
光緒叁拾壹年拾貳月 日
咨呈事

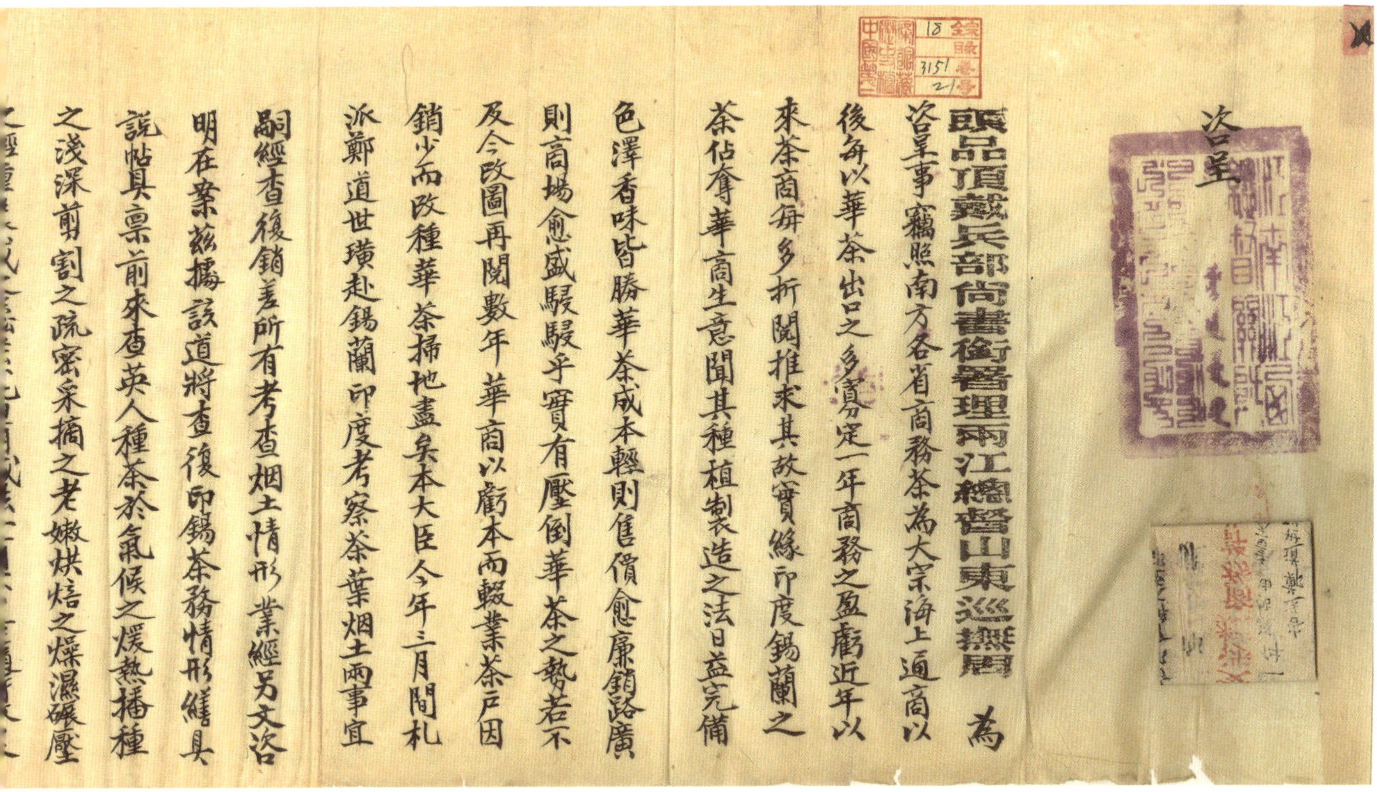
咨呈

頭品頂戴兵部尚書銜署理兩江總督山東巡撫周 為

咨呈事竊照南方各省商務茶為大宗海上通商以後每以華茶出口之多寡定一年商務之盈虧近年以來茶商每多折閱推求其故實緣印度錫蘭之茶佔奪華商生意聞其種植製造之法日益完備色澤香味皆勝華茶成本輕則售價愈廉銷路廣則商場愈盛駸駸乎實有壓倒華茶之勢若不及今改圖再閱數年華商以虧本而輟業茶戶因銷少而改種華茶掃地盡矣本大臣今年三月間札派鄭道世璜赴錫蘭印度考察茶葉烟土兩事宜嗣經查覆銷差所有考查烟土情形業經另文咨明在案茲據該道將查復印錫茶務情形繕具說帖具稟前來查英人種茶於氣候之煖熱播種之淺深剪割之疏密采摘之老嫩烘焙之燥濕碾壓

署理两江总督周馥致外务部咨呈（光绪三十一年十二月）

考查印錫種茶製茶情形書

卅四 正月十九日

謹將派員赴錫蘭印度考察種茶製茶事宜分列條款呈
覽

一沿革　查英人種茶先種於印度後移之錫蘭其初覓茶種於日本日人拒之繼又至我國之湖南始求得之並重金僱我國之人前往教導種植製造諸法迄今六十餘年英人鋭意擴充於化學中研究色澤香味於機器上改良碾切烘篩加以火車輪船之交通公司財力之雄厚政府奬勵之切實故轉運便而商場日盛成本輕而售價愈廉駸駸乎有壓倒華茶之勢

一氣候　查錫蘭高山距赤道自六度至八度地氣炎熱雨量最多草木不凋四時如夏土質高山含赤色而中雜砂石低山砂石略少茶葉通年有採生長甚速高山每英畝年可出乾茶五百五十磅全島每年出茶一百五十兆磅　印度產茶地方極廣其北境之大吉嶺原名大脊嶺距赤道二十七度三分山高七千七百英尺本從前中國藩屬哲孟雄地（哲孟雄西名息根姆又名西金）天氣同於中國夏秋之間雨霧最重正臘之間冰雪亦多土質同於錫蘭茶自西四月上旬起至西十二月上旬均有葉可採山高三千八百英尺地每英畝年可出乾茶二百四十一磅山高六千英尺以上地每英畝年可出乾茶一百九十七磅每年全嶺產茶之數一千一百七十九萬四千　磅合

印度錫蘭兩地每年出乾茶有三百九十兆磅之譜

一局廠　查錫蘭島除海濱盡種椰樹北面平田盡栽禾稻外其餘高山之地幾盡闢茶園茶廠大小有三百餘所大吉嶺自西里古里山麓起至山巔五十一英里盡種茶樹茶廠有二十餘處製茶公司資本至少三十萬金至百萬金工人除山上採工外廠內工人甚簡大約日製茶千磅之廠廠內工人不過十二三名日製茶三千磅之廠廠內工人不過三十八九名緣機製較人工省力懸殊也

一茶價　查印度錫蘭均製紅茶（製綠茶廠止一二處）色濃味強西人嗜之實則色淡而味純者亦頗寶貴故上山高三千英尺至五六千英尺地方之茶葉身柔嫩味薄而香售價昂下山高三百英尺至八九百英尺地方之茶葉身粗大味苦而厚售價廉茶分五等一曰卜碌根柯倫治白谷二曰柯倫治白谷三曰卜碌根白谷四曰白谷五曰白谷曉種蓋卜碌根卽好之義柯倫治卽上香譯音白谷卽君眉譯音曉種卽小種皆本華茶舊名而分等次者茲將錫印茶價列表如下

錫蘭茶價

上等茶	約銷三十兆磅	每磅價十本士
中等茶	約銷六十七兆磅	每磅價八本士
次等茶	約銷三十八兆磅	每磅價六本士半
下等茶	約銷十五兆磅	每磅價五本士又四分之一

錫蘭綠茶價

統由茶商包買不分等次統扯每磅價盧比三角二分

印度茶價

一千九百零四年至零五年印茶銷於英京之數　每箱重一百磅

阿薩纍茶	計銷六十三萬二千零七十三箱	每磅價七本士九十二分
加卡爾茶	計銷三十三萬一千九百三十一箱	每磅價五本士六十二分
溪塔江茶	計銷五千八百十四箱	每磅價五本士七十五分
車塔納坡茶	計銷一千九百四十四箱	每磅價五本士零四分
大吉嶺茶	計銷六萬六千五百五十八箱	每磅價九本士十八分
獨瓦耳茶	計銷二十二萬三千五百十三箱	每磅價五本士九十二分

二

康格拉茶	計銷二百零四箱	每磅價四本士五十分
格理明茶	計銷二萬二千六百六十四箱	每磅價六本士六十六分
透拉勿茶	計銷九千零二箱	每磅價五本士八十四分
透物哥茶	計銷七萬二千九十六箱	每磅價六本士六十三分

一千九百零三年至零四年之數

阿薩纍茶	計銷六十四萬六千一百二十五箱	每磅價八本士四十三分
加卡爾茶	計銷三十三萬二千一百二十七箱	每磅價六本士四十七分
溪塔江茶	計銷四千零七十八箱	每磅價六本士七十五分
車塔納坡茶	計銷一千五百零二箱	每磅價五本士八十九分
大吉嶺茶	計銷七萬零六百九十六箱	每磅價九本士五十分
獨瓦耳茶	計銷二十萬零三千八百五十五箱	每磅價六本士六十七分
康格拉茶	計銷一千五百二十五箱	每磅價五本士九十四分
格理明茶	計銷二萬一千五百零六箱	每磅價六本士六十六分
透拉勿茶	計銷一萬零二十二箱	每磅價六本士五十二分
透物哥茶	計銷八萬零一百四十八箱	每磅價六本士六十三分

一千九百零四年至零五年印茶銷於印京之數

阿薩墨茶	計銷十五萬九千六百四十五箱	每磅價五本士八十分
加卡爾茶	計銷十五萬一千六百三十九箱	每磅價四本士七十五分
西來脫茶	計銷十萬零二千有十五箱	每磅價四本士六十分
大吉嶺茶	計銷五萬一千三百八十五箱	每磅價七本士九十分
透拉勿茶	計銷三萬四千八百箱	每磅價四本士八十分
獨瓦耳茶	計銷十五萬八千四百二十五箱	每磅價五本士二十五分
溪塔江茶	計銷八千九百四十五箱	每磅價四本士八十分
車塔納坡茶	計銷三百七十七箱	每磅價三本士八十分
估馬江茶	計銷一千零三十七箱	每磅價四本士九十分

一千九百零三年至零四年之數

三

军机大臣交片：

着四川机器局仿造印度卢比通行藏卫

光绪三十二年二月初四日（1906年2月26日）

清末，印度铸造的卢比在西藏及周边广泛流通。为阻止洋钱的流入，维护中国利权，四川机械局准备通过仿造印度卢比，在西藏及周边地区流通使用，以此来阻止洋钱对中国经济产生的冲击，避免对中国利权产生更为严重的危害。此方案得到慈禧太后和光绪帝的允准。

清代四川机器局大门

清代四川机器局主车间

交財政處本日
貴處會奏議覆湖北省奏請自行限制銅圓鑄
數摺又奏議覆四川機器局仿造印度盧比通
行藏衛摺又奏整頓圜法摺均奉
旨依議欽此又奏派員充提調等差片奉
旨知道了欽此相應傳知
貴處欽遵可也此交
二月初四日

军机大臣交片（光绪三十二年二月初四日）

赴藏查办事件大臣张荫棠电报：

为开议埠章必及印茶入藏事

光绪三十三年六月十三日（1907年7月22日）

赴藏查办事件大臣张荫棠电报：

为与藏地官员商拟通商章程事

光绪三十三年八月初十日（1907年9月17日）

赴藏查办事件大臣张荫棠电报：

为改订西藏通商章程事

光绪三十三年九月三十日（1907年11月5日）

张荫棠（1866—1935）

1908年西藏贸易章程

光绪三十四年十月二十八日（1908年11月21日）

光绪三十三年（1907），清政府任命张荫棠为钦差全权大臣、西藏查办事件大臣，赴印度加尔各答与英国就《藏印通商章程》进行谈判。在谈判中，张荫棠致电清政府，希望采取废除炉茶的苛税、打通商道、允许茶种流入藏地等措施，以应对印度茶流入后对炉茶的冲击，避免茶税锐减。同时与随行西藏地方官员商议通商章程各项条款的内容，并将草案电告清政府，待清政府核准，张荫棠“接议有所遵循”。在随后进行的谈判中，张荫棠通过电报将拟定的条款和谈判情况随时向清政府汇报，经过中英双方多次谈判，于1908年签订了《中英修订藏印通商章程》。这是清政府与英国签订的又一个不平等条约，反映了弱国无外交的本质，也体现了英国通过贸易手段侵入西藏地区的企图。

474

收赴藏查辦事件張大臣致外務部電 六月十三日

聞議埠章英必要求印茶入藏舊約既難抵制
廿八九年英使屢要求延宕未辦現聞印商大
轉公司仿製鑪茶運藏零售三埠既准通商不
准運茶頗難措辭印茶無稅路捷鑪茶運艱
本重萬難相敵鑪稅固將日絀且川民歲失

外務部

茶利數百萬商上歲放茶商債千萬久資為利
藏亦不願印茶攙奪然苦無法禁阻乞詳查舊檔
預籌抵制指授機宜再川素禁茶種入藏藏愚不知
自種因得壟斷居奇關卡苛徵商上重利盤剝此
閉關時愚民之術今商戰交通物窮必變藏民赴印
度漢口等處均能購運茶種幸現仍多嗜鑪茶若除
苛稅利運道零售便民庶鑪茶歲數百萬之利
或猶可保准茶種入藏教自種亦免利權外溢將來
開議應如何應付之處乞統籌密示覆遵辦棠侵

外務部

赴藏查办事件大臣张荫棠电报（光绪三十三年六月十三日）

外務部

由中英藏印及各國商民來往貿易租
地居住二商埠內中藏商務官地方官
與英國商務邊務官彼此來往均以平等
禮貌優待公文用照會相見用拜會均照
歐美平等官往來禮節辦理三商場內地畝
統歸商上擬定劃一地稅地租每畝每年暫

外務部

定盧比銀若干元以十年為期未滿期不能增
價如期滿後商務旺地方繁盛臨時另議租
價亦可續租如英印商民欲租地建館者應稟
由英國商務官知照中藏商務官轉行工部核
准給以租地文憑方能建造四商埠內應由中
國督飭藏官設立巡警局以保護往來商

外務部

旅設工部局以管理街道溝渠租地建館
及置產等事設會審局以管理商埠內所
有商民詞訟等事五商埠內英印官商
財產身命由巡警局地方官任保護之責
英國允不派兵駐紮商埠內以免疑忌滋
事六凡英印商民控告中藏商民案件

外務部

應先赴英國商務官處投稟英國商務
官查明根由先行勸息使不成訟中藏商
民控告英印商民案件除赴會審局投稟
外如有赴英國商務官處投訴者英國商
務官亦應一體勸息間有不能勸息者即
由會審局委員知照英國商務官會同審

赴藏查办事件大臣张荫棠电报（光绪三十三年八月初十日）

薩和約第三款訂明一千八百九十三年中英
委員所訂答之西藏通商章程應須更改一節
應俟另議茲因此章現須改訂是以
大清一統帝國
大皇帝大英國及海大英藩屬大君主五印度大皇
帝為此

簡派全權大臣
大清一統帝國
大皇帝特派欽差大臣某西藏大員特派全權代表
員某大英國大皇帝特派某彼此將所奉全權
文憑互相較閱俱屬善當改定章程如左一光緒
十九年所訂通商章程與此次章程無違背者

仍應照行二在商埠內向有難得合宜房棧之情
事茲允英國人民亦得在商埠內租地建築房
棧其地基應由西藏官員隨時與英國商務委
員商定此種建築地基應極力令會聚一處凡
英國人民欲租建築地基應轉由英國商務委
員向地方官聲請辦理如地主與租者因租價

或年限或租地合同意見不合應由地方官商
同英國商務委員調處為建築各埠英國商務
委員寓所及電報局之用應得租特別合意之
地基三各商埠治理權應仍照向來歸地方官
掌握但英國商務委員得自由與地方官或人民
直接交通或用函件或面會按照拉薩約第五

赴藏查办事件大臣张荫棠电报（光绪三十三年九月三十日）

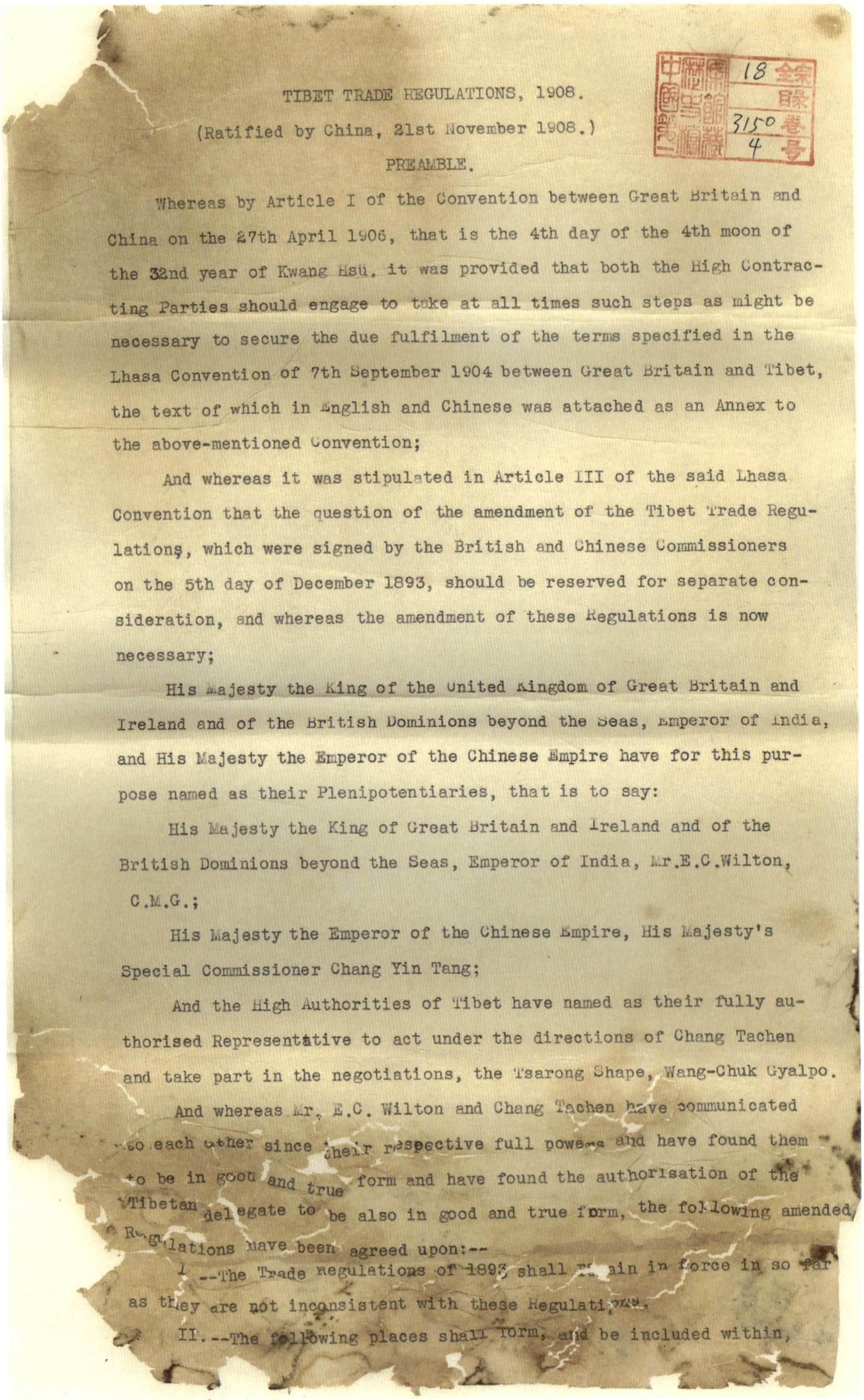

TIBET TRADE REGULATIONS, 1908.

(Ratified by China, 21st November 1908.)

PREAMBLE.

Whereas by Article I of the Convention between Great Britain and China on the 27th April 1906, that is the 4th day of the 4th moon of the 32nd year of Kwang Hsü, it was provided that both the High Contracting Parties should engage to take at all times such steps as might be necessary to secure the due fulfilment of the terms specified in the Lhasa Convention of 7th September 1904 between Great Britain and Tibet, the text of which in English and Chinese was attached as an Annex to the above-mentioned Convention;

And whereas it was stipulated in Article III of the said Lhasa Convention that the question of the amendment of the Tibet Trade Regulations, which were signed by the British and Chinese Commissioners on the 5th day of December 1893, should be reserved for separate consideration, and whereas the amendment of these Regulations is now necessary;

His Majesty the King of the United Kingdom of Great Britain and Ireland and of the British Dominions beyond the Seas, Emperor of India, and His Majesty the Emperor of the Chinese Empire have for this purpose named as their Plenipotentiaries, that is to say:

His Majesty the King of Great Britain and Ireland and of the British Dominions beyond the Seas, Emperor of India, Mr.E.C.Wilton, C.M.G.;

His Majesty the Emperor of the Chinese Empire, His Majesty's Special Commissioner Chang Yin Tang;

And the High Authorities of Tibet have named as their fully authorised Representative to act under the directions of Chang Tachen and take part in the negotiations, the Tsarong Shape, Wang-Chuk Gyalpo.

And whereas Mr. E.C. Wilton and Chang Tachen have communicated to each other since their respective full powers and have found them to be in good and true form and have found the authorisation of the Tibetan delegate to be also in good and true form, the following amended Regulations have been agreed upon:--

I.--The Trade Regulations of 1893 shall remain in force in so far as they are not inconsistent with these Regulations.

II.--The following places shall form, and be included within,

1908 年西藏贸易章程（光绪三十四年十月二十八日）

- 2 -

the boundaries of the Gyantse mart:

(a.) The line begins at the Chumig Dangsang (Chhu-Mig-Dangs-Sangs) north-east of the Gyantse Fort, and thence it runs in a curved line, passing behind the Pekor-Chode (Dpal-Hkhor-Choos-Sde), down to Chag-Dong-Gang (Phyag-Gdong-Sgang); thence, passing straight over the Nyan Chu, it reaches the Zamsa (Zam-Srag).

(b.) From the Zamsa the line continues to run, in a south-eastern direction, round to Lachi-To (Gla-Dkyil-Stod), embracing all the farms on its way, viz., the Lahong, the Hogtso (Hog-Intsho), the Tong-Chung-Shi (Grong-Chhung-Gshis), and the Rabgang (Rab-Sgang), etc.

(c.) From Lachi-To the line runs to the Yutog (Gyu-Thog), and thence runs straight, passing through the whole area of Gamkar-Shi (Ragal-Inkhar-Gshis), to Chumig Dangsang.

As difficulty is experienced in obtaining suitable houses and godowns at some of the marts, it is agreed that British subjects may also lease lands for the building of houses and godowns at the marts, the locality for such building sites to be marked out specially at each mart by the Chinese and Tibetan authorities in consultation with the British Trade Agent. The British Trade Agents and British subjects shall not build houses and godowns except in such localities, and this arrangement shall not be held to prejudice in any way the administration of the Chinese and Tibetan Local Authorities over such localities, or the right of British subjects to rent houses and godowns outside such localities for their own accommodation and the storage of their goods.

British subjects desiring to lease building sites shall apply through the British Trade Agent to the Municipal Office at the mart for a permit to lease. The amount of rent, or the period or conditions of the lease, shall then be settled in a friendly way by the lessee and the owner themselves. In the event of a disagreement between the owner and lessee as to the amount of rent or the period or conditions of the lease, the case will be settled by the Chinese and Tibetan Authorities in consultation with the British Trade Agent. After the lease is settled, the sites shall be verified by the Chinese and Tibetan Officers of the Municipal Office conjointly with the British Trade Agent. No building is to be commenced by the lessee on a site before the Municipal Office has issued him a permit to build, but it is agreed that there shall be no vexatious delays in the issue of such permit.

- 3 -

III.--The administration of the trade marts shall remain with the Tibetan Officers, under the Chinese Officers supervision and directions.

The Trade Agents at the marts and Frontier Officers shall be of suitable rank, and shall hold personal intercourse and correspondence one with another on terms of mutual respect and friendly treatment.

Questions which cannot be decided by agreement between the Trade Agents and the Local Authorities shall be referred for settlement to the Government of India and the Tibetan High Authorities at Lhasa. The purport of a reference by the Government of India will be communicated to the Chinese Imperial Resident at Lhasa. Questions which cannot be decided by agreement between the Government of India and the Tibetan High Authorities at Lhasa shall, in accordance with the terms of Article I of the Peking Convention of 1906, be referred for settlement to the Governments of Great Britain and China.

IV.--In the event of disputes arising at the marts between British subjects and persons of Chinese and Tibetan nationalities, they shall be inquired into and settled in personal conference between the British Trade Agent at the nearest mart and the Chinese and Tibetan Authorities of the Judicial Court at the mart, the object of personal conference being to ascertain facts and to do justice. Where there is a divergence of view, the law of the country to which the defendant belongs shall guide. In any of such mixed cases, the Officer or Officers of the defendant's nationality shall preside at the trial; the Officer or Officers of the plaintiff's country merely attending to watch the course of the trial.

All questions in regard to rights, whether of property or person, arising between British subjects shall be subject to the jurisdiction of the British Authorities.

British subjects who may commit any crime at the marts or on the routes to the marts shall be handed over by the local authorities to the [illegible] Trade Agent at the mart nearest to the scene of offence [illegible] and punished according to the laws of India, but such British subjects shall not be subjected by the local authorities to any ill-usage in excess [illegible] restraint.

[illegible]ese and Tibetan subjects who may be guilty of any criminal [illegible]ards British subjects at the marts or on the routes thereto

- 4 -

[illegible] be arrested and punished by the Chinese and Tibetan Authorities according to law.

Justice shall be equitably and impartially administered on both sides.

Should it happen that Chinese or Tibetan subjects bring a criminal complaint against a British subject before the British Trade Agent, the Chinese or Tibetan Authorities shall have the right to send a representative, or representatives, to watch the course of trial in the British Trade Agent's Court. Similarly, in cases in which a British subject has reason to complain of a Chinese or Tibetan subject in the Judicial Court at the mart, the British Trade Agent shall have the right to send a representative to the Judicial Court to watch the course of trial.

V.--The Tibetan Authorities, in obedience to the instructions of the Peking Government, having a strong desire to reform the judicial system of Tibet and to bring it into accord with that of Western nations, Great Britain agrees to relinquish her rights of extraterritoriality in Tibet, whenever such rights are relinquished in China, and when she is satisfied that the state of the Tibetan laws and the arrangements for their administration and other considerations warrant her in so doing.

VI.--After the withdrawal of the British troops, all the rest-houses, eleven in number, built by Great Britain upon the routes leading from the Indian frontier to Gyantse shall be taken over at original cost by China and rented to the Government of India at a fair rate. One-half of each rest-house will be reserved for the use of the British officials employed on the inspection and maintenance of the telegraph lines from the marts to the Indian frontier and for the storage of their materials, but the rest-houses shall otherwise be available for occupation by British, Chinese, and Tibetan officers of respectability who may proceed to and from the marts.

[illegible]pared to consider th[illegible] transfer to China of [illegible] Indian frontier [illegible] Gyantse when the tele-[illegible] that mart, and in the meant[illegible] [illegible]ese [illegible] be duly received and transmitted by the Government of India.

[illegible]ponsible for the due [illegible]

- 5 -

telegraph lines from the marts to the Indian frontier, and it is agreed that all persons damaging the lines or interfering in any way with them or with the officials engaged in the inspection or maintenance thereof shall at once be severely punished by the local authorities.

VII.--In lawsuits involving cases of debt on account of loans, commercial failure, and bankruptcy, the authorities concerned shall grant a hearing and take steps necessary to enforce payment; but if the debtor plead poverty and be without means, the Authorities concerned shall not be held responsible for the said debts, nor shall any public or official property be distrained upon in order to satisfy these debts.

VIII.--The British Trade Agents at the various trade marts now or hereafter to be established in Tibet may make arrangements for the carriage and transmission of their posts to and from the frontier of India. The couriers employed in conveying these posts shall receive all possible assistance from the local authorities whose districts they traverse and shall be accorded the same protection as the persons employed in carrying the despatches of the Tibetan Authorities. When efficient arrangements have been made by China in Tibet for a postal service, the question of the abolition of the Trade Agents' couriers will be taken into consideration by Great Britain and China. No restrictions whatever shall be placed on the employment by British officers and traders of Chinese and Tibetan subjects in any lawful capacity. The persons so employed shall not be exposed to any kind of molestation or suffer any loss of civil rights to which they may be entitled as Tibetan subjects, but they shall be not exempted from all lawful taxation. If they be guilty of any criminal act, they shall [illegible] dealt with by the local authorities according to law without any [illegible] on the part of their employer to screen or conceal them.

[illegible] British officers and subjects, as well as goods, proceeding [illegible] adhere to the trade routes from the frontier [illegible]rmission, proceed beyond the [illegible]antse, or

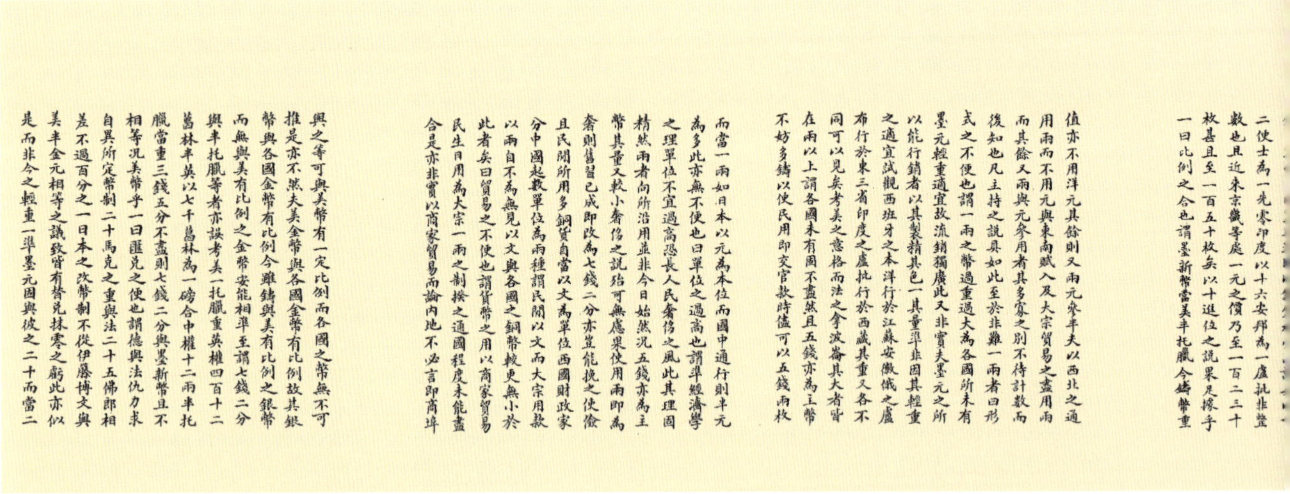
二使士為一先零印度以十六安那為一盧比非璧
數也且近來京畿等處一元之價乃至一百二三十
枚甚且至一百五十枚矣以十進位之說果足據乎
一曰比例之合也謂墨新幣當美半托麗今鑄幣重
值亦不用洋元其餘則又兩元參半夫以西北之通
用兩而不用元與東南賦入及大宗貿易之盡用兩
而其餘又兩與元參用者其多寡之別不待計數而
後知也凡主持之說具如此至於非難一兩者曰形
式之不便也謂一兩之幣過重過大為各國所未有
墨元輕重適宜故流銷獨廣此又非實夫墨元之所
以能行銷者以其製精其色一其量準非因其輕重
之適宜試觀西班牙之本洋行於江蘇安徽俄之盧
布行於東三省印度之盧比行於西藏其重又各不
同可以見矣考美之意格而法之拿波崙其大者皆
在兩以上謂各國未有固不盡然且五錢亦為主幣
不妨多鑄以便民用即交官款時儘可以五錢兩枚
而當一兩如日本以元為本位而國中通行則半元
為多此亦無不便也曰單位之過高也謂準經濟學
之理單位不宜過高恐長人民奢侈之風此其理固
精然兩者向所沿用並非今日始然況五錢亦為主
幣其量又較小奢侈之說殆可無慮果使用兩即為
奢則舊習已成即改為七錢二分亦豈能挽之使儉
且民間所用多銅貨自當以文為單位西國財政家
分中國起數單位為兩種謂民間以文而大宗用款
以兩自不為無見以文與各國之銅幣較更無小於
此者矣曰貿易之不便也謂貨幣之用以商家貿易
民生日用為大宗一兩之制揆之通國程度未能盡
合是亦非實以商家貿易而論內地不必言即商埠
與之等可與美幣有一定比例而各國之幣無不可
推是亦不然夫美金幣與各國金幣有比例故其銀
幣與各國金幣有比例今雖鑄與美有比例之銀幣
而無與美有比例之金幣安能相準至謂七錢二分
與半托麗等者亦誤考美一托麗重英權四百十二
釐林半英以七千釐林為一磅合中權十二兩半托
麗當重三錢五分不盡則七錢二分與墨新幣且不
相等況美幣乎一曰匯兑之便也謂德與法仇力求
自異所定幣制二十馬克之重與法二十五佛郎相
差不過百分之一日本之改幣制不從伊藤博文與
美半金元相等之議致皆有替兑抹零之虧此亦似
是而非今之輕重一準墨元固與彼之二十而當二

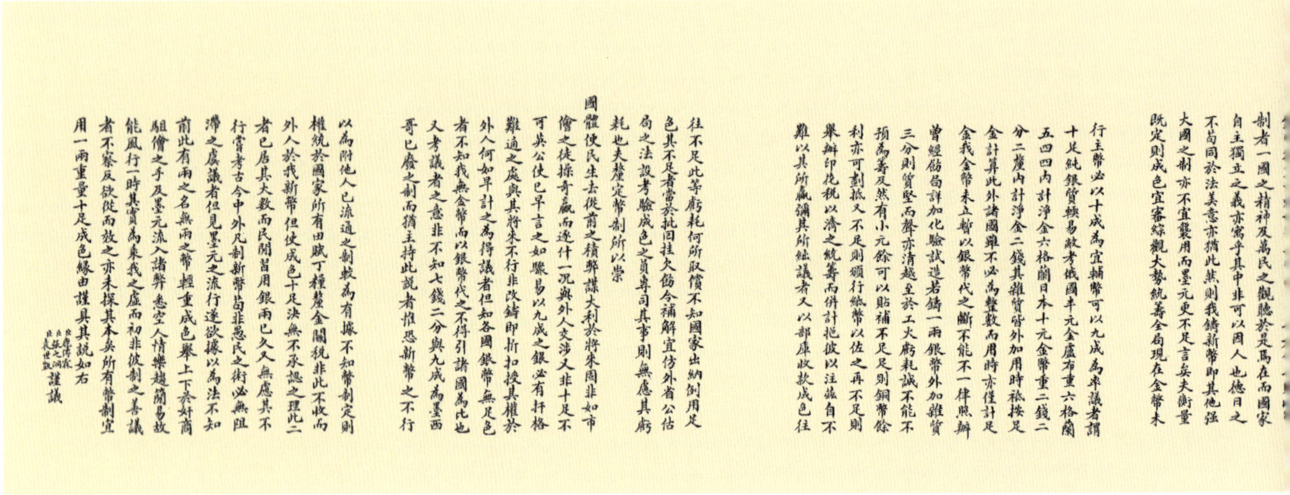
制者一國之精神及萬民之觀聽於是焉在而國家
自主獨立之義亦寓乎其中非可以因人也德日之
不苟同於法美意亦猶此然則我鑄新幣即其他強
大國之制亦不宜襲用而墨元更不足言矣夫衡量
既定則成色宜審綜觀大勢統籌全局現在金幣未
行主幣必以十成為宜輔幣可以九成為率議者謂
十足純銀質軟易敝考俄國半元金盧布重六格蘭
五四四內計淨金六格蘭日本十元金幣重二錢二
分二釐內計淨金二錢其雜質皆外加用時祗按足
金計算此外諸國雖不必為整數而用時亦僅計足
金我金幣未立暫以銀幣代之斷不能不一律照辦
曾經飭局詳加化驗試造若鑄一兩銀幣外加雜質
三分則質堅而聲亦清越至於工火虧耗誠不能不
預為籌及然有小元餘可以貼補不足則銅幣餘
利亦可劃抵又不足則頒行紙幣以佐之再不足則
舉辦印花稅以濟之統籌而併計挹彼以注茲自不
難以其所贏彌其所絀議者又以部庫收款成色往
往不足此等虧耗何所取償不知國家出納例用足
色其不足者當於批回掛欠飭令補解宜仿外省公估
局之法設考驗成色之員專司其事則無慮其虧
耗也夫釐定幣制所以崇
國體便民生去從前之積弊謀大利於將來固非如市
儈之徒操奇贏而逐什一況與外人交涉又非十足不
可吳公使已早言之如驟易以九成之銀必有扞格
難通之處與其將來不行非改鑄即折扣授其權於
外人何如早計之為得議者但知各國銀幣無足色
者不知我無金幣而以銀幣代之不得引諸國為比也
又考議者之意非不知七錢二分與九成為墨西
哥已廢之制而猶主持此說者惟恐新幣之不行
以為附他人已流通之制較為有據不知幣制定則
權統於國家所有田賦丁糧釐金關稅非此不收而
外人於我新幣但使成色十足決無不承認之理此二
者已居其大數而民間習用銀兩已久又無慮其不
行嘗考古今中外凡制新幣苟非愚民之術必無阻
滯之虞議者但見墨元之流行遂欲據以為法不知
前此有兩之名無兩之幣輕重成色舉上下於奸商
駔儈之手及墨元流入諸弊悉空人情樂趨簡易故
能風行一時其實為乘我之虛而初非彼制之善議
者不察反欲從而效之亦未探其本矣所有幣制宜
用一兩重量十足成色緣由謹具其說如右
臣鹿傳霖 臣張之洞 臣袁世凱 謹議

鹿传霖等奏折：

为印度卢比行于西藏事

光绪三十四年三月二十三日（1908年4月14日）

清末，外国银元大量进入中国，其中以墨西哥铸造的银币流入的数量最多，因为墨西哥银元上绘有鹰的图案，民间统称为“鹰洋”。清政府看到“鹰洋”广泛流入且使用方便，就想仿效墨西哥银元进行货币改革，将“银两”变为“银元”。对此以鹿传霖、张之洞、袁世凯为代表的官员向光绪帝上疏从国制、主权、民俗等方面分析，反对进行币制改革。其中在反对“墨

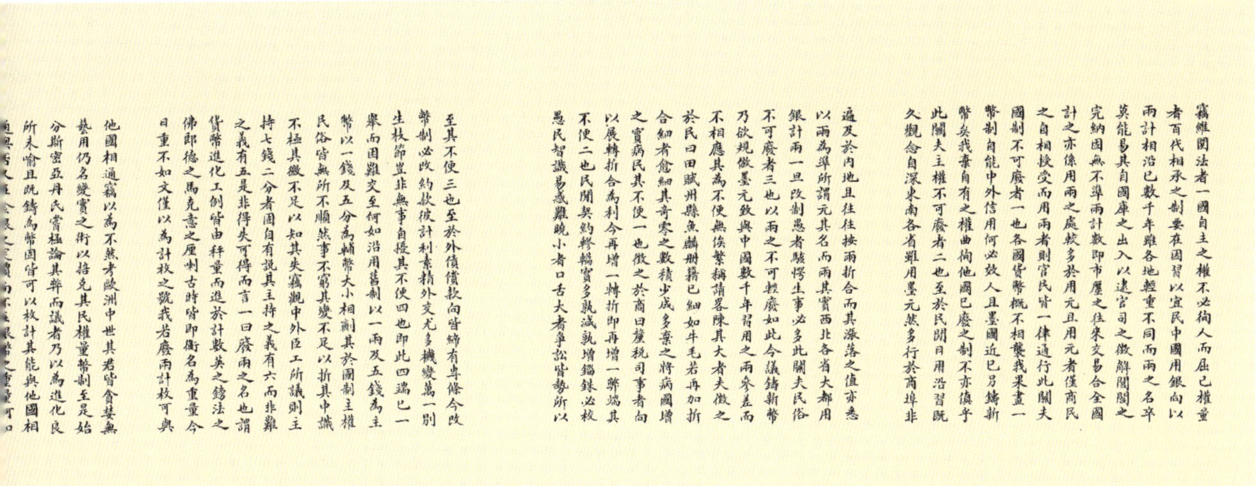
竊維圜法者一國自主之權不必徇人而屈己權量
者百代相承之制要在因習以宜民中國用銀向以
兩計相沿已數千年雖各地輕重不同而兩之名卒
莫能易其自國庫之出入以逮官司之徵解閭閻之
完納固無不準兩計數即市廛之往來交易合全國
計之亦係用兩之處較多於用元且用元者僅商民
之自相授受而用兩者則官民皆一律通行此關夫
國制不可廢者一也各國貨幣概不相襲我果畫一
幣制自能中外信用何必效人且墨國近已另鑄新
幣矣我棄自有之權曲徇他國已廢之制不亦慎乎
此關夫主權不可廢者二也至於民間日用沿習既
久覘念自深東南各省雖用墨元然多行於商埠非
遍及於內地且往往按兩折合而其漲落之值亦悉
以兩為準所謂元其名而兩其實西北各省大都用
銀計兩一旦改制愚者駭愕生事必多此關夫民俗
不可廢者三也以兩之不可輕廢如此今議鑄新幣
乃欲規倣墨元致與中國數千年習用之兩參差而
不相應其為不便無俟縷稱請畧陳其大者夫徵之
於民曰田賦州縣魚鱗冊籍已細如牛毛若再加折
合細者愈細其奇零之數積少成多棄之將病國增
之實病民其不便一也徵之於商曰釐稅司事者向
以展轉折合為利今再增一轉折即再增一弊端其
不便二也民間契約轇轕實多孰減孰增錙銖必校
愚民智識易惑難曉小者口舌大者爭訟皆勢所以
至其不便三也至於外債償款向皆締有專條今改
幣制必改約款彼計利素精外交尤多機變萬一別
生枝節豈非無事自擾其不便四也即此四端已一
舉而困難交至何如沿用舊制以一兩及五錢為主
幣以一錢及五分為輔幣大小相劑其於圜制主權
民俗皆無所不順然事不窮其變不足以折其中識
不極其微不足以知其失竊觀中外臣工所議則主
持七錢二分者固自有說其主持之義有六而非難
之義有五是非得失可得而言一曰廢兩之名也謂
貨幣進化工例皆由秤量而進於計數英之鎊法之
佛郎德之馬克意之釐啲古時皆即衡名為重量今
日重不如文僅以為計枚之號我若廢兩計枚可與
他國相通竊以為不然考歐洲中世其君皆貪婪無
藝用仍名變實之術以掊克其民權量幣制至是始
分斯密亞丹氏嘗極論其弊而議者乃以為進化良
所未喻且既鑄為幣固皆可以枚計其能與他國相

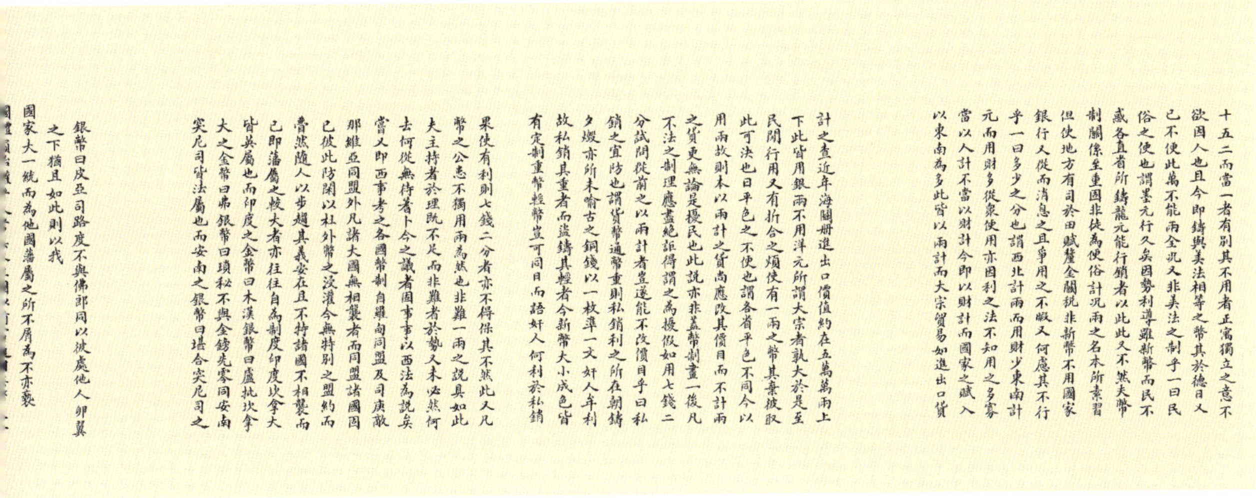
十五二兩當一者有別其不用者正寓獨立之意不
欲因人也且今即鑄與美法相等之幣其於德日又
已不便此萬不能兩全況又非美法之制乎一曰民
俗之便也謂墨元行久矣因勢利導雖新幣而民不
惑各直省所鑄龍元能行銷者以此此又不然夫幣
制關係至重固非徒為便俗計況兩之名本所素習
但使地方有司於田賦釐金關稅非新幣不用國家
銀行又從而消息之且爭用之不暇又何慮其不行
乎一曰多少之分也謂西北計兩而用財少東南計
元而用財多從衆使用亦因利之法不知用之多寡
當以人計不當以財計今即以財計而國家之賦入
以東南為多此皆以兩計而大宗貿易如進出口貨
計之查近年海關冊進出口價值約在五萬萬兩上
下此皆用銀兩不用洋元所謂大宗者孰大於是至
民間行用又有折合之煩使有一兩之幣其棄彼取
此可決也曰平色之不便也謂各省平色不同今以
用兩故則本以兩計之貨尚應改其價目而不計兩
之貨更無論是擾民也此說亦非蓋幣制畫一後凡
不法之制理應盡絕詎得謂之為擾假如用七錢二
分試問從前之以兩計者豈遂能不改價目乎曰私
銷之宜防也謂貨幣通幣重則私銷利之所在朝鑄
夕燬亦所未喻古之銅錢以一枚準一文奸人牟利
故私銷其重者而盜鑄其輕者今新幣大小成色皆
有定制重幣輕幣豈可同日而語奸人何利於私銷
果使有利則七錢二分者亦不得保其不然此又凡
幣之公患不獨用兩為然也非難一兩之說具如此
夫主持者於理既不足而非難者於勢又未必然何
去何從無待著卜今之議者固事事以西法為說矣
嘗又即西事考之各國幣制自羅甸同盟及司庚敵
那維亞同盟外凡諸大國無相襲者而同盟諸國固
已彼此防閑以杜外幣之浸灌今無特別之盟約而
貿然隨人以步趨其義安在且不特諸國不相襲而
已即藩屬之較大者亦往往自為制度印度坎拿大
皆英屬也而印度之金幣曰盧批坎拿大之金幣曰
木漢銀幣曰鼎銀幣曰磧秘不與金鎊先零同安南
突尼司皆法屬也而安南之銀幣曰堪合突尼司之
銀幣曰皮亞司路度不與佛郎同以彼處他人卵翼
之下猶且如此則以我
國家大一統而為他國藩屬之所不屑為不亦褻

鹿传霖等奏折（光绪三十四年三月二十三日）

元轻重适宜，故流销独广”的说法时，列举了西方其他国家货币在中国流通的情况，提到了“印度之卢比行于西藏”，反映出当时西藏地区和印度存在广泛的贸易情况。

鹿传霖 (1836—1910)

外务部奏稿：

为议复驻藏大臣奏亚东江孜噶大克三处开埠设关事

宣统元年闰二月（1909 年 3 月）

光绪三十四年（1908）《中英修订藏印通商章程》签订，内容涉及在西藏地区的亚东、江孜、噶大克三处开放商埠和设置税关事宜。清政府要求驻藏大臣联豫等奏报三处地方办理计划，外务部、税务处、度支部、理藩部等议奏并会同办理。该档案为外务部就亚东、江孜、噶大克设置机构、派遣官员、印茶入藏、开关征税、商埠经费等事宜的详细会奏。

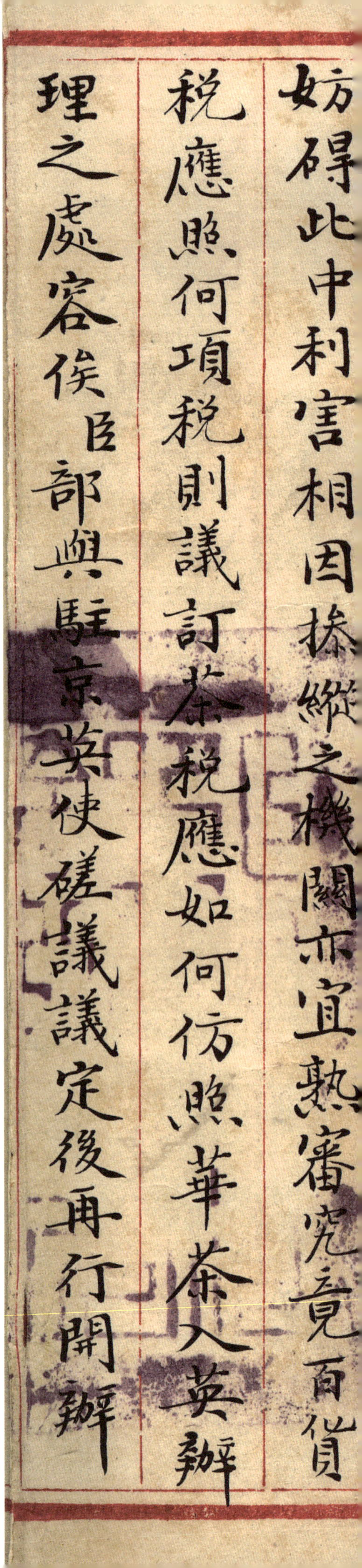
妨碍此中利害相因操縱之機關亦宜熟審究竟百貨
稅應照何項稅則議訂茶稅應如何仿照華茶入英辦
理之處容俟臣部與駐京英使磋議議定後再行開辦

外务部奏稿局部
（宣统元年闰二月）

可入藏銷售應納之稅不得過華茶入英納稅之數等語現在免稅五年早已限滿上年續訂藏印通商章程於征稅一節雖因磋商未定未經列入約款然第一款既載明光緒十九年所定通商章程與此次章程無違背者仍應照行是進出口稅則仍應由兩國國家酌定辦理西藏為中國屬地征稅係屬自有之主權雖該處商務一時未能興旺稅收恐不敷所出亦豈可吝此開埠設關之經費致利權未能完備惟百貨一經征稅照約即應准印茶入藏於川茶入藏之貿易殊有

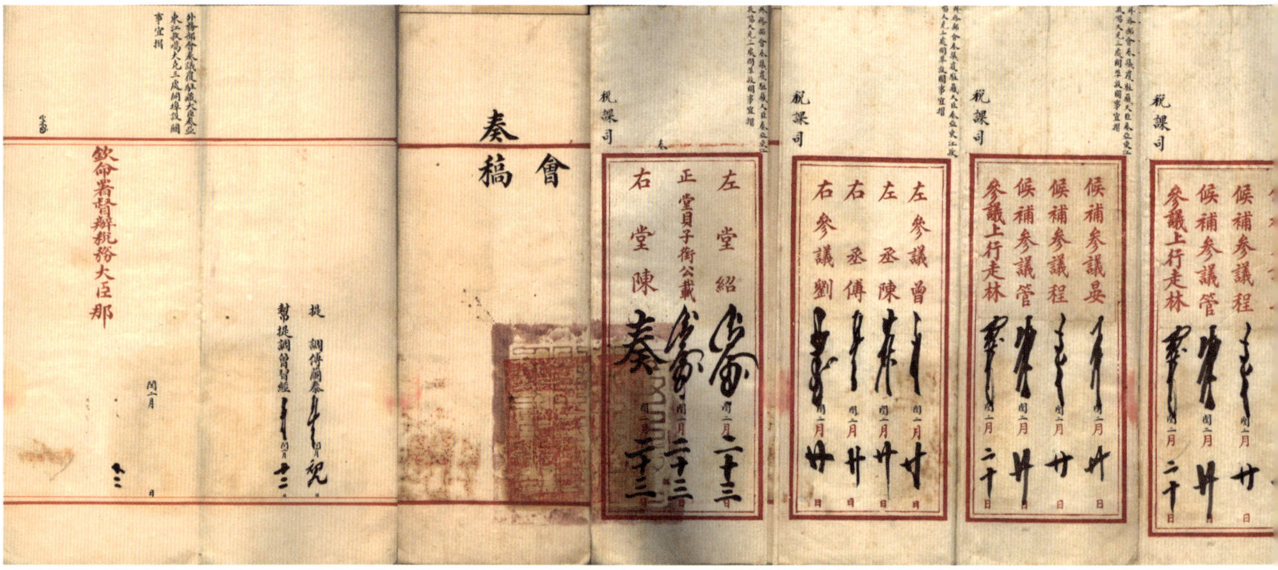
税課司
候補参議晏
候補参議程
参議上行走林
税課司
候補参議晏
候補参議程
参議上行走林
税課司
左参議曾
左丞陳
右丞傅
右参議劉
税課司
左堂紹
正堂貝子銜公載
右堂陳
奏
會稿
奏
欽命督辦税務大臣那

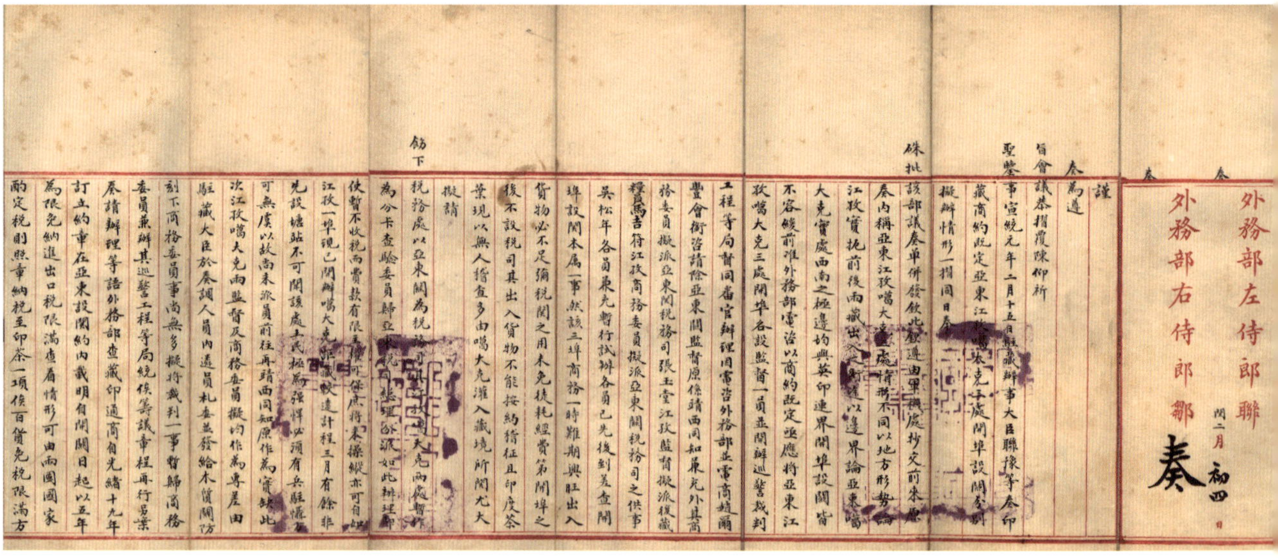
外務部左侍郎聯
外務部右侍郎鄒
奏

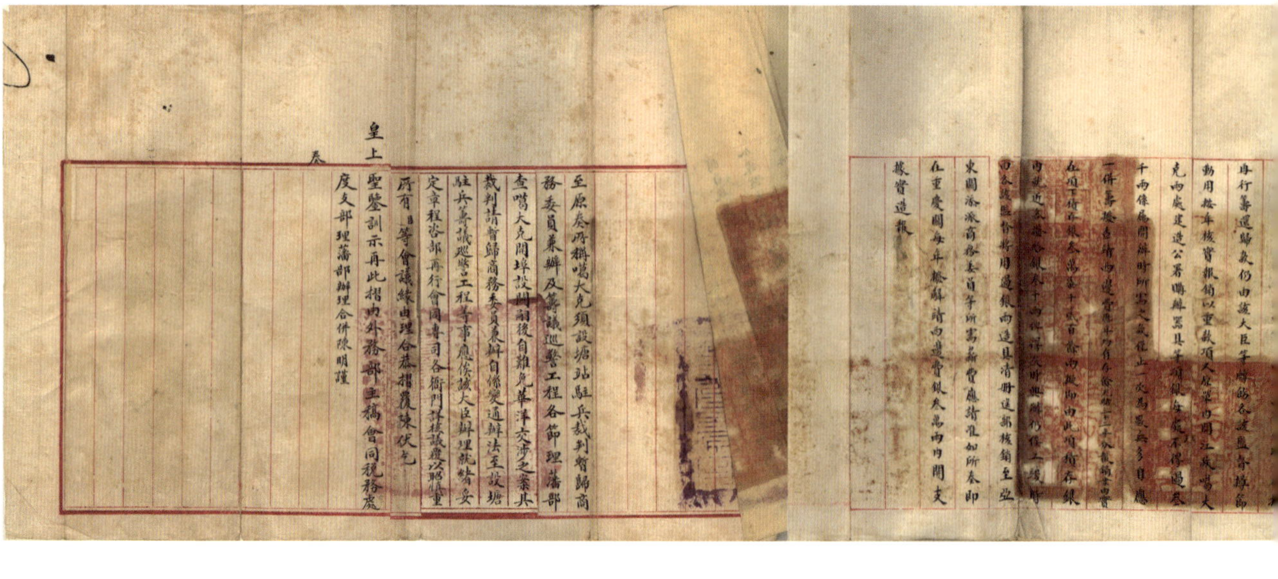

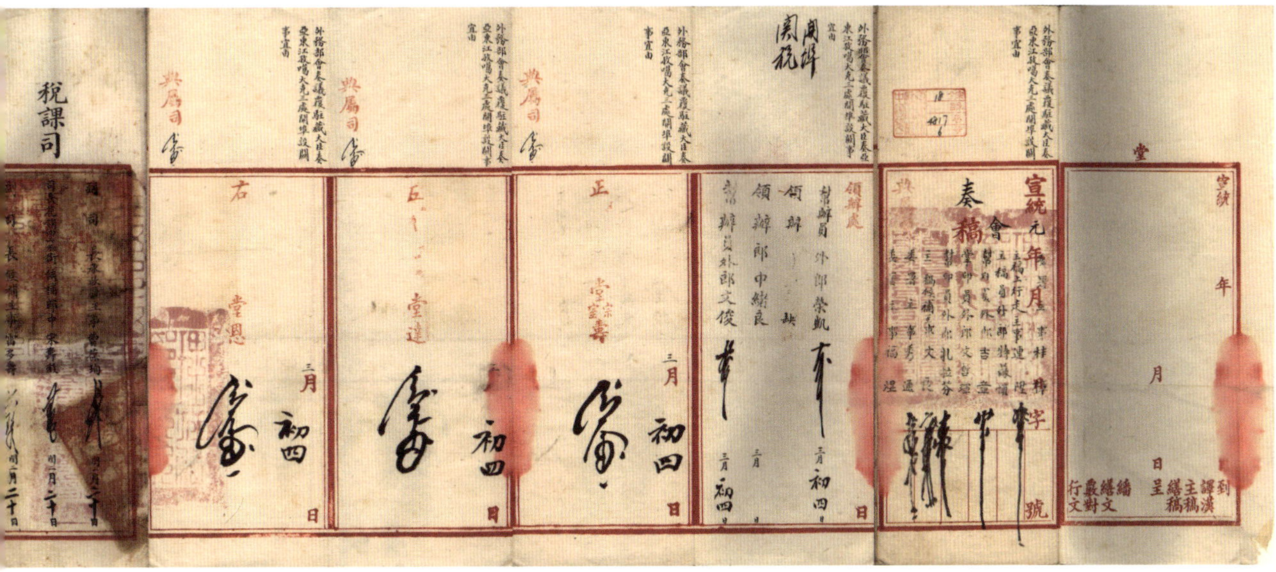

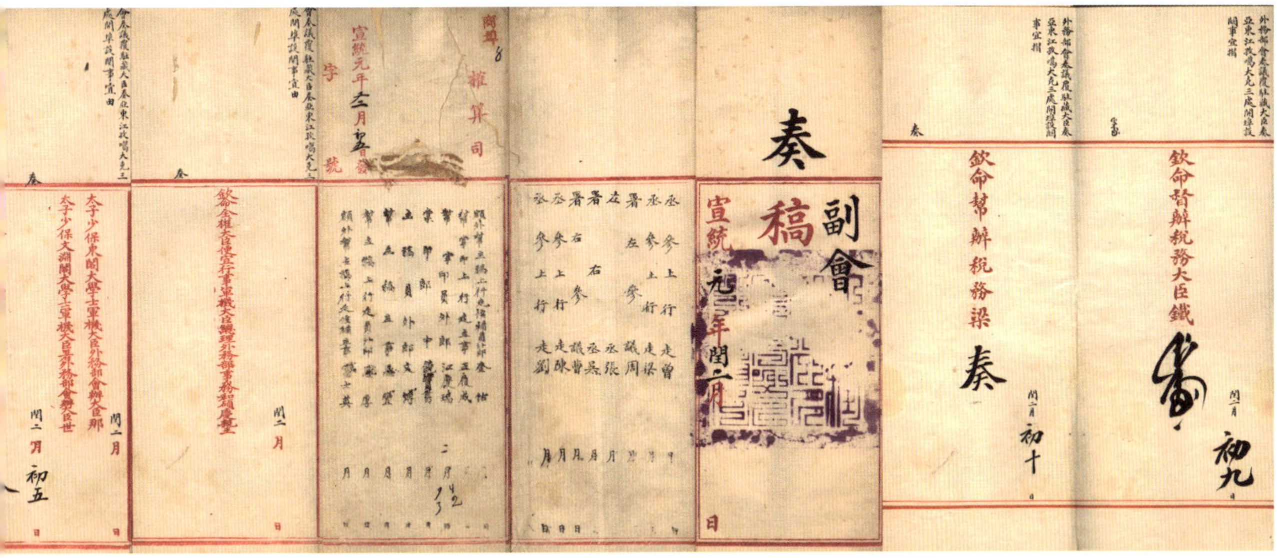

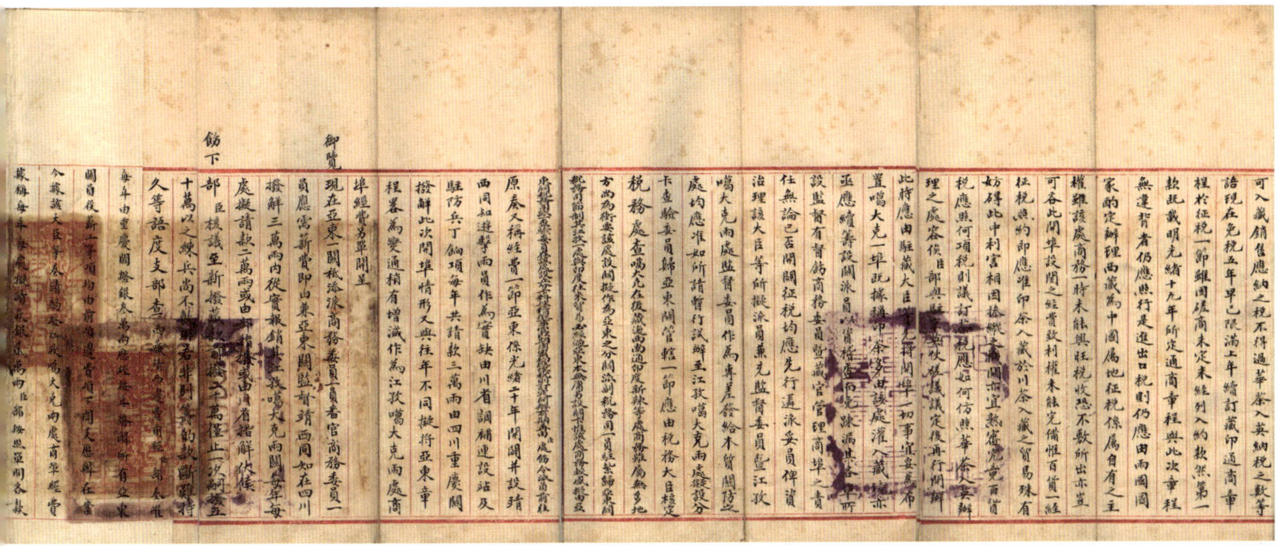

外务部奏稿（宣统元年闰二月）

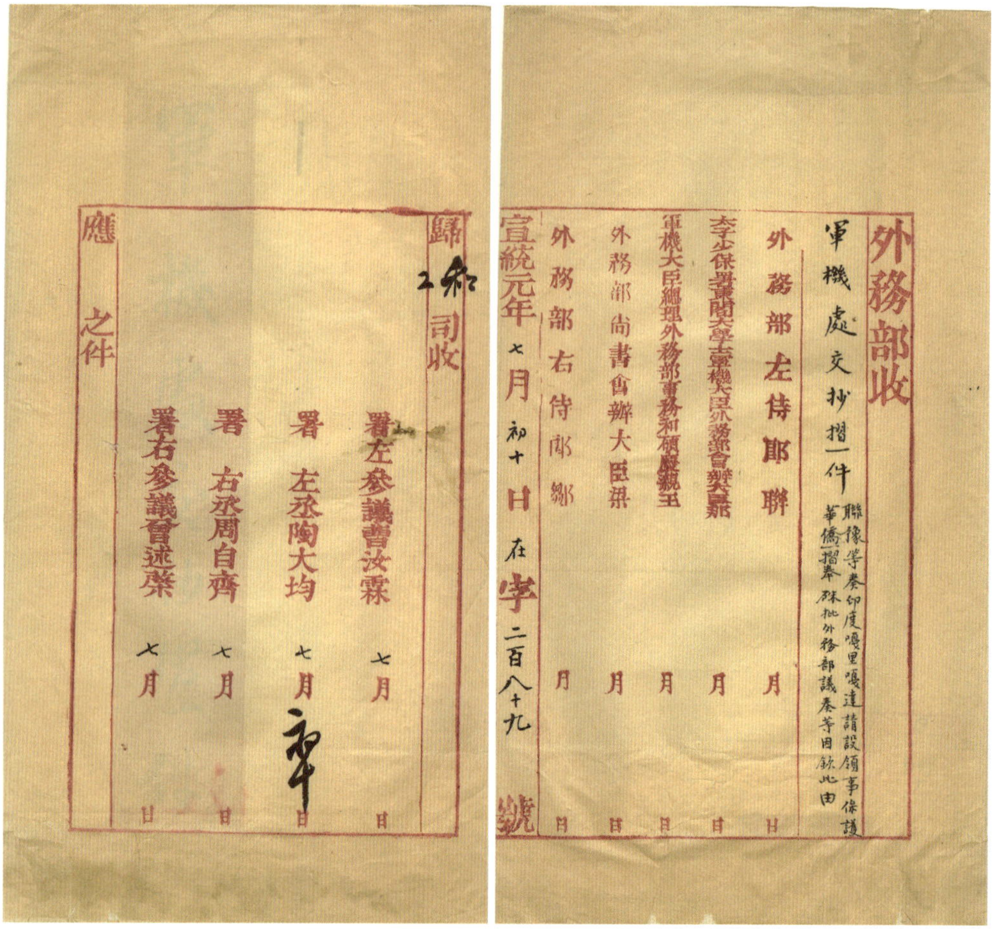

驻藏办事大臣联豫等奏折：

为印度嘎里嘎达请设领事保护华侨事

宣统元年七月初九日（1909 年 8 月 24 日）

清末，随着中国与英属印度贸易往来增多，在印度的华侨数量也逐渐增加。驻藏办事大臣联裕等上奏，英属印度嘎里嘎达（今加尔各答）华侨众多，因与外人产生摩擦无处申诉，当地侨民希望清政府设立领事官，既可劝导华侨、整顿工商，又可以维护侨民利权。并援引日本在孟买设立总领事一人，在嘎里嘎达设立领事一人，保护本国侨民和探听消息，西方列强也都设有领事官。应与英使商议在嘎里嘎达设立领事官一员，归出使英国大臣统属。奉朱批：“外务部议奏，片并发。”

〢
軍機處交抄摺一件

無論多寡，必設官為之保護。如日本人之商於印度者不過百人，然在孟買都設總領事一員，又於噶里噶達設領事一員，既以保護僑民，且以採訪消息。即西洋各國亦無不設領事於此間也。合無仰懇
天恩，俯念海外僑民，加之
霈情，
飭下部臣核議，與英使商定添設噶里噶達領事一員，仍歸出使英國大臣統屬，以期畫一，而資保護。奴才等在藏與印度密迩相接，聞見較確，故敢冒昧
陳請。是否有當，伏候
聖裁。臣所請設印度噶里噶達領事緣由，理合恭摺具
陳，伏乞
皇上聖鑒訓示。謹
奏。
宣統元年七月初九日奉
硃批：外務部議奏。片併發。欽此。

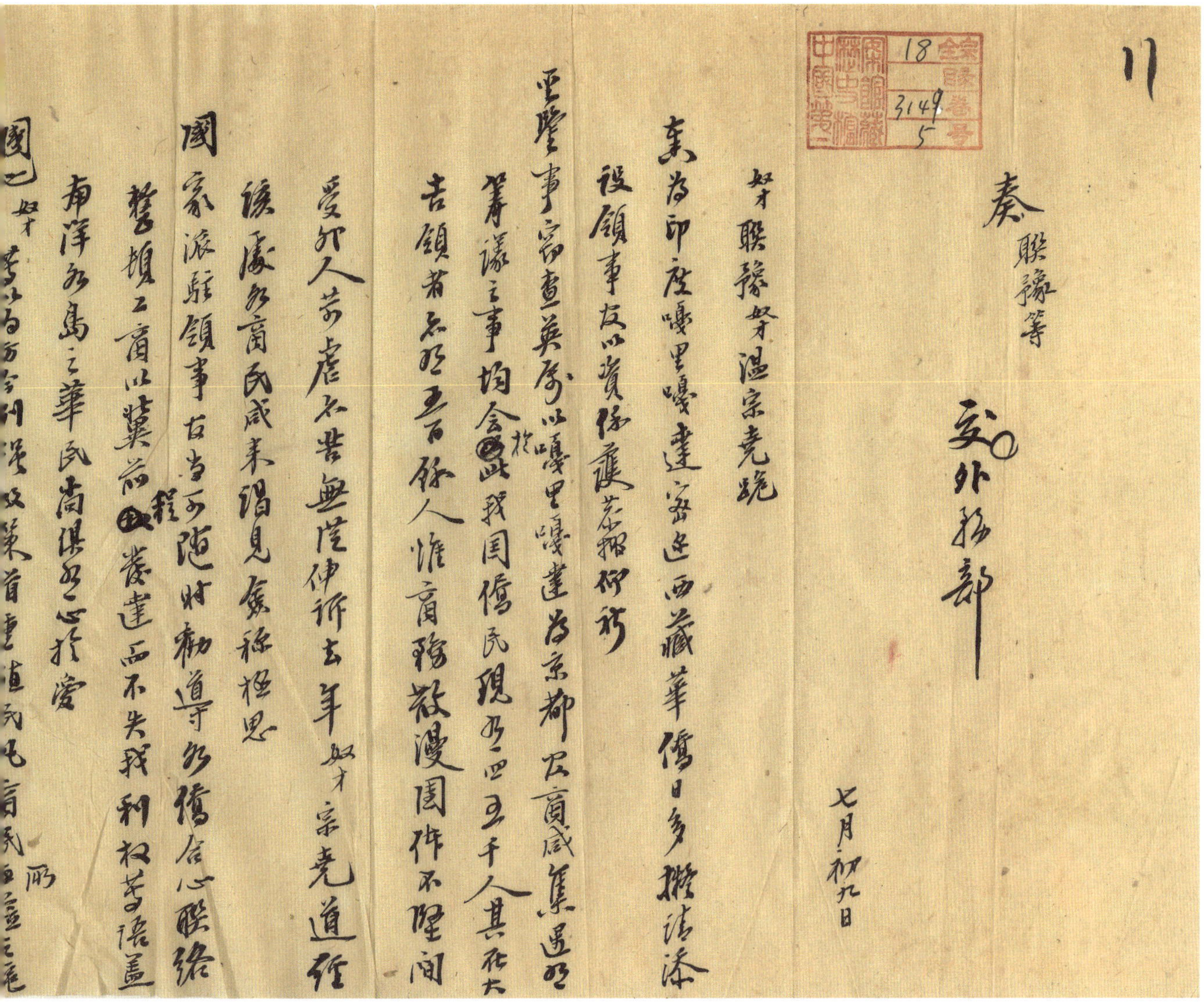

驻藏办事大臣联豫等奏折（宣统元年七月初九日）

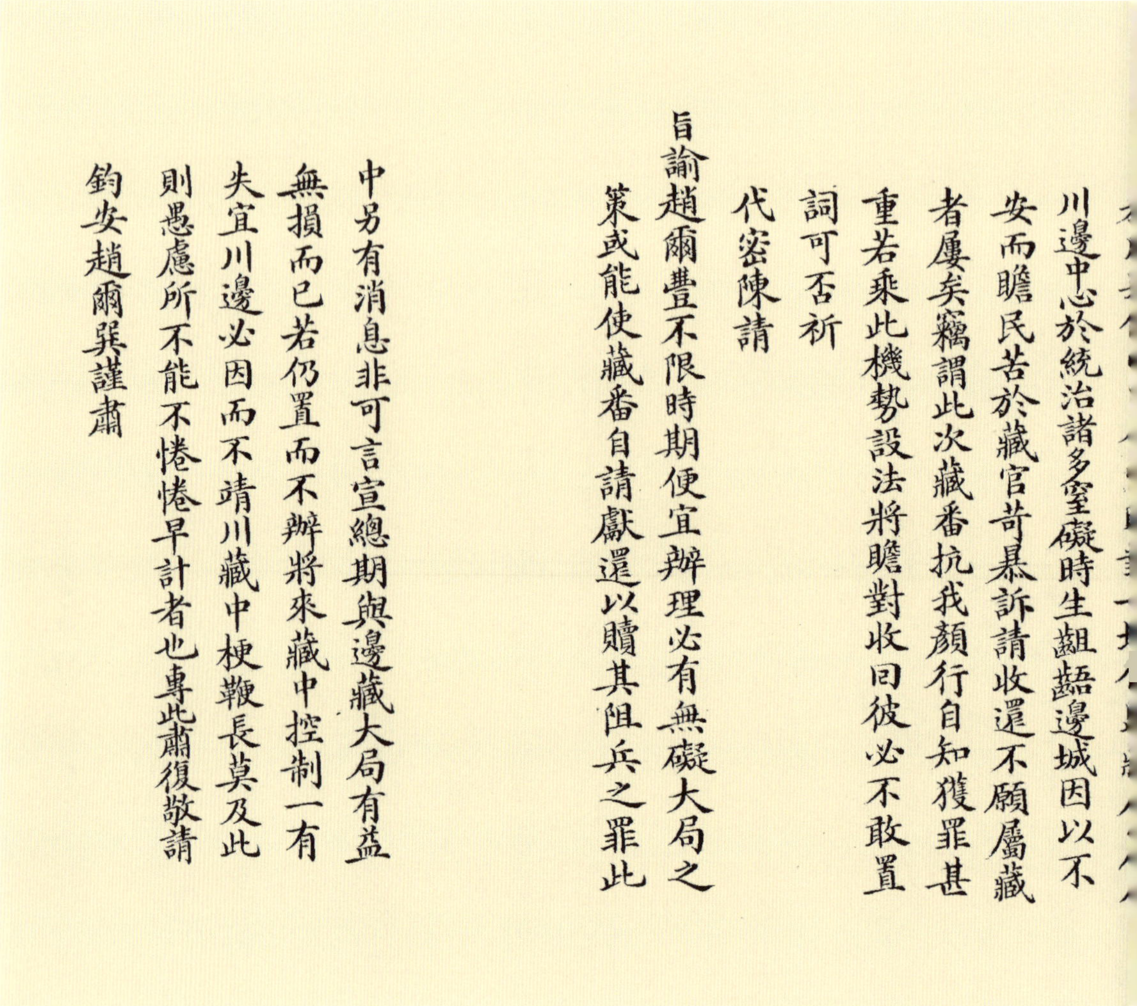

川邊中心於統治諸多窒礙時生齟齬邊城因以不
安而瞻民苦於藏官苛暴訴請收還不願屬藏
者屢矣竊謂此次藏番抗我顏行自知獲罪甚
重若乘此機勢設法將瞻對收回彼必不敢置
詞可否祈
代密陳請
旨諭趙爾豐不限時期便宜辦理必有無礙大局之
策或能使藏番自請獻還以贖其阻兵之罪此
中另有消息非可言宣總期與邊藏大局有益
無損而已若仍置而不辦將來藏中控制一有
失宜川邊必因而不靖川藏中梗鞭長莫及此
則愚慮所不能不惓惓早計者也專此肅復敬請
鈞安趙爾巽謹肅

四川总督赵尔巽致军机处函稿：

为藏地管理办法事

宣统二年三月二十三日（1910年5月2日）

瞻对位于今四川省甘孜藏族自治州新龙县一带，为内地通往西藏的交通要冲，战略地位十分重要。瞻对居民多为藏族，地方风气勇悍，常有抢劫骚扰情形，虽经乾隆年间加兵惩创，仍未解决。同治四年（1865）平定后，因达赖喇嘛曾派藏兵助战，遂将瞻对赏与达赖喇嘛管辖。此后，该地区仍屡有不靖。宣统三年（1911），四川总督赵尔巽奏请：瞻对一地仍归藏属，“于统治诸多窒碍”，应趁机“设法将瞻对收回”。清政府接受他的奏请，重又将瞻对收入四川，并进行改土归流，才彻底解决了隐患。

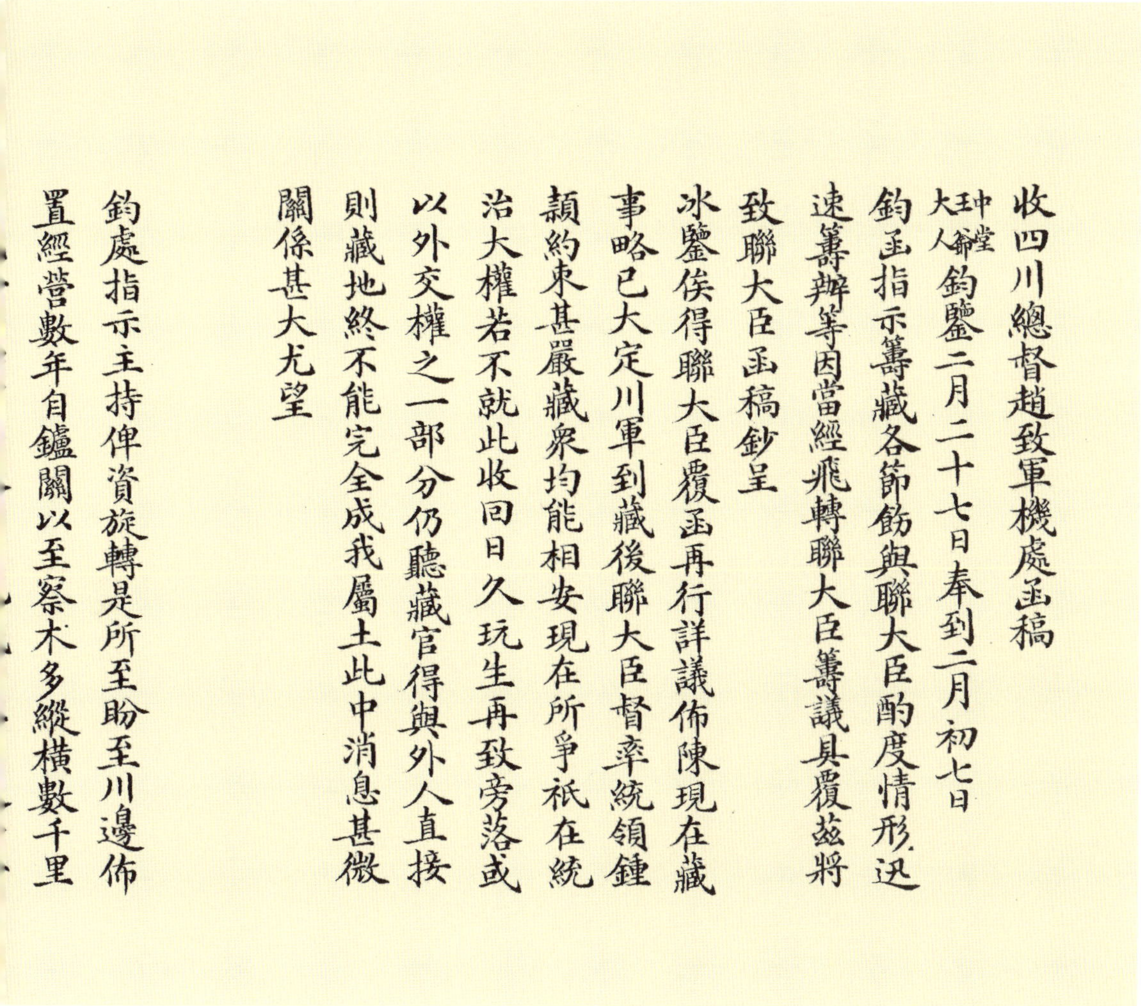
收四川總督趙致軍機處函稿
中堂王爺大人鈞鑒二月二十七日奉到二月初七日
鈞函指示籌藏各節飭與聯大臣酌度情形迅
速籌辦等因當經飛轉聯大臣籌議具覆茲將
致聯大臣函稿鈔呈
冰鑒俟得聯大臣覆函再行詳議佈陳現在藏
事略已大定川軍到藏後聯大臣督率統領鍾
頴約束甚嚴藏衆均能相安現在所爭秖在統
治大權若不就此收回日久玩生再致旁落或
以外交權之一部分仍聽藏官得與外人直接
則藏地終不能完全成我屬土此中消息甚微
關係甚大尤望
鈞處指示主持俾資旋轉是所至盼至川邊佈
置經營數年自鑪關以至察木多縱橫數千里

四川总督赵尔巽致军机处函稿（宣统二年三月二十三日）

军机处

四川总督赵尔巽致外务部咨呈：
为咨送四川商办边茶公司章程请查照立案事

宣统二年八月二十二日（1910年9月25日）

清末，社会时局急剧动荡，川藏边茶贸易受英国茶叶市场冲击，逐渐走向衰落。宣统元年（1909）在雅安设立“商办藏茶公司筹备处”。次年四月十二日在雅安正式成立了官督商办的“边茶股份有限公司”，在打箭炉设有分号，业务运营由茶商具体负责，地方官员不做过多的干预。赵尔巽在咨呈中分析了成立边茶公司的意义，认为“公司现甫成立，力尚薄弱，主办虽由商人，保护尤赖官力”，并对以后的管理提出看法。反映出清政府虽然努力重振边茶贸易，并取得一些成效，但是边茶贸易的困境已成定局。

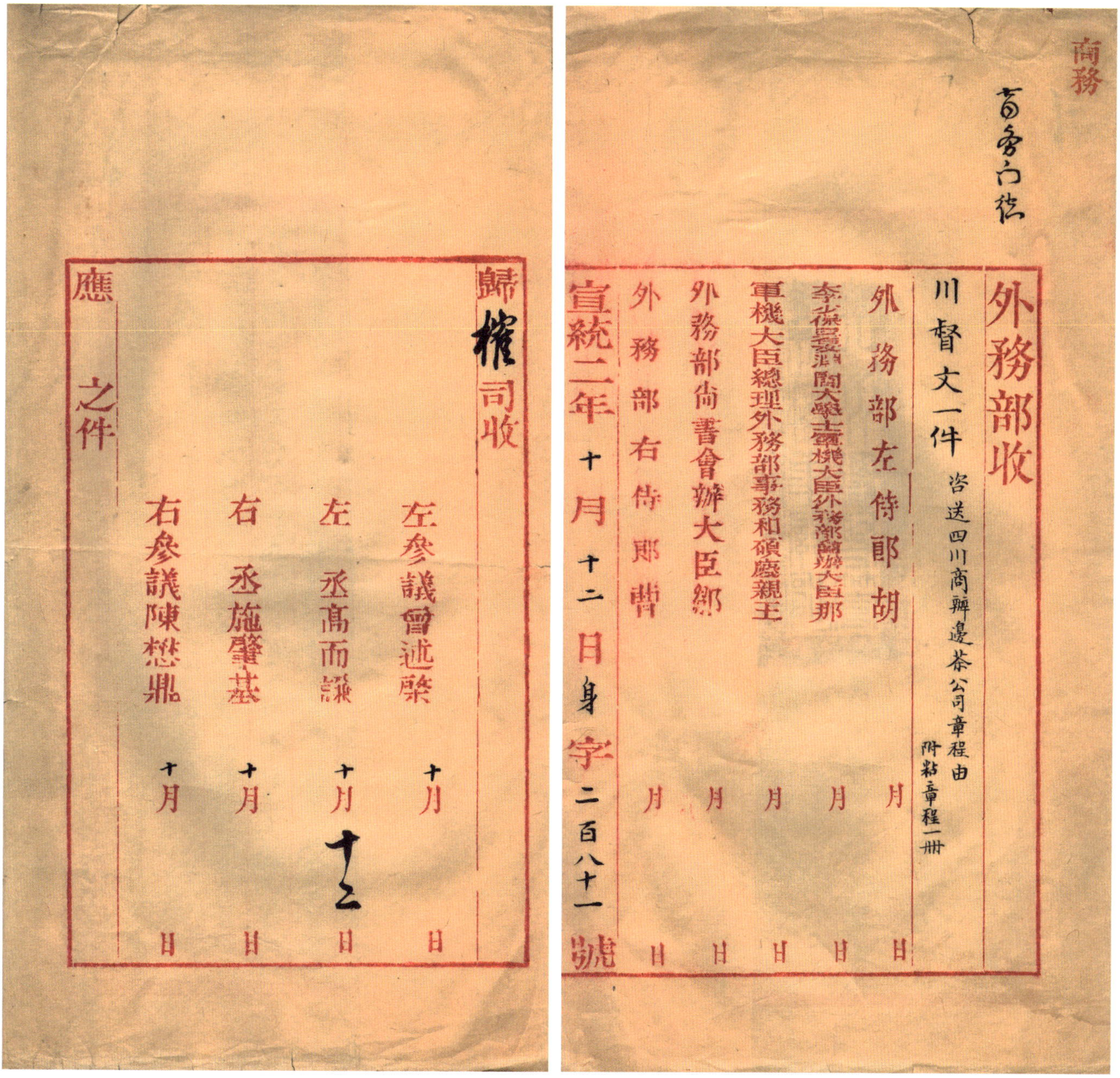

商務

商務司核

外務部收

川督文一件 咨送四川商辦邊茶公司章程由 附粘章程一册

外務部左侍郎胡 月 日

太子少保體仁閣大學士軍機大臣外務部會辦大臣那 月 日

軍機大臣總理外務部事務和碩慶親王 月 日

外務部尚書會辦大臣鄒 月 日

外務部右侍郎曹 月 日

宣統二年十月十二日身字二百八十一號

歸榷司收

左參議曾述棨 十月 日

左丞高而謙 十月十二日

右丞施肇基 十月 日

右參議陳懋鼎 十月 日

應 之件

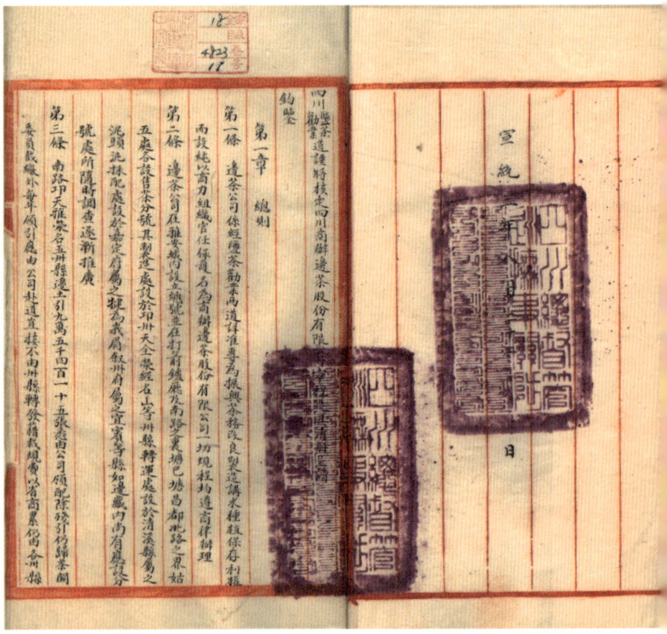
宣統　　日

四川勸業鹽茶道謹將核定四川商辦邊茶股份有限[illegible]章程[illegible]清摺[illegible]

鈞鑒

第一章　總則

第一條　邊茶公司係經鹽茶勸業兩道詳准專爲振興茶務改良製造講求種植保存利權而設純以商力組織官任保護名爲商辦邊茶股份有限公司一切規程均遵商律辦理

第二條　邊茶公司在雅安城內設立總號並在打箭鑪廠及南路之裏塘巴塘昌都北路之霍姑五處各設售茶分號其製茶造處設於邛州天全滎經名山等州縣轉運處設於清溪縣屬之泥頭泥抹配處設於嘉定府屬之犍爲叙州府屬之宜賓等縣如邊藏內尚有應設分號處所隨時調查逐漸推廣

第三條　南路邛天雅滎名五州縣邊土引九萬五千四百一十五張由公司領配除殘引仍歸茶關委員徵收外每年領引應由公司赴道直接不由州縣轉發藉裁規費以省商累仍由各州縣

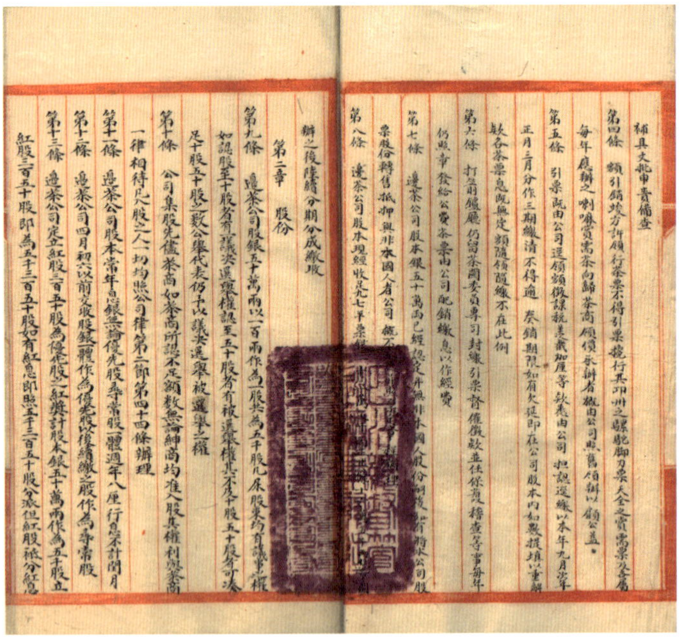
補具文批申賫備查

第四條　額引銷數分許領行茶票不得引票換行其邛州之鄰塊腳力票夭全之貨需票及各屬每年應辦之喇嘛貨需茶向歸茶商領價承辦者概由公司照舊領辦以顧公益

第五條　引票既由公司逕領額徵課稅羨截加釐等款悉由公司按認逕繳以本年九月次年正月三月分作三期繳清不得逾奏銷期限如有欠延即在公司股本內如數提填以重解欵各茶票息既無定額隨領隨繳不在此例

第六條　打箭鑪廠仍留茶關委員專司封驗引票督催徵款並任保護稽查等事每年仍照章發給公費茶票由公司配銷繳息以作經費

第七條　邊茶公司股本銀五十萬兩已經總[illegible]非本國人股份[illegible]公司股票股份轉售抵押與非本國人者公司概不[illegible]

第八條　邊茶公司股本現經收足九七平票銀[illegible]

辦之後陸續分期分成繳收

第二章　股份

第九條　邊茶公司股銀五十萬兩以一百兩作爲一股共爲五千股凡屬股東均有議事之權如認股至十股者有議決選舉權認至五十股者有被選舉權其不及十股五十股者可湊足十股五十股之數公舉代表仍予以議決選舉被選舉之權

第十條　公司集股先儘茶商如茶商所認不足額數無論紳商均准入股其權利與茶商一律相待凡入股之人一切均照公司律第二節第四十四條辦理

第十一條　邊茶公司股本常年息銀無論優先股尋常股一體週年八厘行息不計閏月

第十二條　邊茶公司四月初六以前交收股銀一體作爲優先股以後續繳之股作爲尋常股

第十三條　邊茶公司定立紅股三百五十股爲優先股之紅獎計股本銀五十萬兩作爲五千股立紅股三百五十股即爲五千三百五十股如有紅息即照五千三百五十股分派但紅股祇分紅息

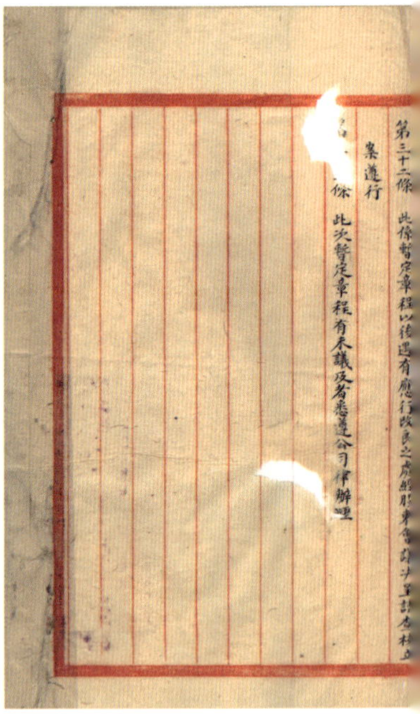
第三十二條　此條暫定章程以後遇有應行改良之處邀[illegible]股東會[illegible]商[illegible]

稟遵行

[illegible]條　此次暫定章程有未議及者悉遵公司律辦理

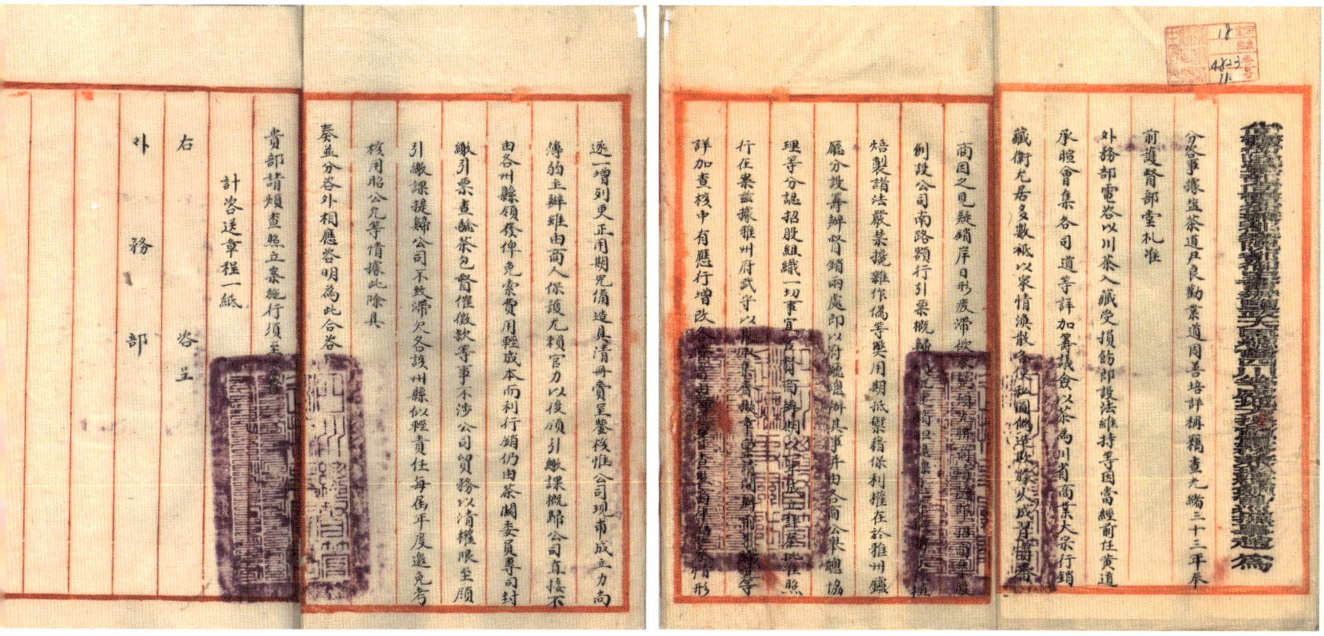

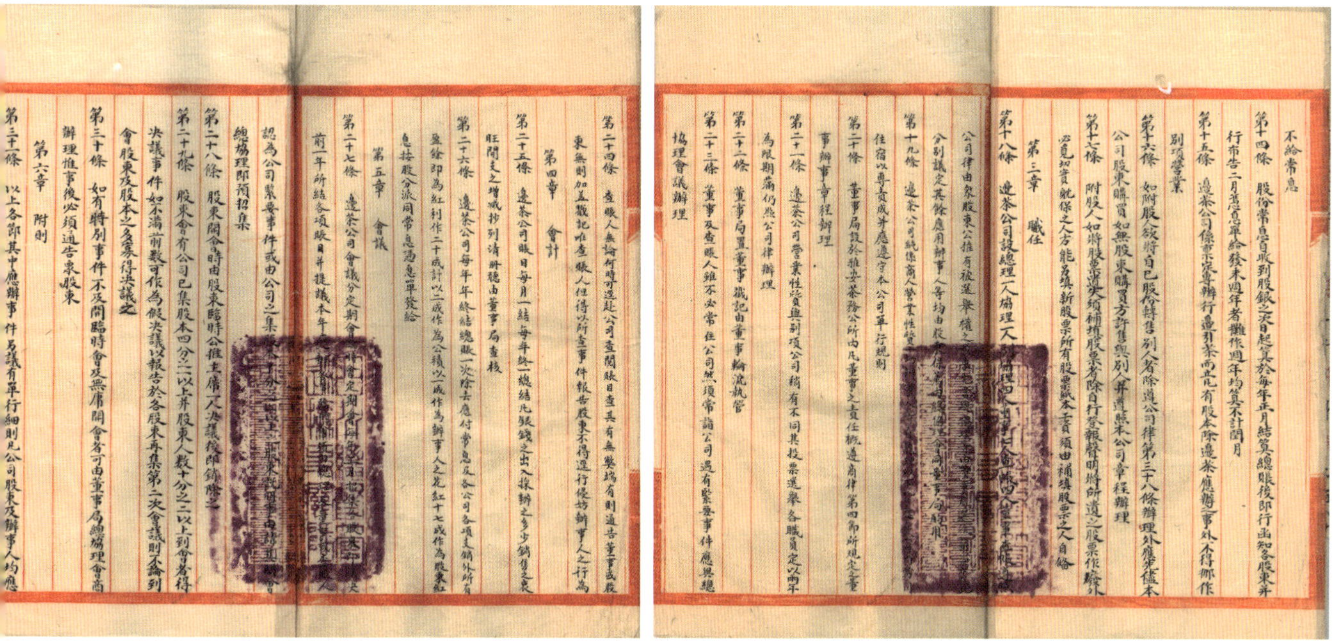

四川总督赵尔巽致外务部咨呈（宣统二年八月二十二日）

四川总督赵尔巽奏片：

为宣统元年打箭炉关米豆杂税收支数目事

宣统二年九月十五日（1910年10月17日）

宣统二年（1910），四川总督赵尔巽查报打箭炉关每年的米豆杂税都是由打箭炉厅同知监督征收，去年十月改为由经征委员征收。据打箭炉同知称，打箭炉关自宣统元年正月至九月共征收杂税银九千四百二十七两二钱二分，米豆税银六百一两一钱四厘六毫，共银一万二十八两三钱二分四厘六毫，除支销银一千九百九十五两四钱一分七厘六毫八丝，实存银八千三十二两六钱六厘九毫二丝，并由司声明去年十月初一日以后收支数目即按年汇入各常关报销，不再专案造报。奉朱批："该部知道。"

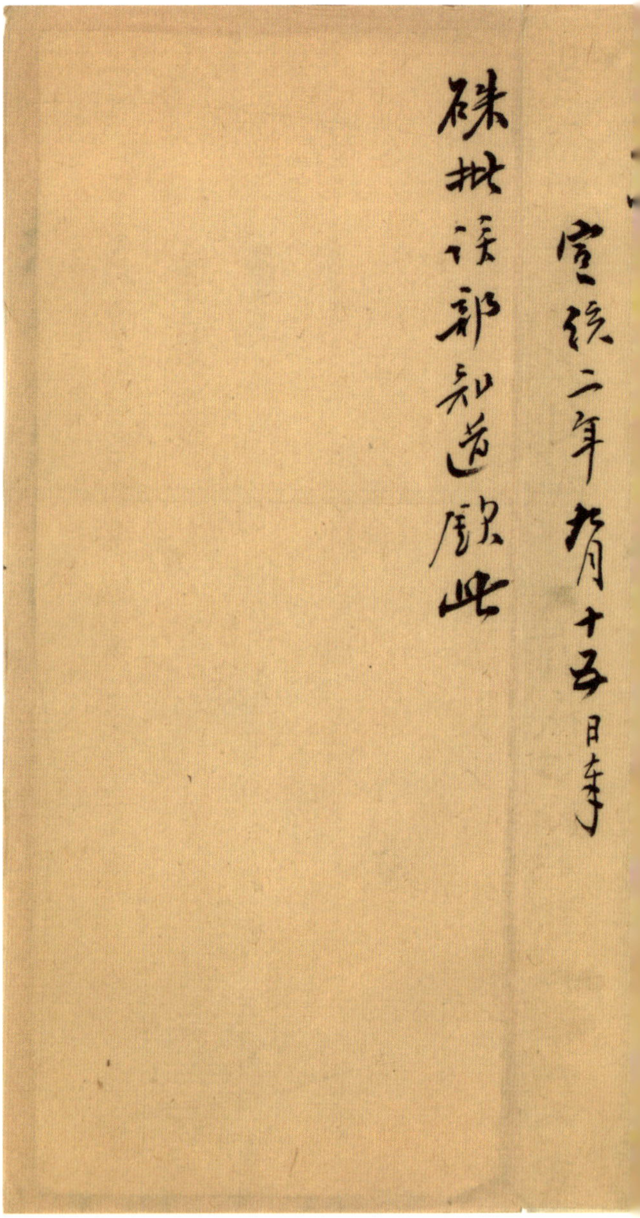

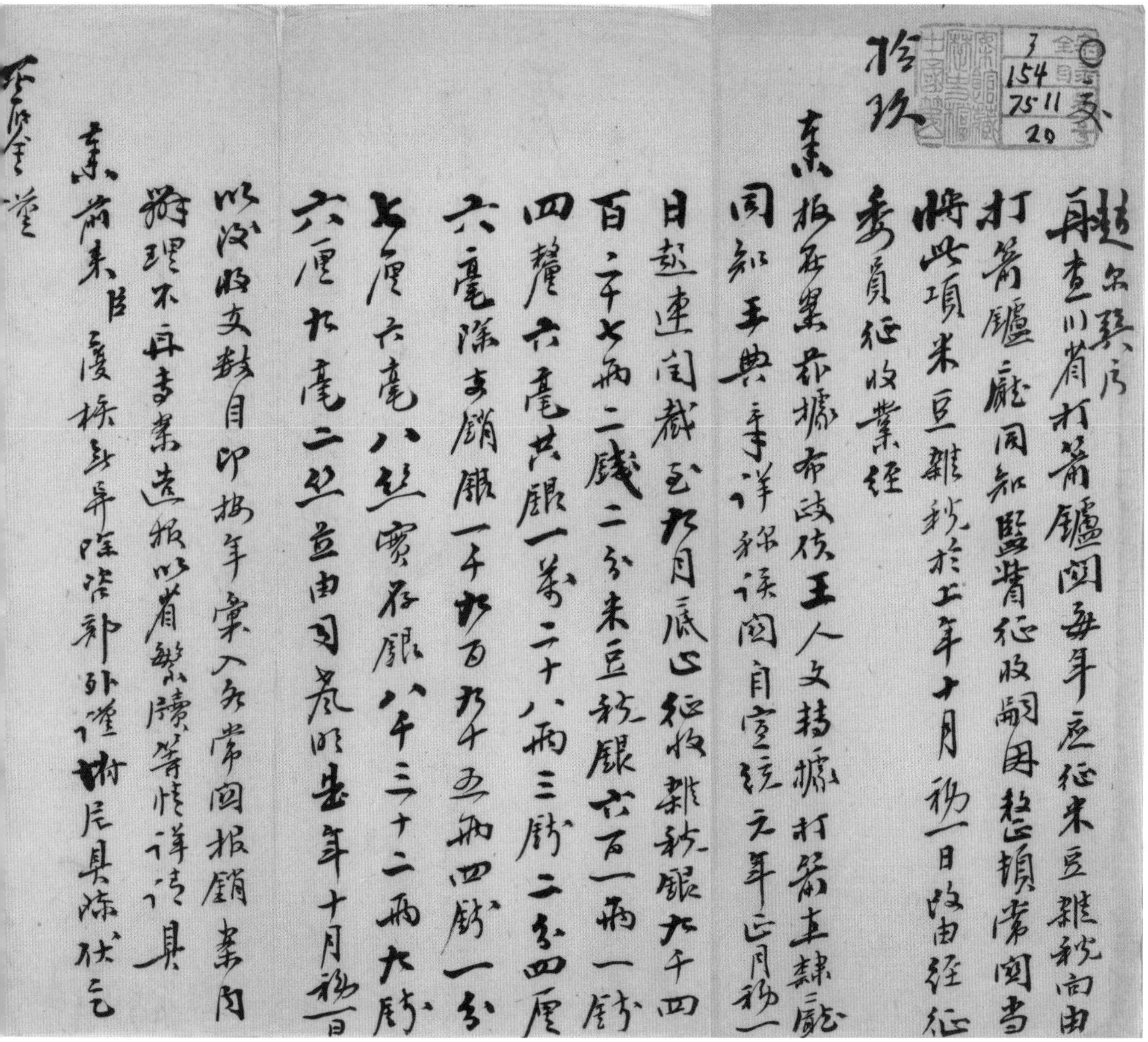
拾玖

趙爾巽片

再，查川省打箭鑪關每年應征米豆雜稅向由打箭鑪廳同知監督征收，嗣因整頓常關，當將此項米豆雜稅於上年十月初一日改由經征委員征收，業經

奏報在案。茲據布政使王人文詳據打箭鑪廳同知王典章詳稱：該關自宣統元年正月初一日起連閏截至九月底止，征收雜稅銀九千四百二十七兩二錢二分，米豆稅銀六百一兩一錢四釐六毫，共銀一萬二十八兩三錢二分四釐六毫，除支銷銀一千九百九十五兩四錢一分七釐六毫八絲，實存銀八千三十二兩九錢六釐九毫二絲，並由司為照上年十月初一日以後收支數目，仍按年彙入各常關報銷案內辦理，不再專案造報，以省繁牘等情，詳請具

奏前來。臣覆核無異，除咨部外，謹附片具陳。伏乞

聖鑒。

四川总督赵尔巽奏片（宣统二年九月十五日）

署总税务司安格联致外务部信函：为呈送1911年7月份印度等地洋药进口清单备查事

宣统三年七月二十二日（1911年9月14日）

清末，从印度、波斯、土耳其等国进口的洋药由各关税务司统计箱数、重量、价格并绘制清单报送总税务司汇总。宣统三年（1911），署总税务司安格联（Francis Arthur Aglen，英国人，第三任中国海关总税务司）致函外务部，除三都澳和腾越两关没有洋药进口外，其余各关都已汇总登记备查。

安格联（1869—1932）

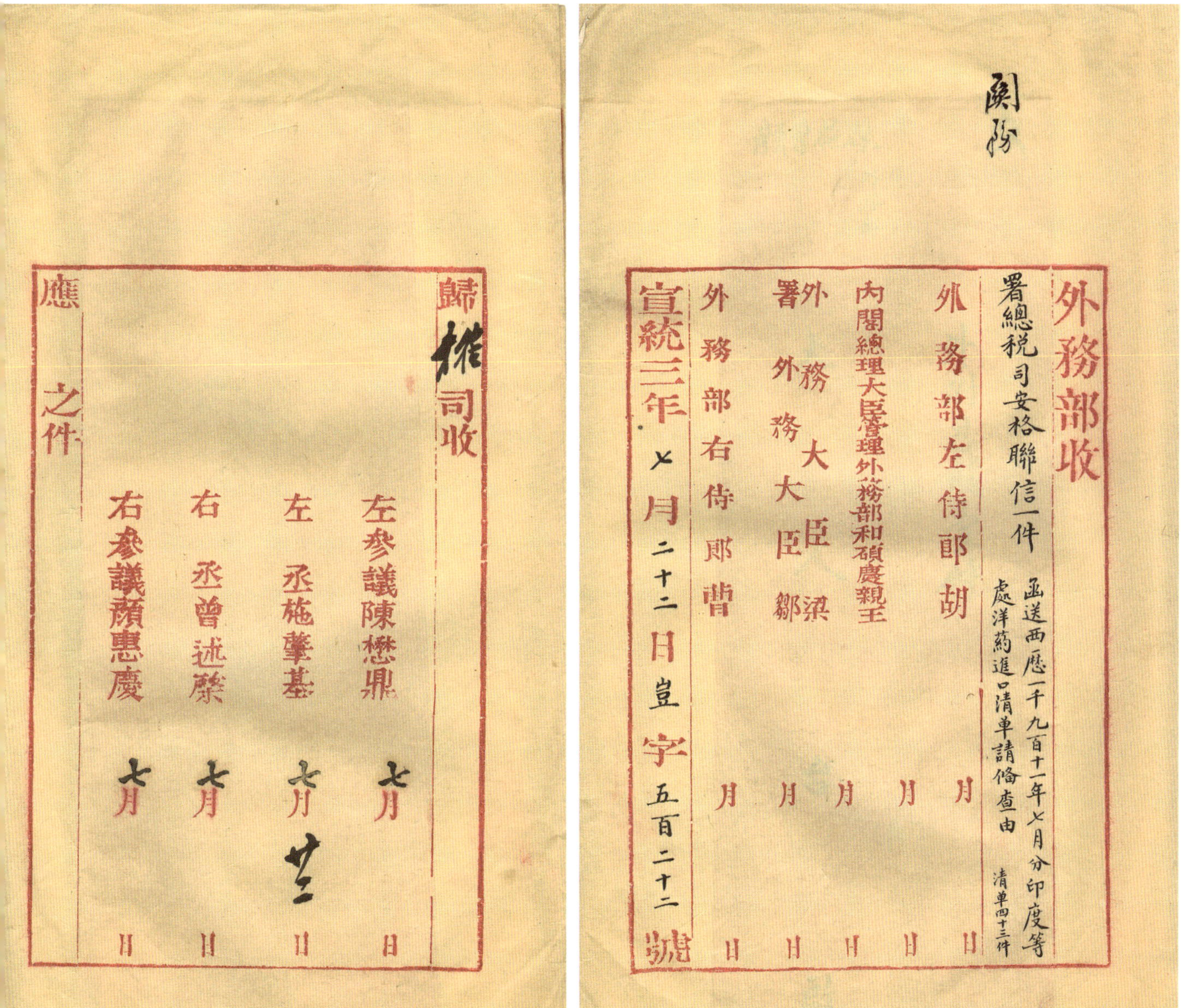
閱防

外務部收

署總稅司安格聯信一件

函送西歷一千九百十一年七月分印度等處洋葯進口清单請備查由

清单四十三件

外務部左侍郎胡 月 日

內閣總理大臣署理外務部和碩慶親王 月 日

外務大臣梁 月 日

署外務大臣鄒 月 日

外務部右侍郎曹 月 日

宣統三年七月二十二日豈字五百二十二號

歸榷司收

左參議陳懋鼎 七月 日

左丞施肇基 七月廿二日

右丞曾述棨 七月 日

右參議顏惠慶 七月 日

應 之件

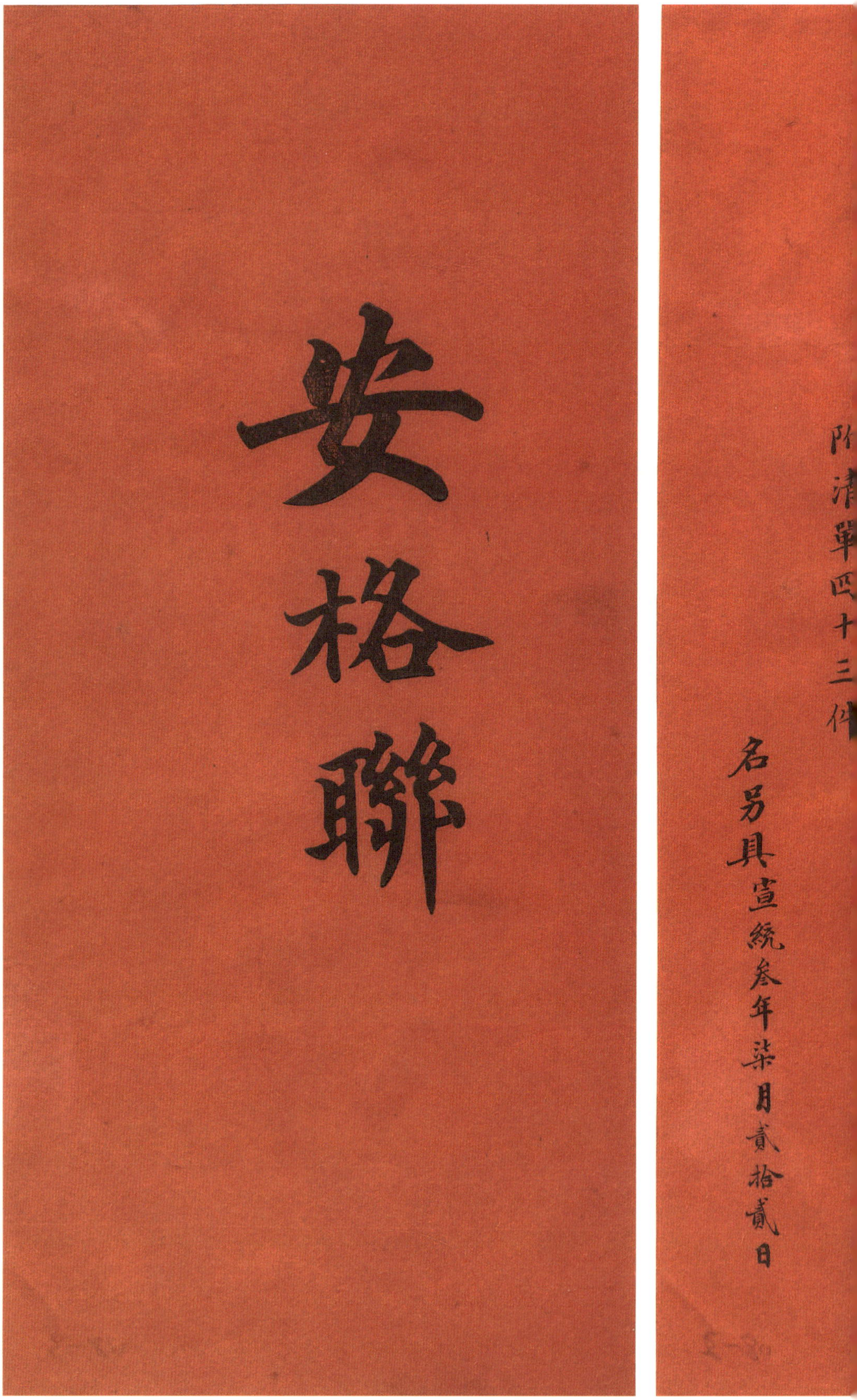
安格聯

附清單四十三件

名另具

宣統叁年柒月貳拾貳日

18
3151
8

敬啟者案查送呈各關進口印度洋藥數目清單一事所有西歷一千九百十一年六月分各關所具清單曾於本年閏六月十三日送呈在案茲又據各稅務司等續將西歷一千九百十一年七月分印度波斯暨土爾其各項洋藥進口之箱數重量並折衷市價按類開單陸續呈報到齊 署總稅務司 查此次除三都澳騰越兩關並無進口洋藥即未具單外合將各關所具清單彙總備函附呈

鈞鑒備查可也專是佈泐順頌

升祺

署总税务司安格联致外务部信函（宣统三年七月二十二日）